YANIS VAROUFAKIS

DAS EURO-PARADOX

Wie eine andere Geldpolitik Europa wieder zusammenführen kann

Aus dem Englischen
von Ursel Schäfer

Verlag Antje Kunstmann

»Die Starken tun, was sie wollen, und die Schwachen ertragen, was sie müssen.«

THUKYDIDES, *Der Peloponnesische Krieg*

Für meine Mutter Eleni, die mit größter Eleganz und Leidenschaft jeden zusammengestaucht hätte, der zu behaupten wagte, die Schwachen hätten zu ertragen, was sie *müssen*.

INHALT

»Mein« Siemens

Mein wahrscheinlich erstes deutsches Wort war ... Siemens. Es zierte unseren klobigen Kühlschrank aus den 1950er-Jahren, unsere Waschmaschine, unseren Staubsauger, nahezu jedes Gerät in meinem Elternhaus in Athen. Die besondere Vorliebe meiner Eltern für diese deutsche Marke hatte einen Grund: Der Bruder meiner Mutter, mein geliebter Onkel Panayiotis, war von Mitte der 1950er- bis Ende der 1970er-Jahre der Generaldirektor von Siemens-Hellas.

Panayiotis, ein germanophiler Elektroingenieur, der die Sprache Goethes fließend sprach, hatte meine Mutter (seine jüngere Schwester) angesteckt, die ebenfalls begeistert Deutsch lernte und es schließlich so gut beherrschte, dass sie Deutsch als Fremdsprache unterrichten konnte. Obwohl meine Mutter eigentlich eine erfolgreiche Biochemikerin war, zog die deutsche Sprache sie so an, dass sie plante, ein Jahr in Deutschland zu verbringen, um sich fortzubilden. Im Sommer 1967 wollte sie mit einem Stipendium des Goethe-Instituts nach Hamburg gehen.

Doch am 21. April 1967 wurde der Plan meiner Mutter zerschlagen, zusammen mit unserer nicht perfekten griechischen Demokratie. In den frühen Morgenstunden jenes Tages rollten Panzer durch die Straßen Athens und anderer größerer Städte und hüllten unser Land in eine dicke Wolke neofaschistischer Dunkelheit und Unterdrückung. An dem Tag stürzte auch die geistige und emotionale Welt von Onkel Panayiotis ein.

Panayiotis war das, was man heute als einen Neoliberalen bezeichnen würde. Mit seinem erbitterten Antikommunismus und seinem Misstrauen gegen die Sozialdemokratie galten seine Sympathien in

Deutschland den Freien Demokraten und in Griechenland der kleinen Partei der Fortschrittlichen, die eine Mischung von Marktwirtschaft und staatlichen Sicherungssystemen propagierte, die sich aus einer tiefen Furcht vor dem Kommunismus speiste. Als Leiter der Geschäfte von Siemens in Griechenland und mit seinem politischen Hintergrund war Panayiotis ein typisches Mitglied der herrschenden Klasse Griechenlands in der Nachkriegszeit: Als die Sicherheitskräfte und parastaatlichen Agenten linke Protestierer, ein brillantes Parlamentsmitglied[1] und andere verprügelten und sogar umbrachten, verschloss Panayiotis die Augen, denn er war überzeugt, diese »Maßnahmen« seien nötig, um »die Demokratie gegen ihre eingeschworenen Feinde zu verteidigen«, wie ich ihn noch sagen höre.

Doch an jenem trüben Apriltag war Panayiotis wütend. Er konnte es einfach nicht ertragen, dass »seine« Leute (wie er die rechten Armeeoffiziere bezeichnete, die den Putsch inszeniert hatten) das Parlament auflösten, die Demokratie außer Kraft setzten, die Verfassung brachen und in Fußballstadien, Polizeistationen und Konzentrationslagern all jene internierten, von denen sie Widerstand befürchteten – selbst rechte Demokraten. Seine Welt stürzte ein, was ihn schlagartig zum Radikalen machte.

Zusammen mit gleichgesinnten bürgerlichen Liberalen schloss sich Panayiotis wenige Monate nach der Errichtung des Militärregimes einer Untergrundgruppe namens Demokratische Verteidigung[2] an. Heute würden wir diese Gruppe als eine terroristische Vereinigung bezeichnen. Während sie sehr darauf achteten, dass es keine Verletzten gab (und es gab tatsächlich keine), blieb doch die Tatsache, dass sie Bomben legten, um zu demonstrieren, dass das Regime trotz seines harten Durchgreifens nicht die totale Kontrolle über das Land hatte.

Bürgerliche Liberale sind furchtbar schlecht darin, Widerstandsgruppen im Untergrund zu organisieren. Es dauerte nicht lang, bis durch einen dummen Zufall einer von ihnen erwischt und danach die ganze Gruppe ausgehoben wurde. Man musste nur … seinen Taschenkalender und ein kleines Telefonbuch lesen, in dem er sorgfältig die Namen und Adressen seiner Kameraden notiert hatte, manchmal mit kurzen Beschreibungen ihrer Aktionen! Folter, Standgericht und lange Freiheitsstrafen (in einem Fall die Todesstrafe) waren die logische Konsequenz.

Ich war damals zehn Jahre alt, und die Militärpolizei, die ihn bewachte, ließ mich ungehinderter zu ihm als die erwachsenen Familienmitglieder. Mein Onkel und ich hatten schon immer ein enges Verhältnis gehabt, das hauptsächlich auf langen Diskussionen über Technik, Physik, Autos und aus irgendeinem Grund über das Fliegen beruhte. Eben typische »Männerthemen«. Und so baute er, um sich in der Einzelhaft die Zeit zu vertreiben, aus Streichhölzern und anderen Dingen, die die Gefängniswärter ihm erlaubten, Flugzeugmodelle für mich. (Eines, inzwischen ziemlich altersschwach, steht immer noch in dem alten Ferienhaus der Familie.) Oft versteckte mein Onkel in den Modellen ein Stück Papier mit einer Botschaft an meine Tante, meine Mutter und manchmal an seine Kollegen bei … Siemens.

Während meine Erinnerungen an diese Zeit inzwischen verblassen und Panayiotis und meine Mutter nicht mehr da sind, um sie wiederzubeleben, erinnere ich mich noch sehr lebhaft an die Diskussionen der Erwachsenen, in denen es darum ging, dass Siemens Druck auf das Militärregime ausüben sollte, ihm nichts zu tun. Schließlich war Siemens auch unter den Obristen in Griechenland ein führendes Unternehmen. Unsere gesamte Stromversorgung und das Telefonnetz funktionierten mit Technologie und Anlagen von Siemens.

Ungefähr ein Jahr nach der Festnahme wurde Panayiotis freigelassen und konnte an seinen Arbeitsplatz an der Spitze von Siemens zurückkehren. Zwei Jahre später brach das Regime der Obristen unter dem Druck des Aufstands der tapferen Studenten des Polytechnikums zusammen (November 1973). Die Obristen entkamen nach Zypern, wo sie einen Putsch gegen Staatspräsident Makarios versuchten, der den Anschluss der Insel an Griechenland bringen sollte. Der Putschversuch endete mit der Invasion der Türkei in Zypern im Juli 1974 und der zypriotischen Tragödie, die bis heute an der sogenannten Grünen Linie schwelt.

Ich weiß nicht, ob Siemens bei der Freilassung von Panayiotis die

Hände im Spiel hatte. Aber ich weiß mit Sicherheit, dass meine Eltern Siemens sehr dankbar waren, weil sie fest daran glaubten, Siemens habe eine entscheidende Rolle gespielt. Deshalb überkam mich immer ein warmes Gefühl, wenn ich bei uns zu Hause den Schriftzug »Siemens« sah. Tatsächlich war damals Deutschland insgesamt, nicht nur Siemens, in meiner Fantasie ein guter Freund, ein Land von Demokraten, das unter Kanzler Brandt alles Menschenmögliche tat, um uns Griechen dabei zu helfen, unsere hässliche Diktatur abzuschütteln.

Eine ausgeschlagene Hand

Beinahe fünfzig Jahre später reiste ich als griechischer Finanzminister zu meinem ersten offiziellen Besuch nach Berlin. Mein Weg führte mich natürlich sofort ins Bundesfinanzministerium zu einer Begegnung mit dem legendären Dr. Wolfgang Schäuble.

Für ihn und seine Mitarbeiter war ich ein lästiger Besucher. Unsere Linksregierung war gerade erst gewählt worden und hatte den Sieg über die Nea Dimokratia, die Schwesterpartei von Dr. Schäuble und Kanzlerin Merkel, davongetragen. Das Wahlprogramm der Linken war, um es vorsichtig auszudrücken, sehr unangenehm für ihre christdemokratische Regierung und ihre Pläne, in der Eurozone für »Ordnung« zu sorgen. Die Aufzugstür öffnete sich zu einem langen, kalten Flur, an dessen Ende mich der große Mann in seinem berühmten Rollstuhl erwartete. Die Hand, die ich ihm entgegenstreckte, wurde ausgeschlagen, statt eines Handschlags winkte er mich in sein Büro.

Meine Beziehung zu Dr. Schäuble wurde in den Monaten danach besser, aber die ausgeschlagene Hand symbolisierte deutlich, was in Europa schieflief. Sie war der symbolische Beweis, dass das halbe Jahrhundert, das seit meinen Besuchen beim »Siemens-Mann« im Gefängnis von Athen vergangen waren, Europa grundlegend verändert hatte. Wie hätte mein Gastgeber auch im Entferntesten daran denken können, dass ich mit lauter Kindheitserinnerungen im Kopf kommen würde, in denen Deutschland unser bester Freund war?

1974 hatten die Griechen mit moralischer und politischer Unterstützung aus Deutschland, Österreich, Schweden, Belgien, Holland und Frankreich den Totalitarismus abgeschüttelt. Sechs Jahre später schloss sich Griechenland der demokratischen Union der europäischen Länder an, zur Freude meiner Eltern, die endlich das rote Tuch (unter dem sie sich versteckt hatten, wenn sie während der Diktatur der Obristen verbotenerweise die Deutsche Welle hörten) zusammenfalten und im Schrank verstauen konnten.

Weniger als ein Jahrzehnt später endete der Kalte Krieg, und Deutschland wurde wiedervereinigt in der Hoffnung, in einem geeinten Europa aufzugehen. Zentral für das Projekt, das neue geeinte Deutschland in ein neues geeintes Europa einzubetten, war das ambitionierte Programm einer Währungsunion, die für alle Europäer die gleiche Währung, die gleichen Banknoten (und Münzen mit einer einheitlich gestalteten Seite) bringen sollte. »Wenn alle das gleiche Geld verwenden«, sagte ein Athener Taxifahrer einmal Anfang der 1990er-Jahre zu mir, »dann werden die Vereinigten Staaten von Europa kommen, bevor sie es sich versehen.«

2001 hatten beide Länder, Deutschland und Griechenland, das gleiche Geld, und mit ihnen noch ein Dutzend andere Länder des Kontinents. Es war ein kühnes Projekt, erfüllt von einem Anspruch, dem kein Europäer meiner Generation widerstehen konnte, selbst wenn unsere ökonomische Analyse eine andere Sprache sprach.

Und genau da liegt das Problem. Europäische Völker, die bisher so großartig zusammenarbeiteten, wurden schließlich entzweit ... durch eine gemeinsame Währung. Das Paradox einer gemeinsamen Währung, die spaltet, ist das Thema dieses Buches. Um das zu begreifen, müssen wir an anderer Stelle beginnen (siehe Kapitel 2) – dort, wo die historischen Wurzeln des Euros liegen, paradoxerweise in den Vereinigten Staaten von Amerika, wo dieses Buch zum größten Teil geschrieben wurde.

Wenige Paradoxien sind so sehr mit Traurigkeit und Gefahr erfüllt. Mit Traurigkeit, weil die Solidarität der 1970er-Jahre durch toxische Rettungsaktionen verdrängt wurde, die entlang der Alpen und des

Rheins psychologische Bruchlinien erzeugten. Und Gefahr, weil aus diesen Bruchlinien offensichtliche Gehässigkeiten hervorgekrochen sind, die die Macht besitzen, das europäische Projekt zu zerstören und, schlimmer noch, die ganze Welt zu destabilisieren. Das mahnt uns, auf keinen Fall zu vergessen, dass Europa es im letzten Jahrhundert zweimal geschafft hat, so aus dem Gleichgewicht zu geraten, dass es enormen Schaden über sich und die Welt gebracht hat.

Der Silberstreif am Horizont

Der Prozess der europäischen Integration begann Ende der 1940er-Jahre unter der Obhut der Vereinigten Staaten von Amerika. Vorbereitet hatte ihn die Rede der Hoffnung, die der amerikanische Außenminister James Byrnes 1946 in Stuttgart hielt. Kurz darauf schlossen sich Franzosen und Deutsche sowie andere Europäer in einer Gemeinschaft zusammen, aus der später die Europäische Union wurde.

Europa rückte zusammen trotz unterschiedlicher Sprachen, verschiedener Kulturen und je eigener Temperamente. Im Zuge des Zusammenrückens entdeckten wir mit großer Freude, dass es zwischen unseren Ländern weniger Unterschiede gab als innerhalb der Länder selbst. Und wenn ein Land vor einer Herausforderung stand wie Griechenland 1967 mit dem Militärputsch, kamen die anderen ihm zu Hilfe. Es dauerte ein halbes Jahrhundert, bis Europa die Wunden des Krieges durch Solidarität überwunden hatte und zu dem sprichwörtlichen Silberstreif am Horizont wurde.

Dass Länder, die bislang Kriege gegeneinander geführt hatten, sich auf der Grundlage von Mandaten der Völker vereinten, um mit dem Versprechen gemeinsamen Wohlstands gemeinsame Institutionen zu errichten und lächerliche Grenzen zu überwinden, die früher den Kontinent zerschnitten hatten – das war immer ein anspruchsvolles Projekt, ein faszinierender Traum und nun glücklicherweise eine Realität, die nach und nach zutage trat. Die Europäische Union konnte sogar als Blaupause dienen, die dem Rest der Welt Mut und Inspiration vermittelte, Spaltungen zu überwinden und auf dem ganzen Planeten zu friedlicher Koexistenz zu gelangen.

Auf einmal konnte sich die Welt ganz realistisch vorstellen, dass unterschiedliche Nationen einen gemeinsamen Staat bilden konnten, ohne dass es eines autoritären Imperiums bedurfte. Wir konnten Bande knüpfen, die nicht nur auf Verwandtschaft, Sprache, ethnischer Zugehörigkeit, einem gemeinsamen Feind gründeten – sondern auf gemeinsamen Werten und humanistischen Prinzipien. Ein Commonwealth rückte in Reichweite, in dem Vernunft, Demokratie, Achtung der Menschenrechte und ein anständiges soziales Sicherungsnetz seinen multinationalen, vielsprachigen und multikulturellen Bürgern die Voraussetzung bieten würden, ihre jeweiligen Talente zu entwickeln.

»Wann bekomme ich mein Geld zurück?«

Und dann kamen die Implosion der Wall Street 2008 und die anschließende weltweite Finanzkrise. Nichts würde mehr so sein wie vorher. 2010 war die europäische Solidarität von innen aufgezehrt, und es blieb nur die leere Hülle einer ehemals verlässlichen Kameradschaft. Die dafür verantwortliche »Grille« war nichts anderes als ein schlecht konzipiertes Experiment mit Europas Geld. Es dauerte zwei Jahre, bis der Groschen fiel, dass der Versuch, Europas »Zusammenrücken« durch eine Währungsunion zu untermauern, das Gegenteil bewirkt hatte.

Wie das folgende Kapitel zeigt, begann alles 1971. Seit den 1940er-Jahren hatte Amerika den Europäern finanzielle Stabilität geboten, und jetzt warf Amerika aus guten eigenen Gründen die Europäer aus der Dollarzone. Frankreich und Deutschland hatten alle Veranlassung, zu versuchen, den Dollarstandard, aus dem Europa so schmählich vertrieben worden war, durch etwas anderes zu ersetzen. Sie handelten aus den richtigen Motiven, packten das Projekt der Währungsunion aber ganz falsch an. Und so geschah es, dass der lange Weg zur Währungseinheit die politische und wirtschaftliche Integration, auf die die Europäer so große Hoffnungen gesetzt hatten, nicht unterstützte, sondern aushöhlte.

So, wie die Geschichte sich manchmal wiederholt, muss man annehmen, dass sie einen Hang zur tragischen Farce hat. Der Kalte Krieg begann nicht in Berlin, sondern im Dezember 1944 in den Straßen von Athen. Die Eurokrise begann ebenfalls in Athen, 2010, ausgelöst durch Griechenlands Schuldenproblem. Durch eine Laune der Geschichte war Griechenland sowohl die Geburtsstätte des Kalten Krieges wie der Eurokrise. Für ein kleines Land ist es großes Pech, zum Epizentrum einer globalen Katastrophe zu werden. Das zweimal in einem überschaubaren Zeitraum zu erleben, ist eine Tragödie.

Was hat die Eurokrise verursacht? Medien und Politiker lieben einfache Erklärungen. Wie Hollywood schwärmen sie für Geschichten, die eine Moral haben und in denen es Bösewichte und Opfer gibt. Äsops Fabel von der Grille und der Ameise passte perfekt. Von 2010 an kursierten in Deutschland und dem calvinistischen Nordeuropa Erzählungen wie die folgende:

> Die griechischen Grillen haben ihre Hausaufgaben nicht gemacht, und der von Schulden getriebene Sommer endete eines Tages abrupt. Die calvinistischen Ameisen wurden zu Hilfe gerufen, die griechische Grille und noch ein paar andere Grillen in Europa zu retten. Und nun, so sagte man dem deutschen Volk, wollten die griechischen Grillen ihre Schulden nicht zurückzahlen. Sie wollten weiter sorglos leben, die Sonne genießen, und ein weiteres Rettungspaket, um all das zu finanzieren. Sie wählten sogar eine Kamarilla von Sozialisten und radikalen Linken, die in die Hand biss, die sie fütterte. Diesen Grillen musste man eine Lektion erteilen, sonst würden sich andere Europäer, die aus minderwertigerem Holz geschnitzt waren als die Ameisen, ermutigt fühlen, ebenfalls ein lockeres Leben zu führen.

Es ist eine starke Geschichte. Eine Geschichte, die der harten Haltung zugrunde liegt, die manche gegenüber den Griechen befürworten und gegenüber der Regierung, der ich angehört habe.

»Wann bekomme ich mein Geld zurück?«, fragte mich scherzhaft, aber mit einem deutlichen Beiklang resignierter Aggression, ein deutscher Staatssekretär am Rande jener ersten Begegnung mit Dr. Schäuble. Ich sagte nichts und lächelte höflich.

Es gab keine konstruktive Antwort.

Grillen überall

Das Problem mit der vereinfachten Version der Fabel von Grille und Ameise ist, dass sie ganz fürchterlich in die Irre führt. Sie berücksichtigt nicht, dass es in jedem Land mächtige Grillen gibt, auch in Deutschland und anderen Überschussländern. Sie erwähnt nicht, dass diese Grillen aus dem Norden und dem Süden die Angewohnheit haben, dominierende internationale Allianzen gegen die Interessen der guten Ameisen zu schmieden, die nicht nur in Deutschland unermüdlich arbeiten, sondern auch in Griechenland, Irland und Portugal.

Meine instinktive Antwort auf die Frage des Staatssekretärs (eine Frage, die mir zu dieser Zeit fast täglich gestellt wurde) »Wann bekomme ich mein Geld zurück?« wäre gewesen: »Fragen Sie die Banker in Frankfurt und Paris, an die via Athen der größte Teil des Rettungsgelds für Griechenland geflossen ist. Sie wurden gerettet, nicht Griechenland.« Natürlich sagte ich das nicht, denn ich wollte wenigstens noch den letzten Rest an diplomatischer Höflichkeit wahren. Da ich nun einmal der Adressat solcher feindseligen Gesten war, konnte ich nichts sagen, was eine von unserer gemeinsamen Währung vollständig ausgehöhlte Beziehung hätte verbessern können.

Wenn eine Währungsunion mehrerer Länder sich aufzulösen beginnt und die Bruchlinien unbarmherzig sichtbar werden, gibt es nicht viele andere Möglichkeiten als das ernsthafte Gespräch und die Bereitschaft, an das Zeichenbrett zurückzukehren, um zu flicken, was kaputtgegangen ist. Ein solcher Dialog fehlte in den 1930er-Jahren, und das führte zum Zerfall der gemeinsamen Währung der damaligen Zeit, des Goldstandards. Und offenbar wiederholte sich das gerade wieder in einem Europa, das es achtzig Jahre später eigentlich hätte besser wissen müssen.

Die Europäer brauchten ewig, um zu begreifen, dass die Weltwirtschaftskrise von 1929 für eine tragische Generation eine frühere Version der Ereignisse von 2008 gewesen war. Beide Male stand die Wall Street im Mittelpunkt, und als der Finanzsektor schmolz, Kredite sich in Luft auflösten und Wertpapiere zu Asche zerfielen, begann auch die gemeinsame Währung zu bröckeln. Es dauerte nicht lange, und die Arbeiterklasse eines Landes wandte sich gegen die Arbeiterklassen aller anderen Länder und setzte auf Protektionismus als Rettung. 1929 nahm der Protektionismus die Form an, die eigene Währung gegenüber den anderen abzuwerten. 2011 bestand er darin, die eigene Arbeit gegenüber den anderen abzuwerten.

Unmerklich setzte 2008 eine deprimierend ähnliche Kettenreaktion ein. Bald schon hassten unterbezahlte deutsche Arbeiter die Griechen, und unterbeschäftigte griechische Arbeiter hassten die Deutschen. Die Eurozone kämpfte mit deflationären Böen und musste sich selbst durch Exporte aus dem Schlamassel befreien. Unterdessen sah die gesamte Welt einschließlich der Vereinigten Staaten gespannt zu, wie sich diese postmoderne Version der 1930er-Jahre wohl entwickeln würde. Und sie sehen immer noch zu …

Wütend, dass Europa nur Nabelschau betrieb und sich so rasch jeder gegen jeden wandte, beschloss ich an jenem Tag in Berlin, um ein bisschen Dampf abzulassen, alle Schuld einem anderen Griechen zu geben: Äsop! Denn seine simplifizierende Fabel warf offensichtlich einen langen Schatten über die Wahrheit und brachte eine stolze europäische Nation gegen eine andere auf. Unter seinem Einfluss wurden aus Partnern Feinde, jeder Europäer drohte als Verlierer zu enden, und die einzigen Gewinner, die im Schatten lauerten, waren die Rassisten und jene, die niemals ihren Frieden mit der europäischen Demokratie gemacht hatten.

Schuld und Schulden

»Schulden sind Schulden sind Schulden!«, sagte ein anderer hochrangiger Vertreter der Bundesrepublik bei jenem ersten Besuch in Berlin zu mir. Mein leidenschaftsloses Argument lautete, eine Umschuldung der griechischen Staatsschulden sei entscheidend wichtig, um den Wachstumsschub zu erzeugen, den wir brauchten … um unsere Schulden zurückzahlen zu können. Das Argument schnurrte zusammen wie ein Luftballon.

Als ich diesen starken, moralisierenden Satz hörte, dachte ich: »Ups! Es wird nicht leicht sein, bei solchen Besuchen zu einer Annäherung zu kommen.« Eine Erzählung über zwei Schulden wurde zu einer Frage der Moral, und so etwas führt nie weiter. Europa ist ein alter Kontinent, unsere Schulden reichen Jahrzehnte, Jahrhunderte und Jahrtausende in die Vergangenheit zurück. Sie rachsüchtig aufzurechnen und moralisierend mit dem Finger aufeinander zu deuten, war so ziemlich das Letzte, was wir mitten in einer Wirtschaftskrise brauchten, in der hohe neue Schulden, die auf Bergen alter Verbindlichkeiten aufgetürmt wurden, nur ein Nebenprodukt waren.

Manolis Glezos, Griechenlands Symbolgestalt für den Widerstand gegen die nationalsozialistischen Besatzer, hat 2012 ein Buch geschrieben mit dem Titel *Selbst wenn es nur eine D-Mark wäre.*[3] Das Buch hat die gleiche Botschaft wie der Satz des oben zitierten Deutschen: »Schulden sind Schulden sind Schulden!« Selbst wenn Deutschland Griechenland nur eine einzige D-Mark an Reparationen schulden würde, müsste sie bezahlt werden. Selbst eine einzige D-Mark, die zurückgezahlt wird, kann dazu beitragen, ein großes Unrecht ungeschehen zu machen. Genau wie es in Deutschland seit Beginn der Eurokrise als offensichtlich gilt, dass die Griechen unmögliche Schuldner sind, so sind auch in Griechenland Deutschlands nicht zurückgezahlte Schulden aus der Kriegszeit für immer unvergessen.

Das Letzte, was ich gebrauchen konnte, als ich versuchte, eine gemeinsame Basis mit dem deutschen Finanzministerium zu finden, war dieser Zusammenprall moralisierender Narrative. Ethische Themen spielen eine zentrale Rolle, wenn es darum geht, Völker zusammenzubringen. Dinge müssen »abgeschlossen« werden, damit schwärende Wunden heilen können, so wie es die südafrikanische Wahrheits- und Versöhnungskommission lebhaft vorgeführt hat. Aber wenn es um das moderne Finanzwesen geht und eine komplizierte, schlecht konstruierte Währungsunion, sind die Wirtschaftslehren der Bibel ein heimtückischer Feind. Schulden mögen Schulden sein, aber Schulden, die nicht zurückgezahlt werden können, werden nicht zurückgezahlt, sofern sie nicht vernünftig umgeschuldet werden. Die griechischen Teenager des Jahres 2010 verdienen genauso wenig ein Leben im Elend, wie es die deutschen Teenager 1953 verdienten (als Deutschland bei der Londoner Konferenz Kriegsschulden erlassen wurden)[4], weil frühere Generationen Schulden angehäuft haben, die nicht zurückgezahlt werden können.

Wir dürfen nicht vergessen, dass der Kapitalismus erst richtig in Gang kam, nachdem die Schulden entmoralisiert waren. Schuldtürme wurden durch eine begrenzte Haftung ersetzt, und das Finanzwesen ging ganz einfach über das schlechte Gewissen hinweg, das Schuldner früher womöglich plagte, bevor »durch die rasche Verbesserung aller Produktionsinstrumente ... [und] durch die unendlich erleichterten Kommunikationen alle, auch die barbarischsten Nationen in die Zivilisation« gerissen wurden – um niemand anderen zu zitieren als Karl Marx.[5]

Gespenster einer gemeinsamen Vergangenheit

An dem Tag Ende Januar 2015, als unsere Regierung vereidigt wurde, legte Ministerpräsident Alexis Tsipras Blumen an einem Mahnmal nieder, das an die Erschießung griechischer Patrioten durch die nationalsozialistischen Besatzer erinnerte. Die internationale Presse deutete dies als eine symbolische Geste des Trotzes gegenüber Berlin und ließ anklingen, unsere Regierung versuche, Parallelen zwischen dem Dritten

Reich und einer deutschen Eurozone zu ziehen, die Griechenland erneut eine eiserne Herrschaft aufzwingen wolle. Das half mir nicht bei meiner Aufgabe, mir Freunde in Berlin zu machen, vor allem im ultrakonservativen Bundesministerium der Finanzen.

Ich war überzeugt, unbedingt betonen zu müssen, dass unsere Regierung keinerlei Parallelen zwischen dem nationalsozialistischen Deutschland und der heutigen Bundesrepublik sah. Darum ging ich ein kalkuliertes Risiko ein: Ich schrieb folgende Passage, die Teil meiner Erklärung in der gemeinsamen Pressekonferenz mit Dr. Schäuble wurde. Es sollte ein in höchstes Lob getauchter Ölzweig sein:

»Als Finanzminister«, begann ich, »einer Regierung, die sich in einer Notsituation befindet, die durch eine brutale Krise aus Schulden und Deflation verursacht wurde, denke ich, dass das deutsche Volk uns Griechen besser verstehen kann als alle anderen. Niemand versteht besser als das Volk dieses Landes, wie eine Volkswirtschaft in einer tiefen wirtschaftlichen Krise in Verbindung mit ritueller nationaler Demütigung und vollkommener Hoffnungslosigkeit das Schlangenei in der Gesellschaft ausbrüten kann. Wenn ich heute Abend nach Hause zurückkehre, werde ich vor einem Parlament stehen, in dem die drittgrößte Partei eine nationalsozialistische ist.«

Ich fuhr fort: »Als unser Ministerpräsident nach seiner Vereidigung Blumen an einem symbolträchtigen Denkmal in Athen niederlegte, war das ein Akt des Widerstands gegen das Wiederaufleben des Nationalsozialismus. Deutschland kann stolz darauf sein, den Nationalsozialismus hier ausgerottet zu haben. Aber es ist eine grausame Ironie der Geschichte, dass der Nationalsozialismus in Griechenland sein hässliches Haupt erhebt, einem Land, das so tapfer gegen ihn gekämpft hat.«

Und ich schloss: »Wir brauchen das deutsche Volk, damit es uns in unserem Kampf gegen die Menschenfeindlichkeit hilft.« So versuchte ich, eine mögliche Beleidigung in ein Lob und einen Appell zur Einigkeit zu verwandeln. »Wir sind darauf angewiesen, dass unsere Freunde in diesem Land standfest bei Europas Nachkriegsprojekt bleiben, das heißt, niemals zulassen, dass eine Wirtschaftskrise wie in den 1930er-Jahren stolze europäische Länder spaltet. Wir werden in dieser Hinsicht unsere Pflicht erfüllen. Und ich bin überzeugt, dass unsere europäischen Partner das auch tun werden.«

Man mag es Naivität nennen, aber ich gebe zu, ich hatte eine positive Reaktion auf meine kurze Rede erwartet. Stattdessen bekam ich ohrenbetäubendes Schweigen. Am nächsten Tag attackierte mich die deutsche Presse, weil ich es gewagt hatte, im Bundesministerium der Finanzen die Nationalsozialisten zu erwähnen. Und ein Großteil der griechischen Presse feierte mich – weil ich Dr. Schäuble einen Nazi genannt hätte.

Als ich am nächsten Tag in meinem Athener Büro diese Reaktionen las, erlaubte ich mir einen kurzen Augenblick der Verzweiflung.

Noch einmal Siemens

In derselben Pressekonferenz rief mir die Frage eines Journalisten meinen vor langer Zeit verstorbenen Onkel ins Gedächtnis zurück. Es ging um Siemens und den Skandal, der einige Jahre zuvor bekannt geworden war: Damals hatte eine in den Vereinigten Staaten begonnene Untersuchung Anhaltspunkte zutage gefördert, dass der Chef von Siemens-Hellas, ein gewisser Michael Christoforakos, ein Mann, der zwei Jahrzehnte nach dem Ausscheiden meines Onkel Panayiotis dessen Posten eingenommen hatte, aktiv Schmiergelder an Politiker zahlte, um Siemens Regierungsaufträge zu sichern.

Als der Fall vor die griechischen Gerichte kam, war der fragliche Herr bereits nach Deutschland geflohen, wo er sich immer noch befindet. Er weigert sich, nach Athen zurückzukehren, auch nachdem er offiziell vom Staatsanwalt angeklagt wurde. Trotz der Bemühungen des Münchner Staatsanwalts, ihn nach Griechenland auszuliefern, trafen die deutschen Behörden die umstrittene Entscheidung, den Auslieferungsantrag aus Athen zurückzuweisen. Zu einer Zeit, als die deutschen Medien voll von Berichten über die Unfähigkeit der griechischen Behörden waren, die Korruption zu bekämpfen, belastete diese Episode das Verhältnis zwischen beiden Ländern enorm.

»Haben Sie, Herr Minister«, fragte der Journalist, »Ihrem deutschen Kollegen (gemeint war Wolfgang Schäuble) deutlich gemacht, dass der deutsche Staat verpflichtet ist, der griechischen Regierung bei der Korruptionsbekämpfung zu helfen, indem er Herrn Christoforakos nach Griechenland ausliefert?« Ich versuchte, auf die Frage eine vernünftige Antwort zu geben, die Öl auf die Wogen gießen würde. »Ich bin sicher«, sagte ich, »dass die deutschen Behörden verstehen werden, wie wichtig es ist, unserem bedrängten Staat in seinem Kampf gegen die Korruption in Griechenland zu Hilfe zu kommen. Ich vertraue darauf, dass meine Kollegen in Deutschland die Wichtigkeit erkennen, nicht den Anschein zu erwecken, dass irgendwo in Europa mit zweierlei Maß gemessen wird.« Und was sagte Dr. Schäuble? Er wirkte ziemlich verärgert und sagte lediglich, sein Finanzministerium habe mit der Angelegenheit nichts zu tun.

Auf dem Rückflug nach Athen wanderte mein Geist in die späten 1970er-Jahre. Nach der Entlassung aus dem Gefängnis kehrte mein Onkel an die Spitze von Siemens-Hellas zurück. Er war glücklich auf seinem Posten, wie er mir immer wieder versicherte, und stolz auf seine Arbeit. Bis er irgendwann nicht mehr stolz war, verärgert zurücktrat und mehrere eigene, erfolgreiche Unternehmen gründete.

Ich erinnere mich, dass ich Panayiotis einmal fragte, warum er zurückgetreten sei. Seine Antwort habe ich immer noch im Kopf. Einfach ausgedrückt, sagte er, er sei zurückgetreten, weil die Firmenzentrale von Siemens Druck auf ihn ausgeübt habe, griechische Politiker zu bestechen, um sicherzustellen, dass Siemens die Nummer eins in Griechenland bleiben und den Löwenanteil der Verträge im Zusammenhang mit der lukrativen Digitalisierung des griechischen Telefonnetzes bekommen würde.

Als ich die Erinnerung an das, was mein Onkel mir erzählt hatte, mit den Nachrichten über die Umtriebe von Michael Christoforakos zusammenbrachte, niemand Geringerem als dem Nachfolger meines Onkels, verstärkte sich bei mir die Überzeugung, dass die Grillen tatsächlich allgegenwärtig waren. Das mächtige Netz korrupter Praktiken lag über all unseren Ländern, über Griechenland, Deutschland, überall. Und die mächtigsten Politiker in Europa waren nicht bereit, etwas dagegen zu tun, außer mit Fingern auf schwächere Länder zu deuten und zu behaupten, Griechenland habe ein Monopol auf Korruption.

Amerika, Amerika

In meiner Kindheit war Amerika der Buhmann. Der Putsch im April 1967 trug die Handschrift des amerikanischen Geheimdienstes, seine Drahtzieher und Helfer saßen unbestreitbar in Washington D.C. Gleichzeitig war Amerika auch eine Quelle immenser Hoffnung, was uns jüngere Griechen sehr verwirrte.

An einem Juninachmittag, gut ein Jahr nachdem die Obristen unser Leben verdunkelt hatten, gingen meine Mutter und ich an dem alten Stadion vorbei, in dem 1896 die ersten Olympischen Spiele der Neuzeit stattgefunden hatten. Auf einmal füllten sich ihre Augen mit Tränen, als sie hörte, wie der Zeitungsjunge so laut, wie er konnte, die Nachricht verkündete, jemand namens Bobby Kennedy sei tot. Ich erinnere mich noch genau an ihre ersten Worte, nachdem sie die Fassung wiedererlangt hatte: »Er war unsere letzte Chance.«

Amerika hatte sich schon zwei Jahrzehnte zuvor als Europas letzte Chance erwiesen. Die Europäer denken gern, die Europäische Union sei eine sagenhafte europäische Großtat. Doch eine sorgfältige, leidenschaftslose Analyse führt zu einem anderen Schluss: Die Europäische Union war ein amerikanischer Plan, der auf der Erfahrung der New-Deal-Politiker mit der Weltwirtschaftskrise und ihren Lehren für die Nachkriegswelt aufbaute. In diesem Sinn war Bobby Kennedy vielleicht der letzte Amerikaner, der den Geist des New Deal im Weißen Haus lebendig halten konnte. Nachdem Lyndon Baines Johnson abgetreten war, war es nur eine Frage der Zeit, bis der Nixon-Schock um 1971 Kräfte freisetzte, die Europa irreversibel aus dem Gleichgewicht brachten.

All das konnte meine Mutter natürlich nicht wissen. Für sie verkörperte Bobby Kennedy die Hoffnung, dass die Vereinigten Staaten es bedauern würden, unsere neofaschistischen Diktatoren unterstützt zu haben, und uns die Rückkehr zur Demokratie erlauben würden. Unwissentlich war sie jedoch auf eine größere Geschichte zugesteuert, die in den folgenden Kapiteln erzählt werden soll. Es ist die Geschichte, wie der Kollaps des Währungssystems, das die New-Deal-Politiker 1944 ersonnen hatten, im Jahr 1971 Europa auf einen Weg brachte, der 2010 zu den Schmerzen führte, die uns heute plagen.

Wir werden niemals wissen, wie eine Regierung unter Bob Kennedy auf die Herausforderungen der späten 1960er-Jahre an das sogenannte Währungssystem von Bretton Woods reagiert hätte, dessen Zusammenbruch Europa so ins Trudeln brachte, dass es sich bis heute nicht erholt hat. Aber es ist möglich, sich einen sanfteren Übergang zu einem flexibleren Weltwährungssystem vorzustellen, verglichen mit dem abrupten Bruch, der 1971 Paris und Bonn, die damalige Hauptstadt Westdeutschlands, zwang, Kurs auf die Währungsintegration zu nehmen, deren logische Konsequenz unser schlecht konzipierter Euro war.

Gedankenspiele, was hätte sein können, sind natürlich immer nur intellektuelle Fingerübungen. Vielleicht treibe ich dieses spezielle Gedankenspiel, weil ich mich an die Worte meiner Mutter erinnere. Denn damals bekam ich zum ersten Mal eine Vorstellung, wie wichtig die Vereinigten Staaten für mich als junger Mensch in dem Leben, das in der europäischen Peripherie vor mir lag, sein würden.

KAPITEL 1

Und die Schwachen ertragen, was sie müssen

»Ich denke, alle Ausländer wollen uns reinlegen, und unser Job ist es, ihnen zuvorzukommen.«

JOHN CONNALLY[1]

Es war Hochsommer in Camp David, dem offiziellen Landsitz des amerikanischen Präsidenten, als Richard Nixons Finanzminister John Connally, der ehemalige Gouverneur von Texas, seinen Präsidenten davon überzeugte, den berüchtigten Nixon-Schock auf die nichts ahnenden verantwortlichen Politiker in Europa loszulassen. Nach einem Wochenende voller Konsultationen mit wichtigen Beratern entschied sich Präsident Nixon zu einer spektakulären Ankündigung live im Fernsehen: Das weltweite Währungssystem, das Amerika entworfen hatte und seit Ende des Krieges hegte und pflegte, sollte mit einem einzigen Federstrich beseitigt werden.[2] Man schrieb Sonntag, den 15. August 1971.

Wenige Stunden vor der Fernsehansprache des Präsidenten, genau um Mitternacht, hob vom Stützpunkt Andrews ein Militärtransportflugzeug ab mit Ziel Europa. An Bord befand sich Paul Volcker, Connallys Staatssekretär, der sich den europäischen Finanzministern stellen wollte, die dem Nervenzusammenbruch nahe waren.[3] Unterdessen bereitete Connally selbst eine Ansprache an die Nation vor, bevor er nach Europa flog, um den versammelten Spitzen der europäischen Politik – Premierministern, Kanzlern und Präsidenten – mitzuteilen, dass das Spiel aus war. Washington wollte einem weltweiten Finanzsystem den Stecker ziehen, das es 1944 konzipiert hatte.

Während Volcker in London und Paris mit europäischen Finanzministern und Bankern sprach und versuchte, sie zu beruhigen, überbrachte Connally direkt und persönlich den europäischen Staatschefs eine schonungslose Botschaft. Im Klartext lautete sie: Meine Herren, über Jahre haben Sie sich darüber beschwert, dass wir die Steuerung des weltweiten Finanzsystems übernommen hatten – des Finanzsystems, das wir geschaffen haben, um Sie aus dem Schlamassel zu befreien, den Sie selbst angerichtet haben. Sie fühlten sich befugt, nach Belieben gegen seinen Geist und seine Regeln zu verstoßen. Sie dachten, wir würden weiterhin wie Atlas dastehen und es auf unseren Schultern tragen, egal, was es kostete, und unbeeindruckt von Ihren Beleidigungen und Sabotageakten. Aber da haben Sie sich geirrt! Am Sonntag hat Präsident Nixon die Verbindung zwischen unserem Dollar und Ihren Währungen gekappt.[4] Bevor Sie es sich versehen, wird auch die Verbindung zwischen unserem Dollar und Ihren Währungen dahin sein. Warten wir ab, was das für Sie bedeutet! Meine Vermutung ist, dass Ihre Währungen wie Rettungsboote sein werden, die man vom Mutterschiff USS *Dollar* abgeschnitten hat und die jetzt von hohen Wellen hin- und hergeschleudert werden, für die sie nie konzipiert waren, sodass sie ineinanderkrachen, unfähig, einen eigenen Kurs zu steuern.[5]

Und in einem Satz, der bis heute in Europa nachhallt, fasste Connally all das knapp, schmerzhaft und brutal zusammen: »Meine Herren, der Dollar ist unsere Währung. Und von jetzt an ist das Ihr Problem!«[6]

Die europäischen Politiker erfassten den Ernst ihrer Lage sofort, verfielen aber in Kurzschlussreaktionen und häuften Fehler auf Fehler, die vierzig Jahre später in der beklagenswerten aktuellen Lage Europas kulminierten. 2010 musste Europa den Folgen all seiner Fehler aus vierzig Jahren ins Auge sehen (vgl. Kapitel 2, 3 und 4). Die Krise seiner heutigen Währung, des Euros, hängt mit Fehlentscheidungen zusammen, die sich bis zu den Ereignissen von 1971 zurückverfolgen lassen, als Nixon, Connally und Volcker Europa von der sogenannten Dollarzone abkoppelten.[7] Die Komödie der Irrtümer, mit denen die europäischen Politiker auf ihre Eurokrise nach 2010 reagierten (vgl. Kapitel 5 und 6), lässt sich ebenfalls auf Europas unbeholfene Reaktion nach dem Nixon-Schock zurückführen.

Dieses entscheidende Ereignis der Geschichte wird uns in diesem Kapitel beschäftigen.

Eine lange Vorgeschichte

Nixon hatte Connallys plumper Logik nicht leichtfertig zugestimmt. Aber Connallys Logik war auch gar nicht so plump, wie er sie selbst gern darstellte. Das Finanzsystem der Nachkriegszeit, das Nixon mit seiner Ankündigung vom August 1971 in den Mülleimer der Geschichte befördert hatte, knirschte bereits seit geraumer Zeit wie ein Kahn, der unweigerlich sinken und die amerikanische Hegemonie der Nachkriegszeit mit sich in den Untergang reißen würde.

Lyndon B. Johnson, Nixons direkter Vorgänger im Weißen Haus, der wie Connally aus Texas stammte und sein politischer Mentor war, hatte ebenfalls begriffen, dass das Finanzsystem, das Amerika für die Nachkriegszeit ersonnen hatte, nicht mehr weiterexistieren konnte.[8] In einer Diskussion mit seinem stellvertretenden Nationalen Sicherheitsberater Francis Bator im Jahr 1966 beharrte Johnson darauf, dass er dem System ein Ende bereiten und das Band zwischen dem Dollar und Gold durchtrennen werde, von dem es abhing: »Ich werde nicht die amerikanische Wirtschaft schrumpfen lassen und meine Außenpolitik kaputt machen, indem ich Hilfen kürze oder Truppen abziehe oder protektionistisch werde, nur damit wir weiterhin den Franzosen Gold zum Kurs von 35 Dollar pro Unze geben können.«[9] Doch Johnson war von seinem Projekt der Great Society und der Eskalation des Vietnamkriegs abgelenkt. Außerdem hatte er keine rechte Lust, das System zu zerschlagen, das die Regierung von Präsident Franklin Roosevelt (die sogenannten New-Deal-Politiker) zwei Jahrzehnte zuvor geschaffen hatte, und ließ den Dingen ihren Lauf.[10]

Auch Nixon versuchte nach seinem Einzug ins Weiße Haus, das Unvermeidliche hinauszuzögern. Obwohl seine zerstrittene Regierungsmannschaft zunehmend zu der Überzeugung gelangte, dass das weltweite Währungssystem am Ende war, hätten ihre Warnungen allein nicht ausgereicht, ihn zu überzeugen, seine Schockbotschaft (und John Connally) auf die verwirrten Europäer loszulassen. Wie wir noch sehen werden, bedurfte es dazu einiger aggressiver Manöver der Franzosen, Deutschen und Briten von 1968 bis Mitte 1971, die ihm schließlich freie Hand gaben. Es waren tollkühne Herausforderungen für Amerikas Umgang mit dem globalen Kapitalismus, und sie verschafften Connally und »dem verdammten Volcker«[11] die Gelegenheit, dem Präsidenten klarzumachen, dass er keine andere Wahl hatte: Er musste das internationale Währungssystem, das unter dem Begriff Bretton Woods bekannt war, versenken und Europa gleich mit.

Wäre auch ein anderer Ausgang möglich gewesen? 1971 wussten alle, dass mächtige Wirtschaftskräfte im Untergrund, die weder die Vereinigten Staaten noch Europa beeinflussen konnten, das System von Bretton Woods ausgehöhlt hatten. Europas Irrtum bestand darin, dass seine politischen Vertreter nicht versuchten, ein strauchelndes System durch Verhandlungen zu retten, sondern stattdessen ein schwaches Blatt gegenüber einem kühnen Hegemon überreizten. Nun würden sie die Konsequenzen tragen müssen. Und Europa bekam sie zu spüren. Tatsächlich leidet Europa von Dublin bis Athen und von Lissabon bis Helsinki immer noch unter den Konsequenzen.

Eine einfache Idee für ein gebeuteltes Europa

Das Finanzsystem, das Präsident Nixon 1971 exekutierte, war im Juli 1944 in den Konferenzräumen des Hotels Mount Washington entstanden, malerisch gelegen in der Kleinstadt Bretton Woods in New Hampshire. Es hätte keinen größeren Kontrast zu der aus Blut und Stahl hervorgegangenen Situation in Europa und dem pazifischen Raum geben können als diese heitere Umgebung.

Zu Beginn der Konferenz von Bretton Woods lag der D-Day gerade einmal drei Wochen zurück, Zehntausende trauernde Familien, hauptsächlich amerikanische, hatten seinen schrecklichen Blutzoll noch nicht verdaut. Während die Konferenz lief, befreite die Rote Armee Minsk und zahlte dafür einen hohen Preis an Menschenleben, die amerikanische Luftwaffe bombardierte erstmals seit 1942 Tokio massiv, algerische Truppen unter dem Kommando von General Charles de Gaulle nahmen Siena ein, und in London schlug gnadenlos eine V1-Rakete nach der anderen ein. Am 20. Juli, einen Tag bevor die Konferenz von Bretton Woods erfolgreich abgeschlossen wurde, verübte Claus Schenk Graf von Stauffenberg im Führerhauptquartier bei Rastenburg einen Anschlag auf Adolf Hitler. Die Verschwörer scheiterten, aber die Zeichen an der Wand waren eindeutig. Der Juli 1944 war ohne Zweifel der richtige Zeitpunkt, mit der Planung der Nachkriegsordnung zu beginnen.

Die Delegierten aus den vierzig verbündeten Ländern beschäftigten der Kriegsverlauf in ihren jeweiligen Heimatländern und die Ungewissheit, welche Rolle sie in der Nachkriegsordnung spielen würden. Trotzdem schafften sie es, innerhalb von drei Wochen einen eindrucksvollen Deal zu Papier zu bringen. In der Erwartung, dass in Europa die Waffen bald schweigen würden, und zu einem Zeitpunkt, als die Sowjetunion noch nicht als das neue Ungeheuer erschien, das es zu töten galt, begriffen die amtierenden New-Deal-Politiker in Amerika, dass in dieser Stunde ihrem Land die historische Rolle zufiel, den weltweiten Kapitalismus nach seinem Vorbild zu formen.

Bei der Eröffnungszeremonie der Konferenz am 1. Juli 1944 erklärte Präsident Roosevelt, seine Regierung werde die letzten Reste des amerikanischen Isolationismus aufgeben: »Die wirtschaftliche Gesundheit eines jeden Landes liegt all seinen Nachbarn, ob nah oder fern, am Herzen.« Die Vereinigten Staaten, die als einziges Land (vielleicht mit Ausnahme der unbedeutenden Schweiz) mit einem intakten Währungssystem, einer boomenden Industrie und einem ordentlichen Handelsbilanzüberschuss aus dem Krieg herausgekommen waren, beabsichtigten eindeutig, die ausgeblutete Welt unter ihre Fittiche zu nehmen.

Ein Opfer des Krieges in Europa war das Geld. Mit den Nationalsozialisten kollaborierende Regimes in den besetzten Ländern hatten so viel Geld gedruckt, um die Kriegsanstrengungen der Achsenmächte zu unterstützen, dass das Geld der Europäer nicht einmal das Papier wert war, auf dem es gedruckt war. Und selbst in Ländern, die wie Großbritannien der Besetzung entgangen waren, führten die Kriegskosten und der Zusammenbruch des Handels zu einer Kombination von Staatsverschuldung und Wertevernichtung, die die Währung wertlos machte – zumindest im internationalen Handel. Kurzum, der Greenback war die einzige noch funktionierende Währung, die als Schmiermittel des Welthandels dienen konnte.

Washington begriff, dass es seine erste Aufgabe nach der Niederringung der deutschen Armeen sein würde, Europa zu remonetarisieren. Das war natürlich leichter gesagt als getan. Europas Goldbestände waren entweder ausgegeben oder gestohlen worden, seine Fabriken und Infrastruktureinrichtungen lagen in Trümmern, Scharen von Flüchtlingen zogen über die Straßen, und die Konzentrationslager dünsteten immer noch den Gestank unvorstellbarer menschlicher Grausamkeit aus. In dieser Situation brauchte Europa sehr viel mehr als frisches Papiergeld. Etwas musste den neuen Banknoten echten Wert verleihen. Nicht überraschend hatten die New-Deal-Anhänger eine einfache Idee, was dieses »Etwas« sein sollte: ihr Dollar. Amerika war bereit, seinen Greenback mit den europäischen Ländern zu teilen, die am Ende des Krieges unter seinem geopolitischen Schirm Schutz suchten. In der Praxis bedeutete dies neue europäische Währungen, die zu festen Wechselkursen an den Dollar gebunden waren, sodass jedermann sicher sein konnte, dass ein bestimmter Betrag in D-Mark, französischen Francs, britischen Pfund, sogar griechischen Drachmen eine vorher festgelegte, konstante Summe in Dollar wert sein würde. Die Absicherung durch den Dollar würde Europas neuen Währungen auf Anhieb weltweit Wert verleihen.

War das nicht ein Risiko für den Dollar? Wenn der Dollar der Anker für die neuen europäischen Währungen war, worauf würde sich der Wert des Dollars stützen? Einer langen Tradition folgend, Papiergeld an Edelmetall zu binden, das kein Alchimist fälschen konnte, lautete die Antwort: Amerika würde einen festen Wechselkurs und volle Konvertibilität zwischen Dollarscheinen und dem Gold garantieren, das in einem Bunker unter dem Gebäude der Notenbank von New York lagerte sowie in Fort Knox.

Es war eine einfache Idee für eine einfachere Welt: Der Besitzer eines bestimmten Bündels Dollarnoten (35 Dollar war die Zahl, für die man sich schließlich entschied) sollte einen bedingungslosen Anspruch auf eine Unze Gold im Besitz der Vereinigten Staaten haben, unabhängig von seiner Nationalität und seinem Wohnort auf dem Planeten. Genauso sollte dem Besitzer eines Bündels der neuen europäischen Banknoten ein bestimmter Betrag in Dollar garantiert werden, der wiederum den Zugriff auf Amerikas Gold sicherte. Im Kern bedeutete dies, dass mit Gold besicherte Greenbacks zur Absicherung der Währungen in einem neuen globalen Finanzsystem dienten, das als das System von Bretton Woods in die Geschichte eingegangen ist.

Ein Schüler übertrumpft den Meister

Bei den Verhandlungen in Bretton Woods wurde Präsident Roosevelt durch Harry Dexter White vertreten, einen Ökonomen, der im Gefolge von Roosevelts New Deal in den Staatsdienst eingetreten war.[12] Prägend für New-Deal-Anhänger wie White waren die 1930er-Jahre gewesen, die Zeit nach dem Krach an den ungezügelten Finanzmärkten 1929 und der anschließenden Weltwirtschaftskrise. Sie wollten Not und Hoffnungslosigkeit überwinden, indem sie die bestehenden staatlichen Institutionen stärkten und neue schufen, die verhindern sollten, dass sich die Ereignisse von 1929 wiederholten. Bretton Woods bot White die Gelegenheit, die Ideen des New Deal weltweit umzusetzen. Er erhoffte sich von der Konferenz nichts weniger, als vollkommen neu ein stabiles, funktionsfähiges, weltweites Finanzsystem für die Nachkriegszeit zu errichten und zugleich die Europäer abzuwehren, die von Washington erwarteten, es werde das neue Finanzsystem zu ihren Gunsten ausgestalten.

Großen Einfluss auf White hatten in den 1930er-Jahren die Schriften des in Cambridge lehrenden Ökonomen John Maynard Keynes gehabt. In einer köstlichen Volte des Schicksals war sein europäischer Gegenspieler in Bretton Woods niemand anderer als eben jener John Maynard Keynes, den Winston Churchills während des Krieges amtierende Regierung der nationalen Einheit als Vertreter des letzten, wenngleich strauchelnden Empires in Europa zu der Konferenz entsandt hatte.[13]

Keynes hatte alles bereits gut geplant, bevor er nach Amerika reiste. Er brachte ein rasiermesserscharfes Verständnis für die Funktionsweise des weltweiten Kapitalismus mit, ein einzigartiges Wissen, welche ökonomischen Kräfte die Weltwirtschaftskrise verursacht hatten, einen hervorragenden Plan für die Neugestaltung des globalen Finanzsystems und nicht zuletzt das Gespür eines Dichters für Worte und das Talent eines Romanciers für Erzählungen.[14] Der einzige Mensch bei der Konferenz von Bretton Woods, der ihm den Ruhm streitig machen konnte, dem neuen Weltwirtschaftssystem seinen Stempel aufzudrücken, war sein amerikanischer Schüler Harry Dexter White. Und genau das tat White dann auch.

Keynes' Vorschlag sprühte vor intellektueller Brillanz; White trat im Bewusstsein der Macht auf, die ihm Amerikas wirtschaftliche und militärische Dominanz verlieh. Keynes plädierte für ein weltweites System, das den Kapitalismus für eine sagenhaft lange Zeit weiter stabilisieren könnte. White hatte den Auftrag, ein System durchzusetzen, das zu der neu gewonnenen Stärke der Vereinigten Staaten passte, aber nur so lange funktionieren konnte, wie Amerika eine außerordentliche Überschussnation sein würde. Es war sicher unvermeidlich, dass die beiden Männer aneinandergerieten und dass White triumphierte, obwohl es Keynes gelang, seinen Gegner in allen wichtigen theoretischen Punkten zu überzeugen.

Und so kehrte Keynes im Juli 1944, kurz nach dem D-Day, während amerikanische Truppen in Europa und in der Pazifikregion vorrückten und der Rest der Welt in Amerikas Schuld stand, als geschlagener Mann nach London zurück, wo er ebenso wenig die letztlich von der amerikanischen Seite diktierte Vereinbarung diskutieren wollte wie seinen Plan, den White im Hotel Mount Washington abgeschmettert hatte. Kurz darauf investierte Keynes seine verbliebene Energie in eine neue Verhandlungsrunde mit den Washingtoner New-Deal-Anhängern bei einer Konferenz in Savannah im Bundesstaat Georgia. Diesmal wollte er sie dazu bringen, die gigantische Belastung Großbritanniens durch Kriegsanleihen zu reduzieren. Es ging nicht gut aus. Während der Verhandlungen, die Keynes als »die Hölle« bezeichnete, erlitt er seinen ersten Herzinfarkt. Kurz nach seiner Rückkehr nach England beendete ein weiterer Herzinfarkt im Alter von zweiundsechzig Jahren sein Leben.

Die Antwort der Melier

Als ich mir vierzig Jahre später, 1988, im King's College in Cambridge Keynes' Papiere und Bücher anschaute, fiel mir eine altgriechische Ausgabe von Thukydides' *Der Peloponnesische Krieg* ins Auge. Ich zog sie hervor und blätterte durch die Seiten. Mit Bleistift war die berühmte Passage unterstrichen, in der die mächtigen Athener Generäle den ratlosen Meliern erklärten, warum es »Recht« nur »bei gleichem Kräfteverhältnis« gibt, weil »die Stärkeren alles in ihrer Macht Stehende durchsetzen und die Schwachen ertragen, was sie müssen«.[15]

Diese Worte klangen mir im Frühjahr 2015 in den Ohren, als ich mich Griechenlands Geldgebern gegenübersah und ihrer festen Entschlossenheit, unsere Regierung zu Fall zu bringen. Ich bin mir ganz sicher, dass diese Worte während der Konferenz von Bretton Woods auch in Keynes' Ohren klangen. Allerdings frage ich mich, ob er versucht war, White gegenüber die Worte der Melier zu wiederholen, die in dem Bestreben, sich zu retten, an das Eigeninteresse der Athener zu appellieren versuchten:

> Wir glauben aber doch, es wäre nützlich – so müssen wir ja sprechen, da ihr statt des Rechts den Vorteil unserem Gespräch zugrunde gelegt habt –, wenn ihr nicht etwas aufheben würdet, woraus alle gemeinsam Gewinn ziehen, sondern wenn jedem, der in Gefahr gerät, Gründe der Billigkeit zu Gebote stünden und er daraus … Nutzen ziehen könnte. Das gilt in hohem Grade mit für euch, *insoweit ihr,*

einmal gestürzt, durch die Härte der Strafe (die an euch dann vollzo-
gen werden wird) anderen ein warnendes Beispiel werden könntet.[16]

Die arroganten Athener erinnerten sich bestimmt Jahre später an diese
Worte, als ihre Todfeinde, die Spartaner, die Stadtmauern erklommen,
entschlossen, Athen zu vernichten. Nach dem Ersten Weltkrieg hatte
Keynes ein ähnliches Argument verwendet wie die Melier, um die siegreichen Alliierten zu warnen, dass die rachsüchtigen Bedingungen des
Vertrags von Versailles, die sie Deutschland auferlegt hatten, ein Bu-
merang waren, der auf sie zurückfallen und ihre eigenen Interessen treffen würde[17] – genau so kam es dann auch: Der Versailler Vertrag führte zu einer Wirtschaftskrise in Deutschland, die Adolf Hitler an die
Macht brachte. Vielleicht drückte die Antwort der Melier auch aus, wie
sich Mitte der 1960er-Jahre die noch lebenden New-Deal-Politiker fühlten, als das System von Bretton Woods, das White wider Keynes' besseres Urteil durchgesetzt hatte, zu zerfallen begann. Damals war es natürlich bereits zu spät, um noch etwas zu tun. Bretton Woods war am Ende,
und der Nixon-Schock illustriert lediglich, mit welcher rücksichtslosen
Effizienz die amerikanischen Verantwortlichen auf unliebsame Realitäten reagieren, ganz anders als ihre Pendants in Europa, die dazu neigen,
so lange wie möglich an gescheiterten Projekten festzuhalten.

Als der Schock dann kam, achteten die Amerikaner darauf, dass sie
anders als Athen trotzdem weiter die Zeichen der unangefochtenen Hegemonie tragen würden – zumindest bis 2008. Das war der Kern dessen,
was John Connally seinem Präsidenten vorgeschlagen hatte: Legen wir
sie rein, bevor sie uns reinlegen! Europa und Japan wurden in der Folge
schwer reingelegt,[18] aber das war nun einmal das politische Projekt der
New-Deal-Politiker, die Keynes' Vorschläge 1944 abgewiesen hatten.
Nach 1965 verloren die New-Deal-Politiker und ihre Nachfolger im eigenen Land alle Schlachten gegen die wiedererstarkten Republikaner.
Alle Versuche, den Geist des New Deal wiederzubeleben, scheiterten
kläglich, auch die der demokratischen Präsidenten (zum Beispiel Jimmy
Carter, Bill Clinton und Barack Obama), und auch das lässt sich wohl auf
ihren Widerstand gegen Keynes' Vorschläge 1944 zurückführen.[19]

Schönwetterrecycling

Keynes' Vorschlag war durch und durch internationalistisch und multilateral. Er zog die Lehre aus der Geschichte (dem Crash an der Wall Street 1929) und hatte sein theoretisches Fundament in einem Gedanken, der eigentlich für jeden offensichtlich ist, ausgenommen die meisten Ökonomen: Der globale Kapitalismus unterscheidet sich grundlegend von Robinson Crusoes einsamer Wirtschaft.

Eine abgeschlossene, autarke (das heißt auf Selbstversorgung basierende) Volkswirtschaft wie die von Robinson Crusoe im Roman, oder vielleicht in Nordkorea heute, kann arm, einsam und undemokratisch sein, aber zumindest hat sie nicht mit Problemen zu kämpfen, die durch Defizite oder Überschüsse im Handel mit anderen verursacht werden.[20] Hingegen haben alle modernen Volkswirtschaften Beziehungen zu anderen und müssen damit rechnen, dass diese Beziehungen fast immer asymmetrisch sind. Man denke nur an Griechenland im Verhältnis zu Deutschland, an Arizona im Verhältnis zum angrenzenden Kalifornien, an Nordengland und Wales im Verhältnis zu Greater London oder auch an die Vereinigten Staaten im Verhältnis zu China – alles Beispiele für Ungleichgewichte, die sich als erstaunlich hartnäckig erwiesen haben. Ungleichgewichte sind, kurz gesagt, die Regel und niemals die Ausnahme.

1944 gestand Keynes zu, dass es angesichts der desaströsen Verfassung Europas keine Alternative zu einem System fester Wechselkurse gab, das ganz auf den Dollar baute. Doch ein vom Dollar gestütztes Wechselkurssystem in Europa würde zwar ein Problem lösen, aber die Ungleichgewichte in der Handelsbilanz immer weiter anwachsen lassen, was letztlich furchtbare Effekte für die Defizitländer und in der Folge für alle anderen haben würde. Seine Argumentation, warum feste Wechselkurse in einer Welt mit chronischen Überschüssen und Defiziten Unheil bringen würden, gründete unmittelbar in der Erfahrung der Ereignisse, die zur Weltwirtschaftskrise geführt hatten. Die New-Deal-Politiker verstanden das sehr gut.

Die Argumentation geht folgendermaßen: Genau wie die Schulden einer Person das Vermögen einer anderen sind, ist das Defizit eines Landes der Überschuss eines anderen Landes. In einer asymmetrischen Welt sammelt sich das Geld, das die Überschussländer anhäufen, weil sie mehr an die Defizitländer verkaufen, als sie von ihnen kaufen, bei ihren Banken. Dann sind die Banken versucht, einen Großteil als Kredite in die Defizitländer oder -regionen zu schleusen, wo die Zinsen immer höher sind, weil das Geld so viel knapper ist. Auf diese Weise tragen die Banken dazu bei, in guten Zeiten den Anschein des Gleichgewichts zu wahren. Wenn es so aussieht, als würden die Wechselkurse leidlich stabil oder ganz unverändert bleiben, leihen die Banken den Defizitländern mehr, weil sie sich keine Sorgen machen müssen, dass eine Abwertung den Schuldnern in den Defizitländern die Rückzahlung der Kredite erschweren könnte. Banker sind insofern Schönwetter-Überschussrecycler. Sie profitieren davon, dass sie einen Teil des Überschussgeldes aus den Überschussländern nehmen und in den Defizitländern recyceln.

Aber wenn der Wechselkurs fest ist, gibt es für die Banken kein Halten mehr; sie transferieren Berge von Geld in die Defizitregionen, solange keine Gewitterwolken aufziehen, der Himmel blau ist und die Finanzgewässer ruhig sind. Die Kreditlinie erlaubt denen, die Schulden haben, immer mehr Dinge in den Überschussländern zu kaufen, die dank ihrer glänzenden Exporte florieren. Import-Export-Unternehmen geht es überall immer besser, die Einkommen steigen in den Überschuss- und in den Defizitländern gleichermaßen, das Vertrauen in das Finanzsystem wächst, die Überschüsse werden größer und die Defizite ebenfalls.

Solange die finanzielle Schönwetterperiode anhält, geht das Schönwetter-Überschussrecycling weiter. Aber es kann nicht für immer so bleiben. Genauso unweigerlich und schlagartig, wie ein Sandhaufen ins Rutschen gerät, wenn noch ein entscheidendes Sandkorn dazukommt, wird der lieferantenfinanzierte Handel irgendwann in plötzliche, heftige Turbulenzen geraten. Niemand kann voraussagen, wann es so weit ist, aber nur Dummköpfe zweifeln, dass es so kommen muss. Die Entsprechung zu dem einen entscheidenden Sandkorn ist ein Container voller importierter Waren, die ein insolventer Importeur nicht annimmt, oder ein Kredit, den ein überschuldeter Bauunternehmer nicht mehr bedienen kann. Es muss nur einen solchen Bankrott in einem Defizitland geben, und schon macht sich bei den Banken der Überschussländer Panik breit.

Banker, die soeben noch selbstbewusst durch die Welt spazierten, bekommen auf einmal weiche Knie. Haben sie gerade noch großzügig Kredite vergeben, vergeben sie nun gar keine Kredite mehr. Importeure, Bauunternehmer, Regierungen und Stadträte in den Defizitregionen, die von den Banken abhängig geworden waren, werden ausgehungert. Die Immobilienpreise fallen ins Bodenlose, öffentliche Aufträge werden storniert, Bürogebäude verwaisen, Läden werden zugenagelt, Einnahmen lösen sich in Luft auf, und Regierungen verkünden einen harten Sparkurs. In null Komma nichts stehen die Banker vor Bergen von »Not leidenden Krediten« so hoch wie der Himalaja. Die panischen Stimmen schwellen zu einem ohrenbetäubenden Crescendo an, und wieder einmal hallen Keynes' treffsichere Worte nach: »Wenn ein Sturm aufzieht«, verhalten sich Banker wie ein »Schönwettersegler«, der »das Boot zum Sinken bringt, das ihn vielleicht retten könnte, weil er seinen Nachbarn wegstoßen und sich selbst hineinziehen will«.[21]

Es ist das Schicksal des Schönwetter-Überschussrecyclings, dass es einen Crash verursacht und alles Recycling stoppt. Genau das passierte 1929. Und genau das passiert seit 2008 in Europa.

Politisches Überschussrecycling oder Barbarei

Wenn der Wert einer Währung hingegen flexibel ist, wirkt sie wie ein Stoßdämpfer, der den Stoß einer durch nicht nachhaltige Waren- und Geldflüsse verursachten Bankenkrise abfängt. Als nicht nachhaltige Bankenpraktiken 2008 den Kollaps Islands verursachten, brach die isländische Währung ein. Der Fisch, den Island nach Kanada und in die Vereinigten Staaten exportierte, wurde spottbillig, die Einnahmen stiegen wieder und, am wichtigsten, die Schulden, die auf isländische Kronen lauteten, schrumpften (zumindest in Dollar, Euro und britischen Pfund). Deshalb erholte sich Island so rasch von dem schrecklichen Schock.

Aber wenn die Währung eines Defizitlandes zu einem gleichbleibenden Kurs gegen die Währung seiner Überschuss-Handelspartner getauscht wird, ist ihr Außenwert fest. Das klingt großartig, wenn man in einem solchen Land lebt und jede Menge Geld hat. Doch es ist fürchterlich für die große Mehrheit der Menschen, die wenig Geld haben. Wenn die Serie der Bankrotte erst einmal begonnen hat, fallen die Einkommen, während die Schulden der privaten Haushalte und der öffentlichen Hand gegenüber den ausländischen Banken gleich bleiben. Der Preis für einen festen Wechselkurs ist ein bankrotter Staat in einer tödlichen Umarmung mit mittellosen Bürgern und einem insolventen privaten Sektor. Ein Teufelskreis, eine grässliche Abwärtsspirale führt die Mehrheit in Schuldknechtschaft, das Land in die Stagnation und die Nation in die Schande.

John Maynard Keynes wusste das nur allzu gut.[22] Und Harry Dexter White, der die Verwüstung der 1930er-Jahre erlebt hatte, wusste es auch. Damals hatte er mit eigenen Augen gesehen, was passiert, wenn die Last der Anpassung krachend auf die schwächsten Schultern niedergeht: auf die Schuldner, die in den Defizitregionen ächzen, wo die Einkommen sinken, Investitionen nicht mehr getätigt werden und nur eines immer größer wird, nämlich das schwarze Loch von Schulden und Bankenverlusten. White durchschaute das alles, ebenso gut wie heute die Griechen, die Iren, die Spanier und andere Europäer.

Weil White das Problem erkannt hatte, stimmte er in einem wichtigen Punkt mit Keynes überein: Das globale System, das sie entwerfen wollten, brauchte einen Mechanismus, der als Stoßdämpfer wirken würde. Einen Mechanismus, den es beim Goldstandard der 1920er-Jahre nicht gegeben hatte und der Europa heute tragischerweise fehlt. Ein Mechanismus, der einspringen kann, wenn das Schönwetter-Überschussrecycling der Banker endet, und der verhindert, dass der Teufelskreis erst die Defizitländer erfasst und ins Unglück stürzt und dann, in einer neuen Spirale von Wirtschaftskrise und barbarischem Konflikt, den globalen Kapitalismus. Was sollte dieser Mechanismus sein? Die Antwort lautete: eine Reihe politischer Institutionen, die einspringen und Überschüsse recyceln, wenn das Schönwetter-Überschussrecycling nicht mehr funktioniert.

Die New-Deal-Politiker, die White in Bretton Woods vertrat, hatten das Problem im eigenen Land bereits angepackt. Sie hatten Bundesinstitutionen geschaffen, deren Rolle es war, in Krisenzeiten automatisch die Überschüsse dort zu recyceln, wo sie gebraucht wurden. Es ging, kurz gesagt, um politisches Überschussrecycling. Der entscheidende Punkt beim New Deal, der der Konferenz von Bretton Woods zehn Jahre vorausging, war dies: Die Sozialversicherung, eine nationale Einlagensicherung (verwaltet von der Federal Deposit Insurance Corporation FDIC) für alle Banken in allen Bundesstaaten, Medicare, Essensmarken und der Militärhaushalt dienten allesamt dem politischen Überschussrecycling, um die Weltwirtschaftskrise zu bekämpfen und ihre Wiederholung zu verhindern.[23]

Die therapeutische Wirkung dieses Mechanismus ist bis heute in Amerika zu spüren. Als 2008 die Wall Street implodierte, gehörte Nevada zu den am schlimmsten betroffenen Bundesstaaten. In Las Vegas und Umgebung schoss die Zahl der Arbeitslosen, der Insolvenzen und Zwangsvollstreckungen sprunghaft in die Höhe. Das zusätzliche Geld, das für die Arbeitslosen benötigt wurde und das Nevadas Banken brauchten, um wieder liquide zu werden, kam nicht von den Steuerzahlern des Bundesstaats, sondern von der Bundesregierung und den Währungshütern in Washington, der Notenbank (Fed) und der FDIC.[24]

Es war kein Akt der Solidarität der übrigen Vereinigten Staaten mit dem Bundesstaat Nevada, sondern ein Automatismus, der einsetzte und verhinderte, dass die Notlage Nevadas sich weiter ausbreitete. Durch die Sozialversicherung, das Eingreifen der FDIC, Medicare und andere Institutionen wurden Überschüsse aus Überschussstaaten wie Kalifornien, New York und Texas automatisch in die Wüsten von Nevada geleitet, um den Verfall aufzuhalten. Viele Amerikaner nehmen diesen Recyclingmechanismus als gegeben hin und vergessen, dass er erst unter der Regierung Roosevelt eingeführt wurde, wenige Jahre bevor derselbe Präsident die Konferenz von Bretton Woods einberief.[25]

Keynes hatte darum allen Grund zu hoffen, er könnte New-Deal-Politiker wie White dazu bewegen, Europa durch die Schaffung eines globalen politischen Mechanismus für das Überschussrecycling in die Dollarzone einzubeziehen. Denn wenn die Dollarzone bis nach Europa und später Japan ausgedehnt werden sollte, musste auch das politische Überschussrecycling so weit ausgedehnt werden, wie das System von Bretton Woods reichte.

»Unsere Überschüsse, unser Recyclingmechanismus«

Keynes' Blaupause für das Überschussrecycling, das das System von Bretton Woods erforderte, war auf wunderbare Weise grandios. Dazu gehörten eine neue Weltwährung, ein System fester Wechselkurse zwischen der Weltwährung und den nationalen Währungen und eine Weltzentralbank, die das ganze System steuern sollte.

Aufgabe des Systems war es, überall für Geldwertstabilität zu sorgen, Überschüsse und Defizite in der westlichen Welt im Gleichgewicht zu halten und beim ersten Anzeichen einer Krise in einem Land sofort Überschüsse dorthin zu leiten, um eine Ansteckung der anderen zu verhindern. Ein internationaler Fonds sollte eingerichtet werden, der die Rolle der Weltzentralbank übernehmen und ihre Währung herausgeben würde – den Bancor, wie Keynes sie provisorisch nannte. Den Bancor würde es nicht als Banknoten geben, genau wie heute die digitale Kryptowährung Bitcoin nicht in materieller Form existiert, sondern nur als Zahlen in einer Tabelle oder auf einem digitalen Gerät. Jedes Land würde ein Bancor-Konto beim IWF bekommen, von dem es Bancor abheben konnte, wenn es Waren in anderen Ländern kaufte, und auf das andere Länder Bancor einzahlen würden, wenn ihre Bürger oder Unternehmen Waren und Dienstleistungen kauften. Der gesamte internationale Handel würde so in der Weltwährung abgewickelt werden, und die nationalen Währungen würden weiter als Schmiermittel für das Getriebe der nationalen Volkswirtschaften dienen.

Entscheidend bei diesem System waren feste Wechselkurse zwischen den nationalen Währungen und dem Bancor und infolgedessen zwischen den Währungen aller teilnehmenden Staaten. Der Gouverneursrat des IWF, in dem alle Länder vertreten sein würden, sollte auf der Grundlage von Verhandlungen zentral über die Wechselkurse entscheiden. Danach konnten sie nach Bedarf angepasst werden, sodass Länder mit hartnäckigen Überschüssen erleben würden, dass ihre Währungen immer mehr Bancor kauften (um ihre Exporte zu verteuern und ihre Importe zu verbilligen), und für Länder mit anhaltenden Defiziten würde genau das Gegenteil gelten.

Keynes ging sogar noch weiter. Weil das Defizit eines Landes der Überschuss eines anderen ist, sollte sein IWF eine Steuer auf das Bancor-Konto eines Landes erheben, wenn seine Importe und Exporte zu stark auseinanderdrifteten. Die Idee dahinter war, beide Arten von Ungleichgewichten zu bestrafen (exzessive Überschüsse genauso wie exzessive Defizite, die Deutschlands der Welt genauso wie die Griechenlands). Damit würde eine Kasse mit Bancor beim IWF aufgebaut werden, aus der man in einer Krisensituation in Schwierigkeiten geratene Defizitländer unterstützen und verhindern könnte, dass sie in ein schwarzes Loch aus Schulden und Rezession fielen, das sich womöglich über das gesamte System von Bretton Woods ausbreitete.

White erkannte mit Sicherheit die Wichtigkeit des politisch gelenkten Überschussrecyclings innerhalb des globalen Systems, das zu schaffen sie im Begriff waren. Aber Keynes' Vorschläge klangen für seine amerikanischen Ohren lächerlich. Plädierte dieser listige Engländer wirklich dafür, dass die Europäer nach dem Mehrheitsprinzip mitentscheiden sollten, wie die amerikanischen Überschüsse recycelt wurden? Meinte er das ernst?

Als guter Keynesianer stimmte White zu, dass Bretton Woods mehr leisten sollte, als nur die westliche Welt in den Dollarraum einzubeziehen. Er begriff, wie wichtig ein politisch (unabhängig vom Markt) gelenkter Mechanismus für das Überschussrecycling war, womit aber natürlich das Recycling amerikanischer Überschüsse in Europa gemeint war. Trotzdem war der Gedanke, dass die bankrotten Europäer, die die Welt in weniger als dreißig Jahren durch zwei Weltkriege gejagt hatten und sich immer noch nach der Wiederherstellung ihrer abscheulichen Imperien sehnten, nun Amerikas Überschüsse kontrollieren sollten, für einen antiimperialistischen, patriotischen New-Deal-Politiker wie White unannehmbar. Insofern ist es nur verständlich, dass er nichts davon wissen wollte. Amerika war die einzige Überschussnation, und Amerika würde allein darüber entscheiden, wann und bei wem es seine Überschüsse recycelte.

White hörte respektvoll zu, als Keynes seinen grandiosen Plan darlegte, lehnte aber sofort zwei Schlüsselelemente ab: zum einen die Idee einer neuen globalen Schattenwährung (der Bancor), die von einem IWF-Gouverneursrat verwaltet würde, in dem die Vereinigten Staaten nur eine Stimme unter vielen haben würden. Zum Zweiten lehnte er die damit verbundene Idee ab, Überschussländer zu besteuern – das betraf in erster Linie die Vereinigten Staaten. Für White waren die Würfel bereits gefallen: Europa musste Teil des Dollarraums werden, und der Dollar sollte die Weltwährung sein. Der Bancor war eine großartige Idee in einer multilateralen Welt, aber ein Witz in einer Welt, in der sich alles um den Dollar drehte. Außerdem erschien es ihm geradezu unfassbar lächerlich, dass das Leitungsgremium des IWF, in dem die Europäer die Mehrheit haben würden, Amerikas Überschüsse besteuern sollte. Amerikas Überschüsse gehörten Amerika, und Amerika würde sie selbst recyceln, ohne erst eine Gruppe bankrotter Europäer um Erlaubnis zu fragen.

Verteidigung des Territoriums

Bis zum Ende der Konferenz von Bretton Woods hatte White Keynes' Vorschlag so zerpflückt, dass dessen multilateraler Geist sich verflüchtigt hatte. Ja, der IWF sollte geschaffen werden, aber seine Aufgabe würde nicht die Ausgabe einer neuen Weltwährung sein.[26] Der Verlust des Bancor und die offizielle Erhebung des Dollars in den Rang der Weltwährung bedeuteten, dass der IWF nicht die Rolle der Weltzentralbank spielen konnte. Diese Rolle wurde *de facto* der amerikanischen Zentralbank übertragen, der Fed.

Ohne die Funktion der Zentralbank wurde der IWF mehr zu so etwas wie dem geldpolitischen Rat einer Mini-UNO, in dem die Vertreter der nationalen Regierungen, von denen manche gleicher waren als andere, ständig über die Wechselkurse jeder einzelnen Währung zum Dollar feilschten. Der Dollar wiederum wurde zum Preis von 35 Dollar pro Unze an Gold geknüpft, entgegen Keynes' Überzeugung, dass es ein gefährlicher Schritt zurück in eine düstere Vergangenheit war, das neue System an ein Edelmetall zu binden. Diese globale Architektur brachte die amerikanische Zentralbank, die Federal Reserve, in die Klemme: Sie sollte die Weltwährung ausgeben, ohne direkte Mitsprache bei ihren Wechselkursen gegenüber der D-Mark, dem französischen Franc, dem britischen Pfund und allen anderen beteiligten europäischen Währungen zu haben.

Die europäischen Zentralbanken standen vor einer verwandten Herausforderung: Die Politiker würden über die Wechselkurse verhandeln (unter der Aufsicht des IWF), aber um die Verteidigung der Wechselkurse insbesondere gegenüber Spekulanten sollten sich die Zentralbanker kümmern.[27] Üblicherweise widerstrebt es Politikern, die Währung ihres Landes abzuwerten, selbst wenn sie wissen, dass eine Abwertung segensreich sein kann – wie es Italien vor der Einführung des Euros erlebte: Jede Abwertung der Lira verbilligte italienische Exporte nach Deutschland und in andere Länder und verminderte gleichzeitig den Wert von Krediten, die Italiener in Lira aufgenommen hatten, in D-Mark oder Dollar. In der allgemeinen Vorstellung ist der Begriff Abwertung mit Scheitern, Schwäche, sogar nationaler Demütigung verbunden. Wenn in den Nachrichten Grafiken auftauchen, die den Kursverlust des Pfundes oder des Dollars zeigen, ist das für die Popularitätswerte des Schatzkanzlers oder des Finanzministers nicht gut. Hinzu kommt, dass Währungsspekulanten in Erwartung einer weiteren Abwertung Kredite in der betreffenden Währung aufnehmen und damit eine stärkere ausländische Währung kaufen werden, weil sie damit rechnen, dass sie bei der nächsten Abwertung mit der stärkeren Währung mehr von der mittlerweile noch schwächeren Währung kaufen können, als sie sich geliehen haben. Dann zahlen sie ihren Kredit zurück und streichen die Differenz als Gewinn ein. Da Finanzmärkte so ticken, wird aus der erwarteten Abwertung eine reale: Je mehr von der schwachen Währung die Spekulanten verkaufen (gegen die stärkere eintauschen), desto mehr ist auf dem Markt und desto niedriger ist der Kurs (und damit ihr Wert).

Wenn also die Chance besteht, einen Wechselkurs zu »verteidigen«, werden Politiker sie in der Regel ergreifen. Das bedeutet, dass sie genau den entgegengesetzten Kurs zu den Spekulanten einschlagen müssen: Sie müssen alle Bestände der stärkeren Währung, die sie in den Tresoren ihrer Zentralbank haben, einsetzen, um ihre eigene Währung zu kaufen und den Trend umzukehren. Zwischen den Politikern und ihrer Zentralbank baut sich eine Spannung auf: Weil die Zentralbanker sehen, dass diese Maßnahmen das zugrunde liegende Problem nicht lösen, sondern den unvermeidlichen Ausgang nur hinausschieben, werden sie dagegen sein, ihre Devisen zu verschwenden, um für die Politiker eine verlorene Schlacht zu schlagen, zumal der höhere Wechselkurs, den die Politiker erhalten wollen, den Exporten schadet. Mit anderen Worten: Weil das System von Bretton Woods den Politikern die Macht gab, die Wechselkurse festzusetzen, wirkte es so, als hätte man es geradezu ersonnen, um Zentralbanker und Regierungen gegeneinander in Stellung zu bringen. Tatsächlich wurde dieser Konflikt nur allzu offensichtlich, als das System Ende der 1960er-Jahre ins Wanken geriet. Zeitweise erinnerte das globale Finanzsystem an ein Fahrzeug mit zu vielen eigensinnigen Fahrern; manche hielten das Lenkrad fest, andere drückten abwechselnd das Brems- und das Gaspedal.

Keynes' Idee einer einzigen Zentralbank für die ganze Welt mochte 1944 utopisch erscheinen, aber Anfang der 1960er-Jahre erwies sich das dann tatsächlich implementierte System als noch weiter hergeholt. Denn die Verteidigung der Wechselkurse war keine rein technische Aufgabe, die man an die technokratischen Zentralbanker delegieren konnte, sondern verlangte leidenschaftliche, permanente Koordination zwischen den Zentralbankern aus vielen Ländern; sie mussten Wechselkurse verteidigen, die sie nicht festgelegt hatten und die ihnen oft nicht gefielen. Eine derart aufgeklärte Zusammenarbeit wurde immer wichtiger (und fand doch immer weniger statt), als Handelsungleichgewichte das System destabilisierten und das daraus resultierende, von den Banken vermittelte Schönwetterrecycling, um das sich Keynes so viele Gedanken gemacht hatte, aus dem Tritt geriet. Das größte Ungleichgewicht bestand zwischen Deutschland und Frankreich.

Mit jedem Volkswagen Käfer, den eine französische Familie kaufte, ohne dass eine deutsche Familie einen Renault oder ein paar Kisten französischen Wein erwarb, wuchs Frankreichs Handelsbilanzdefizit. Wenn das so weiterging, musste irgendwann der Gouverneursrat des IWF entscheiden, den französischen Franc abzuwerten (im Verhältnis zur D-Mark und damit auch zum Dollar), damit der französische Wein in Deutschland billiger wurde und die Autos von Volkswagen in Frankreich teurer und der Ausgleich wiederhergestellt wurde. Allein die Ahnung einer solchen Abwertung reichte aus, um unheilvolle Winde in die Segel der Spekulanten zu leiten, die darauf wetteten, dass der Franc im Wert fallen würde. Wie sahen solche Wetten aus? Da kein vernünftiges Wettbüro Wetten auf Währungsschwankungen annehmen würde, wickelten die Spekulanten ihre Wetten anders ab: Sie liehen sich in Paris französische Francs und kauften damit D-Mark zum aktuellen Wechselkurs. Dann warteten sie ab, dass der Franc gegenüber der D-Mark abwertete. Wenn es so weit war, kauften sie mit ihrem Berg von D-Mark sehr viel mehr Francs (dank des niedrigeren Franc-Kurses), als sie sich ursprünglich geliehen hatten, zahlten ihre Kredite in Franc zurück und strichen die erkleckliche Differenz ein.

Während Wetten auf das Wetter oder auf Sportereignisse weder das Wetter noch den Ausgang eines Wettkampfs ändern, bestand hier das Problem, dass Wetten auf einen Kursverlust des Francs die Wahrscheinlichkeit erhöhten, dass er tatsächlich an Wert verlor. Mit jedem Franc, den die Spekulanten sich in Paris liehen, um D-Mark zu kaufen, stiegen die Erwartungen auf eine Abwertung, und damit sank der Wert des Francs auf den Devisenmärkten für Touristen, bei informellen Währungsgeschäften zwischen Unternehmen und so weiter ein bisschen tiefer. Irgendwann tat sich eine Kluft zwischen dem offiziellen und dem inoffiziellen Kurs des Francs auf. Um den offiziellen Wechselkurs zu verteidigen, musste die französische Zentralbank, die Banque de France, ihre gesamten D-Mark-Bestände aus den Tresoren holen und damit Francs kaufen in der Hoffnung, den Wechselkurs zu stützen. Damit begann ein Feiglingsspiel. Wer würde als Erster zucken? Die Spekulanten? Oder die Banque de France?

Wenn die Banque de France keine Hilfe bekam und sich ganz allein der Spekulanten erwehren musste, würden ihre Bestände an D-Mark und anderen Devisen rasch dahinschmelzen. An diesem kritischen Punkt konnte die französische Zentralbank den Todeskampf ein bisschen verlängern, indem sie die Zinsen erhöhte, um ausländisches Geld nach Frankreich zu locken, das sie dann wiederum gegen die Spekulanten einsetzen konnte. Doch höhere Zinsen bedeuteten, dass Investitionen für die französischen Unternehmen teurer wurden, was zu einem Abschwung im Land führte – nicht gerade das, was der stotternde französische Wirtschaftsmotor brauchte.

Als Alternative blieb der Banque de France noch die Möglichkeit, in den sauren Apfel zu beißen und dem französischen Finanzminister die schreckliche Nachricht mitzuteilen: »Wir können den Franc nicht länger verteidigen, weil unsere Landsleute so viele Volkswagen kaufen. Es ist Zeit, den IWF einzuschalten und die Abwertung des Francs gegenüber der D-Mark und dem Dollar vorzubereiten.« An dem Punkt kauften die Spekulanten schon mal ein paar Kisten vom besten französischen Champagner, um ihren lukrativen Sieg über den Franc gebührend zu feiern.

Nur ein Hindernis versperrte den Spekulanten noch den Weg zu Ruhm und Reichtum: die deutsche Zentralbank, die gleichzeitig gefürchtete und geschätzte Bundesbank. Würde sie D-Mark drucken (was die Banque de France natürlich nicht konnte), um damit Francs zu kaufen, wären die Spekulanten irgendwann erledigt. Der Grund ist einfach: Die Spekulanten glaubten, dass sie durch den Verkauf der Francs, die sie sich in Paris geliehen hatten, um sie gegen D-Mark einzutauschen, die Abwertung des Francs beschleunigten – in der Annahme, andere Spekulanten würden genauso handeln. Eine wahre Flut von Angeboten, Francs zu verkaufen, würde dafür sorgen, dass mehr Händler Francs loswerden als kaufen wollten. Genau wie auf einem Bauernmarkt ein Riesenangebot an Kartoffeln die Nachfrage übersteigt und der Preis für Kartoffeln abstürzt, sagten die Währungsspekulanten voraus, dass sie am Ende des Tages für ihre D-Mark mehr Francs bekommen würden, als sie früher am Tag bekommen hätten. Eine Abwertung um 10 Prozent würde zum Beispiel bedeuten, dass sie nur 90 Prozent ihrer D-Mark-Bestände in Francs zurücktauschen mussten, um ihre Schulden bei den französischen Banken zurückzuzahlen. Das brachte einen Gewinn von 10 Prozent (abzüglich der Kosten für die Zinsen auf den Kredit).

Und hier kam die Bundesbank ins Spiel. Wenn die deutsche Zentralbank D-Mark druckte, konnte man sie anonym ausgewählten Devisenhändlern geben und sie instruieren, im Namen der Bundesbank Francs zu kaufen; dann würde das Ungleichgewicht zwischen Käufern und Verkäufern von Francs verschwinden, und der Kurs des Francs würde nicht sinken. Für die Spekulanten wäre das eine Katastrophe, denn sie würden ihre Kredite in Paris nicht zurückzahlen und dadurch Gewinn machen können, dass sie ihre D-Mark in Francs zurücktauschten.[28] Wenn die Bundesbank in dieser Weise intervenierte, bis die Spekulanten aufgaben, würde das System trotz eines wachsenden französischen Handelsbilanzdefizits gegenüber Deutschland weiterbestehen. Dass die Bundesbank in der Lage war, so zu handeln, stand außer Frage, denn sie besaß die Notenpresse, mit der sie D-Mark drucken konnte. Die Frage war nur, ob sie es auch wollte.

Auf der einen Seite hatte die Bundesbank eine Verpflichtung – gegenüber dem System von Bretton Woods, zur Verteidigung des deutschen Territoriums: die Spekulanten abzuwehren und die Front zu halten. Auf der anderen Seite missfiel es der Bundesbank außerordentlich, D-Mark zu drucken, um Wechselkurse zu verteidigen, über die sie nicht entschieden hatte, und in einem Umfang, den sie nicht guthieß, weil diese D-Mark nach Deutschland zurückzuströmen drohten und dort die Preise in einer Weise in die Höhe treiben würden, die Erinnerungen an die Hyperinflation der frühen 1920er-Jahre weckte.

Waren die Bundesbank und die Zentralbanken anderer Überschussländer bereit, alles zu tun, was nötig ist, um die Zentralbanken der Defizitländer zu unterstützen, wie es die Regeln des Systems von Bretton Woods von ihnen verlangten? Ja, sie taten es, wenn auch widerstrebend, zumindest solange sie glaubten, dass das System von Bretton Woods gesund war. Und das System war so lange gesund, wie Amerika Überschüsse gegenüber dem Rest der Welt vorzuweisen hatte.

Amerikas Defizit, Deutschlands Skrupel, Frankreichs Hybris

Alles hing an Amerikas Überschüssen. Anders als heute in Europa, wo die deutschen Überschüsse keine stabilisierende Rolle spielen[29], hing die Nachkriegsordnung der Welt ebenso wie die Stabilität Europas vollkommen von den Überschüssen Amerikas ab. Sie waren die Grundlage für den notwendigen Prozess des Dollar-Recyclings zwischen den Vereinigten Staaten und Europa und sicherten die Zukunft des Systems von Bretton Woods. Solange Amerika den Europäern genügend Dinge verkaufte, flossen die Dollars, die Amerika nach Europa schickte (als direkte Hilfen, um europäische Waren zu kaufen, oder auch, um amerikanische Militäreinrichtungen auf dem Kontinent zu finanzieren), zuverlässig wieder ins Land zurück. Jedes Flugzeug, das Boeing an die Europäer verkaufte, und jeder Bagger von John Deere, der über den Atlantik verschifft wurde, saugte Greenbacks auf, die in Europa zirkulierten (die sogenannten Eurodollars), und brachte sie nach Hause zurück. Die heimkehrenden Dollars stärkten den Wechselkurs der US-Währung gegenüber der deutschen, französischen und italienischen. Deshalb konnte sich die Fed einschalten und mit den unendlich vielen Dollars so viele Francs, Pfund oder Lire kaufen, wie nötig war, um den offiziell festgesetzten Wechselkurs gegenüber der D-Mark zu verteidigen. In diesem Sinn sorgten die amerikanischen Überschüsse für Stabilität in Europa und gaben den Europäern allen Grund, die recycelten Dollars als »Papiergold« anzusehen.

Wie Keynes richtig vorausgesagt hatte, begannen die Dinge schwierig zu werden, als Amerika regelmäßig mehr Geld für europäische und japanische Waren ausgab, als die Ausländer für Produkte aus Amerika ausgaben.[30] In dem Augenblick, als aus dem amerikanischen Überschuss ein Defizit wurde, kehrte sich der Nettofluss der Dollars um und füllte einen immer größer werdenden Eurodollar-See. Ende der 1960er-Jahre war aus diesem Fluss ein reißender Strom geworden, der Eurodollar-See war größer als das Kaspische Meer, und das System Bretton Woods geriet unter Belagerung.

Die Gesamtmenge der Dollars, die in Europa zirkulierten, überstieg den Wert der amerikanischen Goldbestände bei Weitem.[31] Das bedeutete, wenn die Europäer die Vereinigten Staaten baten, auch nur einen Teil der Eurodollars in Gold einzutauschen – was das System von Bretton Woods ihnen erlaubte –, würde den Vereinigten Staaten innerhalb von Minuten das Gold ausgehen. In der festen Überzeugung, dass sie das natürlich niemals dulden und lieber das Ende von Bretton Woods in Kauf nehmen würden, als zuzusehen, wie ihr Gold sich in Luft auflöste, sagten die Spekulanten voraus, dass Washington irgendwann von seiner Verpflichtung, Gold zum Preis von 35 Dollar pro Unze abzugeben, abrücken würde. Dann würde der Goldpreis immer weiter steigen.

Nichts ist ein stärkerer Antrieb für Spekulanten als die Aussicht, dass der Preis für eine wertvolle Ware steigen wird, besonders wenn sie denken, dass andere auch so kalkulieren, was den Preis noch weiter in die Höhe treibt. Genau wie die Spekulanten, die auf die Abwertung des Franc und die Aufwertung der D-Mark setzten, sich für ihre Wetten Francs liehen, um damit D-Mark zu kaufen, liehen sich die Spekulanten, die auf einen steigenden Goldpreis wetteten, Dollars, um damit Gold zu kaufen. Und weil sie das taten, zerrte der Goldpreis bald an der Leine von Bretton Woods wie ein wild gewordener Pitbull.

Der Plan der Spekulanten sah vor, mit geliehenen Dollars einen großen Berg Gold zu kaufen, abzuwarten, bis der Goldpreis in Dollar über eine bestimmte Schwelle gestiegen war, und dann das Gold für sehr viel mehr Dollars zu verkaufen, als sie sich geliehen hatten – weil die Unze Gold in Dollar nun viel mehr wert war –, die geliehenen Dollars zurückzuzahlen und die Differenz zu behalten. Diese Differenz würde sehr viel größer sein, wenn sie sie nach dem formellen Kollaps des Systems von Bretton Woods einstrichen[32], und genau das war der Nixon-Schock. Bretton Woods und die Pläne der Spekulanten waren absolut nicht miteinander vereinbar. Eines von beiden musste weichen.

Um das System von Bretton Woods zusammenzuhalten, waren die Amerikaner auf einmal auf die Gunst von Fremden angewiesen.[33] Die Verteidigung des Goldpreises von 35 Dollar pro Unze erforderte, dass Europas Zentralbanken die Fed unterstützten und Gold zum offiziellen niedrigen Preis verkauften.[34] Außerdem waren sie verpflichtet, immer mehr von ihren eigenen Währungen zu drucken, um weiter Dollars aufkaufen zu können, die von Amerika nach Europa strömten. Aber die europäische Solidarität mit Washington wurde nicht nur dadurch unterminiert, dass Pessimismus hinsichtlich der langfristigen Aussichten des Systems herrschte, sondern auch, weil sich unvermeidlich Bruchlinien zwischen den europäischen Ländern auftaten, deren Währung im Wert stieg (Überschussländer wie Deutschland und die Niederlande), und den anderen, deren Geld an Wert verlor (Defizitländer, deren Defizit immer größer wurde, wie zum Beispiel Frankreich).

Bereits 1961 wehrte sich die Bundesbank gegen die Aussicht, entweder den Wechselkurs der D-Mark gegenüber dem Dollar beim IWF anzuheben oder so viel D-Mark zu drucken, wie nötig war, um ihren aktuellen Wert zu verteidigen. Eine Aufwertung der D-Mark würde Deutschlands Exporteure bestrafen, weil ihre Waren auf den internationalen Märkten teurer würden. Mehr D-Mark zu drucken verhieß Inflation. Weder das eine noch das andere zu tun, wie es die Bundesbank wollte, würde das System von Bretton Woods beschädigen und Washington erzürnen.

Unterdessen hatten auch Politiker in Defizitländern wie Frankreich und Italien allen Grund, über Amerika verärgert zu sein. Weil ihre Währungen durch die D-Mark immer mehr unter Druck gerieten, fühlten sie sich, als schwanke die Erde unter ihren Füßen. Es war eines, wenn Paris oder Rom um eine Abwertung gegenüber dem Dollar baten. Und es war etwas ganz anderes, gegenüber der D-Mark, deren Wert durch

Deutschlands Handelsbilanzüberschuss in die Höhe getrieben wurde, immer weiter an Boden zu verlieren. Weil die Fed den Franc und die Lira nicht verteidigen konnte, seit Amerika im Defizit steckte, fiel die Last, den Franc und die Lira gegenüber der D-Mark zu stützen und den Dollar gegenüber Gold und gegenüber der D-Mark, zunehmend der Bundesbank zu. Frankreich und Italien erkannten, dass sie auf dem besten Weg waren, in finanzieller Hinsicht Vasallenstaaten Deutschlands zu werden – gerade einmal fünfzehn Jahre nach dem Ende des Zweiten Weltkriegs eine alles andere als erbauliche Aussicht.

Auch die politisch Verantwortlichen in Deutschland waren nicht erfreut. Die Dollarflut in Europa und das gleichzeitige Abrutschen von Franc, Lira und Pfund bedeuteten, dass die Bundesbank die Notenpresse anwerfen und *ad nauseam* D-Mark für praktisch alle anderen drucken musste. Die deutschen Politiker sahen sich auf einmal in einem gnadenlosen Dilemma, das sie zutiefst entzweite: Sollten sie zur Verteidigung des Systems von Bretton Woods D-Mark drucken und eine Inflation riskieren? Oder sollten sie riskieren, ein internationales Finanzsystem zu Fall zu bringen, das in ihren Augen die wirtschaftliche Grundlage der Pax Americana (die die Sowjets auf Abstand hielt) und der Europäischen Union war (die Deutschland die vielleicht einzige Chance bot, ein »normaler« Staat in Europa zu werden)?

Zur selben Zeit wuchs bei Präsident de Gaulle der Zorn über eine weltweite Ordnung, die Frankreichs Einfluss verringerte. Entsprechend seiner Unzufriedenheit, wie Washington den weltweiten Kapitalismus lenkte, lehnten die geldpolitisch Verantwortlichen in Frankreich es nicht nur ab, zur Stützung des Dollarkurses Gold zu verkaufen, sondern sie taten genau das Gegenteil: Sie folgten dem Vorbild der Spekulanten und kauften Gold zum Kurs von 35 Dollar pro Unze. Im Gegensatz zu den Spekulanten ging es de Gaulle weniger um den Gewinn, wenn Frankreich Gold billig kaufte und teuer verkaufte, sondern um die Botschaft an Washington, dass ihm die Situation nicht gefiel.

Ende 1967 versuchte seine Regierung, den Franc durch eine strikte Sparpolitik zu stärken. Leider führte das nicht zum gewünschten Ergebnis, sondern zu wirtschaftlicher Schwäche, steigenden Arbeitslosenzahlen und sozialer Unruhe, die in dem bekannten Aufstand vom Mai 1968 kulminierte. Als die Studenten und Arbeiter durch die Straßen von Paris zogen, verlor der stolze Präsident – der als Soldat nach dem Ersten Weltkrieg Kriegsgefangener im deutschen Ingolstadt gewesen war, bevor er zwei Jahrzehnte später Frankreichs Kriegsheld im Zweiten Weltkrieg wurde – die Kontrolle über die Innenstadt und erlitt die Schmach, dass er ausgerechnet nach Deutschland fliehen musste. Zwar brachten ihn seine Streitkräfte wieder an die Macht und er errang einen weiteren grandiosen Wahlsieg, aber ein Jahr später trat er vom Präsidentenamt zurück, mutlos geworden, weil der Druck auf den Franc erneut zugenommen hatte.

Unterdessen spürte auch Großbritannien den Zangengriff. Das britische Empire war weitgehend Geschichte, die britische Industrie verlor Kunden im Ausland und daheim, und de Gaulle hatte sein Veto gegen Großbritanniens Beitritt zur Europäischen Union eingelegt (teils als Signal an Washington, dass Frankreich nicht geneigt war, Amerikas europäischen Lakaien aufzunehmen[35]). Und so blickte Großbritannien nach Amerika in der Hoffnung, das Land werde seine Handelsbilanz stabilisieren. Nur dass Amerika genau das Gegenteil vorbereitete: sie alle fallen zu lassen.

Seit den frühen 1960er-Jahren hatte Amerika seine Überschüsse eingebüßt, war aber verständlicherweise zunächst nicht willens gewesen, zur Rettung von Bretton Woods den Gürtel enger zu schnallen, seine eigene Volkswirtschaft zu schädigen und seine globale Hegemonie aufzugeben. Einige europäische Politiker, die der Illusion anhingen, die Vereinigten Staaten würden an »ihrem« weltweiten Finanzsystem festhalten, komme, was da wolle, strapazierten Washingtons Nerven. Die Bundesbank, die verbissen ihre Unabhängigkeit von den deutschen Politikern verteidigte (die sich nach ihrem Geschmack zu sehr von Frankreich beeinflussen ließen), lehnte es wiederholt ab, ihren Beitrag zur Stabilisierung des Dollars gegenüber Gold und dem französischen Franc zu leisten. Paris, das bei der Verteidigung des Francs vollkommen von der Bundesbank abhängig war, ließ keine Gelegenheit verstreichen, die Amerikaner verbal und symbolisch zu beleidigen; so wurde beispielsweise ein französisches Militärschiff voll mit Greenbacks nach New Jersey entsandt, wo es seine Ladung gegen amerikanisches Gold eintauschen sollte. Auch London fühlte sich verwundbar, weil sein Empire sich auflöste und de Gaulle den Briten den Beitritt zur Europäischen Union verwehrte; es stellte ebenfalls Amerikas Entschlossenheit auf die Probe.[36] In einer Formulierung, die die Haltung von John Connally und Paul Volcker 1971 widerspiegelt, könnte man sagen, dass das Weltschiff schwer Schlagseite hatte und die verschiedenen europäischen Ratten das Wasser testeten. Da überzeugten Connally und Volcker Präsident Nixon, dass es an der Zeit war, die Ausländer reinzulegen.

Und so wurde Europa 1971 von den Vereinigten Staaten, die ihre Hegemonie verteidigen wollten und nicht bereit waren, Bretton Woods durch Austerität zu retten, aus der Dollarzone hinausgeworfen. Europas Antwort bestand darin, wie wir in den weiteren Kapiteln sehen werden, eine eigene Version von Bretton Woods zu schaffen, die nach zahllosen Mühen und Qualen schließlich in eine gemeinsame Währung mündete, den Euro. Doch fatalerweise hieß der Architekt der europäischen Version von Bretton Woods weder Harry Dexter White noch John Maynard Keynes. Weil die Verantwortlichen keine Ahnung davon hatten, welche makroökonomischen Probleme eine Währungsunion aufwirft, schufen sie ein System, das keinerlei Stoßdämpfer hatte, aber unwissentlich so ausgelegt war, dass der Schock, als er 2008 dann kam, ein gigantisches Beben erzeugte und die Europäer gegeneinander aufbrachte.

Am 18. Oktober 2008, mitten in dem Äquivalent zur Weltwirtschaftskrise von 1929, das unsere Generation erlebte, machte sich der französische Staatspräsident Nicolas Sarkozy auf den Weg zu Gesprächen mit Präsident George W. Bush, wie man auf den Kollaps des weltweiten Finanzsystems reagieren sollte, das Bretton Woods abgelöst hatte. Kurz bevor er in das Flugzeug stieg, das ihn nach Washington bringen sollte, sagte er in seinem üblichen emphatischen Ton: »Europa will sie. Europa verlangt sie. Europa wird sie bekommen.« Was genau verlangte Europa und würde es Monsieur Sarkozy zufolge bekommen? Der damalige Präsident der Europäischen Kommission, José Manuel Barroso, gab die Antwort: eine »neue globale Finanzordnung«.[37]

Natürlich bekam Nicolas Sarkozy nicht das, was er wollte, als er 2008 nach Amerika reiste, genau wie vor ihm Präsident Georges Pompidou Ende 1971 daran gescheitert war, die Vereinigten Staaten zu überzeugen, dass sie den Nixon-Schock rückgängig machen und Bretton Woods mit neuen Wechselkursen wiederherstellen sollten.[38] Aber Präsident Sarkozys lautstarke Ankündigung bestätigte, dass, acht Jahre nachdem Europas gemeinsame Währung, der Euro, geschaffen worden war, Frankreich und die Europäische Kommission sich immer noch nach einem globalen System ähnlich dem sehnten, das Nixon, Connally und Volcker an jenem Augusttag zerstört hatten.

Europa wurde 1971 fallen gelassen, und dieses Ereignis verfolgt den Alten Kontinent noch Jahrzehnte später, trotz (oder vielmehr wegen) der gemeinsamen Währung, in die nichts von den Lehren eingeflossen ist, die die Schöpfer des Systems von Bretton Woods aus dem Goldstandard der Zwischenkriegszeit gezogen haben. John Connally hätte wohl sein Vergnügen daran, dass er immer noch in den Köpfen europäischer Politiker herumspukt. Sein Vergnügen würde lediglich dadurch getrübt, dass er sich sehr genau der akuten Gefahr bewusst wäre, die ein zerrüttetes Europas angesichts der schwierigen Weltsituation nach 2008 darstellt.

KAPITEL 2

Ein unanständiger Vorschlag

Kurt Schmücker ließ sich normalerweise nicht von Gefühlen überwältigen.[1] Aber am Morgen des 23. März 1964 traute er kaum seinen Augen und Ohren und konnte nur mit Mühe seine Überraschung verbergen. Als deutscher Wirtschaftsminister traf er regelmäßig mit seinem französischen Amtskollegen Valéry Giscard d'Estaing zusammen, der Minister unter Staatspräsident Charles de Gaulle war und zehn Jahre später selbst französischer Präsident werden sollte. An diesem Märztag suchte Giscard Minister Schmücker zu einer zweistündigen Unterredung in dessen Bonner Büro auf. Schmücker war entspannt, er erwartete lediglich ein weiteres Routinetreffen, wie es schon so viele gegeben hatte – eine Demonstration, dass die beiden einstigen Erbfeinde sich nun gemeinsam bemühten, die Lasten zu tragen, die mit den frühen Stadien der Einigung Europas verbunden waren. Der Europäischen Wirtschaftsgemeinschaft (EWG), wie der Vorläufer der Europäischen Union damals hieß, gehörten Deutschland, Frankreich, die Niederlande, Luxemburg, Belgien und Italien an, die Unterzeichnerstaaten der Römischen Verträge, die am 25. März 1957 geschlossen worden waren.[2]

Normalerweise tauschten Schmücker und Giscard höflich ihre Ansichten über die Wirtschaftspolitik des jeweils anderen aus, besprachen, wie ihre beiden Länder Geldbewegungen über die Grenzen hinweg handhaben, wie sie es mit Zinssätzen und der Handelsbilanz hielten, wie sie über Steuern dachten und natürlich, wie sie die noch in den Kinderschuhen steckende Europäische Union zu stabilisieren beabsichtigten. Gelegentlich klagten die beiden auch über ihre gespannten Beziehungen zu ihren jeweiligen Zentralbanken, der Deutschen Bundesbank und der Banque de France. Mit anderen Worten: Kurt Schmücker war nicht im Mindesten auf das vorbereitet, was er zu hören bekommen sollte. Aber an diesem Morgen legte Giscard nach dem Austausch der üblichen Nettigkeiten einen schockierenden Vorschlag auf den Tisch: Frankreich und Deutschland sollten eine gemeinsame Währung schaffen und die anderen vier Mitglieder der Europäischen Union einladen, sich anzuschließen, wenn sie bereit dazu waren.

Niemand weiß, was in dem Augenblick in Schmückers Kopf vorging, aber seine Überraschung dürfte an Fassungslosigkeit gegrenzt haben. Was hatte der französische Aristokrat da gerade gesagt? Deutschland und Frankreich sollten die gleichen Banknoten haben, die gleichen Münzen, dieselbe Zentralbank? Welche Zentralbank? Die Deutsche Bundesbank? Um Himmels willen!

Nach außen versuchte Schmücker zu verbergen, wie schockiert er war. Die Aufzeichnungen zeigen, dass er reagierte, als hätte er nicht gerade einen Vorschlag gehört, der alles erschütterte. Warum nicht bescheidener?, entgegnete er. Warum versuchen wir nicht einfach nur, unsere Wechselkurse über unsere Zentralbanken zu stabilisieren auf der Grundlage von »strikter Disziplin« (die letzte Rettung eines deutschen Konservativen) und »vertraglichen Regeln«?[3]

Giscard wollte weder das eine noch das andere: »Warum sollte man dieses System wählen, das nur so lange wirkt, wie alle mitspielen?«[4], erwiderte er nachdrücklich und fügte noch hinzu, dass sein Vorschlag von ganz oben komme – von Präsident Charles de Gaulle höchstpersönlich. Schmücker war entgeistert. Er versuchte dem französischen Finanzminister die tiefere Bedeutung des Vorschlags klarzumachen: Frankreich bot an, seine nationale Souveränität einzuschränken! Meinte Paris das wirklich ernst? Giscard stimmte Schmückers einleuchtendem Argument weder zu, noch widersprach er. Er ging einfach darüber hinweg und drängte auf rasches Handeln, um unverzüglich eine gemeinsame französisch-deutsche Währung aus der Taufe zu heben, der die anderen EU-Mitglieder beitreten konnten, wenn sie es wollten.

Schmücker wusste, dass er nicht befugt war, dieses Thema ernsthaft zu erörtern, und gab de Gaulles Vorschlag pflichtgemäß an seinen Kanzler Ludwig Erhard weiter. Ludwig Erhard las Schmückers Brief und witterte Unheil. Frankreich würde nicht so ohne Weiteres seine Macht aufgeben, Steuern festzusetzen, über öffentliche Ausgaben zu entscheiden, Zinssätze festzulegen und seine geliebte *planification*[5] zu betreiben. *De Gaulle musste etwas im Schilde führen,* dachte Erhard. Schließlich war Ludwig Erhard einige Monate zuvor nur deshalb in das höchste politische Amt in Deutschland gelangt, weil er daran mitgewirkt hatte, de Gaulles Pläne zu durchkreuzen. In Erhards Augen konnte dieser unverschämte Vorschlag einer gemeinsamen Währungsunion nur die Fortsetzung dieser Pläne sein.

Weil Kanzler Erhard keine offizielle, öffentliche Auseinandersetzung mit Frankreich wollte, »verlegte« er Schmückers Brief und behauptete, ihn niemals erhalten zu haben. Und so wurde die gemeinsame europäische Währung vorgeschlagen, kurz diskutiert und dann spektakulär ignoriert. Doch als Ludwig Erhard 1966 das Kanzleramt verlassen musste, gehörte dieser Brief zu den wenigen Dokumenten, die er mitnahm – eine Erinnerung daran, wann der Euro zum ersten Mal in Erscheinung getreten war.[6]

Eine zweimal vermiedene französische Umarmung

Giscard d'Estaing war niemals de Gaulles Handlanger. Tatsächlich entließ de Gaulle ihn 1966 aus dem Amt des Finanzministers, und Giscard musste drei Jahre warten, bis ein neuer Präsident, Georges Pompidou, in den Élysée-Palast einzog, um das Finanzministerium wieder zu reklamieren – von wo aus er 1974 das Amt des Präsidenten der Republik eroberte. Natürlich war Giscard 1964 bestrebt, de Gaulle loyal zu dienen, oft wider besseres Wissen, soweit es bestimmte fixe Ideen des ehemaligen Generals anbetraf, etwa auf dem Gebiet der Wirtschaftspolitik[7], oder auch die Entschlossenheit des Präsidenten, die geopolitische Vorherrschaft Amerikas über Europa zu zerstören. Doch der »unanständige Vorschlag«, den Giscard am 23. März 1964 nach Bonn mitbrachte, stand ganz im Einklang mit seinen eigenen Ideen.

In einem zentralen Punkt stimmte Giscard mit de Gaulle überein: Sie waren beide der Ansicht, dass der Hegemon sich übernahm. Die Amerikaner begannen Kriege in Indochina. Sie kündigten große, teure Sozialprogramme im eigenen Land an. Amerikanische Konzerne kauften altehrwürdige europäische Unternehmen auf und behandelten sie schlecht.[8] Und wie wollten sie das alles bezahlen? Indem sie Dollars druckten, die die europäischen Volkswirtschaften überschwemmten und die Europäer, allen voran die Franzosen, zwangen, Amerikas Großzügigkeit durch höhere Inflationsraten mitzutragen. Die Tatsache, dass Frankreich durch diese inflationären Kräfte verwundbarer war als andere Länder, beeinflusste de Gaulles und Giscards Erwägungen ebenfalls stark.

Aus Giscards Perspektive zwangen die Amerikaner die Europäer, ihnen das Geld zu leihen, mit dem sie Europa aufkauften und das weltweite Finanzsystem destabilisierten. Giscard fasste sein Verdikt in die berühmt gewordene Formel »exorbitantes Privileg«: ein übermäßiger Vorteil der Vereinigten Staaten und ihrer Währung, den Amerika verprasste. Er fand, dass man diesen Vorteil schnellstmöglich beseitigen sollte, bevor der weltweite Kapitalismus für immer beschädigt würde und die Gegner des herrschenden Bürgertums insbesondere in Frankreich die Oberhand gewinnen würden.

»Exorbitantes Privileg« wurde damals zum Begriff für die finanzielle Macht Amerikas, und ist es bis heute geblieben.[9] Aber wie konnte man sie brechen? Aus Giscards Sicht Anfang 1964 schien es nur einen Weg zu geben, Amerikas unkluge monetäre Suprematie zu beenden, und der sah so aus, dass Frankreich und Deutschland, die beiden dominierenden Länder Europas, eine gemeinsame Währung schaffen und damit ihre Abhängigkeit in Belangen der Währung von den unberechenbaren Vereinigten Staaten überwinden würden. Aber würde das nicht Frankreichs Souveränität beschädigen, wie Schmücker warnte? Natürlich würde es das. Aber dieser Preis schreckte Giscard, der fest an die Vereinigten Staaten von Europa glaubte, nicht sehr.

Giscard machte sich vielleicht keine Gedanken über den französischen Souveränitätsverlust, sehr wohl aber sein Chef, Präsident de Gaulle. Europa war für de Gaulle genauso wichtig wie für Giscard.

Europa musste gewonnen werden, aber, was de Gaulle anging, nicht um jeden Preis. Und gewiss nicht um den Preis, Frankreich dabei zu verlieren. Warum also schickte de Gaulle seinen Finanzminister mit einem Vorschlag nach Berlin, der, wäre er angenommen worden, Frankreich seiner ökonomischen Macht beraubt hätte? Wenn es eine gemeinsame Währung mit Deutschland gäbe, hätte Paris keine Kontrolle mehr über die französische Wirtschaft. Doch der Vorschlag für eine gemeinsame Währung war nicht dasselbe wie eine gemeinsame Währung.

De Gaulle war, das dürfen wir nicht vergessen, ein Militärtaktiker. Vorschläge für Verträge oder eine gemeinsame Währung waren genau wie Manöver auf dem Schlachtfeld voller Ablenkungsabsichten. Ein vereintes Europa gewann für de Gaulle erst relativ spät (um 1958) an Reiz und erst, als er darin eine neue Aussicht auf Größe für den französischen Nationalstaat erkannte. Damit unterschied er sich sehr von den ersten beiden deutschen Bundeskanzlern, Konrad Adenauer und Ludwig Erhard, für die die Europäische Union ein Ausweg aus ihrem Nationalstaat darstellte.

Der Januar 1963 war ein Monat der politischen Turbulenzen mit Paris im Mittelpunkt. Am 14. Januar gab Präsident de Gaulle eine Pressekonferenz, die auf eine Kriegserklärung an die angelsächsischen Länder hinauslief. Entgegen Washingtons explizitem Wunsch teilte er mit, dass Frankreich sein Veto gegen den Beitritt Großbritanniens zur Europäischen Union einlegen werde. Und als wäre das noch nicht genug, lehnte er praktisch im selben Atemzug das amerikanische Angebot einer nuklearen Kooperation innerhalb einer multilateralen Streitmacht ab.

Acht Tage später reiste Bundeskanzler Adenauer nach Paris. Im Glanz des Élysée-Palasts, mit viel Pomp und großem Zeremoniell, setzten Adenauer und de Gaulle ihre Unterschriften unter den Élysée-Vertrag, der der Weltöffentlichkeit als Schlussstein der deutsch-französischen Aussöhnung präsentiert wurde, als Zeugnis, dass die Feindseligkeiten zwischen den beiden führenden Ländern Europas endgültig beendet waren, und als Beginn einer wunderbaren Freundschaft. Washington war wütend. Der Staatssekretär im Außenministerium George

Ball schrieb später: »Ich kann gar nicht genug betonen, welchen Schock dieser Schritt oder die daran anschließenden Spekulationen in Washington auslösten, vor allem in Geheimdienstkreisen.«[10]

Washingtons Zorn hatte nicht damit zu tun, dass Frankreich und Deutschland das Kriegsbeil begruben, näher zueinander rückten und die Einheit Europas stärkten. Die Regierung der Vereinigten Staaten beunruhigte, dass de Gaulle womöglich etwas im Schilde führte, das sich sowohl gegen die militärische Dominanz Amerikas in Westeuropa wie gegen die amerikanische Kontrolle über die kapitalistische Weltordnung richtete. Noch konkreter waren sie besorgt, dass de Gaulle versuchte, Adenauer mit einem doppelten Ziel in eine strategische Allianz zu locken: um auf finanzieller Ebene das Bretton-Woods-System mit dem Dollar im Mittelpunkt auszuhöhlen und um auf geopolitischer Ebene die NATO auszuschalten durch das Angebot an Moskau, einen Nichtangriffspakt zu schließen, bei dem die Vereinigten Staaten außen vor bleiben würden. Washingtons Ängste wurden noch dadurch gesteigert, dass der deutsche Kanzler ein anglophober Katholik war, der schon seit Langem den Schulterschluss mit Frankreich suchte.[11]

De Gaulles größter Trumpf war seine große Vision eines Europa vom Atlantik bis zum Ural. Sie sprach die Mehrheit der Europäer an, die unbedingt die nukleare Bedrohung beseitigen wollten, die über ihrem Kontinent hing – insbesondere seit der Kubakrise im Oktober 1962 –, und hofften, den Eisernen Vorhang wegziehen zu können, der den Kontinent so brutal durchschnitt. Für die Deutschen besaß die Vorstellung eines Europa vom Atlantik bis zum Ural besonders hohe Symbolkraft, weil sie die deutsche Wiedervereinigung verhieß.

Einen Tag vor der Unterzeichnung des Élysée-Vertrags wandte sich ein amerikanischer Diplomat[12] an das einzige Mitglied von Adenauers Kabinett, das die Macht und ein Interesse daran hatte zu verhindern, dass Adenauer in de Gaulles Arme sank: Ludwig Erhard. Adenauers geachteter Finanzminister Erhard war der Vater des deutschen Wirtschaftswunders, das Deutschland seit 1949 verändert hatte. Es gründete auf rasantem Wachstum dank Investitionen, unterstützt durch die amerikanische Politik, den Deutschen erhebliche Schuldenerleichterungen zu gewähren,[13] die Wall Street und amerikanische Konzerne zu Investitionen in der Bundesrepublik zu ermutigen und (dank des Systems von Bretton-Woods) stabile Preise und große Märkte für deutsche Exporte zu schaffen.

Erhard ließ sich Zeit. Er wartete ab, bis er sich entschieden auf die Seite Washingtons stellte und gegen Adenauers Plan für einen engen Schulterschluss mit de Gaulle. Als das Kabinett in Bonn am 25. Januar unter dem Vorsitz von Adenauer über den Élysée-Vertrag beriet, sagte Erhard nichts. Doch vier Tage später äußerte er sich in einer fulminanten Rede kritisch über die französische Außenpolitik und wagte vorherzusagen, dass der Élysée-Vertrag niemals in Kraft treten werde. In der nächsten Kabinettssitzung am 30. Januar empörte sich Erhard über »de Gaulles französische Diktatur« und verglich den französischen Präsidenten sogar mit Hitler. In einem Artikel in der *Süddeutschen Zeitung* vom 5. Februar warnte Erhard seine Landsleute, Deutschland könne nicht »auf zwei Schultern tragen«[14]. Damit signalisierte er deutlich, dass seine Sympathien Washington gehörten, und warf Adenauer den Fehdehandschuh hin, weil dieser für seinen Geschmack zu nahe an de Gaulle herangerückt war. Am selben Tag ließ Präsident Kennedy die Deutschen wissen, sie hätten die klare »Wahl, mit den Franzosen zusammenzuarbeiten oder mit uns«.[15]

Bis zum April 1963 hatten Erhards Interventionen Adenauers Position innerhalb der Regierungspartei CDU ausgehöhlt. Erhard stand als der einzige Kandidat für die Nachfolge des alternden Kanzlers da. Am 16. Mai gelang es Erhard und seinen Getreuen, nach intensiven Verhandlungen im Hintergrund, einen Zusatz zum Élysée-Vertrag in Form einer Präambel durchzusetzen, die de Gaulles Traum von einer französisch-deutschen Allianz gegen Amerika zunichtemachte.[16] In dem sicheren Gefühl, dass man de Gaulle »abserviert« hatte, justierte das amerikanische Außenministerium seine Europastrategie neu, vermied weitere Konfrontationen mit de Gaulle und konzentrierte sich darauf, die Verbindungen mit Bonn zu festigen. Im Oktober 1963 zog Ludwig Erhard ins Kanzleramt ein und vermachte Kurt Schmücker das Wirtschaftsministerium.

Die zweite Umarmung

Es war bemerkenswert, dass Präsident de Gaulle keinen Groll gegen den neuen deutschen Kanzler hegte, der sich seiner Umarmung so spektakulär entzogen hatte. Selbst der Vergleich mit Hitler perlte an ihm ab wie Wasser am Gefieder einer Ente. Erhard legte Wert darauf, unmittelbar nach seiner Wahl zum Kanzler Paris zu besuchen, um die »große neue Freundschaft zwischen den beiden Ländern«[17] und ihren politisch Verantwortlichen zu bekräftigen. Präsident de Gaulle empfing ihn mit offenen Armen, als wäre er ein lange verlorener Freund. Und sechs Monate später entsandte er seinen Finanzminister, den charmanten Valéry Giscard d'Estaing, nach Bonn, wo er Kurt Schmücker mit seinem Vorschlag für eine umgehende französisch-deutsche Währungsunion in Erstaunen versetzte.

Kapierte de Gaulle einfach nicht, dass Deutschland von seinen erstickenden Umarmungen genug hatte? Was immer in seinem Kopf vorging, eines ist sicher: Er gab sich keinen Illusionen hin. Die Vorstellung, de Gaulle hätte erwartet, dass Erhard der gemeinsamen Währung zustimmte, ist genauso absurd wie der Gedanke, dass de Gaulle eine solche Währung tatsächlich wollte. Der Vorschlag der gemeinsamen Währung besaß zwei Merkmale, die dem französischen Präsidenten, der so gerne taktierte, gefielen: einmal den Überraschungseffekt und dann das Potenzial (selbst wenn der Vorschlag ignoriert oder abgelehnt werden sollte), Deutschland in eine hinreichend enge Bindung zu Frankreich hineinzuziehen, die de Gaulle größere Freiheit in seiner Opposition gegenüber den Vereinigten Staaten geben würde.

Der Überraschungseffekt funktionierte unbestreitbar. Erhard und Schmücker hatten allen Grund anzunehmen, dass de Gaulle sie nach Adenauers Abgang in Ruhe lassen würde. Der Vorschlag einer gemeinsamen Währung war so ziemlich das Letzte, was sie erwartet hatten. Wie Schmücker zu Giscard sagte, deutete nichts am französischen Verhalten darauf hin, dass Paris bereit sein könnte, auf seine nationale Souveränität zu verzichten oder wichtige Entscheidungen hinsichtlich der französischen Wirtschaft auf supranationale Institutionen zu übertragen. Er hatte recht. Frankreich und ganz besonders de Gaulle hüteten ihre wirtschaftliche Entscheidungsgewalt eifersüchtig und dachten nicht daran, sie aufzugeben. Über ein Jahrzehnt lang[18] hatte de Gaulle als Einziger der konservativen europäischen Politiker entschieden die neuen französisch-deutschen Wirtschaftsbeziehungen abgelehnt, die die amerikanischen New-Deal-Politiker unbedingt zum Rückgrat der im Entstehen begriffenen Europäischen Union machen wollten.[19]

Anders als viele begeisterte Landsleute, die voller Stolz auf das Projekt der europäischen Integration von den großen Errungenschaften des europäischen Gemeinschaftsgeistes schwärmten, hatte de Gaulle erkannt, dass die Europäische Union ein amerikanisches Projekt war, das die deutsche Industrie förderte, um die amerikanische Vorherrschaft weltweit zu zementieren. Der gemeinsame europäische Markt und der Prozess der europäischen Integration gehörten in seinen Augen zu einem globalen amerikanischen Plan, der nach seiner Ansicht auf falschen Voraussetzungen beruhte, nicht nachhaltig und deshalb schädlich für Frankreich und für Europa war.[20] De Gaulle milderte schließlich seinen Widerstand gegen die Europäische Union ab, nachdem die Amerikaner in den 1950er-Jahren wiederholt versichert hatten, Frankreich werde das administrative Zentrum Europas bleiben. Aber wie de Gaulle einem Journalisten bei einem Besuch sagte, würde er das nur so lange akzeptieren, wie die Europäische Union »einem Pferdefuhrwerk« ähnelte, bei dem »Deutschland das Pferd [ist] und Frankreich ... der Kutscher«.[21]

Doch 1963 war leider klar, dass das Pferd einen eigenen Kopf entwickelte und der Kutscher es nicht mehr im Griff hatte. Frankreichs wachsendes Handelsbilanzdefizit gegenüber Deutschland bedeutete, dass Paris in eine permanente Klemme gezwungen sein würde: Entweder musste es regelmäßig mit dem Hut in der Hand vor den IWF treten und um die Erlaubnis bitten, den Franc abzuwerten, was auf das permanente Eingeständnis nationaler Schwäche hinauslief. Oder Paris musste sich für alle Zeit darauf verlassen, dass die Bundesbank D-Mark druckte, um damit Francs zu kaufen, und damit eingestehen, dass es auf ewig von dem ehemaligen Feind abhängig war. Im einen wie im anderen Fall würde sich Frankreichs Streben nach politischer und diplomatischer Vorherrschaft innerhalb der Europäischen Union in Luft auflösen.

Die Situation war ein Albtraum für de Gaulle, aber auch für das französische Establishment, das in de Gaulle den furchtlosen Streiter für seine Interessen und Wünsche sah, zu Hause ebenso wie in Europa. De Gaulles Dreistigkeit kollidierte manchmal mit dem Sinn der vornehmen Gesellschaft für Formen, aber was den Umgang mit deutschen Politikern, amerikanischen Beamten und angelsächsischen Finanzleuten anbetraf, liebte die französische Elite das tief verwurzelte Misstrauen ihres Präsidenten, seine Bereitschaft, Dinge beim Namen zu nennen, und sein Eintreten für hartes Geld – eine stabile, nicht durch Inflation weich gemachte Währung, die Frankreichs Bild wieder erstrahlen lassen, seinen Bankensektor stärken und, sehr wichtig, die störrischen französischen Gewerkschaften schwächen würde.[22]

De Gaulle war immer argwöhnisch, die Bindung an Deutschland zu vertiefen. Er sah die Einheit über den Rhein hinweg als ein schönes Gefühl voller Gefahren, ungeachtet der Vorzüge, die sie für Frankreich haben mochte. Selbst nach 1958, als er sich die Idee einer Europäischen Union auf der Grundlage einer französisch-deutschen Achse zu eigen machte, blieb er auf der Hut. Als Henry Kissinger ihn einmal fragte, wie Frankreich die Dominanz Deutschlands in der Europäischen Union verhindern wolle, erwiderte de Gaulle: »*Par la guerre!*«[23] Frankreichs Kriegsheld machte keinen Scherz. Sein unanständiger Vorschlag einer gemeinsamen deutsch-französischen Währung, den Giscard dem konsternierten Schmücker entgegenschleuderte, war eine Form der Kriegführung mit anderen Mitteln. De Gaulle setzte den Vorschlag ein wie ein Boxer eine strategische Umarmung – als kurze Verschnaufpause vor dem Aufwärtshaken.

Bundeskanzler Erhard wusste das. Er erkannte sofort, dass de Gaulles Vorschlag ein Komplott darstellte, um sein Land in die Knie zu zwingen, die Bundesbank zu neutralisieren, Frankreich aufzuwerten und einen Keil zwischen Deutschland und Washington zu treiben.[24] Er wusste auch, dass er auf der Verliererseite stehen würde, egal, wie seine

Antwort ausfiel. Wenn er de Gaulles Angebot annahm, lief er Gefahr, die Bundesbank Paris zu unterwerfen oder sich zumindest ihren ewigen Zorn zuzuziehen. Wenn er zögerte, würde de Gaulle wertvolle Zeit gewinnen (denn die Spekulanten würden aufhören, gegen den Franc zu wetten, bis sich der Staub gelegt hätte) und Erhard würde als unentschlossen dastehen. Wenn er den Vorschlag rundweg öffentlich ablehnte, würde sein Ansehen als Europapolitiker leiden und de Gaulles gestärkt werden.

Aber Erhard hatte Adenauer abgesägt und alles riskiert, um sein Land aus der ersten Umarmung de Gaulles zu befreien; er dachte nicht daran, eine zweite Umarmung zu dulden. Und weil er de Gaulle nicht ein zweites Mal in einem Jahr öffentlich abschmettern wollte, weil er außerdem fürchtete, dass jede öffentliche Reaktion auf den Vorschlag der gemeinsamen Währung seiner Regierung schaden würde, gab er vor, Schmückers Brief nie erhalten zu haben.

Und so kam es, dass Anfang März 1964 die Idee des Euros ganz kurz am Himmel über Europa aufblitzte, ohne dass die meisten Europäer es überhaupt bemerkten. Erst als Europa in Gänze von der Dollarzone fallen gelassen wurde, tauchte diese Idee wieder auf.

Krieg mit anderen Mitteln

De Gaulle ließ sich von der schweigenden Zurückweisung aus Bonn nicht beeindrucken und beschloss, allein weiterzumachen. Am 4. Januar 1965 berief er eine Pressekonferenz ein. Mit großem Pathos trat er den Ängsten seiner Landsleute wegen eines vermeintlich drohenden nationalen Niedergangs entgegen und attackierte offen Amerikas exorbitantes Privileg. Er wollte Frankreich wieder in seinem alten Glanz erstrahlen lassen, indem er demonstrierte, dass es als einzige westliche Macht fähig und willens war, dem Hegemon die Stirn zu bieten. Mit seinen Spitzen und Pfeilen gegen den Dollar und Amerikas mutmaßliches Versagen im richtigen Umgang mit dem weltweiten Finanzsystem rief de Gaulle zu einer neuen Weltwährung auf.

Und was sollte seiner Ansicht nach den Dollar ersetzen? Seine boshafte Antwort lautete: die Wiederherstellung des Goldstandards.[25] »Wir ... erachten es für nötig, dass das internationale Wechselkurssystem auf einer ... unangreifbaren monetären Grundlage wiederhergestellt wird, die von keinem speziellen Land bestimmt wird. Was für eine Grundlage? *Eh oui,* Gold, dessen Natur sich nicht ändert ... das keine Nationalität besitzt und das seit jeher und überall als der vertrauenswürdige Wertspeicher par excellence gilt.«[26] Von der emphatischen Rhetorik abgesehen, hob der französische Präsident Gold nur deshalb in den Himmel und machte den Dollar schlecht, weil er durchschaut hatte, dass ein wankendes Bretton-Woods-System nicht mehr zu seinem Wunsch nach französischer Dominanz in Europa passte.[27]

Es ist verlockend, de Gaulles Interventionen als Launen eines Mannes abzutun, der so lange dafür gekämpft hatte, dass Briten und Amerikaner das geschlagene Frankreich und ihn persönlich als Mitglied im Kreis der Alliierten anerkannten, die Deutschland bezwungen hatten, und der nun verbittert war. De Gaulle vergab den Amerikanern nie, dass sie Frankreich in der Endphase des Zweiten Weltkriegs einen Platz am Siegertisch verwehrt hatten, insbesondere bei der Konferenz von Jalta, an der Franklin D. Roosevelt, Winston Churchill und Josef Stalin teilnahmen. Aber zu glauben, dies wäre der Grund für seinen Angriff auf den Dollar und das System von Bretton Woods im Jahr 1965 gewesen, würde de Gaulles berechtigter Sorge vor der zunehmenden Arroganz der Supermächte, mit der sie sich selbst destabilisierten, nicht Rechnung tragen.[28]

De Gaulles Einwände gegen Amerikas globale Ambitionen in der Nachkriegszeit reichten mindestens bis 1946 zurück. Um genau zu sein, bis zum 6. September 1946, als der amerikanische Außenminister James F. Byrnes in Stuttgart seine Rede der Hoffnung hielt – eine bedeutsame Neuformulierung der amerikanischen Politik gegenüber Deutschland. Bis dahin waren sich die Alliierten einig gewesen in der Absicht, Deutschland »in ein Land mit vorwiegend agrarischem und ländlichem Charakter [zu] verwandeln«.[29] Byrnes' Rede war das erste Signal nach dem Krieg an das deutsche Volk, dass die revanchistische Deindustrialisierung ein Ende haben würde, der bis zum Ende des Jahrzehnts 706 Fabriken zum Opfer gefallen waren. Byrnes' Worte kündigten einen wichtigen Politikwechsel an mit der Formulierung, dem deutschen Volk solle »nicht das Recht verwehrt bleiben, mögliche, auf Grund harter Arbeit und einfacher Lebensweise erworbene Ersparnisse für den Aufbau einer Industrie zu verwenden, die friedlichen Zwecken dient«[30].

Natürlich ist der Wunschtraum des einen oft der Albtraum eines anderen. De Gaulle war außer sich, denn er wusste, dass in einem Währungssystem mit dem Dollar im Mittelpunkt ein reindustrialisiertes, Nettoexporte produzierendes Deutschland Frankreich finanziell von den angelsächsischen Ländern abhängig machen würde, von Amerika und – Gott behüte! – womöglich sogar von Großbritannien!

General de Gaulle verkörperte die Fixierung der französischen Armee auf preußische Tugenden in Militär und Industrie. Er fürchtete und bewunderte gleichermaßen die deutsche Entschlossenheit und Effizienz. In den 1930er-Jahren hatte er den Bau der Maginot-Linie zur Verteidigung abgelehnt und dem französischen Verteidigungsministerium vorgeworfen, es wolle den Großen Krieg immer wieder führen. De Gaulle stellte sich den Zweiten Weltkrieg, der dann auch kam, genau so vor, wie die Nationalsozialisten ihn planten: hochgradig mobil mit Panzerkolonnen, die rasch vorrückten, ohne langsame Infanteriedivisionen, denen später Lastwagen und gepanzerte Fahrzeuge folgten. Nach Ausbruch des Krieges waren de Gaulles gepanzerte Einheiten die einzigen, die sich einigermaßen mit Ruhm bedeckten, während sich die statische Verteidigung der Maginot-Linie als nationale Peinlichkeit erwies. De Gaulles Entrüstung über das Versagen seines Landes verband sich mit Respekt, wie die deutsche Taktik und Industrie zusammengewirkt hatten, um Frankreich zu demütigen, so viel von seinem Territorium zu besetzen, wie Berlin wollte, einen nationalsozialistischen Vasallenstaat mit Vichy als Hauptstadt zu errichten und einen neuerlichen Bürgerkrieg in Frankreich zu entfachen (bei dem sich Anhänger der Vichy-Regierung und Kollaborateure auf der einen Seite und die Résistance auf der anderen Seite gegenüberstanden), der zumindest rhetorisch bis weit in die 1980er-Jahre andauerte.

Es ist ein Kennzeichen traditioneller Gesellschaften, dass moderne

Heimsuchungen alte Ängste wiederbeleben. De Gaulle war in einer Atmosphäre der nationalen Beschämung zur Welt gekommen und aufgewachsen. Achtundzwanzig Jahre vor seiner Geburt, 1862, hatte der preußische Kanzler Otto von Bismarck seine »Blut-und-Eisen-Rede« gehalten, in der er hellsichtig erklärte, Preußen werde »die großen Fragen der Zeit« nicht »durch Reden und Majoritätsbeschlüsse« entscheiden, »sondern durch Eisen und Blut«. Die Vorstellung einer Reindustrialisierung Deutschlands, das in den 1950er-Jahren seine Stahlproduktion in die Höhe schraubte, konnte einem Mann nicht gefallen, der von frühester Jugend an mit Bildern groß geworden war, wie deutscher Stahl großzügig französisches Blut vergoss.

Nicht genug damit, de Gaulle belastete auch, dass Frankreich sein eigenes Blut vergoss, während deutsche Schmelzöfen und Bessemerbirnen qualitativ hochwertigen Stahl produzierten. 1871, als Bismarck den deutschen Nationalstaat ausrief und den preußischen König zum Kaiser des Deutschen Reichs krönte, drangen die Truppen der französischen Regierung in die Hauptstadt vor und schlugen eine erbitterte Schlacht gegen die Revolutionäre der Pariser Kommune, bei der Zehntausende starben. Für de Gaulle war die erste Hälfte des 20. Jahrhunderts nichts anderes als eine Wiederholung dieses traurigen Gegensatzes: französische Ohnmacht auf der einen Seite, Erfolge der deutschen Industrie auf der anderen Seite, was Frankreich von den Angelsachsen abhängig machte.

Der erbitterte französische Widerstand gegen den Kurswechsel, den Minister Byrnes mit seiner Rede der Hoffnung von 1946 angekündigt hatte, bröckelte im Lauf der Rehabilitierung Deutschlands. Doch sobald Washington aus eigenen Gründen entschieden hatte, dass Deutschland in Amerikas Planungen für die Nachkriegswelt eine zentrale Rolle spielen sollte, war es nur eine Frage der Zeit, bis Deutschland tatsächlich rehabilitiert und seine industrielle Basis nicht nur verschont, sondern sogar ausgebaut wurde. Eine Rede von Roosevelts Vorgänger Herbert Hoover am 18. März 1947 gab den neuen politischen Kurs gegenüber Europa vor: »Es ist eine Illusion, dass das neue Deutschland ... auf einen Agrarstaat reduziert werden kann. Dazu müssten wir 25 Millionen Menschen vernichten oder von dort umsiedeln.«[31]

Da begriffen General de Gaulle und mit ihm die Mehrheit der französischen Politiker, dass sie es mit einem neuen Konflikt zu tun hatten, der eine andere Strategie erforderte. Die Strategie, die er wählte, um das neue Deutschland im Zaum zu halten, war seltsam, aber nicht unlogisch: Er wollte den wiederbelebten Nachbarn mit einer erstickenden Umarmung umklammern. Der Élysée-Vertrag vom Januar 1963 und Giscards unanständiger Vorschlag vom März 1964 waren frühe Manifestationen dieser Strategie. Viele weitere folgten.

Amerikas globaler Plan[32]

Washington entschied nicht nur aus humanitären Gründen, Deutschland die Rückkehr in eine bukolische Vergangenheit zu ersparen.[33] Ebenso wenig rührte Amerikas Gesinnungswandel daher, dass sich die Wolken des Kalten Krieges zusammenzogen und die nur allzu reale Notwendigkeit zutage trat, die Sowjetunion einzudämmen. Während die geopolitischen Motive klar und offensichtlich waren, hatten die New-Deal-Politiker wie James Byrnes, James Forrestal[34], George Marshall[35] und Dean Acheson[36] noch einen weiteren hervorragenden Grund, warum sie Deutschland erlauben wollten, seinen Platz im Kreis der Industrieländer wieder einzunehmen.

Das bereits 1944 entworfene System von Bretton Woods machte den Dollar zur wichtigsten Säule, die das Gebäude des internationalen Handels und Finanzwesens trug. Wenn die amerikanische Wirtschaft aus irgendeinem Grund in Schwierigkeiten geraten sollte, würde der Dollar wie ein Supraleiter für die Wellen der Rezession wirken und dafür sorgen, dass sie sich ungehindert bis in die entlegensten Winkel des globalen Kapitalismus ausbreiteten. Selbst kleinere wirtschaftliche Einbrüche in Amerika konnten an Tempo und Heftigkeit gewinnen, wenn sie Europa, Japan und das übrige Asien erreichten, und dort womöglich sehr viel mehr Schaden anrichten als in Chicago oder Ohio. Um das zu verhindern, brauchte man dringend Stoßdämpfer.

In einem Weltwährungssystem mit festen Wechselkursen erfordern

Stoßdämpfer starke Regionalwährungen, die von mächtigen Zentralbanken ausgegeben werden und als Stützen für die wichtigste Währung des Systems wirken. Man brauchte zumindest eine solche Währung in Europa und eine weitere in Asien. Natürlich können starke Regionalwährungen nicht einfach so geschaffen werden, sondern industrielle Schwergewichte müssen die Grundlage dafür legen. Aber das ist der schwierige Teil: Industrielle Schwergewichte produzieren mehr Güter, als ihre heimischen Volkswirtschaften aufnehmen können – das erlebt China heute. Damit solche Volkswirtschaften laufen, brauchen sie Absatzmärkte – andere Länder, die ihnen gegenüber permanent im Defizit sind, damit sie selbst weiterhin Überschüsse vorweisen können.[37]

Deshalb lautete die wichtigste Frage: Welche Volkswirtschaften würden die Schwergewichte in Europa und Asien sein? In Europa war das Vereinigte Königreich ein früher Kandidat. Aber wie viele frühe Favoriten blieb es auf der Strecke. Die britischen Eliten wollten ihre Kontrolle über ein Empire nicht lockern, das in den Augen Washingtons widerspenstig und auf Dauer nicht zu halten war. Die britischen Veteranen, die ihr Blut für König und Vaterland vergossen hatten, wollten auf keinen Fall in einen Nachkriegsalltag mit kargen Löhnen und elenden Lebensbedingungen zurückkehren. Deshalb wurde Winston Churchill, der während des Krieges für die Nation ein Fels in der Brandung gewesen war, 1945 durch einen Erdrutschsieg der Labour-Partei, die (besonders für amerikanische Ohren) radikale Töne anschlug, aus dem Amt gefegt. Ein Jahr später beendete eine Krise der Staatsfinanzen die Konvertibilität des britischen Pfunds und beschädigte die britische Kandidatur für die Rolle der europäischen Stütze des amerikanischen globalen Plans weiter. Washington änderte daraufhin seine Meinung, wozu auch beitrug, dass das britische Establishment hartnäckig der Illusion anhing, es hätte den Krieg gewonnen und deshalb ein Anrecht darauf, die Bedingungen für die Friedenszeit zu diktieren.

Im Fernen Osten sahen die Amerikaner nur ein Land, das in der Lage sein könnte, die Funktion des notwendigen Stoßdämpfers zu übernehmen, nämlich Japan: ein mächtiges Industrieland, dessen Fabriken bis auf die in Hiroshima und Nagasaki weitgehend unbeschädigt geblieben waren, mit hoch qualifizierten, beeindruckend disziplinierten Arbeitskräften und einer Verfassung, die Amerika geschrieben hatte, und nicht zuletzt ein Land, das die amerikanischen Streitkräfte kontrollierten. Als sich der Blick der Amerikaner von Japan zurück nach Europa wandte, löste sich das Rätsel: Westdeutschland war das offensichtliche Gegenstück zu Japan und in der Tat ein hervorragender Kandidat für die Rolle des europäischen Stoßdämpfers im globalen Plan.

Und warum nicht Frankreich? Aus drei sehr guten Gründen. Erstens war die deutsche Industrie sehr viel fortschrittlicher als die französische. Trotz der schweren Schläge, die die deutschen Fabriken in der Endphase des Krieges erhalten hatten, produzierten sie 1945 mehr als doppelt so viel wie die französischen. Zweitens würden die geschlagenen Deutschen, die eine Zukunft als Agrarland fürchteten, einen Seufzer der Erleichterung ausstoßen, wenn die Vereinigten Staaten ihre Wirtschaft unterstützten, investierten und sie generell unter ihre Fittiche nahmen. General de Gaulle und die Mehrheit der Franzosen hingegen würden sich über jede Andeutung entsprechender Eingriffe, geschweige denn einer Übernahme, empören. Drittens hatte Amerika genau wie die japanische auch die Verfassung der Bundesrepublik geschrieben und baute sogar die Bundesbank von Anfang an auf. Die Tatsache, dass amerikanische Truppen Westdeutschland immer noch zu Land, zur See und in der Luft kontrollierten, schadete ebenfalls nicht.

Es blieb noch die zweite Frage: Welche Staaten würden das defizitäre Hinterland abgeben, dass die starken Volkswirtschaften Deutschlands und Japans brauchten?

De Gaulles Erkenntnis

Um den Plan umzusetzen, musste Washington 1945 den Widerstand Frankreichs im Allgemeinen und de Gaulles im Speziellen überwinden. General de Gaulle sah, dass alles auf eine Weltordnung hinauslief, in der Frankreich nur eine Position in der dritten Reihe bleiben würde – das brachte schmerzliche Erinnerungen an die Demütigung seines Landes im Krieg zurück. Doch seine Ablehnung dieser Perspektive stand in diametralem Gegensatz zum Nachkriegskonsens der Konservativen in Mitteleuropa, die die Einbeziehung Europas in die Dollarsphäre begeisterte. Am 20. Januar 1946 verlor de Gaulle als Folge hoher Inflationsraten in Frankreich und breiter Unzufriedenheit mit seinem strengen Konservatismus sein Amt an der Spitze der französischen Übergangsregierung. Die interessante Frage in dem Zusammenhang ist: Warum versuchte er nicht unmittelbar danach ein Comeback? Warum ging er stattdessen in die Wüste und blieb dort bis 1958?[38]

De Gaulle spürte, dass die französischen Eliten sein tiefes Unbehagen gegenüber dem globalen Plan Amerikas nicht teilten, weil sie die Annehmlichkeiten nicht verlieren wollten, die Amerika ihnen bot, wenn sie mitmachten. Trotzdem warnte er sie eindringlich vor einem weltweiten Dollarstandard mit der D-Mark als Stütze des Greenbacks in Europa. De Gaulle erkannte, dass die D-Mark diese Rolle nur spielen konnte, wenn Deutschland eine bedeutende Schwerindustrie hatte, und dies wiederum bedeutete, dass die Nachbarländer auf Dauer mit einem Handelsbilanzdefizit gegenüber Deutschland leben mussten. Nur so konnte die nötige Nachfrage für die Exporte der deutschen Industrie erzeugt werden. Sah sein Volk das denn nicht? Es sah es durchaus. Aber Washington trieb ein kluges Spiel und machte den französischen Beamten und Bankern ein Angebot, das sie nicht ablehnen konnten.

Frankreichs Trumpf war schon immer die Qualität seiner Verwaltungsbeamten gewesen. Jahr für Jahr entließen die *Grandes Écoles* einen Strom von Männern und in jüngerer Zeit auch einigen Frauen, die eine Neigung zum öffentlichen Dienst, bemerkenswerte Bildung und herausragende Rechenfähigkeiten besaßen und in der Lage waren, eine multinationale Bürokratie effizient und dynamisch zu leiten. Das war das Vermächtnis von Napoleon Bonaparte, sein Geschenk an die französische Nation. Hinzu kam noch, dass die französischen Banken sehr viel raffinierter agierten als die deutschen. Weil die New-Deal-Politiker das wussten, boten sie dem französischen Establishment einen verlockenden Anreiz, die Reindustrialisierung Deutschlands hinzunehmen: Wenn sie die industrielle Stärke Deutschlands duldeten und die unvermeidlich damit verbundene Macht der D-Mark, würden französische Verwaltungsbeamte das geeinte Mitteleuropa (von Paris und Brüssel aus) leiten, und französische Banken würden die Kapitalflüsse und die deutschen Gewinne innerhalb und außerhalb dieses Gebildes lenken.

De Gaulle gehörte wohl zu den wenigen Vertretern des französischen Establishments, die sich durch dieses verlockende Angebot nicht in Versuchung führen ließen. Männer wie Jean Monnet (einer der Väter der Europäischen Union), Jacques Rueff (ein einflussreicher Ökonom) und Robert Marjolin (der an der Spitze der Marshallplan-Verwaltung stand, aus der die heutige OECD hervorging) durchschauten, dass Frankreich nicht bekommen würde, was es sich erhoffte. Anders als sie argwöhnte de Gaulle, dass Frankreich trotz der amerikanischen Versprechungen der Niedergang drohte, wenn der globale Plan Amerikas in die Tat umgesetzt würde.

Tatsache war – und in dem Punkt hatte de Gaulle recht –, dass ein reindustrialisiertes, exportorientiertes Deutschland in einem Weltwährungssystem mit festen Wechselkursen und dem Dollar als Leitwährung immer zu einem schwachen Franc führen würde. Frankreich wäre darauf angewiesen, dass Amerika seine Währung im Verhältnis zur D-Mark stützen würde. Aber eine solche transatlantische Hilfestellung wäre nur möglich, wenn Amerika weiterhin Überschüsse produzierte. De Gaulle ahnte voraus, dass die Vereinigten Staaten ihre Überschüsse verprassen würden und Paris früher oder später auf die Gnade der Bundesbank angewiesen wäre. Und genau so kam es dann auch.

Griechenland als Auslöser

Amerikas Bekenntnis zu Deutschland hing noch mit einer weiteren wichtigen Entwicklung zusammen: dem Kalten Krieg. Die meisten Menschen vergessen, dass mein kleines Land auch der Schauplatz der ersten Szenen dieses größeren Dramas gewesen war. Der erste Zusammenprall zwischen Ost und West trug sich nach dem Abzug der nationalsozialistischen Besatzer im April 1944 in den Straßen Athens zu;

rechte Kräfte, die von den Briten unterstützt wurden, und von der Sowjetunion unterstützte Linke standen einander gegenüber. Die Zusammenstöße erreichten ihren Höhepunkt im Dezember 1944 und mündeten später in den elenden Bürgerkrieg von 1946 bis 1949, der in jeder griechischen Familie, die ich kenne, unauslöschliche Spuren hinterlassen hat. Die Auseinandersetzungen in Griechenland waren das Vorspiel für die Konfrontation von Ost und West, die dem Außen- und dem Finanzministerium der Vereinigten Staaten die Chance und den Rückhalt des Kongresses gab, um ein gewagtes Experiment in Europa durchzuführen: Frankreich und Deutschland in einer Europäischen Union zusammenzubringen, die fester Bestandteil eines globalen ökonomischen Projekts war.

Die wachsenden Spannungen, die sich zuerst in Athen entluden, erleichterten es den Amerikanern, den Plan einer Deindustrialisierung Deutschlands aufzugeben. Das sogenannte Lange Telegramm, das der amerikanische Diplomat George Kennan aus Moskau schickte und in dem er vor den Expansionsgelüsten der Sowjetunion warnte, machte Washington bewusst, wie dringlich die Eindämmung der Sowjetunion war; es fiel zeitlich mit dem Höhepunkt des griechischen Bürgerkriegs zusammen. Byrnes hielt seine Rede der Hoffnung, die auf Deutschlands endgültige Rehabilitierung vorausdeutete, nachdem ein abscheulicher brudermörderischer Kampf, der erste Stellvertreterkrieg der angehenden Supermächte des Kalten Krieges, die Griechen in Verzweiflung gestürzt hatte.[39]

Die Truman-Doktrin, die Präsident Harry Truman am 12. März 1947 verkündete, konzentrierte sich darauf, Griechenland für den Westen zu gewinnen,[40] war aber vor allem die inoffizielle Erklärung des Kalten Krieges durch den amerikanischen Präsidenten.[41] Sie formte Amerikas Europa. Von dem Augenblick an und mit Griechenland als Präzedenzfall erhoben die Vereinigten Staaten die Eindämmung des sowjetischen Einflusses zur obersten Priorität ihrer Politik.

Paris erschauderte allein beim Klang von Trumans Worten. Die französischen Politiker, allen voran de Gaulle, begriffen, dass die amerikanische Eindämmungspolitik gegenüber der Sowjetunion die wirt-

schaftliche Wiederbelebung Deutschlands bedeutete. Deutschlands Reindustrialisierung erfolgte nur, weil die Vereinigten Staaten sie wollten.
Genauso wurde die Europäische Union gebildet, weil Washington erkannte, dass eine starke D-Mark eine erfolgreiche deutsche Schwerindustrie brauchte, die wiederum auf benachbarte Absatzmärkte angewiesen war, und das erforderte einen Deal der Amerikaner mit Paris –
einen Deal, den das französische Establishment widerstrebend akzeptierte, durch den aber General de Gaulle mehr als ein Jahrzehnt lang politisch kaltgestellt war.

Einige Jahre später, 1953, leitete Hermann Josef Abs, der während des
Dritten Reichs an der Spitze der Deutschen Bank[42] gestanden hatte, eine
deutsche Regierungsdelegation, die Großbritannien besuchte. Anlass war
eine von den Amerikanern einberufene Konferenz, die über das sogenannte Londoner Schuldenabkommen beraten sollte. Im Wesentlichen
bauten die Vereinigten Staaten darauf, dass Großbritannien, Frankreich,
Griechenland, Italien, Spanien, Schweden, Jugoslawien, Norwegen, die
Schweiz und viele andere Länder den größten Teil der Vorkriegsschul-
den, die Deutschland ihnen gegenüber hatte, abschreiben würden. Die
britische Regierung protestierte und argumentierte, Deutschland sei sehr
wohl in der Lage und habe außerdem die moralische Pflicht zu zahlen.
Washington setzte sich über Londons Einspruch hinweg und verzichtete,
um ein Vorbild zu geben, sofort auf die Rückzahlung der Kredite, die es
Bonn nach 1945 gewährt hatte. Staatliche und private Gläubiger des deutschen Staates und deutscher Unternehmen wurden überzeugt, mehr als
70 Prozent ihrer Forderungen abzuschreiben.[43]

Ein Schuldenschnitt ist für jeden Einzelnen, jedes Unternehmen
und jedes Land, das in die gnadenlose Umklammerung der Insolvenz
geraten ist, von höchster Bedeutung. Ohne einen Schuldenschnitt
schmachten Einzelpersonen in Schuldgefängnissen, und Staaten sie-
chen dahin, bis ihre Einwohner entweder auswandern oder sich gegen
die Gläubiger und ihre Quislinge erheben. Dass der Kapitalismus im 19.
Jahrhundert immer stärker werden konnte, hing damit zusammen, dass
Schuldgefängnisse durch eine begrenzte Haftung ersetzt wurden. Gene-

ral Motors steht heute deshalb so gut da, weil die Regierung von Präsident Obama dem Unternehmen 2009 über 90 Prozent seiner Schulden erlassen hat. Deutschland wurde in den 1950er-Jahren zu einer wirtschaftlichen Supermacht, weil die Vereinigten Staaten andere europäische Länder unter Druck setzten, Deutschland in erheblichem Umfang Schuldenerleichterungen zu gewähren.

Und so erhob sich der Bösewicht des Krieges, Deutschland, aus der Asche, während Griechenland – das Land, das sich als Erstes gegen die militärischen Übergriffe der Achsenmächte gewehrt hatte[44] – nach dem Krieg Schreckliches erlebte: Erst brannte es in den Flammen des Bürgerkriegs, und dann, nachdem diese traurige Episode 1949 vorüber war, verlor es einen großen Teil seiner Bevölkerung durch Wirtschaftsmigration. Anfang der 1950er-Jahre, während viele Griechen in die Vereinigten Staaten, nach Kanada, Australien, Belgien und – Ironie der Geschichte – auch (als hoch produktive Gastarbeiter) nach Deutschland auswanderten, musste sich die griechische Regierung dem Druck beugen, substanzielle Forderungen an Deutschland abzuschreiben. Unterdessen wappneten sich Frankreich und Großbritannien, die vermeintlichen Sieger des Krieges, deren Nachkriegsschicksal nicht annähernd so tragisch war wie das Griechenlands, für die interessanten wirtschaftlichen Zeiten, die da kommen sollten.

Ironischerweise steckt Griechenland heute auch deshalb in einer tiefen wirtschaftlichen Krise, weil sich Deutschland seit 2010 rundweg weigert, Athen Schuldenerleichterungen zu gewähren, und niemand, auch nicht Amerika, bereit oder entschlossen genug ist, auf Berlin Druck auszuüben, für Griechenland das zu tun, was Amerika 1953 für Deutschland getan hat. Das Ergebnis ist nicht nur eine erwartbare Wirtschaftskrise, sondern auch der Aufstieg der nationalsozialistisch gesinnten Partei Goldene Morgenröte.

Bei meinem ersten offiziellen Besuch in Berlin am 5. Februar 2015 sprach ich über das Schreckgespenst unserer griechischen Nationalsozialisten und die durch die Schulden verursachte Krise, die sie als drittgrößte Partei Griechenlands ins Parlament gespült hatte. Die Mischung aus Ärger und Ablehnung, mit der meine Bitte um Schuldenerleichterungen aufgenommen wurde, bestätigte meine schlimmsten Befürchtungen und die des übrigen Europas: Das deutsche Establishment hatte entweder Amerikas Akt der Gnade aus seiner Erinnerung getilgt oder glaubte, der deutsche Staat habe unmittelbar nach dem Ende des schrecklichen Krieges, den es ausgelöst hatte, eine Sonderbehandlung verdient, die allen anderen Staaten Europas nicht zustand.

Das Dollarkartell

Um den europäischen Stützpfeiler für den globalen Plan zu errichten, musste Washington ein schwerwiegendes Zugeständnis machen. Die Wirtschaftsunion, die man als Hinterland für die D-Mark ersonnen hatte, sollte um ein schwerindustrielles Kartell herum errichtet werden, das ein Ausmaß von Marktmacht haben würde, gegen das die New-Deal-Politiker allergisch waren. Aber ihnen blieb nichts anderes übrig. Die beiden einzigen nach Einigung strebenden Bewegungen in Europa, von denen sie sich Unterstützung erhofften und mit denen sie zusammenarbeiten konnten, waren die internationalistische marxistische Linke und eine altehrwürdige zentraleuropäische konservative Tradition, die mit Schlagworten wie Mitteleuropa oder Paneuropa verbunden war. Angesichts dieser Alternative war die Entscheidung klar.

Im besten Sinn evozierte der Begriff Mitteleuropa ein multinationales, multikulturelles intellektuelles Ideal eines geeinten Zentraleuropa, auf das der nicht chauvinistische Teil der konservativen Eliten eher stolz war. Doch »Mitteleuropa« war auch der Titel eines einflussreichen Buchs von Friedrich Naumann, das er mitten im Ersten Weltkrieg geschrieben hatte. Darin sprach er sich für die wirtschaftliche und politische Integration Zentraleuropas aus, bei der Deutschland die Grundlinien vorgeben sollte und die »kleineren« Staaten unter Deutschlands Herrschaft stehen würden.[45] Paneuropa, der erheblich liberalere Begriff als Mitteleuropa, stammte von Graf Coudenhove-Kalergi, einem österreichisch-japanischen Intellektuellen, der sein Leben lang für die politische und wirtschaftliche Einigung Europas kämpfte.[46]

Trotz aller Unterschiede zielten beide Begriffe, »Mitteleuropa« und »Paneuropa«, darauf ab, Europas Zentrum vor geopolitischen und ökonomischen Übergriffen Russlands aus dem Osten und der angelsächsischen Länder aus dem Westen zu schützen. Außerdem war ihnen die Sicht gemeinsam, dass die Einheit Europas über die bestehenden nationalen Institutionen Zentraleuropas und damit praktisch über die vorherrschenden wirtschaftlichen Machtstrukturen gelegt werden sollte. Eine Europäische Union, die den Visionen von »Mitteleuropa« und »Paneuropa« entsprechen würde, müsste den Wettbewerb zwischen Konzernen, zwischen Ländern und zwischen Kapital und Arbeit begrenzen. Zentraleuropa würde, mit anderen Worten, an einen einzigen gigantischen, hierarchisch strukturierten Konzern erinnern, regiert von Technokraten, deren einzige Aufgabe es wäre, alles zu entpolitisieren und alle Konflikte zu minimieren.

Es muss wohl nicht eigens betont werden, dass die Mitteleuropa-Paneuropa-Vision die deutschen Industriellen begeisterte. Walther Rathenau, Aufsichtsratsvorsitzender der AEG (Allgemeine Electricitäts-Gesellschaft) und später deutscher Außenminister, sagte sogar, eine zentraleuropäische Wirtschaftsunion wäre »die größte Errungenschaft der Zivilisation«.[47] Die Idee fand nicht nur Anklang bei Konzernen wie AEG, Krupp und Siemens, sondern auch bei der katholischen Kirche und Politikern wie Robert Schuman, einem weiteren Gründungsvater der Europäischen Union, der in Deutschland geboren war und durch die Verschiebung der Grenze Franzose wurde.

Im September 1947, als die New-Deal-Politiker überlegten, welche Form der Europäischen Union am besten zu ihrem globalen Plan passen würde, hielt Graf Coudenhove-Kalergi eine Rede bei einer Konferenz der Europäischen Parlamentarischen Union, die er einberufen hatte, um die Parlamentarier Zentraleuropas zusammenzubringen. Thema seiner Rede war die dringliche Notwendigkeit, durch die Schaffung eines zentraleuropäischen Marktes mit einer stabilen Währung ein Vereintes Europa aufzubauen. Dabei sagte er nicht, dass dieser »Markt« notwendigerweise von mehreren großen Konzernen beherrscht sein würde, die nach Belieben ihre Preise absprechen und damit jeden echten Wettbewerb untereinander sowie jegliche Konkurrenz von Neulingen und, besonders wichtig, aus dem angelsächsischen Bereich verhindern könnten.

Mit diesen Menschen – Männern wie dem wohlmeinenden Graf Coudenhove-Kalergi, Robert Schuman und Jean Monnet – hatten es die Amerikaner zu tun.

Als der Prozess des Aufbaus von Mitteleuropa-Paneuropa einmal begonnen hatte, war er nicht mehr aufzuhalten. Im Januar 1946 wurde auf Geheiß der amerikanischen Mission in Frankreich die Planungskommission (Commissariat général du Plan) in Paris eingerichtet. Wenige Monate nach Verkündung der Truman-Doktrin hielt Trumans Außenminister George Marshall in Harvard eine Rede, die den Beginn des Marshall-Plans markierte: Ein umfangreiches Hilfspaket, das über 2 Prozent der amerikanischen Wirtschaftsleistung entsprach, katapultierte Europa endgültig in die Dollarsphäre.[48]

Innerhalb von Wochen verteilte das Commissariat général du Plan ein Drittel der gesamten Marshall-Plan-Hilfe in Europa, setzte Wachstumsziele für Europa und beschäftigte für all das nicht weniger als dreitausend Angestellte in Paris. Am 3. April 1948 installierte Präsident Truman die Economic Cooperation Administration, und dreizehn Tage später schufen die Vereinigten Staaten und ihre europäischen Verbündeten die Organization for European Economic Cooperation (OEEC) mit der Aufgabe, herauszufinden, wohin das Geld fließen sollte, unter welchen Bedingungen und zu welchen Zwecken. 1961 änderte die OEEC ihren Namen in OECD, Organisation für wirtschaftliche Zusammenarbeit und Entwicklung, als die wir sie bis heute kennen.

Während Frankreichs Eliten mit angenehmen Rollen in der Verwaltung und viel Geld ruhiggestellt wurden, fielen die wichtigen Entscheidungen in der Schwerindustrie. 1950 trat die Europäische Union offiziell ins Leben in Form eines von Deutschland dominierten Kartells für Kohle und Stahl, das von einer grenzüberschreitenden, französisch dominierten Verwaltung mit Sitz in Brüssel gelenkt wurde: als Europäische Gemeinschaft für Kohle und Stahl. Es war eine bemerkenswerte Abkehr von den Grundsätzen amerikanischer Verwaltungsführung, zu denen es seit Präsident Theodore Roosevelt gehörte, Kartelle zu zerschlagen. Doch Amerikas globaler Plan konnte in Europa nur funktionieren, wenn er mit der Ideologie von Mitteleuropa–Paneuropa Frieden schloss, die aber ihrerseits eng mit den zentraleuropäischen Kartellen verwoben war.

Um ihren Frieden mit der zentraleuropäischen Industriestruktur zu machen, mussten die amerikanischen Politiker nicht nur die Idee schlucken, das neue Europa auf einem Kartell von Großunternehmen zu gründen, sondern auch die unangenehme politische Agenda akzeptieren, die damit verbunden war. Männer wie Robert Schuman und Jean Monnet, die in erster Linie die Konzerne im Blick hatten, tendierten dazu, die Verwaltung in Brüssel als demokratiefreie Zone zu errichten. Graf Coudenhove-Kalergi fasste es in einer seiner Reden prägnant zusammen, als er sagte, Europa solle »über der Demokratie« stehen und die Demokratie solle durch eine »gesellschaftliche Aristokratie des Geistes«[49] abgelöst werden. Wie es immer geschieht, wenn Technokraten, die eine tiefe platonische Verachtung für die Demokratie hegen, übermäßig große Macht bekommen, mündete das in eine antisoziale, mut- und geistlose Autokratie.

Genau das sehen die Europäer heute in der Brüsseler Bürokratie. In allen Meinungsumfragen gibt eine große Mehrheit an, kein Vertrauen in die europäischen Institutionen zu haben. Während die Menschen überall auf der Welt – ob in Großbritannien, in den Vereinigten Staaten, in Indien – ihren staatlichen Institutionen sehr kritisch gegenüberstehen, hat die Unzufriedenheit mit Brüssel eine andere Qualität. Nehmen wir Großbritannien als Beispiel. Der britische Staat entwickelte sich aus Institutionen heraus, die den Kampf zwischen unterschiedlichen gesellschaftlichen Gruppen und Klassen regulieren sollten. Die Auseinandersetzung zwischen dem König und den Baronen führte zur Magna Carta, einer Vereinbarung, die die Macht des Königs begrenzte. Nachdem die Klasse der Kaufleute ein Maß an wirtschaftlicher Macht errungen hatte, das ihre gesellschaftliche und politische Stellung weit überstieg, entwickelte sich der Staat weiter, um die Interessen der Kaufleute und der Aristokratie auszugleichen, insbesondere nach der Glorreichen Revolution 1688. Die industrielle Revolution brachte neue soziale Schichten ins Spiel (Industrielle, Gewerkschaften, lokale Gemeinschaften ehemaliger Bauern), erweiterte ihre Rechte und verfeinerte den staatlichen Apparat.

Unterdessen mündete auf der anderen Seite des Atlantiks ein ähnlicher Prozess in die amerikanische Verfassung. Die Regierung der Vereinigten Staaten und ihre Bürokratie entstanden ebenfalls in einer Zeit heftiger Konflikte zwischen etablierten Interessen und gesellschaftlichen Klassen. Landbesitzer, überwiegend im Süden, die Sklaven hielten, standen Geschäftsleuten und Unternehmern von der Ostküste gegenüber, aus Illinois, Boston und Wisconsin. Der Louisiana-Kauf löste eine Vielzahl von Auseinandersetzungen zwischen unterschiedlichen Interessengruppen aus. Ein brutaler Bürgerkrieg war unvermeidlich und erleichterte Amerikas Konsolidierung. Später führten der Aufstieg der Gewerkschaften und des militärisch-industriellen Komplexes zu neuen Rivalitäten. Um die Nation zu einen und ihre Institutionen zu homogenisieren, damit man mit der politischen, gesellschaftlichen und finanziellen Krise umgehen konnte, die diese Spannungen erzeugten, musste der Kongress als zentrale, ausgleichende Instanz agieren. Tatsächlich kann keine andere Instanz in den Vereinigten Staaten dem Kongress die Stirn bieten oder ihn übergehen. Ungeachtet aller Schwachstellen, die die amerikanische Demokratie haben mag, spielt der demokratische Prozess die entscheidende Rolle für den Zusammenhalt der Union.

Im Gegensatz dazu entwickelten sich die Institutionen der Europäischen Union nicht als Reaktion auf ähnliche soziale Konflikte. Für die Abmilderung der sozialen Konflikte sorgten die nationalen Parlamente und Institutionen, während die Brüsseler Bürokratie die Aufgabe hatte, die Angelegenheiten eines Industriekartells zu lenken, das aus der zentraleuropäischen Schwerindustrie bestand. Ohne einen Demos – ein »Wir sind das Volk« –, das sie einschüchterte und ihr Handeln legitimierte, waren die Brüsseler Bürokraten vor demokratischer Kontrolle abgeschirmt und blickten voller Verachtung auf die Demokratie. Solange das Kartell, das sie verwalteten, unter der Ägide des von Amerikanern ersonnenen globalen Finanzsystems gut funktionierte, erfreuten sich die Institutionen der Europäischen Union allgemeiner Zustimmung. Doch anders als das amerikanische System mit dem Kongress im Zentrum fehlte der Europäischen Union ein demokratischer Prozess, auf den sie in schwierigen Zeiten zurückgreifen konnte.

Vom Standpunkt ihrer offiziellen Ideologie aus erinnerte die Europäische Union sehr an die Vereinigten Staaten und sogar an das liberale Großbritannien. Die Kräfte des Marktes frei gewähren zu lassen, schien die Parole der Stunde zu sein und ein gemeinsamer freier Markt ohne staatliche Eingriffe ihr Ziel. Dennoch ist es bemerkenswert, dass die Europäische Union als Kartell von Kohle- und Stahlproduzenten begann, das offen und legal Preise und Produktionsmengen kontrollierte mittels einer multinationalen Bürokratie, deren rechtliche und politische Macht über der der nationalen Parlamente und demokratischen Prozesse stand. Tatsächlich war es die erste Aufgabe der Brüsseler Bürokratie, die Preise für Kohle- und Stahlprodukte festzulegen und alle Hindernisse zu beseitigen, die der freien Bewegung und dem Handel damit zwischen den Mitgliedstaaten des Kartells im Wege standen. So seltsam das scheinen mag, es war absolut logisch: Welchen Sinn hätte ein grenzüberschreitendes Kartell, wenn seine Produkte an den Grenzen aufgehalten, besteuert und generell durch Verantwortliche der nationalen Regierungen behindert werden könnten? Das Äquivalent in den Vereinigten Staaten wäre eine Washingtoner Bürokratie, die Senat und Repräsentantenhaus nicht kontrollieren und in die Schranken weisen könnten, die aber in praktisch allen Fragen die Entscheidungen der Einzelstaaten aushebeln könnte und bestrebt wäre, höhere Preise festzusetzen, als sich auf dem Markt gebildet hätten.

Der nächste Schritt lag dann ebenfalls auf der Hand: Sobald die Zölle auf Kohle und Stahl beseitigt waren, war es naheliegend, alle Zölle abzuschaffen. Allerdings missfiel den französischen Bauern, die schon immer besonders großen Einfluss auf das politische System Frankreichs ausgeübt hatten, die Vorstellung, uneingeschränkt der Konkurrenz von importierter Milch, importiertem Käse und Wein ausgesetzt zu sein. Um die französischen Bauern mit ins Boot zu holen, wurde darum die »gemeinsame Agrarpolitik« ins Leben gerufen. Indem man den Bauern einen Teil der Monopolgewinne des Kartells zuschob, wollte man erreichen, dass sie bei der europäischen Freihandelszone mitmachten. Ende der 1950er-Jahre war aus dem multinationalen Kartell der Schwerindustrie und ihrer politischen Verkörperung in Brüssel die voll ausgebildete Europäische Union geworden (die damals Europäische Wirtschaftsgemeinschaft hieß und eine Weiterentwicklung der Europäischen Gemeinschaft für Kohle und Stahl war[50]). Von den Vereinigten Staaten mit Dollars versorgt, erwirtschaftete sie bald große Überschüsse, die den Wohlstand in Zentraleuropa in der Nachkriegszeit finanzierten. Das System von Bretton Woods, das kontinuierlich von den Vereinigten Staaten stabilisiert wurde, die bereit und willens waren, einen großen Teil der amerikanischen Überschüsse in Europa zu recyceln, sorgte dabei für ein stabiles weltweites Umfeld. Ein Goldenes Zeitalter mit hohen Wachstumsraten, Vollbeschäftigung und niedriger Inflation brach an und nährte den Traum von Europa als Hort allgemeinen Wohlstands. Es war ein Triumph Amerikas, den Europas Eliten als ihren eigenen zu präsentieren gedachten.

Aufruhr jenseits des Rheins

Europas Goldenes Zeitalter geriet ins Wanken, als die amerikanischen Überschüsse schwanden. Der Aufstieg der deutschen und japanischen Exporteure, den die Vereinigten Staaten in vielfältiger Weise unterstützt hatten, führte dazu, dass die beiden amerikanischen Protegés ihre eigenen Überschüsse aufbauten. Und weil der Überschuss einer Volkswirtschaft das Defizit einer anderen ist, gingen die deutschen und japanischen Überschüsse auf Kosten der Vereinigten Staaten, die mehr mit der Stabilisierung der Weltwirtschaft beschäftigt waren als mit der Erhaltung ihrer Überschüsse. Während offensichtlich wurde, dass Amerika sich von einem Gläubiger- zu einem Schuldnerland entwickelte, von einer Volkswirtschaft, die sich eines Handelsbilanzüberschusses erfreute, zu einer Volkswirtschaft mit einem wachsenden Handelsbilanzdefizit, wussten die Verantwortlichen in Washington, dass Sparen – die

Staatsausgaben verringern, die Steuern erhöhen und weniger Dollars drucken –, um der Defizite Herr zu werden, die globale Ordnung destabilisieren würde, die auf Amerikas Ausgabenfreude beruhte. Und so druckte die Fed weiter so viele Dollars, wie nötig waren, um eine scharfe Rezession im weltweiten Kapitalismus zu verhindern. Dadurch gerieten die Regierung und der private Sektor immer tiefer in die roten Zahlen und wurden Nettoschuldner Europas und Japans. Aber solange Amerika das Monopol auf die einzige Reservewährung der Welt besaß, den Dollar, und sein exorbitantes Privileg nutzte, wie Giscard es genannt hatte, konnte das System von Bretton Woods noch überleben.

Unterdessen besann sich Amerikas Europa auf sich selbst. Präsident de Gaulles Versuche 1963 und dann noch einmal 1964, Deutschland in eine erstickende Umarmung zu locken, waren lediglich eine Reaktion darauf, dass er angstvoll beobachtete, wie der globale Plan Amerikas an den Ecken ausfranste und Frankreichs politische Vorherrschaft innerhalb der Europäischen Union bedrohte.

Als Bundeskanzler Erhard den Vorschlag für eine sofortige Währungsunion ausschlug, antwortete de Gaulle damit, dass er den Einsatz gegen die Vereinigten Staaten und Bretton Woods erhöhte. Überzeugt, dass Amerika mehr Macht hatte, als für das Land gut war, aber weniger, als es oftmals dachte, ordnete der Präsident wenige Monate nach seiner provokanten Pressekonferenz vom Januar 1965, als er für die Rückkehr zum Goldstandard plädiert hatte, die Heimholung von 25.900 Goldbarren, die zusammen über 350 Tonnen wogen, aus den Tresoren unter der Notenbank von New York an.[51] Wenn es um symbolträchtige Gesten ging, war Frankreich einfach unschlagbar.

Die Nachricht veranlasste mehrere europäische Unternehmen und etliche Zentralbanken, von den Amerikanern Gold im Tausch gegen ihre Bestände an Eurodollars zu verlangen. Wie wir im letzten Kapitel gesehen haben, sprangen Spekulanten auf, die Blut witterten, und bald stieg der inoffizielle Goldpreis auf über 70 Dollar pro Unze, während Amerika immer noch rechtlich verpflichtet war, Gold zum Preis von 35 Dollar pro Unze zu verkaufen. Um das Ganze noch schlimmer zu machen, zog de Gaulle auch Frankreichs Streitkräfte aus der NATO zurück und verlangte den Abzug aller Einrichtungen der NATO auf französischem Boden.[52]

Zur gleichen Zeit entfaltete sich in Deutschland ein paralleles Drama. Der Widerstand der Bundesbank, das System von Bretton Woods zu unterstützen, erreichte einen Höhepunkt, als ihre Kooperation besonders wichtig gewesen wäre. Bretton Woods zu unterstützen bedeutete in der Praxis, dass die Bundesbank immer mehr D-Mark druckte, um die Dollars und Francs aufzusaugen, die Spekulanten sich von Geschäftsbanken liehen, um damit D-Mark zu kaufen in der Erwartung, dass der Kurs der D-Mark steigen würde. Solange die Bundesbank D-Mark druckte, waren den Spekulanten die Hände gebunden. Doch sobald sie die Notenpresse herunterfuhr, würde sich der offizielle (in Bretton Woods festgelegte) Kurs von Dollar und Franc nicht mehr halten lassen. Wenn die Bundesbank nicht mitspielte, mussten die Politiker entweder den IWF in Washington bitten, einer politisch gefährlichen Neuordnung der Wechselkurse zuzustimmen, oder das gesamte System würde kollabieren.[53] Es ist nicht übertrieben zu sagen, dass Mitte der 1960er-Jahre die Zukunft von Amerikas Projekt für die Nachkriegszeit davon abhing, dass die Bundesbank weiter D-Mark druckte.

Der Zorn der deutschen Zentralbanker richtete sich gegen Ludwig Erhard. Sie betrachteten ihn als Handlanger Washingtons, als Politiker, dem mehr daran gelegen war, Amerika bei der Stabilisierung von Bretton Woods zu helfen (und dabei de Gaulles Avancen abzuwehren), als die Bundesbank in ihrem Kreuzzug für stabile Preise in Deutschland zu unterstützen, die, wie sie fürchteten, steigen würden, wenn sie gezwungen wären, mehr Geld zu drucken. Sie hatten die Vergangenheit nicht vergessen und Erhard nicht vergeben, dass er 1961 als Finanzminister ihre Einwände gegen das amerikanische Ersuchen, die D-Mark aufzuwerten, beiseitegewischt hatte.[54]

Was taten die Männer in der Bundesbank nun also? In einem Manöver, das eher zu einer Bananenrepublik gepasst hätte als zu einer europäischen Demokratie, inszenierte die Bundesbank eine scharfe Rezession, um die Regierung zu stürzen. Und wie machte sie das? Ganz einfach: Sie schränkte die Möglichkeit der Geschäftsbanken ein, Kredite an Privathaushalte und Unternehmen zu vergeben. Diese Verknappung der Liquidität bremste die wirtschaftliche Aktivität und führte zu Anspannung auf dem Arbeitsmarkt, was eine kurze Rezession verursachte, die die Wähler der Regierung Erhard anlasteten. Woher wir das wissen? Bundesbankpräsident Karl Blessing gab es Jahre später selbst zu. Ohne einen Hauch von Verlegenheit oder Bedauern sagte er, die Bundesbank habe »rohe Gewalt« anwenden müssen, um die Dinge in Ordnung zu bringen.[55] Mit »Ordnung« meinte er den Einzug von Kurt Georg Kiesinger ins Kanzleramt, einem weiteren ehemaligen NSDAP-Mitglied, der mit einer großen Koalition aus Christdemokraten und Sozialdemokraten regierte. Weil die neue Regierung schwach war, hatte die Bundesbank erheblich mehr Handlungsfreiheit und konnte bei der Verteidigung des Systems von Bretton Woods die Füße stillhalten.

In den drei Jahren nach dem Putsch der Bundesbank herrschte eine Doppelmonarchie in der Bundesrepublik. Christdemokratien und Sozialdemokraten bemühten sich gemeinsam, die Rezession zu überwinden, die ihre Zentralbank herbeigeführt hatte, um Erhard aus dem Amt zu drängen und die neue Koalition in den Sattel zu heben.[56] Dazu präsentierten sie den sogenannten Stabilitäts- und Wachstumspakt, einen Plan für die Überwindung der Wirtschaftsschwäche, der einer schlichten Logik folgte: Lohnzurückhaltung, um die Inflation in Deutschland niedriger zu halten als in Frankreich, Großbritannien und Amerika, und Forcierung des Exports. Innerhalb eines Jahres trug der Stabilitäts- und Wachstumspakt Früchte. Deutschland erholte sich, deutsche Exporte überschwemmten Frankreich, Großbritannien und die Vereinigten Staaten zu Lasten aller anderen und untergruben die Stabilität des Systems von Bretton Woods weiter.[57]

Unterdessen hatte sich westlich des Rheins die Lage zugespitzt. De Gaulle wusste, dass er praktisch keine Macht über die organisierte Arbeitnehmerschaft hatte, verglichen mit der Situation in Deutschland, wo die Eliten die Gewerkschaften nicht nur in die Regierung einbezogen hatten (dank der Regierungsbeteiligung der Sozialdemokraten), sondern auch in die Aufsichtsräte, bei denen Gewerkschaftsvertreter neben Fabrikdirektoren saßen und als Gegenleistung für Macht Lohnzurückhaltung garantierten. De Gaulle dachte, wenn Frankreich eine harte Währung hätte – entweder den Goldstandard oder die D-Mark –, würde das den französischen Staat stärken und das linke Gesindel schwächen. Doch weil Deutschland seine Avancen abgelehnt hatte und die Rückkehr zum Goldstandard nur Rhetorik war, steckte er in einem Morast aus unkontrollierbarer Inflation und wachsender Unzufriedenheit. In einem letzten Aufbäumen wies er Giscard d'Estaing an, die geldpolitischen Zügel anzuziehen, um den Franc stärker zu machen – mehr so wie die D-Mark.[58]

Das Ergebnis war das Schlimmste aus beiden Welten: Die Beschäftigung in Frankreich ging zurück, die Preise stiegen weiter, das Handelsbilanzdefizit zu Deutschland wurde größer, und Spekulanten liehen sich weiter Francs, um D-Mark zu kaufen in Erwartung eines weiteren Waterloo für den Franc. Der Aufstand der französischen Studenten im Mai 1968 prägte eine ganze Generation und brachte de Gaulle in allergrößte Bedrängnis: Der starke Mann Frankreichs musste aus Paris fliehen und, wie erwähnt, ausgerechnet in Deutschland Zuflucht suchen. Obwohl es ihm mithilfe der Streitkräfte zunächst gelang, die Macht zu behalten, trat er ein Jahr später vom Präsidentenamt zurück und reichte den Stab an seinen Stellvertreter Georges Pompidou weiter. Pompidou gab in einem seiner ersten Interviews als Staatspräsident auf die Frage nach Frankreichs relativer wirtschaftlicher Schwäche gegenüber Deutschland die verstörende Antwort: »Die Deutschen haben ihre D-Mark und wir haben unser Bömbchen.« Gemeint war die französische Atombombe.[59] Das französische Establishment hatte sich eindeutig der finanziellen Dominanz Deutschlands gebeugt, die in seinen Augen ebenso unausweichlich wie abscheulich war; es setzte auf die französischen Atomwaffen, um die wirtschaftliche Unterlegenheit wettzumachen.

Einige Monate später, im September 1969, standen in Deutschland Wahlen an. Die Spekulanten ahnten, dass die nächste Regierung die D-Mark aufwerten musste, um ein Minimum von Gleichgewicht im europäischen Handel wiederherzustellen. Deshalb liehen sie sich überall Dollar, Franc, Lira und sogar Gold, um damit D-Mark zu kaufen. Eine Wand von Geld schob sich auf Deutschland zu und bedrohte das Land, das die Inflation so sehr fürchtete, mit steigenden Preisen. Die Regierung der Großen Koalition setzte vier Tage den Aktien- und Devisenhandel aus in der Hoffnung, die Flut aufhalten zu können.

Das Ergebnis der Wahl war zwiespältig. Zwar entfielen die meisten Stimmen auf die Christdemokraten, aber Willy Brandts Sozialdemokraten gewannen mehr hinzu als alle anderen Parteien und erhoben den Anspruch, zusammen mit den Freien Demokraten eine Regierung zu bilden. Während der Koalitionsverhandlungen musste die unterdessen weiter amtierende Regierung Kiesinger entscheiden, wie es mit den Finanzmärkten weitergehen sollte. Die Sozialdemokraten im Kabinett überraschten alle mit dem Vorschlag, die Regierung solle in den sauren Apfel beißen und die D-Mark deutlich aufwerten. Das war in etwa so, als würde heute die Labour Party in Großbritannien für einen strikteren Sparkurs plädieren als die Tories, oder die Demokraten in Amerika würden größere Einschnitte bei der sozialen Sicherung in Aussicht stellen als die Tea Party! Die Sozialdemokraten waren bekannt dafür, dass sie unbedingt die Exportindustrie vor Schaden bewahren wollten, weil die Arbeiter ihre wichtigste Wählergruppe waren. Trotzdem schlugen sie diesmal eine deutliche Aufwertung der deutschen Währung vor.

Kiesinger sträubte sich, weil er fürchtete, die deutschen Industriellen und insbesondere die Exportunternehmen würden gegen ihn aufbegehren. In dieser Pattsituation präsentierte Bundesbank-Vizepräsident Otmar Emminger einen verblüffenden Kompromissvorschlag: »Machen Sie nichts. Befreien Sie uns nur stillschweigend von der Verpflichtung, den Kurs des Dollars zu verteidigen!« Die erschöpften Politiker gaben der Bundesbank grünes Licht: Das Bretton-Woods-Abkommen sollte vorübergehend außer Kraft gesetzt werden, die Notenpresse ruhte, während die D-Mark in unbekannte Gewässer steuerte.[60]

Als die Märkte wieder öffneten, stieg die D-Mark, und unter grober Verletzung ihrer Pflichten nach dem Bretton-Woods-Abkommen schaute die Bundesbank tatenlos zu. Einen ganzen Monat lang, bis die neue Regierung von Willy Brandt die Amtsgeschäfte übernommen hatte, duldete sie, dass die deutsche Währung gegenüber dem Dollar an Wert gewann, intervenierte jedoch, um die Aufwertung gegenüber dem

Franc zu beschränken und die deutschen Exporte nach Frankreich nicht zu gefährden. In Paris war man wütend, während Washington gelassen blieb. Giscard d'Estaing sandte aufgebrachte Botschaften nach Bonn und Frankfurt, in denen er den Deutschen vorwarf, sie würden die Währungsordnung der Nachkriegszeit sprengen und die Europäische Union aufs Spiel setzen.

Dass Washington zunächst zögerte, Bonn zu schelten, rührte von der Erleichterung her, dass der Druck auf den Dollar vorübergehend nachließ: Als der Wert der D-Mark stieg, weniger Dollars nach Deutschland flossen und die Verkaufszahlen von Mercedes-Benz in Amerika zurückgingen, konnte die amerikanische Notenbank erst einmal aufatmen. Doch bald schon betrachtete die Regierung Nixon die einseitige Freigabe der D-Mark als einen aggressiven Akt. Obwohl Bonn bemüht war, zu erklären, dass die Freigabe nur vorübergehend sei und man die D-Mark nur eine Weile klettern lassen würde, bis sie wieder zu einem festen (höheren) Wechselkurs ins Gefüge von Bretton Woods zurückkehren werde, war klar, dass es sehr schwer sein würde, den Geist wieder in die Flasche zurückzubekommen.

Großbritannien und Frankreich lagen darnieder. Die Aufwertung der D-Mark ging nicht schnell genug, um ihre Handelsbilanz mit Deutschland auszugleichen. Autos von Volkswagen und Waschmaschinen von Siemens kosteten in London und Lyon nun mehr, aber nicht so viel mehr, dass der deutsche Handelsbilanzüberschuss eine Delle bekam. Doch angesichts der eindrucksvollen Aufwertung der D-Mark und der Erfahrung, dass die Verantwortlichen erstmals seit den 1940er-Jahren nicht eingeschritten waren, um die Aufwertung zu bremsen, setzten wohlhabende Menschen, die Geld übrig hatten, darauf, dass die D-Mark weiter steigen würde. Um davon zu profitieren, brachten sie ihr Geld nach Deutschland und verursachten einen finanziellen Exodus von Paris und London nach Frankfurt.

Giscard d'Estaing erinnerte sich an seinen Besuch 1964 in Bonn und rief erneut zu einer Währungsunion auf; allerdings wollte er diesmal (ohne General de Gaulle im Hintergrund) andere europäische Länder in die Überlegungen mit einbeziehen. Bonn wiederholte sein vernünftiges Argument, einer gemeinsamen Währung müsse die politische Integration vorausgehen, was aber Frankreich nicht einsehen wolle.

Tatsächlich wiederholte sich dieses Muster immer wieder – in den 1970er-, 1980er- und 1990er-Jahren, bis zum heutigen Tag: Paris forderte eine Währungsunion, und die deutsche Regierung stimmte zu, sofern eine politische Union damit verbunden wäre, um das Ausgabenverhalten der französischen Regierung kontrollieren zu können. Selbst als es die Währungsunion schon gab und vor allem als der Euro die ganze Wucht der Eurokrise zu spüren bekam, blieb diese Meinungsverschiedenheit bestehen. Ich war 2015 selbst Zeuge hitziger Auseinandersetzungen zwischen französischen und deutschen Spitzenbeamten, bei denen es genau um diese Punkte ging. Für mich ist nach diesen Erfahrungen klar, dass die Eurokrise weiter schwelt, weil Paris niemals eine Kontrolle seines Haushalts akzeptieren wird. (Mehr dazu in Kapitel 4.)

Aber kehren wir wieder in den März 1971 zurück. Eines Morgens erwachte die Welt mit einer unglaublichen Nachricht: Die Bundesrepublik Deutschland hielt mehr Devisen – Dollar, Yen und so weiter – als die Regierung der Vereinigten Staaten. Gerade einmal zweieinhalb Jahrzehnte nachdem die Rede der Hoffnung des amerikanischen Außenministers Byrnes Amerikas Entscheidung signalisiert hatte, Deutschland zu erlauben, wirtschaftlich wieder auf die Beine zu kommen, hatte Deutschland seinen viel größeren und reicheren Wohltäter bei den Devisenbeständen, einschließlich Dollar, überrundet. Die Nachricht verblüffte die Welt, verlieh Deutschland einen geradezu mythischen Rang als Wirtschaftsmacht und beschleunigte die Kapitalflucht nach Deutschland. Die Erwartung, Amerika werde von seiner Zusicherung abrücken müssen, jede Unze seines Goldes für jämmerliche 35 Dollar herzugeben, wurde stärker, und die Spekulanten rechneten fest damit, dass der Goldpreis in Dollar explodieren würde. Sie tauschten massenweise Dollars in Gold ein. Und als es nicht mehr genug Gold zu kaufen gab, tauschten die Händler ihre Dollars in der festen Überzeugung, dass der Dollar dem Untergang geweiht war, gegen Francs und Pfund. Paris und London standen auf einmal mit Bergen von Dollars da, während sie gegenüber Deutschland weiter an Boden verloren.

Am 9. Mai 1971 versuchte Bundeskanzler Brandt, Präsident Pompidou mit einem handschriftlichen Brief zu beruhigen, in dem er versicherte, er setze sich unverändert für die Errichtung einer europäischen Wirtschafts- und Währungsunion ein. Pompidou war nicht überzeugt.[61] Zur gleichen Zeit, als Brandt ihm das versicherte, wusste Pompidou aus zuverlässiger Quelle, dass die Bundesbank sich darauf vorbereitete, den Kurs der D-Mark wieder freizugeben, wie sie es 1969 schon einmal getan hatte. Für Frankreich und Großbritannien hätte sich das in verheerender Weise destabilisierend ausgewirkt. Als der Sommer näher rückte, bat Frankreich die Amerikaner, ihre neuen Berge von Dollars gegen Gold einzutauschen. In Washington schäumte man. Am 11. August 1971 stieß auch noch London ins gleiche Horn und verlangte den Umtausch von 3 Milliarden Eurodollar in amerikanisches Gold. Daraufhin sagte Paul Volcker zu John Connally, es sei Zeit, Präsident Nixon zu bewegen, den Europäern die Leviten zu lesen. Connally stimmte sofort zu. Am 15. August erfuhren die Europäer die Nachricht: Das Spiel war aus.

Eine enge Freundin erzählte mir einmal, als sie ihrem Vater mitteilte, sie wolle heiraten, habe er mit der Frage geantwortet: »Gegen wen?« Genau das war die Haltung hinter de Gaulles Vorschlag aus dem Jahr 1964 an die Bundesrepublik, sich in einer Währungsunion zu verbinden. Weil Frankreich die ökonomische Macht fehlte, die deutsche Industrie in die Knie zu zwingen, und weil die Bundesbank ständig Ärger machte, reichte Frankreich stattdessen seine Hand zur Vermählung der beiden Währungen.

Frankreich hatte die Währungsunion immer gegen und nicht mit Deutschland konzipiert. Dass das nicht nur eine von de Gaulles Obsessionen war, hat sich seither wiederholt bestätigt. Womöglich das eindrucksvollste Beispiel stammt vom 18. September 1992, kurz nachdem sich Frankreich und das wiedervereinigte Deutschland im Vertrag von Maastricht geeinigt hatten, den Euro zu schaffen. Die konservative französische Tageszeitung *Le Figaro* schrieb auf der Titelseite: »In den 1920er-Jahren hieß es, Deutschland werde Reparationen zahlen. Jetzt zahlt Deutschland. Der Vertrag von Maastricht ist ein Versailler Vertrag ohne Krieg!«[62] Die deutschen Verantwortlichen wussten das 1964 genauso, wie sie es 1992 wussten: Für die französischen Eliten war eine gemeinsame Währung mit Deutschland ein Versuch, Deutschland zu neutralisieren, die Bundesbank einzunehmen, ohne einen einzigen Schuss abzufeuern. Die deutschen Entscheidungsträger, insbesondere die Beamten der Bundesbank, vergaßen das niemals.

Aber warum stimmte Deutschland schließlich einer Währungsunion zu, obwohl es genau wusste, dass sie Teil einer gegen Deutschland gerichteten französischen Strategie war? Nach allgemeiner Auffassung war die Tatsache, dass Bundeskanzler Kohl sich den französischen Wünschen nach einer Währungsunion beugte, der Preis, den er für die deutsche Wiedervereinigung zahlte. Dieser Aspekt ist zwar wichtig, aber die wahre Antwort liegt anderswo: Die nackte Wahrheit ist, dass Deutschlands stark exportabhängige Industrie sich eine frei schwankende Währung nicht leisten konnte. Aus einem einfachen Grund: Würde der Außenwert der D-Mark frei auf den Geldmärkten entschieden, würden Deutschlands Überschüsse eine Nachfrage nach deutschem Geld erzeugen, die seinen Preis so weit nach oben treiben würde, bis die deutschen Waren so teuer wären, dass die Überschüsse sich auflösen würden. Der Wunsch, ein Überschussland zu bleiben, ließ sich mit einer frei schwankenden D-Mark nicht erfüllen.

Solange die D-Mark Teil von Amerikas großem Plan blieb und ihr Wechselkurs im Rahmen des internationalen Währungssystems von Bretton Woods festgelegt war, konnten sich die deutschen Politiker und Beamten wie die Manager einer schimmernden Fabrik verhalten. Sie konnten sich ganz darauf konzentrieren, zuverlässige Autos und faszinierende Geräte zu bauen und die Lenkung des globalen Kapitalismus den Amerikanern überlassen – genau wie es die Vereinigten Staaten Ende der 1940er-Jahre geplant hatten. Doch als die Vereinigten Staaten das System von Bretton Woods fallen ließen und Europa gleich mit, konnten die deutschen Politiker die globale Umwelt leider nicht mehr so behandeln wie das Wetter: als ein natürliches System, auf das ihre Handlungen und Überzeugungen keinen Einfluss hatten. Sie mussten zugeben, dass das internationale ökonomische Umfeld nicht länger von göttlicher Hand geordnet wurde und unabhängig davon existierte, was sie entschieden. Sie mussten, mit anderen Worten, etwas tun, um das internationale Umfeld so zu gestalten, dass Deutschland auch künftig Erfolg haben konnte.

Die deutschen Beamten wollten nicht gern global denken und versuchen, die Welt nach ihren Vorstellungen zu formen, deshalb nahmen sie eine minimalistische Position ein: Sie dachten sich, dass ein europäisches Bretton Woods als Ersatz für das amerikanische Original ausreichen würde. Und wenn ein solches europäisches Währungssystem so konzipiert werden konnte, dass es im Interesse der deutschen Industrie funktionierte, würde die gemeinsame Währung, auf die Paris immer drängte, vielleicht einmal akzeptabel für sie sein. Aber erst nachdem man Frankreichs Wunsch ausgeräumt hatte, auf dem Kutschbock zu sitzen, während die deutsche Industrie als Zugpferd fungierte.[63]

KAPITEL 3

Besorgte Pilger

An einem trüben Herbstnachmittag betraten zwei würdig gekleidete Männer, die immense Autorität ausstrahlten, den Aachener Dom. Sie wollten den Gebeinen von Karl dem Großen ihren Respekt erweisen, dem Frankenkönig aus dem 9. Jahrhundert, der für kurze Zeit das Römische Reich wieder geeint hatte und der, zumindest für traditionsbewusste Zentraleuropäer, die Sehnsucht nach einem christlichen Europa ohne Grenzen verkörperte: Mitteleuropa oder Paneuropa, wie sie es abwechselnd nannten. Vor dem Grab des christlichen Kriegers, neben seinem einstigen Thron, versuchten die beiden Männer ihre beträchtliche Beklemmung angesichts dessen, was sie soeben getan hatten, zu bezwingen: Sie hatten dafür gesorgt, dass ihre beiden Länder, Frankreich und Deutschland, ihre Währungen miteinander verbanden. Früher an jenem Tag, dem 15. September 1978, hatten sie eine bilaterale Vereinbarung über das sogenannte Europäische Währungssystem (EWS) unterzeichnet – den Vorläufer des Euros.

»Vielleicht während wir über Finanzdinge diskutierten«, sagte einer der beiden Pilger am Nachmittag jenes Tages zu einem italienischen Journalisten, »wehte der Geist Karls des Großen über uns.«[1] Der Name des Pilgers war Valéry Giscard d'Estaing. Der Finanzminister, den Präsident de Gaulle im März 1964 nach Bonn geschickt hatte, wo er die deutsche Regierung mit dem Vorschlag einer sofortigen Währungsunion verblüffte, residierte mittlerweile als Frankreichs zwanzigster Präsident im Élysée-Palast. Der zweite Pilger, der den Geist Karls des Großen um Billigung der Währungsunion mit Frankreich bat, war der sozialdemokratische deutsche Bundeskanzler Helmut Schmidt, dem die Vereinigten Staaten von Europa genauso am Herzen lagen wie Giscard.[2]

Erbitterte Euroskeptiker, vor allem der angelsächsischen Glaubensrichtung[3], tun den Besuch von Giscard und Schmidt an der Ruhestätte Karls des Großen als ein weiteres Beispiel von Eurokitsch ab, als einen Akt der zentraleuropäischen Soap, um die Unterstützung der traditionsbewussten französischen und deutschen Wähler zu gewinnen. Jeder, der schon einmal den *Eurovision Song Contest* angeschaut hat, wird vertraute Kitschelemente darin erkennen, dass der Staatspräsident Frankreichs und der Kanzler der Bundesrepublik sich genötigt fühlten, das Grab eines lange verblichenen Königs aufzusuchen, um seinen Segen für ihr Projekt einer Währungsunion zu erbitten. Während anschließende Äußerungen, der Geist Karls des Großen habe ihnen die Idee zu einer Europäischen Zentralbank eingegeben, die Glaubwürdigkeit eindeutig überstrapazieren,[4] kann kein Zweifel bestehen, dass die beiden Männer allen Grund hatten, im Höchstmaß besorgt zu sein. Es hat schon weniger Sorge wichtige Männer zu seltsamen Pilgerfahrten getrieben.

Giscard verfolgte die Erinnerung an den Ausgang eines früheren katastrophalen Experiments mit einer Währungsunion: dem Goldstandard. Anders als Großbritannien, das sich 1931 selbst aus der erstickenden Umklammerung eines zerfallenden Goldstandards befreit hatte, und anders als die Vereinigten Staaten, die Großbritannien Anfang 1933 folgten, hatte Frankreich bis zum bitteren Ende 1936 ausgehalten. Das Ergebnis war ein wirtschaftlicher Zusammenbruch in einer Rezession[5], politisches Chaos und die Schwächung des ganzen Landes in einem Ausmaß, dass es dem nationalsozialistischen Deutschland keinen Widerstand entgegensetzen konnte[6] und 1940 eine schimpfliche Niederlage und Besetzung erlitt. Natürlich war die Währungsunion mit Deutschland Giscards eigene Idee, die er 1964 erfolglos in Bonn präsentiert hatte. Aber als einem klugen Mann musste Giscard schmerzlich bewusst sein, dass nur die besonders rachsüchtigen Götter uns die Erfüllung unserer sehnlichsten Wünsche gewähren. Würde es Frankreich in dieser neuen Währungsunion besser ergehen als zwischen den Kriegen? Hatte er gerade einer Institution zugestimmt, durch die Frankreich verloren gehen könnte, ohne ein vereintes Europa zu gewinnen, das das Reich Karls des Großen umspannte? Mich würde es nicht wundern, wenn Giscard an jenem Nachmittag ein Stoßgebet an den Geist Karls des Großen gerichtet hätte.

Helmut Schmidt machte sich ebenfalls ernsthafte Sorgen. Die Erinnerung, wie es Kanzler Erhard 1966 ergangen war, lastete schwer auf ihm. Denn wenn sich die Bundesbank befugt fühlte, in der relativ ruhigen Phase Mitte der 1960er-Jahre eine Rezession zu inszenieren, um einen Kanzler aus dem Amt zu drängen, weil er das schändliche Verbrechen begangen hatte, einmal nicht mit ihr über den Wechselkurs der D-Mark gegenüber dem Dollar übereinzustimmen, hatte Schmidt allen Grund, bei dem Gedanken zu zittern, wie die Bundesbank reagieren würde, wenn sie Wind davon bekam, woran er seit dem letzten April mit Giscard arbeitete. Tatsächlich hatte Schmidt die Bundesbank und sein eigenes Kabinett über beider Plan für ein Europäisches Währungssystem im Unklaren gelassen, damit er nicht noch einmal scheiterte. Es wäre nicht überraschend, wenn auch Schmidt vor dem Grabmal Karls des Großen ein Stoßgebet gesprochen hätte, etwa so: »Bitte, Karl, mach, dass die Bundesbank nicht über mich herfällt, weil sie denkt, dass ich ihre Entscheidungsgewalt über die deutsche Währung Frankreich als Morgengabe überreiche.«

Eine Schlange gleitet in eine verstörte Welt

Schwere Erdbeben treiben Schlangen aus ihren Verstecken, und sie gleiten benommen umher, bis die tektonischen Platten sich wieder beruhigt haben. Der Nixon-Schock war ein solches Erdbeben. Er bewirkte, dass sich Verwerfungslinien in Europa auftaten, aus denen beinahe sofort eine bemerkenswerte Schlange hervorkroch. Diese Schlange war Europas erste Reaktion auf den Zusammenbruch des Systems von Bretton Woods.

Als der Dollar einbrach und der Kurs der D-Mark immer weiter stieg, bestand die Gefahr, dass Europas Währungen auseinandergerissen würden. Einige hielten mit der D-Mark mit, andere folgten begeistert dem Dollar in den Abgrund. Wenn nichts getan werden sollte, um sie wieder aneinanderzubinden, würden die deutschen Exporteure in Aufruhr geraten. Ihre Autos und Waschmaschinen wurden in Großbritannien, Italien und Frankreich allmählich so teuer, dass sich keine Käufer mehr fanden. Umgekehrt machte sich in diesen Ländern Ärger über steigende Preise und einen fallenden Lebensstandard breit.

Vor 1971 hatte sich Europa von einem falschen Gefühl einlullen lassen, die Amerikaner würden schon für Stabilität sorgen. Die europäischen Länder hatten sich daran gewöhnt, dass ihre Währungen vom Dollar gestützt wurden und die Kurse untereinander nur wenig schwankten. Die Institutionen der Europäischen Union waren auch so ausgelegt, dass sie unter der Annahme funktionierten, alle europäischen Währungen würden sich wie Boote bewegen, die in die Höhe steigen oder absinken, wenn die Flut kommt und geht, und nur ganz selten von einer launischen Woge durchgeschüttelt werden.

Als Europa 1971 aus der Dollarzone hinausgeworfen wurde und die Wechselkurse zwischen den europäischen Währungen wild auf und ab sprangen, hatte die Europäische Union echte Schwierigkeiten, das Kartell der Schwerindustrie und die gemeinsame Agrarpolitik, die ihren Kern bildeten, zu lenken. Ohne stabile Preise für Stahl, Kohle und landwirtschaftliche Erzeugnisse in Frankreich, Deutschland, Belgien, den Niederlanden und Italien war eine kartellartige Preisfestsetzung unmöglich. Und ohne ein solches zentraleuropäisches Kartell würde die Europäische Union ihre *raison d'être* verlieren und in Preiskriegen versinken, die die etablierte Verteilung der politischen Macht zerstören würden. Dann war es nur eine Frage der Zeit, bis die Brüsseler Bürokratie zerfiel, Gegensätze zwischen den europäischen Hauptstädten offen aufbrachen und es auf einem Kontinent, der darum kämpfte, seine turbulente Vergangenheit zu überwinden, zu nicht beherrschbaren sozialen Tumulten kommen würde.

Als Reaktion darauf erblickte Europas »Schlange im Tunnel« das Licht der Welt. Die Idee dahinter war, innerhalb Europas die festen Wechselkurse von Bretton Woods zu imitieren. Da Europa Washington nicht davon überzeugen konnte, seine Währungen wieder an den Dollar zu binden, kam den europäischen Politikern der Gedanke, ihre Währungen stattdessen an die dominierende Währung des Kontinents, die D-Mark, zu knüpfen. Und so einigten sich 1972 die Länder der Europäischen Union einschließlich Großbritanniens, Irlands, Dänemarks und Norwegens[7], die Schwankungen der Wechselkurse zwischen ihren Währungen auf einen sehr engen Korridor zu begrenzen.[8] Als Bezeichnung für dieses System quasi fester Wechselkurse wurde die unglückliche Metapher der Schlange in einem Tunnel gewählt. Sie sollte die Vorstellung vermitteln, dass jeder Wechselkurs (zum Beispiel zwischen dem Franc und der D-Mark) mit sehr wenig Spielraum auf und ab gleiten würde.

Ein paar Monate schlängelte die europäische Schlange vergnügt in ihrem Tunnel dahin. Den Hauptteil ihres Körpers bildeten die Überschussländer mit Deutschland im Zentrum, ihr Schwanz bestand aus Defizitländern wie Frankreich, Italien, Großbritannien und Irland. Leider fiel der Schwanz der Schlange wie bei einer Eidechse in einer Notlage ab, als 1973 der Ölpreis in Dollar explodierte.

Der Grund, warum die Schlange ihren Schwanz nicht retten konnte, war der gleiche, der auch zum Zusammenbruch von Bretton Woods geführt hatte: Ohne einen Leviathan, der Überschüsse in die Teile des Systems leitete und dort recycelte, die unter massiven Defiziten litten, können Defizitländer feste Wechselkurse zu den anderen Ländern nicht halten, vor allem nicht in Krisenzeiten. Um in der europäischen Währungsschlange zu bleiben, musste ein Land mit einem Handelsbilanzdefizit, beispielsweise Frankreich, unbedingt Devisen anziehen, um seine Nettoimporte finanzieren zu können. Ausländisches Geld wird von hohen Zinsen angelockt und abgestoßen durch die Aussicht, dass ein Staat womöglich nicht in der Lage ist, seine Rechnungen zu begleichen und seine Gläubiger auszuzahlen. Mit anderen Worten: Um in der Schlange zu bleiben, müsste Paris die Kreditaufnahme verteuern und zugleich die öffentlichen Ausgaben verringern. Aber teureres Geld würde die Investitionen der französischen Unternehmen bremsen, und das würde wiederum der Beschäftigung und den privaten Einkommen schaden. Und wenn zu alledem die Regierung auch noch ihre Ausgaben zurückfuhr, um die Gemüter der ausländischen Investoren zu beruhigen, würde die Gesamtheit der Ausgaben (der privaten und der öffentlichen) zurückgehen. Aber was ist das Äquivalent der Ausgaben? Das Sozialprodukt natürlich. Kurz gesagt, um in der Währungsschlange zu bleiben, würde Frankreich genau wie Großbritannien, Italien und Irland seine Volkswirtschaft vernichten müssen.

Die Schlange zu verlassen war für die Defizitländer auch keine bessere Alternative. Das bedeutete, ihre Währungen im Verhältnis zur D-Mark abzuwerten, was nicht nur Autos aus deutscher Produktion verteuerte, sondern auch Maschinen und Geräte, mit denen Großbritanniens National Health Service funktionierte, Frankreichs Atommeiler liefen, Autos von Fiat beschleunigten und Züge pünktlich fuhren. Angesichts der elenden Wahl, die eigene Volkswirtschaft in die Luft zu jagen oder soziale Konflikte als Folge der Inflation zu riskieren, hätten sich die meisten Regierungen – ganz sicher die amerikanische – entschieden, dass die Inflation das kleinere Übel war, und die Schlange verlassen. Ganz sicher war das Großbritanniens Position. Doch diesseits des Ärmelkanals hegte das Establishment einen anderen kollektiven Willen: Man wollte das zumindest für die Eliten sagenhaft lukrative zentraleuropäische Kartell und seine riesige multinationale Bürokratie in Brüssel retten.

Natürlich wird sich ein wirtschaftlicher Imperativ, der die Interessen einer relativ kleinen Elite begünstigt, nicht automatisch gegen die Interessen der großen Mehrheit durchsetzen. Dazu bedarf es einer herrschenden Ideologie, die den Eliten erlaubt, die anderen zu kooptieren und ihre ureigenen Interessen als den allgemeinen Willen zu präsentieren. Das europäische Ideal war und ist eine solche Ideologie. In diesem Zusammenhang ist das Bild von Karl dem Großen nicht so kitschig und unbedeutend, wie es den Menschen außerhalb von Zentraleuropa erscheinen mag.

Das europäische Ideal, unbestritten mächtig und nach seinen eigenen Maßstäben wertvoll, bot den Politikern in Paris und Rom einen schimmernden ideologischen Schleier, unter dem sie ihre Entschlossenheit verbergen konnten, alles Nötige zu tun, um sich nicht von den Annehmlichkeiten der Macht abzuschneiden, die der politisch-administrative Arm des Kartells ihnen bot. In der Regel konnte man darauf vertrauen, dass Politiker aus Ländern, die fest in das Kartell eingebunden waren, ihre Länder bei der Stange halten würden, selbst wenn das eine scharfe, schmerzhafte Rezession zu Hause bedeutete.

Das führt zu der Frage: Warum verließen die französischen, belgischen, niederländischen und italienischen Eliten das erste Experiment Europas mit einer Währungsunion, die Schlange, dann doch relativ schnell? Gaben die ökonomischen Kosten für die Menschen in ihren Ländern den Ausschlag, besonders für die Arbeitnehmer ohne Einkommen aus Vermögen? Nach der Hartnäckigkeit zu urteilen, mit der sie an späteren Reinkarnationen der Schlange festhielten[9], ist diese Erklärung unwahrscheinlich. Überzeugender als Erklärung ist die Tatsache, dass es der Schlange nicht gelang, den ehrgeizigen Absolventen der französischen *Grandes Écoles* und anderen Alumni der verschiedenen europäischen Institute, die die nächste Generation Brüsseler Bürokraten entließen, adäquate berufliche Perspektiven zu bieten. Die Schlange brachte keine neuen Institutionen, keine Gebäude mit ihrem Logo, keine Armee von Bürokraten, die ihren Lebensunterhalt und ihre Vergünstigungen davon bezogen, keine eindrucksvollen Titel für Funktionäre, deren Lebenswerk darin bestand, das Loblied der Schlange zu singen. Kurzum, die Eliten mochten die Schlange nicht, und deshalb war sie von Anfang an zum Scheitern verurteilt. Innerhalb eines Jahres nach ihrer Geburt hatte sie ihren Schwanz verloren, und der verbliebene Rest war für Deutschland nahezu nutzlos, für Frankreich eine permanente Demütigung und für die Brüsseler Bürokraten ein ständiges Ärgernis.

Das Europäische Währungssystem (EWS), das Giscard und Schmidt 1978 als Ersatz für die verblichene Schlange schufen, ließ nicht nur den Geist Karls des Großen in der Welt der europäischen Währungen wiederaufleben: Es brachte viele neue Jobs und Chancen für die Brüsseler Bürokratie. Anders als die Schlange erforderte das EWS zentrale Steuerung durch die Brüsseler Bürokraten, die diese Aufgabe in Zusammenarbeit mit den Bürokraten der großen europäischen Hauptstädte übernehmen sollten – eine überaus verlockende Aussicht für Eliten, die ihre Macht auf einem größeren Feld entfalten wollten.

Ein besonders anständiger Vorschlag

Fünf Monate vor der Pilgerfahrt nach Aachen[10] traf sich Helmut Schmidt mit Roy Jenkins, ehemals britischer Minister in einer Labour-Regierung und damals Präsident der Europäischen Kommission. Bei der Gelegenheit vertraute Schmidt Jenkins an, wenn die französische Linke die Parlamentswahlen im nächsten Monat verlieren sollte, wie es die deutschen Sozialdemokraten hofften, würde er »einen wichtigen Schritt zu einer Währungsunion vorschlagen; all unsere Währungsreserven zu mobilisieren und in einen gemeinsamen Pool einzubringen ... um einen Währungsblock zu bilden«[11].

Der Unterschied zwischen einem solchen Währungsblock und der Schlange hätte nicht größer sein können. Genau wie das System von Bretton Woods auf dem IWF und in geringerem Umfang auf der Weltbank aufbaute, erforderte das geplante EWS eine Bürokratie, die den Devisenverkehr der beteiligten Zentralbanken zusammenführte, die Verteilung koordinierte und hoffentlich die Wechselkurse stabilisierte. Man brauchte eindeutig supranationale Bürokraten, die die Macht hatten, solche Entscheidungen außerhalb der Grenzen der nationalen Regierungen zu treffen. Brüssel bekam schlagartig eine Ahnung, was für eine neue Quelle der Macht da entstehen sollte: Macht über die Devisenreserven und die Zinssätze der Mitgliedstaaten.

Der deutsche Kanzler vollzog damit einen beachtlichen Kurswechsel. Noch wenige Monate zuvor hatte er Ja zur Währungsunion gesagt, aber nur, wenn das nicht bedeutete, dass die deutsche Inflation auf 8 Prozent steigen würde. Was meinte Schmidt mit dieser Bedingung? Der Kanzler spielte vernünftigerweise auf Deutschlands Angst an, die Ereignisse in der Spätphase von Bretton Woods könnten sich wiederholen, als die Bundesbank zur Stabilisierung des Francs D-Mark hatte drucken müssen. Es war eine unvermeidliche Reaktion auf die Tendenz des Francs, dank des deutschen Handelsbilanzüberschusses gegenüber Frankreich an Wert zu verlieren.

Der Wert der D-Mark gegenüber dem Franc konnte nur konstant

gehalten werden, wenn die Bundesbank das tat, was sie am meisten verabscheute: mit frisch gedruckten D-Mark unaufhörlich Francs kaufen.
Wären diese D-Mark in den Tresoren der französischen Zentralbank
oder irgendwo sonst verschwunden, hätte das die Bundesbank nicht
weiter gekümmert. Aber die Banknoten blieben nicht hinter Schloss
und Riegel, sondern kehrten in einem stetigen Strom nach Deutschland
zurück, weil die Franzosen dafür immer mehr deutsche Autos kauften
und Spekulanten ihre Francs in D-Mark tauschten in der festen Überzeugung, dass die Bundesbank irgendwann den Franc nicht mehr stützen würde. Und dann würden sie einen hübschen Gewinn machen. Warum sollte die Bundesbank den Franc nicht mehr stützen? Weil die nach
Deutschland zurückfließenden D-Mark die in Deutschland umlaufende
Geldmenge aufblähten, die Preise nach oben trieben und Inflation in
einem Land erzeugten, das steigende Preise zutiefst verabscheute und
darauf vertraute, dass die Bundesbank sie verhinderte.

Schmidts Befürchtung, ein Währungsblock, ein System fester Wechselkurse zwischen Frankreich und Deutschland, werde zu Preissteige-
rungen in Deutschland führen und Sorgen bei der Bundesbank wecken,
war die gängige Meinung in Bonn und Frankfurt. Den Franc fest an die
D-Mark zu binden, konnte die Bundesbank und die Bundesregierung
rasch wieder in die Situation bringen, die ihnen in den 1960er-Jahren so
sehr missfallen hatte: deutsche Banknoten drucken zu müssen, um die
französische Währung zu stützen, während Paris permanent Druck auf
Deutschland ausübte, noch mehr zu drucken, und zugleich Bonn kritisierte, die europäische Idee zu verraten.

Doch Schmidt hielt Wort. Als die französische Rechte, Giscards Regierungskoalition, unerwartet die Wahl am 2. April 1978 gewann, traf
er sich in Rambouillet mit Giscard und eröffnete ihm seinen Gesinnungswandel. Giscards Miene hellte sich auf, und gemeinsam planten
sie die nächsten Schritte, die sie wenige Monate später, nach der Unterzeichnung des ersten deutsch-französischen Abkommens zum EWS, an
das Grab Karls des Großen führten.

Was brachte Helmut Schmidt dazu, Giscard den außerordentlich
großzügigen Vorschlag zu unterbreiten, den er Roy Jenkins gegenüber

beiläufig erwähnt hatte? Welche neuen Gründe lagen vor, Giscards Idee aus dem Jahr 1964 aufzugreifen, eben die Idee, die Kanzler Erhard rundweg abgelehnt hatte? Gab es einen Grund, den Vorschlag mit der Niederlage der französischen Linken zu verknüpfen? Und woher nahm Schmidt den Mut, hinter dem Rücken der Bundesbank zu handeln und ihren Zorn zu riskieren?

Kanzler Schmidt war ohne Zweifel ein überzeugter Europäer. Das erklärt, warum er die Währungs-, Wirtschafts- und die politische Union wollte, wenngleich nicht unbedingt in dieser Reihenfolge. Aber es erklärt nicht seinen plötzlichen Gesinnungswandel, dass er die Befürchtungen wegen der Inflation beiseitewischte und sich um mögliche Rachegelüste der Bundesbank nicht scherte. Um sein großzügiges Angebot an den französischen Präsidenten zu verstehen, muss man sich ins Gedächtnis zurückrufen, dass Schmidt nicht nur ein überzeugter Europäer war, sondern auch ein überzeugter Atlantiker.

Während Schmidt mit den Franzosen verhandelte und mit den Briten stritt, waren seine Augen fest auf die andere Seite des Atlantiks gerichtet, darauf, wie der Hegemon, der Nachkriegseuropa seine Gestalt gegeben hatte, seine gewaltigen Mittel entfaltete, um seine hegemonialen Ziele weiterhin uneingeschränkt zu erreichen. Schmidt schob seine Bedenken hinsichtlich einer möglichen Inflation in Deutschland und hinsichtlich der Reaktion der Bundesbank wegen einer historischen Entwicklung beiseite, die nach seiner Einschätzung den richtigen Zeitpunkt für die Schaffung eines Europäischen Währungssystems markierte: der Geburt einer neuen Form und einer neuen Ära der finanziellen Vorherrschaft Amerikas, die sich in den 1980er-Jahren und danach entfaltete.

Der »verdammte Volcker« – wieder einmal

Es war das Jahr 1960. Die Dominanz Amerikas über das Währungssystem der Nachkriegszeit in Form des Systems von Bretton Woods stand wie ein Fels. Eines Morgens verschlug es einem jungen Banker von der

Chase Manhattan die Sprache, als ein Laufbursche in sein Büro stürmte und eine schreckliche Nachricht verkündete:»Gold ist auf 40 Dollar gestiegen!« In einer Welt nach Amerikas Vorstellungen, wo der Goldpreis *ad infinitum* bei 35 Dollar pro Unze festgelegt war, nahm Paul Volcker das als eine apokalyptische Botschaft auf. An dem Tag begriff Volcker: Das System von Bretton Woods war ein Auslaufmodell. Würde die amerikanische Nachkriegshegemonie mit ihm untergehen? Nicht unbedingt, befand er.

Ende der 1960er-Jahre rebellierten junge Leute überall auf der Welt gegen den beunruhigenden Wohlstand, den Bretton Woods gebracht hatte, und feierten jedes Anzeichen seines Zusammenbruchs. Die Proteste in Paris 1968, sogar das Woodstock-Festival waren politische und kulturelle Hinweise, dass das globale System in Schwierigkeiten steckte. Volcker hatte unterdessen in aufeinanderfolgenden demokratischen und republikanischen Regierungen Karriere gemacht und wirkte nun maßgeblich an der Demontage des Systems von Bretton Woods mit. Man hat die Ankündigung des Nixon-Schocks 1971 vielleicht noch in John Connallys texanischem Akzent im Ohr, aber die intellektuelle und technische Leistung hatte »wahrscheinlich dieser verdammte Volcker«, wie Präsident Nixon ihn einmal nannte, vollbracht. Welches Anliegen und Ziel verfolgte er? Das Ende von Bretton Woods, das nach Amerikas Verwandlung von einem Überschuss- zu einem Defizitland unvermeidlich geworden war, sollte sicherstellen, dass die Vereinigten Staaten mehr Macht haben würden und nicht weniger.

Wenige Wochen nach dem Besuch von Giscard und Schmidt am Grabmal Karls des Großen, nach der Unterzeichnung des Abkommens über das deutsch-französische Währungssystem, hielt Volcker eine bedeutsame Rede vor Studenten und Mitarbeitern der Universität Warwick im englischen Coventry. Es war der 9. November 1978, sieben Jahre nach dem Nixon-Schock, und Volcker sprach in seiner Eigenschaft als Präsident der Zentralbank von New York. Zehn Monate später ernannte Präsident Carter ihn zum Vorsitzenden der Federal Reserve, der amerikanischen Notenbank, und gab ihm damit die Gelegenheit, in die Praxis umzusetzen, was er in seiner Rede in Warwick skizziert hatte.

Volckers Rede in Warwick ist relativ unbekannt, verdient es aber, als die wohl wichtigste in die Geschichte der Zentralbanken einzugehen.[12] »Es ist verlockend, den Markt als einen unparteiischen Schiedsrichter zu betrachten«, begann Volcker mit einem Satz, der so banal klang, dass vermutlich selbst Wirtschaftsstudenten im ersten Studienjahr dabei gähnten. Natürlich hing alles an dem Wort »verlockend«, denn Volcker neigte nicht zu langweiligen Floskeln. Das bewies sein nächster Satz, der von einer brutalen Offenheit war, die bei Zentralbankern nicht oft vorkommt: »Aber als es darum ging, die Erfordernisse eines stabilen internationalen Systems gegen den Wunsch abzuwägen, die Handlungsfreiheit der nationalen Politik zu erhalten, entschieden sich zahlreiche Länder einschließlich der Vereinigten Staaten für die zweite Option.«

Als wäre es noch nicht genug, so ungeschminkt die Wahrheit zu sagen, fügte Volcker noch einen Satz an, der darauf hinauslief, alle Annahmen zu zerstören, auf denen Westeuropa und Japan ihre jeweiligen Wirtschaftswunder der Nachkriegszeit aufgebaut hatten: »[E]ine kontrollierte Desintegration der Weltwirtschaft ist ein legitimes Ziel für die 1980er-Jahre.«

Das war der passende Grabspruch für das System von Bretton Woods und die klarste Ankündigung der zweiten Nachkriegsphase, auf die Volcker so eifrig hingearbeitet hatte. Aber warum sollte eine »Desintegration der Weltwirtschaft«, und sei es eine »kontrollierte«, den Vereinigten Staaten in den 1980er-Jahren helfen?

Volcker hatte die Fragen zu beantworten versucht, die er sich selbst 1960 gestellt hatte, als der Goldpreis aus heiterem Himmel auf 40 Dollar in die Höhe geschossen war. Wie konnte Amerika seine Hegemonie bewahren, wenn es gegenüber Japan, Deutschland und später dann China ins Defizit rutschte? Wie konnten die Vereinigten Staaten weiter den globalen Kapitalismus beherrschen, wenn sie keine Überschüsse mehr hatten, die sie recyceln konnten? Volcker brauchte einige Zeit, bis er eine umfassende Antwort gefunden hatte. 1978 präsentierte er sie seinen Zuhörern in Warwick, kurz bevor er von der mächtigen New Yorker Notenbank zur allmächtigen Fed wechselte.

Der Kern seiner Rede an der Universität Warwick war Folgendes:

Wenn Amerika keine Überschüsse recyceln kann, weil es Mitte der 1960er-Jahre ins Defizit geraten ist, muss es die Überschüsse anderer Leute recyceln! Aber wie soll das gehen, wird man vernünftigerweise fragen, dass ein Defizitland die Überschüsse anderer Länder recycelt? Haben denn nicht die, denen das Geld gehört – die Besitzer der Überschüsse –, die Macht, damit zu verfahren, wie sie wollen, und sich um die Träumereien der Defizitländer wenig bis gar nicht zu scheren? Üblicherweise ist das so, dachte sich Volcker, aber nicht immer. Der Trick, wie Amerika die Macht erlangen könnte, in den 1980er-Jahren anderer Länder Überschüsse zu recyceln, müsste darin bestehen, die ausländischen Kapitalisten dazu zu bringen, dass sie ihr Kapital freiwillig der Wall Street aushändigten. Das würde schwierig sein, aber nicht unmöglich. Dazu musste man bei zwei normalerweise entgegengesetzten Zielen auf einmal Treffer landen: Die amerikanischen Zinssätze mussten durch die Decke gehen, und gleichzeitig musste man dafür sorgen, dass die Wall Street für Investoren einen sehr viel lukrativeren Markt bot als die City of London, Frankfurt, Tokio, Paris und andere.

Hohe Zinsen sind wunderbar für alle, die von Einkommen aus Vermögen leben, die sogenannten Rentiers[13], aber gar nicht gut für Produzenten, die erleben, dass ihre Investitionskosten in die Höhe schießen und die Kaufkraft ihrer Kunden einbricht. Deshalb würde es nicht leicht sein, hohe Renditen auf Finanzkapital (was hohe Zinsen erforderte) und hohe Gewinne der amerikanischen Unternehmen (wofür die Zinsen niedrig sein mussten) zu verbinden, und Volcker wusste das auch. Die Kombination konnte nur gelingen, wenn man einen anderen Weg fand, die Gewinne zu erzeugen. Und eine Möglichkeit war es, die Löhne zu drücken. Die Fed würde die Zinsen in ungeahnte Höhen treiben; unterdessen würde die Bundesregierung alles dulden oder sogar fördern, was die Aussichten der Arbeitnehmer in Amerika auf reale Lohnzuwächse zunichtemachte.

Erstmals in der amerikanischen Geschichte einschließlich der Zeit der Weltwirtschaftskrise erlebten amerikanische Industriearbeiter einen Rückgang ihrer Reallöhne.[14] Dieser noch nie da gewesene Einbruch im Rahmen einer von der »kontrollierten Desintegration« gebeutelten

Weltwirtschaft, wie Volcker es ungeniert nannte, war der Preis, den ärmere Amerikaner zahlen mussten, damit die Vereinigten Staaten auch als Defizitland weiter die weltweit dominierende Macht bleiben konnten. Bald erging es den ärmeren Bürgern in Großbritannien, Frankreich und in den 1990er-Jahren dann auch in Deutschland genauso. In Afrika und Lateinamerika erlitten die Schwachen Verluste, die nur die großen Romanschriftsteller angemessen schildern können.

Sobald sich Volcker an der Spitze der Federal Reserve eingerichtet hatte, verlor er keine Zeit mehr, seinen Plan in die Tat umzusetzen. Die Zinsen für Anlagen in Dollar erreichten 20 Prozent, die Inflation in Amerika wurde niedergerungen, die Dritte Welt ging bankrott, Afrikas stotternde Industrialisierung stoppte, Satellitenstaaten der Sowjetunion, die sich in großem Umfang im Westen Greenbacks geliehen hatten, wie etwa Jugoslawien, Polen und Rumänien, kollabierten, und den Arbeitnehmern wurde überall ein Rennen um die niedrigsten Standards aufgezwungen, denn sie mussten entweder die Löhne von Arbeitern in anderen Ländern unterbieten oder wurden arbeitslos.

Desintegration lag in der Luft, und die Mehrheit der Menschen in der Mehrheit der Länder fügte sich schließlich der Ansicht, dass Arbeit zu gut bezahlt und zu gut geschützt sei, dass die Produktion überbewertet und das Finanzwesen unterbewertet sei und entfesselt werden müsse. Alles wurde mehr und mehr auf seinen finanziellen Wert reduziert. Renommierte Hersteller wie General Motors in Amerika und Cadbury's in Großbritannien verloren ihren Platz als altehrwürdige Institutionen im öffentlichen Bewusstsein und wurden nur noch an ihrem Börsenwert gemessen. Ingenieure wurden durch junge, forsche Absolventen von betriebswirtschaftlichen Studiengängen ersetzt, die auf einmal, obwohl vollkommen unerfahren, Giganten wie Ford und General Electric leiteten. Auch die Arbeitnehmer wurden auf den Finanzmarkt gedrängt, weil sie gezwungen wurden, für Immobilienkäufe und für ihre Altersversorgung immer höhere Risiken einzugehen. Das neue Mantra »es gibt keine Alternative« (kurz TINA, »there is no alternative«) war geboren und bekam schon bald durch Margaret Thatcher in Großbritannien und Ronald Reagan in den Vereinigten Staaten eine ideologische Hülle verpasst. Bürger, bei denen das Geld knapp war, weil sie keinen Zugang zu Kapital und kein Einkommen aus Vermögen hatten, erlebten einen Angriff wie seit den 1930er-Jahren nicht mehr, einen Angriff, wie ihn New Deal und das Programm Great Society in den Vereinigten Staaten ebenso wie der Gesellschaftsvertrag, der zum Wirtschaftskartell der Europäischen Union gehört hatte, in der Nachkriegsära vermeintlich unmöglich gemacht hatten.

In Kontinentaleuropa stand eine grenzenlose, als Kartell organisierte Wirtschaft, die mehrere Währungsgebiete umfasste, vor besonderen Herausforderungen. Volckers Desintegration trieb das dünne Ende eines großen Keils in ihr Fleisch. Mit jedem neuerlichen Anstieg der Zinsen, jedem weiteren Auseinanderdriften der Wechselkurse von Überschuss- und Defizitländern in Europa wurde das Europa, das Amerika in den späten 1940er-Jahren aufgebaut hatte, weiter auseinandergerissen. Zentraleuropäische Politiker wie Schmidt und Giscard hielten an der Hoffnung fest, ihr Europäisches Währungssystem könnte der Zement sein, der ihre Nachkriegsrealitäten zusammenhalten würde. Aber die Geschichte belehrte sie eines Besseren.

Nicht absichtlich

Die Geschichte hat keine Zeit für demokratische Entscheidungsprozesse. Sie drängt einfach vorwärts wie eine Dampfwalze und überrollt unsere kollektiven Präferenzen. Manchmal ist das gut so. Wenn die Europäer im Feudalzeitalter gefragt worden wären, ob sie die kommende industrielle Revolution ihrer feudalen Unterjochung vorziehen würden, hätten die meisten das wohl verneint. Der Zusammenbruch des Systems von Bretton Woods war keine solche Entwicklung. Selbst Paul Volcker, der eine wichtige Rolle bei seinem Untergang gespielt hatte, hätte es lieber behalten. Und damit hätte er recht gehabt.

Bretton Woods war als ausbalanciertes System für die internationalen Handels- und Geldströme gedacht. Der New Deal, der Amerika in den 1930er-Jahren stabilisiert hatte, wenn auch nicht perfekt, wurde nach dem Krieg weltweit ausgedehnt, in alle vier Ecken der sogenannten westlichen Hemisphäre. Im System von Bretton Woods war angelegt, dass die Ungleichheiten zwischen den Ländern und innerhalb der Länder schrumpften.[15] Als Folge davon hatten es die Armen, wie man gerne sagte, noch nie so gut gehabt wie in den 1950er- und 1960er-Jahren, dank einem Leviathan, der genau wusste, dass ein aufgeklärter Ausgleich des Weltkapitalismus mit Finanzkontrollen, Grenzen für alle möglichen Profite und der aktiven Umverteilung von Einkommen zugunsten der Habenichtse seinem Eigeninteresse am besten diente.

Zu dem globalen Plan, dessen monetäre Komponente das System von Bretton Woods war, gehörte ganz wesentlich Amerikas Position als Überschussland: die Tatsache, dass die Vereinigten Staaten aus dem Krieg als eine Volkswirtschaft hervorgingen, die sehr viel mehr Waren und landwirtschaftliche Erzeugnisse exportierte als importierte. Sie nutzten ihr Außenhandelsplus umsichtig, politisch und hegemonial, um ihre weltweite Herrschaft zu stabilisieren; dabei war ihnen der grundlegende Unterschied zwischen Hegemonie und autoritärer Herrschaft sehr genau bewusst. In einer Welt wie dieser hielt man Banker wie Paul Volcker an der Kandare. In den 1950er- und 1960er-Jahren mussten die amerikanischen Banker sich innerhalb der strikten Grenzen bewegen, die die Institutionen des New Deal ihnen setzten. Sie verdienten gut, aber höchstens das Sechs- oder Siebenfache dessen, was der Hausmeister ihrer Bank bekam, während das Verhältnis heute beim Dreihundertfachen oder noch darüber liegt. Die Banker zahlten Steuern in einer Höhe, über die ihre Kollegen heute nur lachen würden, ohne deswegen in eines der vielen Steuerparadiese zu flüchten. Die Zinsen waren nahe 5 Prozent fixiert, und die Möglichkeiten, mit dem Geld der Sparer riskante Spiele zu treiben, waren durch die drakonischen Restriktionen, die noch auf die Regierung von Franklin Delano Roosevelt zurückgingen, sehr eingeschränkt.

Bretton Woods hatte Paul Volcker und seine Kollegen in den anderen Banken an einer kurzen Leine geführt, die in den Werkstätten der Weltwirtschaftskrise ersonnen worden war und verhindern sollte, dass ein neuerlicher Anfall von Finanzkapitalismus (bei dem der Handel mit

Finanzprodukten alles andere in den Schatten stellt, sodass mit Krediten und Schulden mehr Gewinn gemacht werden kann als mit Kapital) im Stil der 1920er-Jahre den Kapitalismus noch einmal in den Abgrund reißen könnte.[16] Es wäre jedoch ein großer Irrtum, anzunehmen, dass Volcker wegen dieser Einschränkungen seiner Freiheit, Gewinne zu machen, darauf hinarbeitete, das System von Bretton Woods zu zerstören. Entfesselte Bankgeschäfte waren nicht seine Sache. Tatsächlich war Volcker selbst ein Anhänger des New Deal, der Erfahrung darin hatte, das System von Bretton Woods zu verteidigen, zu stützen und es zu stabilisieren. Erst als er überzeugt war, dass der weltweite Balanceakt von Bretton Woods durch Kräfte, die sich der Kontrolle Amerikas entzogen, zum Scheitern verurteilt war, setzte sich sein Pragmatismus durch.

Statt, wie es die Europäer gewohnheitsmäßig tun, in den Bunker zu gehen, um ein System zu verteidigen, das über ihren Köpfen zusammenbricht, taten Volcker und viele Gleichgesinnte das, was sie am besten konnten: Sie versuchten, die Ereignisse unter Kontrolle zu bekommen, sie zu steuern, ein neues Finanzsystem aus den Trümmern des alten zu errichten, das sie zerstört hatten, als sie erkannten, dass der Versuch, es zu retten, sinnlos war. Volcker verkörpert den selbstbewussten amerikanischen Politiker, dessen größter Fehler die unerschütterliche Überzeugung ist, dass das, was für die Vereinigten Staaten gut ist, auch für die Welt gut ist. Kompensiert wird diese Schwäche durch eine erstaunliche Fähigkeit, in die Zukunft zu blicken und zwischen Wünschenswertem und Machbarem zu unterscheiden.

Wenn Volcker die Wahl gehabt hätte, hätte er sich dafür entschieden, Bretton Woods zu reparieren und zu erhalten trotz der Restriktionen, die es ihm in seinem Wirken als Banker auferlegte. Warum? Weil er begriff, dass echte und nachhaltige Hegemonie verlangt, dass man die Logik der Athener Generäle im *Peloponnesischen Krieg* von Thukydides von sich weist.[17] In den Augen von Europäern wie Präsident de Gaulle mochten die New-Deal-Politiker vielleicht unerträglich arrogant erscheinen, doch sie erkannten eine schlichte Wahrheit: Wenn »die Schwachen ertragen, was sie müssen«, sinkt ihre Fähigkeit – von ihrer Bereitschaft ganz zu schweigen –, die Macht der Starken zu reproduzieren, rapide.

Condorcets kleines Geheimnis

Ist es tatsächlich so, dass die Schwachen die Macht der Starken reproduzieren? Tun nicht die Starken, was sie tun können, ohne Hilfe von den Schwachen, die Trost aus einer moralisierenden Verklärung ihres Elends ziehen? 1794, als die Französische Revolution kurz davorstand, einer neuen Despotie Platz zu machen, sprach der Denker Marquis de Condorcet in einer brillanten Formulierung von »dem Geheimnis, dass die wahre Macht nicht bei den Unterdrückern liegt, sondern bei den Unterdrückten«[18]. Diese Tatsache war den New-Deal-Politikern schmerzhaft bewusst, aber viele europäische Eliten müssen sie erst noch begreifen.

Die Macht, Handelsbilanzüberschüsse anzuhäufen und einen großen Teil des gemeinsam erwirtschafteten Wohlstands zusammenzuraffen, den Kurs zu bestimmen: Solche Formen der Machtausübung können mit schierer Gewalt und autoritärem Gebaren nicht lange aufrechterhalten werden. Die Schuldner zu zerschmettern, wenn sie ihren Pflichten nicht nachkommen können, heißt, die Überschussposition ihrer stärkeren Handelspartner zu zerstören. Zahlungsunfähige Schuldner in Schuldgefängnisse zu sperren, ist die Garantie, dass sie ihre Schulden nie zurückzahlen werden. Zudem hat das Reich der Mächtigen nur dann eine Chance, fortzubestehen, wenn die Schwachen gute Gründe haben, das System zu verteidigen, das ihre Untertanenrolle befördert.

Wie alle New-Deal-Politiker wusste Volcker sehr genau um die Fähigkeit der Macht, sich selbst auszuhöhlen, innerhalb einer Volkswirtschaft und sogar noch mehr international. In seinen jungen Jahren hatte er erlebt, wie der entfesselte Finanzkapitalismus zur vollständigen Auflösung von Kapital führte und wie ungezügelte internationale Beziehungen den Tod von Millionen Menschen auf Schlachtfeldern, in Konzentrationslagern und in den Wüsten der Weltwirtschaftskrise brachten. Es ist unwahrscheinlich, dass Volcker jemals Thukydides' Bericht über die Rede der Gesandten der Melier gelesen hat oder die Erkenntnis des Marquis de Condorcet. Aber er gehörte zu einer Generation, aus deren Sicht es eine Gefahr für die Mächtigen war, die Schwachen mit Füßen zu treten. Und dennoch ging er 1978 davon aus, dass Amerikas Bemühungen in der Nachkriegszeit, ein System zu schaffen, das wirtschaftlich schwächere Bürger und Länder schützte, am Ende waren. Um den amerikanischen »Way of Life« und Amerikas weltweite Vorherrschaft zu retten, musste die Weltwirtschaft kontrolliert desintegriert werden. Und die Währungspolitik, für die Paul Volcker die höchste Zuständigkeit bekommen sollte, würde seine Massendesintegrationswaffe werden.

Volckers Fehdehandschuh wird ergriffen

Volcker fühlte sich verpflichtet, die Zinsen in Höhen anzuheben, die es bis dahin in wichtigen kapitalistischen Volkswirtschaften noch nicht gegeben hatte. Die übliche Interpretation besagt, dass er eine Silberkugel auf den Sündenbock Inflation abfeuerte: Indem er die Zinsen massiv erhöhte, habe er die Amerikaner zum Sparen angeregt. Weil mehr Ersparnisse nur möglich sind, wenn man auf Ausgaben verzichtet, würden die Konsumenten ihre Nachfrage nach Waren und Dienstleistungen reduzieren und damit den Anstieg der Preise bremsen. Aber das ist nur ein sehr kleiner Teil der Geschichte. Volckers Gründe lagen viel tiefer.

Das Nachkriegssystem, das die finanzielle Macht der Starken über die Schwachen, über Länder und einzelne Menschen gleichermaßen, in bewundernswerter Weise begrenzt hatte, war kaputt.Und zwar deshalb, weil Amerika seine Überschüsse verloren hatte, das entscheidende Stabilisierungsinstrument, das die Nachkriegsordnung der Welt zusammengehalten hatte. Als John Connally ausgehend von Volckers Analyse Präsident Nixon geradeheraus sagte, »alle Ausländer wollen uns reinlegen, also müssen wir sie zuerst reinlegen«, meinte er, dass der Balanceakt, den das System von Bretton Woods vollzogen hatte, durch die Überschüsse von Ländern wie Deutschland und Japan aus dem Gleichgewicht geriet.

Diese Ausländer scherten sich nicht um die globale Verantwortung, die mit großen Handelsbilanzüberschüssen verbunden war, und versuchten, von der Verpflichtung der Vereinigten Staaten auf globalen Ausgleich zu profitieren. Das Ergebnis war der Zusammenbruch des Nachkriegsgleichgewichts. Wie unreife Kinder, die nicht wissen, was gut für sie ist, nutzten die europäischen Regierungen und Japan Amerikas Schwierigkeiten aus, mit verheerenden Folgen für alle. Man musste sie in die Schranken weisen.

Und sie wurden nicht nur einmal in die Schranken gewiesen, nicht nur zweimal, sondern dreimal. Beim ersten Mal, 1971, wurden die europäischen Währungen aus der Dollarzone geworfen. Beim zweiten Mal schmälerten die Ölkrisen von 1973 und 1979 den Kostenvorteil der europäischen und japanischen Industrie gegenüber der amerikanischen. Und schließlich trafen Volckers Zinsanhebungen zwischen 1979 und 1982 Europa und Japan sehr viel stärker als Amerikas deutlich robustere Volkswirtschaft. Die Folge war ein enormer Einbruch der wirtschaftlichen Aktivität, als der Preis dafür, *kein* Kapital an die Wall Street zu schicken, in die Höhe schoss.

Volckers Rede 1978 an der Universität Warwick war eine deutliche Warnung an die Adresse der Europäer gewesen. Tatsächlich warf er Bonn, Paris, London und Tokio den Fehdehandschuh hin. Zwischen den Zeilen ließ er ahnen, wie die zweite Phase von Amerikas globaler Dominanz in der Nachkriegszeit aussehen sollte: 1971, so sagte Volcker seinen Zuhörern implizit, hatte Amerika das Währungssystem aufgegeben, dessen Integrität die Europäer unklugerweise ausgehöhlt hatten. Im nächsten Schritt würde Amerika ein hochgradig einseitiges System errichten, das Amerika vollständig kontrollierte gerade wegen, und nicht trotz, seines doppelten Defizits – seines Handelsbilanzdefizits und des Haushaltsdefizits der Bundesregierung.

Der Preis für das neue System, das Amerikas Dominanz ausweiten sollte, war hoch: Schwache Menschen und zerbrechliche Länder würden wieder einmal sich selbst überlassen bleiben. Sie sollten nicht das bekommen, was global optimal war, sondern was sie in einer Weltwirtschaft ertragen »mussten«, in der es keine Regeln und Institutionen wie in der New-Deal-Zeit mehr gab. Die Politik würde toxisch werden, die soziale Solidarität würde sich abschwächen, die internationalen Beziehungen würden hässlicher werden, in Lateinamerika und Afrika würde sich erbärmliche Armut ausbreiten. Trotzdem mussten die Vereinigten Staaten als Nettoprofiteure aus dieser schmerzlichen Veränderung hervorgehen, ein Gedanke, der Volcker tröstete, als er seine Hand dazu reichte, die universalisierte Version des New Deal zu zerstören, die ihn als junger Mann, der sein Leben dem Dienst an der Allgemeinheit widmen wollte, geprägt hatte.[19]

Der Anbruch dieser neuen, weniger zuversichtlichen Ära machte 1978 zu einem so wichtigen Jahr, dass Bundeskanzler Schmidt die Idee einer deutsch-französischen Währungsunion, die Valéry Giscard d'Estaing 1964 vorgeschlagen hatte, noch einmal überdachte. Der neue globale Entwurf Amerikas, gegründet auf die von Washington betriebene kontrollierte Desintegration des internationalen Handels und Bankwesens, verlieh der Vorstellung eines institutionalisierten, in Währungsbelangen geeinten Mitteleuropa schlagartig neuen Charme.

Der Geist Karls des Großen nahm eine postmoderne Wendung, als Bundeskanzler Schmidt mit Giscard im Schlepptau Volckers Fehdehandschuh ergriff.

Ein Triumph des Optimismus?

Als Volcker zu seiner kontrollierten Desintegration ansetzte, diagnostizierte der deutsche Bundeskanzler, dass das EWS in dieser schönen neuen Finanzwelt mehr als nur lukrative Jobs in schicken Brüsseler Direktoraten für die zentraleuropäische Verwaltungselite bringen könnte. In Anbetracht der neuen Rolle Amerikas war es durchaus möglich, dass das EWS funktionieren und mehr als ein weiterer Triumph der Hoffnung über die Erfahrung sein könnte.

Bundeskanzler Schmidt wusste, dass die Amerikaner dabei waren, die Weltwirtschaft durch die Stromschnellen des Finanzkapitalismus zu jagen, wobei sie die amerikanischen Zinsen als Hebel nutzten. Seit Erhards Zeiten hatte man sich in Bonn immer sehr nach Washington gerichtet, zumindest verglichen mit den selbstzufriedenen Politikern im Élysée-Palast, die Washington eher verachteten, als dass sie sich Gedanken über amerikanische Motive machten. Während Giscards Team ganz auf die Abläufe in Brüssel konzentriert und auf Deutschlands Reaktion fixiert war, beschäftigten sich die deutschen Beamten fieberhaft damit, welche möglichen Auswirkungen ein Währungsblock haben könnte, der innerhalb von Volckers neuem Plan funktionieren musste.

Die Schlange war, wie sie wussten, aus zwei Gründen gescheitert, von denen jeder einzelne ausgereicht hatte, ihr Schicksal zu besiegeln. Ein Grund war das Fehlen gemeinsamer Institutionen, um eine gemeinsame Währungspolitik zu verfolgen. Das EWS sollte solche Institutionen haben, in Form brandneuer Brüsseler Ausschüsse. Der zweite, womöglich noch wichtigere Grund war derselbe, der Ende der 1960er-Jahre Bretton Woods zu Fall gebracht hatte: Es fehlte ein Mechanismus, der die festen Wechselkurse durch das Recycling von Überschüssen stützte, das heißt, der Gewinne den Ländern wegnahm, die sie produziert (oder zumindest erhalten) hatten, und sie in Defizitregionen oder -länder leitete.

Das System von Bretton Woods besaß die Institutionen, die erforderlich waren, um die Zinssätze und die Interventionen der Zentralbanken auf den Finanzmärkten zu koordinieren. Aber das half nicht, die Spannungen zwischen der Bundesbank und der deutschen Regierung zu mildern, als Amerika nicht mehr in der Lage war, die Handels- und Finanzströme durch den Export seiner eigenen Überschüsse zu regulieren. Warum sollte dem EWS, selbst mit den richtigen Institutionen, in den 1970er- und 1980er-Jahren etwas gelingen, woran Bretton Woods in den späten 1960er-Jahren gescheitert war?

Folgender Gedanke erfüllte Kanzler Schmidt mit Hoffnung: Wenn Volckers globales Projekt dazu führte, dass auf Dauer ein konstanter Strom deutschen Kapitals an die Wall Street floss, könnte eine Währungsunion mit Frankreich vielleicht funktionieren. *Diesmal könnte es anders sein,* lautete die optimistische Losung, die zumindest teilweise Schmidts Gesinnungswandel erklärt. Entstammte sein Optimismus vernünftiger Vorausschau oder unrealistischem Wunschdenken?

Die 1980er-Jahre, die 1990er- und sogar die Nullerjahre bestätigten, dass eine optimistische Haltung zum EWS ihre Berechtigung hatte. Volckers Desintegration, zunächst in Form von beträchtlichen Zinserhöhungen, ermöglichte den Vereinigten Staaten, eine historische Tat zu vollbringen: ihr Imperium zu stärken, indem sie ihr Handelsbilanz- und Haushaltsdefizit ausweiteten. »Aber wer soll das alles bezahlen?«, hätte ein Calvinist vielleicht gefragt. »Der Rest der Welt!«, hätte Paul Volckers geantwortet. »Wie?« »Durch einen permanenten Kapitaltransfer«, war die Antwort, die die amerikanischen Politiker in der Praxis, wenn auch nicht so explizit gaben.

Während die deutschen Verantwortlichen lieber gestorben wären, als die Lasterhaftigkeit der Amerikaner nachzuahmen, sahen Helmut Schmidts Mitarbeiter die Chance für ein europäisches Bretton Woods in dieser neuen Phase der amerikanischen Dominanz. Die immer weiter wachsenden amerikanischen Defizite würden wie ein gigantischer Staubsauger funktionieren, der Deutschlands Überschusswaren und Überschusskapital aufnahm. Unter diesen Umständen bestand eine Chance, den französischen Franc gefahrlos an die D-Mark zu binden.[20] Wie in den späten 1960er-Jahren würde die Bundesbank D-Mark drucken müssen, um französische Francs zu kaufen und so den Verfall der französischen Währung zu stoppen. Aber anders als in den späten 1960er-Jahren war die Inflation für Deutschland eine geringere Bedrohung, solange Volcker freie Hand hatte. Die Deutschen konnten nun darauf vertrauen, dass der amerikanische Staubsauger, angetrieben durch Volckers hohe Zinsen, zuverlässig die frischen D-Mark-Scheine aufsaugen und verhindern würde, dass sie schnurstracks aus Frankreich wieder nach Deutschland zurückflossen. So konnte die Bundesrepublik zum zweiten Mal nach Byrnes' Rede der Hoffnung von 1946 Hilfe aus Amerika erwarten, um ihre Position und ihren Ruf als Kraftzentrum Europas zu zementieren.

Kanzler Schmidt schloss sich Giscards Plänen für eine Währungsunion an in der Hoffnung, dass die Stabilisierung der Europäische Union entlang der deutsch-französischen Achse, die Stärkung des zentraleuropäischen Industriekartells und die Sicherung einer konstanten

Nachfrage nach deutschen Industrieerzeugnissen aus Frankreich und anderen mit Frankreich verbundenen Mittelmeerländern Deutschland Vorteile bringen würden. Und all das würde ohne die früheren Ängste vor Inflation abgehen, die die Bundesbank so alarmiert hatten.

Dass der Ärger der Bundesbank letztlich doch nicht ausblieb, bestätigte, dass Schmidt guten Grund hatte, besorgt zu sein, als er seine Unterschrift unter die Vereinbarung über das EWS setzte. Dennoch war es nicht ganz falsch, anzunehmen, dass diesmal alles anders sein könnte. Angetrieben durch Amerikas Defizite, produzierten die führenden Überschuss-Volkswirtschaften der Welt, Deutschland, Japan und später China, weiter die Waren, die Amerika absorbierte. Fast 70 Prozent der europäischen Gewinne wurden dann in Form von Kapital, das an die Wall Street floss, zurück in die Vereinigten Staaten transferiert. Und was tat die Wall Street damit? Sie finanzierte den Finanzkapitalismus.

Die Emanzipation der Banker von den Fesseln des New Deal war gleichzeitig Symptom und Vorbedingung für die neue Phase der amerikanischen Vorherrschaft. Wer sonst als die Banker konnte die gewaltigen Kapitaltransfers erleichtern, den nicht nachlassenden Kapital-Tsunami, der nötig war, um Amerikas Defizite aufzufüllen? Und diese Defizite mussten immer weiter wachsen, um die Illusion dessen zu erhalten, was Ben Bernanke, einer der Nachfolger von Paul Volcker, die Große Mäßigung (»Great Moderation«) nannte. Schönwetterrecycling, wie es im Buche steht, hatte sich weltweit gegenüber dem geplanten politischen Recycling durchgesetzt, das den Kern des Systems von Bretton Woods ausgemacht hatte. Obwohl das nicht gut enden konnte, führte es die Weltwirtschaft zunächst in einen Ausgabenrausch, der drei Jahrzehnte anhielt, bis zum Crash im Jahr 2008.

Französische und deutsche Banken machten freudig dabei mit und unterstützten mit ihrer rauschhaften Kreditvergabe Europas Versuch einer Währungsunion – zunächst das EWS, später die gemeinsame Währung. Erst 2008 erkannte Europa, welch verheerenden Schaden seine Banker dem Projekt der Währungsunion zugefügt hatten. Zwei Jahre später, 2010, war die Eurokrise voll entflammt und Europa im Aufruhr.

Ein zeitloses Ungeheuer

Vor langer Zeit, so erzählt es ein berühmter griechischer Mythos, sicherte die Herrschaft des Königs Minos von Kreta den Frieden, ermöglichte Handel mit reich beladenen Schiffen über die Meere hinweg und sorgte dafür, dass der Wohlstand alle Ecken der bekannten Welt erreichte. Doch leider bargen die Fundamente des Königspalasts auf Kreta ein schreckliches Geheimnis. Denn unter dem Palast lebte in einem labyrinthartigen Gewirr von Gängen ein ebenso furchtbares wie jämmerliches Wesen. Es war die Frucht aus der Verbindung der Königin mit einem heiligen Stier. Die Einsamkeit des Wesens war nur mit der Furcht vergleichbar, die es nah und fern verbreitete. Der Minotaurus, so der Name des tragischen Ungeheuers, hatte einen gewaltigen Appetit, der sich nur mit Menschenfleisch befriedigen ließ. Und befriedigt musste er werden, sonst würde der Zorn der Götter der Herrschaft des Königs ein Ende machen. Hin und wieder stach im fernen Athen, einer Stadt, die Minos in einer Schlacht unterworfen hatte, ein Schiff mit Knaben und Mädchen in See und steuerte in Richtung Kreta. Dort lieferte es seine menschliche Tributzahlung ab, die der Minotaurus dann verschlang. Das Ritual war ebenso grässlich wie nötig, um Frieden und Wohlstand zu bewahren.

Die Schreckensgestalt des Minotaurus, die Jahrtausende nur dem Reich der Mythologie angehört hatte, tauchte erneut über Europa auf, als Paul Volcker seine Rede an der Universität Warwick hielt. Ohne dass es ihm bewusst war, präsentierte er eine Erzählung, die stark an den kretischen Mythos erinnerte, nach dem einer stabilen Weltordnung ein schreckliches Geheimnis zugrunde lag.[21] In beiden Erzählungen beruhen Gleichgewicht und Wohlstand durch Handel auf Tributzahlungen aus der Peripherie (in mythologischer Zeit Athen, in Volckers Version Europa und Asien) an den Sitz der Macht (Kreta und die Wall Street). Die Tributzahlungen erhalten die bedrohliche Anomalie, den Minotaurus im einen Fall, Amerikas Handelsbilanzdefizit im anderen, die die Nettoexporte der übrigen Welt verschlingt und dafür sorgt, dass ihre

Produktion brummt. Volcker überwachte die Geburt eines neuen, globalen Minotaurus, der ein Labyrinth tief im Inneren der amerikanischen Volkswirtschaft bewohnte.

Was Ben Bernanke als »Große Mäßigung« bezeichnete, war das unmäßigste, instabilste Gleichgewicht, das die Weltwirtschaft jemals erlebt hatte. Das offene Geheimnis, das niemand zu diskutieren wagte, war, dass die neue Ordnung von der konstanten Inflation des doppelten Defizits in Amerika abhing. Mit anderen Worten: Die »Große Mäßigung« ruhte auf der dünnen Wand einer gigantischen, sich immer weiter ausdehnenden Blase. Je größer die amerikanischen Defizite wurden, desto größer wurde auch der Hunger des globalen Minotaurus auf europäisches und asiatisches Kapital. Seine wahrhaft globale Bedeutung rührte von seiner Rolle beim Recycling von Finanzkapital (Gewinnen, Ersparnissen, Überschüssen) her, über internationale Kanäle, die die Wall Street geschaffen hatte. Er hielt die schimmernden deutschen Fabriken am Laufen. Er verschlang alles, was in Japan und später China produziert wurde. Und um den Kreis zu vollenden, schickten die ausländischen (oder amerikanischen) Besitzer dieser fernen Fabriken ihre Gewinne, ihr Geld, an die Wall Street – eine Form moderner Tributzahlungen an den globalen Minotaurus.

Was machen Banker, wenn sie täglich ein solcher Tsunami an Kapital erreicht? Wenn Milliarden Dollar, netto, an jedem Tag jeder Woche durch ihre Hände gehen? Sie finden Wege, dass es Früchte trägt. In den 1980er-, 1990er-Jahren, bis 2008, empfing die Wall Street den täglichen Strom von ausländischem Kapital und baute darauf Berge von derivativen Handelsgeschäften auf, die mit der Zeit die Eigenschaften von Privatgeld annahmen. Der Finanzkapitalismus, wie wir diesen Vorgang mittlerweile nennen, war das entscheidende Nebenprodukt, das die amerikanische Dominanz bewahrte und verstärkte um den Preis wachsender Ungleichgewichte im Handel, um Amerikas stetig wachsendes doppeltes Defizit zu finanzieren. Er begann als Schaum auf dem Strom der Gewinne, die aus Deutschland und Japan an die Wall Street flossen, als Volckers kontrollierte Desintegration der Weltwirtschaft spürbar wurde. Aber bald war der Schaum das eigentlich Wichtige, wichtiger als der zugrunde liegende Strom echter Werte; das Geld übernahm das Steuer, und die Industrie wurde sein Diener.

Genau wie sein Vorläufer in der Mythologie hielt auch unser globaler Minotaurus die Weltwirtschaft in Gang. Bis dann 2008 die Pyramiden aus Privatgeld, die die Fütterung des Minotaurus aufgehäuft hatte, unter ihrem eigenen unvorstellbaren Gewicht zusammenbrachen. Europas Währungssystem aus dem Jahr 1978 bekam einen vernichtenden Schlag. Amerika spürte die Auswirkungen auch, aber das schwächste Glied in Europa, Griechenland, wurde zerschmettert.

Athener Pilgerfahrt

Im Sommer 1974, am Ende meines ersten Jahrs am Gymnasium, stürzte die griechische Diktatur. Während sich unsere Militärregierung auflöste, brachte die Präsidentenmaschine von Valéry Giscard d'Estaing einen griechischen Politiker und persönlichen Freund des französischen Präsidenten nach Athen, wo er die Zügel einer neuen Regierung ergreifen sollte. Fünf Jahre später, ein Jahr nach der Unterzeichnung des Abkommens über das deutsch-französische Europäische Währungssystem, brachte dieselbe Maschine Giscard nach Athen.

In den vierundzwanzig Stunden davor hatten die griechischen Behörden unter Beweis gestellt, dass sie zu brutaler Effizienz fähig waren, und in halsbrecherischem Tempo die mehrspurige Verbindungsstraße zwischen dem alten Flughafen und der Innenstadt von Athen fertiggestellt. Es war ein Zeichen an den französischen Präsidenten, dass Griechenland sich modernisieren wollte, denn Giscard besuchte die griechische Hauptstadt, um den Vertrag zu unterzeichnen, durch den ein Jahr später, 1980, Griechenland Vollmitglied der Europäischen Union werden sollte.

Und so erläuterte Giscard Frankreichs führender Tageszeitung die Gründe für seine Pilgerfahrt nach Athen 1979:

Unsere Partner waren extrem skeptisch. Das Land [Griechenland] war unorganisiert, die Demokratie noch nicht gefestigt, und es hatte keine gemeinsame Grenze mit einem anderen Mitgliedstaat. Ich traf die Entscheidung, um zu unterstreichen, dass wir das tun mussten [Griechenland in die Europäische Union führen], um die Demokratie zu stärken. Und da ich zu der Zeit die rotierende Präsidentschaft des gemeinsamen europäischen Markts innehatte, unterzeichnete ich am 28. Mai 1979 in Athen den Vertrag, durch den Griechenland in die Gemeinschaft aufgenommen wurde. Die Logik hinter meiner Entscheidung war rein politisch. Griechenland musste unterstützt werden, nachdem es die Diktatur abgeschüttelt hatte. Aber sie hatte auch symbolische Bedeutung. Meine Erziehung, die Erziehung meiner Generation, gründete auf der Idee der Demokratie, der Politik, auf all den Ideen, die aus diesem Land gekommen waren. Für uns ist Griechenland das Synonym für Zivilisation. Insofern war der Gedanke unerträglich, dass die Tore Europas für Griechenland versperrt bleiben sollten.[22]

Sechsunddreißig Jahre später, nicht einmal einen Monat nachdem ich griechischer Finanzminister geworden war, gab Giscard einer anderen französischen Zeitung ein Interview, in dem er sagte, »Griechenland gehört zur Europäischen Union«, aber es sollte die Währungsunion verlassen – die gemeinsame Währung, die der »natürliche« Abschluss des Vertrags über das EWS war, den er und Schmidt 1978 geschlossen hatten.[23] Genau wie Volcker, Connally und Nixon befanden, der »Eurexit« sei die Lösung für die Probleme der Dollarzone, erwägen heute manche Pioniere der Eurozone den Grexit zur Rettung der gemeinsamen Währung.[24] Eindeutig war etwas sehr gründlich schiefgegangen.

Unabhängig davon, ob es richtig war, dass Giscard im Mai 1979 Griechenland in die Europäische Union führte oder dass er im Februar 2015 für den Grexit plädierte, zeigte sich eine großartige Ironie der Geschichte: Die Währungsunion, die er und Schmidt im September 1978 aus der Taufe gehoben hatten, schnürte im Frühjahr 2015 zuerst unserer Regierung die Luft ab und brachte dann am 12. Juli 2015 mit der

»Vereinbarung« des Eurogipfels über Griechenland gedankenlos die Demokratie zu Fall, für deren Schutz Giscard mit der Aufnahme Griechenlands in die Europäische Union so viel getan hatte.

Die 1980er- und frühen 1990er-Jahre waren keine gute Zeit für Europas Währungssystem. Das Jahrzehnt begann mit einer schweren weltweiten Rezession (1979–1982), die die Aufgabe, die europäischen Währungen aneinander gebunden zu halten, erschwerte. Und als dann endlich wieder einigermaßen Stabilität eingekehrt war und Europa sich bemühte, die Währungsunion zu festigen, zerstörte eine neuerliche Rezession Anfang der 1990er-Jahre sie endgültig. Nach fast zwei Jahrzehnten, in denen die europäischen Politiker immer wieder vergeblich versucht hatten, feste Wechselkurse zwischen ihren Währungen herzustellen, um nach dem Nixon-Schock ein europäischen System von Bretton Woods zu installieren, wurde ihnen nun eine schwere Entscheidung aufgezwungen: entweder die Währungsunion aufzugeben oder ganz auszusteigen und aus einem System mit vielen Währungen und quasi festen Wechselkursen eine einzige Währung machen, den Euro.

An diesem entscheidenden Punkt, zwischen 1991 und 1993, waren die direkten Nachfolger von Giscard und Schmidt, der französische Präsident François Mitterrand und Bundeskanzler Helmut Kohl, die treibende Kraft hinter dem Projekt Euro. Mitterrands ehemaliger Finanzminister Jacques Delors, damals allmächtiger Präsident der Europäischen Kommission, warnte Mitterrand, eine echte Währungsunion erfordere mehr als Regeln und Ausschüsse mit Sitz in Brüssel. Zumindest erfordere sie eine gewisse gemeinsame Verschuldungspolitik (wie Alexander Hamilton, der erste amerikanische Finanzminister, es bei der Gründung der Vereinigten Staaten ausgedrückt hatte) und eine gemeinsame Investitionspolitik (wie die New-Deal-Politiker sehr genau wussten).

Mitterrands Reaktion etwa um 1993 war in typischer Weise nuanciert: Ja, räumte er ein, wir brauchen sowohl ein Verschuldungs- wie ein unionsweites Investitionsprogramm. Aber das verlangt einen Grad an politischer Union, den er und Helmut Kohl den mächtigen Eliten in

Frankreich und Deutschland aufzuzwingen nicht die Macht hatten. Mitterrands Lösung bestand darin, in voller Absicht den Wagen vor das Pferd zu spannen und darauf zu warten, dass ein großes Schlagloch in der Straße Europas Fahrer auf den hinteren Sitzen davon überzeugen würde, dass sie diese Anordnung ändern mussten. Zuerst mussten die europäischen Währungen fest miteinander verbunden werden. Und wenn die nächste globale Finanzkrise kam, würden die Mächtigen in Frankreich und Deutschland schon zu der Einsicht gelangen, ihre politischen Systeme zu einer Föderation zusammenzuführen.

Mitterrand schätzte, dass eine einzige Währung ohne gemeinsame Schulden und ohne abgestimmte Investitionspolitik, die Überschüsse aus den Überschussländern in den Defizitländern investierte, Probleme förmlich anziehen würde. Zumindest gab er das privat gegenüber Jacques Delors zu.[25] Er erkannte, dass sich in einer heftigen Finanzkrise die Mängel des Euros zeigen würden. Aber ganz tief im Inneren glaubte er auch, dass sein und Kohls Nachfolger bei der nächsten globalen Krise keine andere Wahl haben würden, als die zu ihrer Überwindung nötige politische Union zu akzeptieren. Sonst würde der Euro verkümmern und vergehen.

Bedauerlicherweise machten der Nachfolger von Mitterrand und die Nachfolgerin von Kohl ihre Sache denkbar schlecht, als 2008 die Mutter aller Finanzkrisen zuschlug und achtzehn Monate später den Euro ins Trudeln brachte. Im Frühjahr 2015 hatte ich das Privileg (sofern man das so nennen kann), an langen Sitzungen mit ihnen teilzunehmen oder ihnen bei Telefonkonferenzen zuzuhören, die sich oft bis in die Morgenstunden hinzogen. Mitterrand dürfte sich im Grab herumgedreht haben, und Kohl dürfte fassungslos gewesen sein, wie ihre Erben und Nachfolger in der Eurokrise versagten. Sie hatten viele Gelegenheiten, die politische Union zu errichten, auf die Mitterrand gehofft hatte, aber sie verpassten jede einzelne (siehe Kapitel 5). Stellt sich die Frage warum. Warum schaffte Europa die Konsolidierung als Reaktion auf die lange Krise nach 2008 nicht? Die Vereinigten Staaten gingen aus jeder Finanzkrise seit Anfang des 19. Jahrhunderts gestärkter und geeinter hervor. Warum nicht Europa?

Die Europäer klagen heute gern über die mangelnden Führungsqualitäten ihrer Politiker und sehnen sich nach den Namen der Vergangenheit zurück. »Wenn wir nur einen Mitterrand, einen Giscard, einen Kohl oder einen Schmidt an der Regierung hätten«, ist ein verbreitetes Lamento in Europas Bars, Taxis und sogar Parlamenten. Dahinter steckt die Vorstellung, wenn Europa einen solchen Politiker hätte, würde es heute zusammenrücken, wie Amerika 1929 unter der Führung von Franklin D. Roosevelt zusammengerückt war. Aber so einfach sind die Dinge nicht. Erstens ist aus Gründen, die wir im vorigen Kapitel skizziert haben, die Einheit Europas etwas anderes als die Einheit Amerikas: Europa wurde als Verwaltung für ein Industriekartell geschaffen und nicht als politischer Mechanismus, um in einer Demokratie widerstreitende Interessen auszugleichen. Zweitens gibt es Gründe, warum politische Führung heute weltweit nicht mehr das ist, was sie einmal war.

Das hat nichts damit zu tun, dass der heutigen Politikergeneration das Führungsgen fehlt. Vielmehr hat die Entpolitisierung der Politik, die durch die technokratische Währungsunion Europas noch gefördert wird, die politischen Naturbegabungen aus der Politik vertrieben. Je mehr wichtige politische Entscheidungen nicht gewählten Technokraten aus der zweiten Reihe übertragen werden, desto weniger politisch begabte Männer und Frauen entscheiden sich für die Politik. Wäre der junge Mitterrand, frage ich mich, in die europäische Politik gegangen, wenn sie sich nur um Zinssätze, Besteuerungsfragen und Sozialprogramme gedreht hätte, die von gesichtslosen Bürokraten verhandelt werden?

Ungewollt trugen Mitterrand und Kohl zur Entstehung einer Technokratie rund um eine Währungsunion bei, die den Typus politischer Führung ausgemerzt hat, der in einer Krise gebraucht wird und die Union Europas vollenden könnte. Die politische Union als Ergänzung zur Währungsunion zu schaffen, mit der Schmidt und Giscard begonnen und die sie so weit gebracht haben, erfordert einen Politikertypus, dem die Währungsunion den Garaus gemacht hat. Darum liegt es nicht einfach nur an den Erben und Nachfolgern, wenn sie sich der Aufgabe, die die Pioniere ihnen hinterlassen haben, nicht gewachsen zeigen. Sondern es liegt an den Pionieren, die Währungsinstitutionen errichtet haben, die erst von künftigen Politikern vollendet werden müssen, und zugleich dafür gesorgt haben, dass Politiker dieses Formats aus der Politik vertrieben werden. Die Tragik ist seit ihrem Anfang in Europas Währungsunion hineinverwoben.

In einer Hinsicht muss man die Euro-Pioniere, von Giscard und Schmidt bis zu Mitterrand und Kohl, in Schutz nehmen. Die Europäische Union begann als Kartell der Schwerindustrie mit dem großartigen Nebenprodukt, dass es künftig unmöglich war, einen weiteren Krieg in Europa zu führen, weil die Instrumente für die Kriegführung in Europa vergemeinschaftet waren. Warum hätten sie nicht daran glauben sollen, dass der Vergemeinschaftung des Geldes die politische Union folgen würde? Hätte Mitterrand wissen können, dass die Währungsunion zum Gegenteil dessen führen würde, was er erwartet hatte? Dass sie die politische Union erschweren würde, statt sie zur natürlichen Konsequenz der gemeinsamen Währung werden zu lassen? Dass sie letztlich sogar die Demokratie zerstören würde, zuerst bei den schwachen Gliedern wie Griechenland, dann aber auch der Demokratie in Frankreich und Deutschland schweren Schaden zufügen würde?

Die Antwort lautet, ich muss es sagen, dass Mitterrand und Kohl das nicht nur hätten wissen können, sondern hätten wissen müssen.

»[E]s ist ein gefährlicher Irrtum zu glauben, dass eine Wirtschafts- und Währungsunion einer politischen Union vorausgehen kann oder dass sie (in den Worten des Werner-Berichts[26]) ›als Treibmittel für die Entwicklung einer politischen Union wirken kann, die auf lange Sicht keinesfalls ohne eine solche Union bestehen kann‹.« Diese Sätze sagte der Ökonom Nicholas Kaldor aus Cambridge nicht 2015 oder 1993, sondern bereits 1970, zu einer Zeit, als der Professor den Nixon-Schock kommen sah und Europas Drang, den Wagen vor das Pferd zu spannen.[27] Kaldor hatte genügend Anhaltspunkte, dass die Europäer dabei waren, einen »gefährlichen Irrtum« zu begehen. Ein Zusammenstoß von Frankreich und Deutschland kündigte sich bereits an, und Kaldors feine Antennen registrierten das.

Der Werner-Bericht, auf den sich Kaldor bezog, sprach explizit von der Notwendigkeit, als Voraussetzung für eine funktionsfähige Währungsunion »die nationale Ausgaben- und Steuerpolitik zu koordinieren«. Diesen Satz hatten die deutschen Vertreter in den Bericht hineingeschrieben, mit Unterstützung ihrer italienischen und holländischen Kollegen, aber gegen den ausdrücklichen Wunsch der Franzosen. Frankreich hing immer noch de Gaulles Vision an, dass Europa der Stärkung (und nicht der Schwächung) des französischen Nationalstaats dienen sollte, und widersetzte sich supranationalen Tendenzen. Paris wollte beides, eine europäisierte D-Mark und gleichzeitig die nationale Souveränität in Haushaltsfragen behalten. Als die Europäische Kommission Paris unterstützte, wie sie es in der Zeit vor dem Euro üblicherweise tat, fiel Deutschlands Begeisterung für die ganze Idee in sich zusammen. Nur acht Jahre später, 1978, belebte Kanzler Schmidt unter dem Einfluss des neuen Spiels, das Amerika trieb, die Idee neu.

Kaldor warf einen raschen Blick auf den beginnenden Widerstand entlang der deutsch-französischen Achse und formulierte eine deutliche Warnung, bevor Giscard und Schmidt das Ruder übernahmen: »[W]enn eine Währungsunion und gemeinschaftliche Kontrolle über die nationalen Haushalte Druck erzeugen, der zu einem Zusammenbruch des gesamten Systems führt, wird das die Entstehung einer politischen Union verhindern und nicht fördern.«[28]

Statt solche weisen Ratschläge zu beherzigen, ließen sich die politisch Verantwortlichen in Europa lieber auf einem Meer selbstzufriedener Mythen treiben. Die Verleugnung ökonomischer Gesetze ist zum Fundament ihrer Arbeit geworden, und Hybris ist ihre Reaktion auf die Proteste der Realität. Die Nemesis lag auf der Lauer, davor hätten griechische Tragödiendichter warnen können, und wartete ab, bis ihre Stunde gekommen war.

KAPITEL 4

Ein Trojanisches Pferd

London im November 1990. Nachdem Margaret Thatcher wochenlang erbittert gekämpft hatte, um eine Gruppe hochnäsiger Minister in ihrem Kabinett loszuwerden, die sie um jeden Preis stürzen wollten, hatte sie ihren letzten Auftritt in einer mittlerweile berühmten Kabinettsrunde in Downing Street 10. Das Thema, das die Granden der Konservativen Partei gegen ihre Premierministerin geeint hatte, war die europäische Währungsunion. Sie wollte nichts davon wissen, ihre Gegner brannten darauf, das britische Pfund Sterling an das Europäische Währungssystem anzuschließen.

Kurz nach Beginn der Kabinettssitzung war klar, dass Margaret Thatchers elfjährige Regierungszeit vorüber war. Einer nach dem anderen verließen ihre bis dahin loyalen Minister das Schiff mit der ganzen Feigheit, die man von Politikern erwartet, die damit rechnen, dass sie unter neuer Führung mehr bekommen und ihre Sitze sicherer sein werden. Es heißt, die Eiserne Lady habe eine einzige Träne vergossen, ein Zeichen der Menschlichkeit, deren Vorhandensein manche bezweifelt hatten.

Am selben Abend erschien sie zum letzten Mal im House of Commons zur Fragestunde des Premierministers. Es war ein denkwürdiger Auftritt. Sie spielte ihre eindrucksvolle Macht über das Parlament aus und ließ sich die letzte Gelegenheit nicht entgehen, Rache an ihren Kollegen zu üben, indem sie ihnen vor Augen führte, dass niemand von ihnen die Opposition jemals so beherrschen würde, wie sie es vermocht hatte. Aus der einzelnen Träne früher am Tag wurde ein rhetorischer Sturzbach, gewürzt mit Humor, mit dem sie die Opposition niederwalzte.

Oppositionsführer Neil Kinnock dürfte bereut haben, dass er ausgerechnet die europäische Währungsunion als Thema gewählt hatte, um Punkte gegen die scheidende Premierministerin zu sammeln. »Wird die Premierministerin uns sagen«, fragte einer von Kinnocks Abgeordneten in der irrigen Erwartung, das Thema würde Margaret Thatcher verunsichern, »ob sie ihren persönlichen Kampf gegen eine gemeinsame Währung und eine unabhängige [europäische] Zentralbank fortsetzen wird?« Noch bevor sie antworten konnte, warf ein anderer Abgeordneter der Opposition bissig ein: »Sie sollte der Gouverneur [der Zentralbank] sein!«

»Was für eine gute Idee!«, erwiderte Margaret Thatcher, nachdem sich die Heiterkeit im Parlament gelegt hatte. Und in scherzhaftem Ton fuhr sie fort: »Daran hatte ich gar nicht gedacht. Aber wenn ich es wäre, würde es keine Europäische Zentralbank geben, die niemandem verantwortlich ist, vor allem nicht den nationalen Parlamenten. Denn *mit einer solchen Zentralbank wird es keine Demokratie geben,* [und die Zentralbank] wird die Macht von jedem einzelnen Parlament übernehmen und in der Lage sein, eine einzige Währung zu haben und eine Währungspolitik und eine Zinspolitik zu machen, die uns jegliche politische Macht raubt.«[1]

Es war vielleicht das erste und das letzte Mal, dass der Regierungschef eines großen europäischen Landes so klar auf den Punkt brachte, was es mit der europäischen Währungsunion auf sich hatte. Die Vorstellung, Geld könnte unpolitisch verwaltet werden, allein durch technische Instrumente, ist eine allergrößte, höchst gefährliche Torheit. Die Fantasie vom unpolitischen Geld hatte in der Zwischenkriegszeit den Goldstandard in ein primitives System verwandelt, dessen unvermeidlicher Niedergang faschistischen und nationalsozialistischen Verbrechern Auftrieb gab mit all den Folgen, die wir kennen und beklagen.

Dem Goldstandard lag tatsächlich der Gedanke zugrunde, das Geld zu entpolitisieren, indem man die Geldmenge an die Goldmenge knüpfte – ein Edelmetall, das die Politiker nicht einfach herbeizaubern konnten, weil es exogen von der Natur produziert wird. Heute findet sich die gleiche Fantasie vom unpolitischen Geld nicht nur in der Konstruktion der Europäischen Zentralbank, die keinem Parlament rechenschaftspflichtig ist (worauf Margaret Thatcher so scharfsinnig hingewiesen hat), sondern auch in den neumodischen digitalen Währungen wie Bitcoin, für die damit geworben wird, dass sie keiner politischen Kontrolle unterliegen. Margaret Thatchers entscheidendes Argument war, dass die Kontrolle der Zinssätze und der Geldmenge eine zutiefst politische Aufgabe sei, die, wenn sie dem Zuständigkeitsbereich demokratisch gewählter Parlamente entzogen wäre, zu einem allmählichen Abgleiten in autoritäre Strukturen führen würde.

Ihren letzten Satz zu dem Thema hatte ich in meinen fünf Monaten als griechischer Finanzminister oft im Kopf. Jedes Mal, wenn ich über den Gang des griechischen Parlaments zu den Gaunern von der Goldenen Morgenröte blickte, die mich anpöbelten, und bei jedem Treffen der Eurogruppe, bei dem Mario Draghi, der Chef der Europäischen Zentralbank, die Parameter setzte, innerhalb der wir Politiker zu arbeiten hatten, ohne dass wir uns an ein Parlament wenden oder einen anderen als demokratisch erachteten Weg einschlagen konnten,[2] klangen Margaret Thatchers Worte nur zu wahr: »Bei einer gemeinsamen Währung geht es um die Politik Europas.«

Ab und zu schaue ich mir den verblassten Clip von Margaret Thatchers letztem Auftritt als Premierministerin im Parlament an und ziehe ein bitteres Vergnügen daraus. »Das gefällt mir! Das gefällt mir!«, schließt sie glücklich, bevor sie sich wieder hinsetzt in dem befriedigenden Gefühl, denen, die sie abgesägt haben, ihre eigene Mittelmäßigkeit vor Augen geführt zu haben.

In jungen Jahren bin ich zu jeder Demonstration gegen Margaret Thatcher und die Politik ihrer Regierung gegangen, die für mich erreichbar war. Umso mehr freut es mich, ihre weitsichtige Kritik am eingebauten Demokratiedefizit des Euros schätzen zu können. Heute weiß ich, dass Politik dann am besten funktioniert, wenn sie uns durch die Erkenntnis eines Gegners zur Einsicht bringt. Als ich im September 2015 bei einem Treffen zur Feier von Jeremy Corbyns Berufung an die Spitze der Labour Party sprach, erlaubte ich mir, meinen Respekt für Margaret Thatchers Kritik an unpolitischem Geld auszudrücken. Zu meiner großen Erleichterung schienen es die Zuhörer zu begrüßen, dass ich mich vor einer Politikerin verneigte, die für uns Linke alles symbolisiert, wogegen wir gekämpft haben.

Thatchers Irrtum

Es war nie strittig, dass es sich bei der Währungsunion um ein politisches Projekt handelte. Ihre Pioniere trugen ihre politische Agenda offen und stolz vor sich her. Präsident Giscard d'Estaing und Bundeskanzler Schmidt sprachen 1978 von der Schaffung eines zentraleuropäischen Machtbereichs, dem der Geist Karls des Großen seinen Segen geben würde. In den späten 1980er- und frühen 1990er-Jahren stellte sich der französische Präsident François Mitterrand die gemeinsame Währung als Auftakt zu einem föderalen Europa vor. Beim Euro ging es immer, in Thatchers Worten, »um die Politik Europas«. Die Frage war, um was für eine Art von Politik. Um die Art, deren Ziel gemeinsamer Wohlstand in einem demokratischen Europa ist? Oder um die andere Art, die die Europäer trennt und aus ihren Demokratien leere Hemden macht, die man zum Trocknen auf die Wäscheleine einer nicht verantwortlichen Zentralbank hängt?

Leider hat man diese Frage nie ernsthaft gestellt. Die politische Dimension der Währungsunion kam nur in Sonntagsreden vor, in denen versichert wurde, die Währungsunion sei Teil der historischen Pflicht Europas zu einer immer engeren Union. Bedenken, eine gemeinsame Währung könnte, und sei es unabsichtlich, zu Verwerfungen in den Sozialsystemen Europas führen, wurden sofort als Äußerungen gefährlicher, irregeleiteter Populisten zurückgewiesen, die man von der gesitteten Gesellschaft fernhalten müsse. Auf dem Weg zum Euro diente der geringste Zweifel, ob die Architektur der neuen Währung wirklich stabil war, sofort als Beleg dafür, dass der Zweifler europafeindlich, nationalistisch, womöglich ein Scharlatan war. Die Reaktion unterschied sich nicht sehr davon, wie man in den Vereinigten Staaten mit all jenen umging, die die Pläne des Pentagons für den Einmarsch im Irak oder in Afghanistan kritisierten.

Während Politiker des Establishments keine abweichenden Meinungen zur Währungsunion zu äußern wagten, redeten die Bürokraten gelegentlich Klartext. 1991, ein Jahr nach Margaret Thatchers Auftritt im Parlament, bestätigte der deutsche Ökonom und Politiker Wilhelm Nölling, Mitglied des Zentralbankrats der Bundesbank, ihre Einschätzung: Bei der neuen Europäischen Währungsordnung gehe es nicht um ein geheimnisvolles Gemeinschaftsinteresse, sondern nur um *Macht* und *nationale Interessen*.[3]

Es ist verstörend, dass Europa der Illusion verfallen ist, Kritik an der Währungsunion sei immer Ausdruck von Nationalismus, und umgekehrt dürften nur jene die gemeinsame Währung verteidigen, die ihre nationalen Interessen dem gemeinsamen Europa unterordnen. Nölling argumentierte ganz richtig, dass die französischen und deutschen Kämpfer für die Währungsunion sie als ein Mittel ansahen, Macht zu erlangen und das zu verfolgen, was sie als ihre nationalen Interessen betrachteten, oft genug gegen die Interessen ihrer europäischen Partner. Krieg mit anderen Mitteln – wie Präsident de Gaulle 1964 seinen eigenen Plan für eine Währungsunion mit Deutschland verstanden hatte.

Im Idealfall sollten die europäischen Institutionen die nationalen Interessen ihrer Mitglieder zu einem gemeinsamen europäischen Willen harmonisieren. Aber anzunehmen, die Währungsunion werde diese Harmonie automatisch herbeiführen, war eine gefährliche Fantasie. Dass die Währungsunion gut für Europas Wirtschaft ist und im Einklang mit der europäischen Demokratie steht, sollte ein Theorem sein. Doch Europa beschloss, es als Axiom zu behandeln.

Margaret Thatchers Kritik, die zufällig mit der Kritik der europäischen Linken übereinstimmte, bestand aus zwei Argumenten: Die Währungsunion würde ein ökonomisches Desaster produzieren. Und sie würde die Parlamente und mit ihnen die hart erkämpften demokratischen Rechte untergraben. In einem Interview einige Monate nach ihrem Rückzug prognostizierte sie, »diese gemeinsame Währung wird wie alle Systeme mit festen Wechselkursen letztlich zusammenbrechen. Sie wird nicht zu harmonischen Entwicklungen führen.« Mit anderen Worten: Eine große Krise ist unvermeidlich, wenn die Kontrolle über das Geld verschiedener Länder Technokraten übertragen wird, die nicht durch demokratische Prozesse kontrolliert werden, die sie je nachdem in die Schranken weisen oder unterstützen, wenn es nötig ist. Wenn die unvermeidliche Krise dann zuschlägt, tauchen die nationalen Interessen wieder auf und rächen sich. Es braucht schon beträchtliche Naivität, um Mitterrand darin zuzustimmen, dass eine politische Union es irgendwie schaffen könnte, nationalistische Bigotterie zu unterdrücken.

Margaret Thatcher wiederholte, kurz gesagt, Nick Kaldors prophetisches Argument (zitiert am Schluss des letzten Kapitels), die Währungsunion werde die Bildung einer demokratischen politischen Union in Europa nicht ermöglichen, sondern im Gegenteil behindern. Wenn die Kontrolle über das Geld unterschiedlicher politischer Einheiten entpolitisiert wird, wird den Parlamenten die Entscheidungsgewalt über wichtige Fragen entzogen. Die Parlamente verlieren ihre *raison d'être*, die demokratische Legitimität schwindet, und sobald die unvermeidliche Wirtschaftskrise kommt, tauchen autoritäre, hochgradig politische Lösungen als die einzige Alternative auf. Thatchers geliebtes Motto TINA – »es gibt keine Alternative« – erhebt sich dann in seiner abscheulichsten Gestalt – die sogar Margaret Thatcher fürchtete.

Doch bei einem wichtigen Punkt irrte sie sich. In jener Debatte im Unterhaus über die gemeinsame Währung rief sie aus, das bedeute »ein supranationales Europa durch die Hintertür«. Tatsächlich hatten das einige ihrer Gegner auf der anderen Seite des Ärmelkanals im Sinn. Präsident Mitterrand, Margaret Thatchers charmanter Gegenspieler, sah den Euro in der Tat als Trojanisches Pferd, um supranationale Strukturen durch Europas Verteidigungslinien zu schmuggeln, die die Europäer sonst abgelehnt hätten, weil sie nicht bereit und nicht willens waren, politische Entscheidungsbefugnisse von ihren nationalen Parlamenten auf bundesstaatliche Institutionen in Brüssel zu übertragen.

Margaret Thatchers Irrtum war, anzunehmen, dass Mitterrands Plan funktionieren würde. Sie erkannte genauso wenig wie Mitterrand, dass es nicht zur genetischen Ausstattung der Europäischen Union passte, aus den Problemen mit der Währungsunion supranationale Strukturen zu schnitzen. Das Trojanische Pferd Währungsunion würde keinen europäischen Bundesstaat bringen. Wie ich weiter unten erkläre, waren der Euro und seine bürokratischen Hüter dazu nicht in der Lage. Aus seinem hölzernen Bauch konnten nur ineffiziente, autoritäre Strukturen herauskommen.

Nicht in seiner Natur

Wenn die Verfechter der Europäischen Währungsunion eigentlich einen europäischen Bundesstaat wollten, wie Margaret Thatcher gefürchtet und François Mitterrand gehofft hatte, warum ist ein solcher Bundesstaat dann heute weiter entfernt als je zuvor? Mitterrand und wahrscheinlich auch Bundeskanzler Kohl wussten, dass die gemeinsame Währung nicht nachhaltige Geldflüsse von den Überschussländern in die Defizitländer erzeugen würde. Sie konnten erkennen, dass eine große Krise unvermeidlich war. Aber sie hofften, dass die Krise eine politische Dynamik in Richtung auf ein stärker geeintes Europa erzeugen würde. Es kam anders.

Die Eurokrise, die, angefangen in Griechenland, 2010 mit aller Macht zuschlug, war für Politiker und Bürokraten, die mehr gemeinsames Europa wollten, die perfekte Chance. Als Banken untergingen und ganze Regierungen mit sich rissen, die sie retten mussten (zum Beispiel in Irland und Spanien), als andere Banken von insolventen Staaten, in denen sie ihren Sitz hatten, in den Bankrott getrieben wurden (zum Beispiel in Griechenland und Portugal), wäre die Schaffung echter bundesstaatlicher Institutionen die perfekte Medizin gewesen.[4] Stattdessen tun die europäischen Verantwortlichen sogar heute alles, was in ihrer kollektiven Macht steht, um Schritte in Richtung auf mehr Supranationalität zu verhindern. Um den Preis einer unnötigen Verschärfung der Krise schufen sie einen zusammengezimmerten Abklatsch bundesstaatlicher Institutionen, immer bedacht darauf, dass die Institutionen supranational aussahen, es aber nicht im Mindesten waren.[5] So entstand aus dem Aufruhr unter Druck geratener Sozialstaaten eine Konföderation der Inkompetenz, die Margaret Thatchers Befürchtung widerlegte.

Waren die verkappten Anhänger eines Bundesstaats, die Margaret Thatcher 1990 überall am Werk gesehen hatte, 2010 verschwunden oder zum Schweigen gebracht worden? Oder hatten sie nie eine beherrschende Rolle gespielt? Ich habe in dieser Frage bereits Stellung bezogen und in den früheren Kapiteln gesagt, die Europäische Union sei von Anfang an, von 1950 an, auf die Entpolitisierung politischer Entscheidungen angelegt gewesen. Europas Eliten wollten Mega-Bürokratien im Verbund mit großen, oligopolistischen Unternehmen, ohne die »Unwägbarkeiten« einer bundesstaatlichen demokratischen Politik. In diesem Sinn wurde ein »Europa der Staaten« in bewusstem Gegensatz zu einem »Europa der Bürger« geschaffen. Die Brüsseler Strukturen wurden auch nach dem Motto errichtet: »Wir sind die Regierungen«, um gezielt das Ideal auszuschließen: »Wir sind das Volk«. Die Mega-Bürokratie sollte einem Kartell großer Unternehmen dienen, das gemeinsame Regeln und Industriestandards haben wollte, aber ohne die Einmischung von Parlamenten mit echter Macht über sein Handeln. Es ist kein Zufall, dass das Europäische Parlament, das einmal gegründet wurde, um der Europäischen Union den Anschein demokratischer Rechenschaftspflicht zu verleihen, nicht mit der Kompetenz zur Gesetzgebung ausgestattet wurde.[6] Die europäischen Demokraten hatten die große Hoffnung, dass die Demokratie trotz allem unmerklich in die Europäische Union einsickern würde, genau wie es in Nationalstaaten wie Großbritannien und Frankreich der Fall gewesen war. Die Nationalstaaten begannen als Instrumente der Mächtigen und wurden im Lauf der Zeit demokratisch. Wenn es gelungen war, Großbritannien, die Vereinigten Staaten und Deutschland zu liberalen Demokratien zu machen, warum sollte es dann nicht möglich sein, auch Brüssel in der gleichen Weise zu verwandeln?

Englische Euroskeptiker erwidern, echte parlamentarische Demokratie ruhe auf einem felsenfesten Fundament von Bindungen und langen Traditionen, die nur eine Nation hervorbringen könne. Wenn das so ist, wird ein multinationales Europa niemals ein demokratisches Gebilde werden. In dieser skeptischen Sicht ist »europäisch« eine geografische und vielleicht kulturelle Bezeichnung, die nicht den Zement für eine europäische Demokratie abgeben kann, weil sich immer die zugrunde liegenden französischen, italienischen, deutschen oder griechischen Identitäten durchsetzen werden.

Doch diese Sicht ist entweder logisch inkonsistent oder grob beleidigend für, beispielsweise, die Schotten. Denn wenn es wirklich so wäre, würde das bedeuten, dass dem Vereinigten Königreich entweder die Legitimität fehlt oder dass Schotten und Engländer nicht länger echte Nationen sind. Denken wir einen Augenblick darüber nach. Wenn die Schotten wirklich eine Nation sind, führt die Ansicht, dass eine Nation ein Parlament braucht, unweigerlich zu der Schlussfolgerung, dass das Unterhaus mit Sitz in London die schottische Nation nicht vertritt und lediglich England hilft, seine unrechtmäßige Autorität auf Gebiete nördlich des Hadrianswalls auszudehnen.[7] Die einzige Alternative, die mit der Sicht »eine Nation, eine Souveränität« übereinstimmt, ist, dass die Schotten keine Nation aus eigenem Recht mehr darstellen, sondern unterworfen wurden und nun Bestandteil einer britischen Nation sind. Aber wenn es so ist, bilden auch die Engländer nicht länger eine Nation, weil die beiden getrennten Identitäten (Engländer und Schotten) bereits vor geraumer Zeit zu einem übergeordneten britischen Charakter verschmolzen sind, der die britische parlamentarische Demokratie stützt.

Insofern müssen sich die Konservativen, die der Theorie von der einen Nation anhängen – das gilt für die britischen Tories ebenso wie für die Gegner der Unabhängigkeit Kataloniens in Spanien –, entscheiden: Wenn es eine gemeinsame europäische Identität und ein supranationales Zugehörigkeitsgefühl nicht geben kann, müsste die Europäische Union aufgelöst werden, und Schotten und Katalanen sollte die Unabhängigkeit von London und Madrid gewährt werden. Wenn andererseits eine supranationale europäische Identität möglich ist und ein souveränes europäisches Volk hervorbringen kann, dann ist auch eine demokratische Europäische Union möglich.

Die meisten Europäer (der Autor eingeschlossen) stimmen der zweiten Sichtweise zu. Sie sind überzeugt, dass die Schwierigkeiten der Europäischen Union nicht damit zusammenhängen, dass keine übergeordnete europäische Identität geschmiedet werden kann, die die einzelnen nationalen Identitäten integriert, ohne sie zu usurpieren. Sie haben nur einfach keine Idee, wie sich die Europäische Union von den bürokratischen Institutionen eines Wirtschaftskartells zu einer europäischen Demokratie entwickeln soll, die einem souveränen europäischen Volk dient.

Das 19. Jahrhundert liefert reichlich Beispiele, wie die Kommodifizierung, der Triumph der Kapitalakkumulation über die Feudalherren und die damit einhergehende Aufhebung innerer Grenzen unterschiedliche regionale Charaktere zusammenführten und zu neuen nationalen Identitäten verschmolzen. Die Gründung des Deutschen Reichs, die Preußen mit harter Hand durchsetzte, ist ein hervorragendes Beispiel. Die Vorstellung, die Wirtschaftsunion könne eines Tages eine europäische Identität hervorbringen, ein »Wir sind das Volk von Europa«, ist weder weit hergeholt noch abwegig. Der Weg zur institutionellen Konsolidierung, der in den 1950er-Jahren eingeschlagen wurde, hätte tatsächlich dorthin führen können. Schüleraustauschprogramme sind die besten Beispiele, wie ein von Brüssel gelenkter Prozess das Versprechen am Leben hält, der Jugend Europas eine europäische Identität zu vermitteln.

Die Aussichten der Europäischen Union, sich zu einem demokratischen Bundesstaat zu entwickeln, der sich auf eine wachsende europäische Identität stützt, haben durch die Währungsunion und den Unmut darüber sehr gelitten, mehr als durch das Fehlen einer entwickelten europäischen Identität. Die gemeinsame europäische Währung hat die Macht der Bürokraten über die gewählten Amtsträger vergrößert und dafür gesorgt, dass künftige Wirtschaftskrisen viel gravierender ausfallen. Eines verstärkte dauernd das andere, und dabei ist die Hoffnung auf eine Demokratisierung der Europäischen Union auf der Strecke geblieben.

Wie Margaret Thatcher und François Mitterrand prophezeit haben, erzeugte die Währungsunion eine schwere Krise. Beide klugen Politiker hatten jedoch nicht vorausgesehen, dass die Krise den Bürokraten mehr Einfluss geben würde, um allen demokratischen Druck abzuwehren, ihre Macht zu reduzieren.[8] Die Währungsunion, die Wirtschaftskrise und das Demokratiedefizit wirken zusammen und verstärken sich in einem ewigen Kreislauf gegenseitig. Aus einem solchen toxischen Gebräu kann kein Bundesstaat hervorgehen. Und deshalb ist bisher auch kein Bundesstaat daraus hervorgegangen.

Frankfurts langer Schatten

Die deutsche Zentralbank, die Bundesbank, sah das Ziel ein, die Wechselkursschwankungen einzudämmen oder sogar feste Wechselkurse zu erreichen. Aber ihr missfiel der Gedanke, dass Politiker die Wechselkurse festsetzen sollten, selbst wenn es deutsche Politiker waren. Als Helmut Schmidt ankündigte, es sei sein Wunsch und der von Präsident Giscard, das Europäische Währungssystem (EWS) ins Leben zu rufen, machte sich die Bundesbank eilends daran, dem EWS, den Politikern und natürlich auch den Brüsseler Bürokraten Grenzen zu setzen. Sie startete sogar eine Kampagne gegen Schmidts Versprechen an Giscard, einen Rettungsfonds einzurichten, den Europäischen Währungsfonds, der Mitgliedstaaten Geld leihen sollte, die vorübergehend den Wechselkurs zur D-Mark nicht halten konnten.

Der Wert des deutschen Geldes müsse von der Bundesbank in Frankfurt festgelegt werden, darauf beharrte ihr Vorstand. Punkt. Die Bürde jeglicher Anpassung gegenüber anderen Währungen, um das EWS funktionsfähig zu halten, sollte den schwächeren Währungen zufallen, nicht der D-Mark. Einfach ausgedrückt: Die Bundesbank verlangte die Kontrolle über den Wechselkurs der D-Mark gegenüber Dollar und Yen, und die europäischen Nachzügler, insbesondere Frankreich, mussten tun, was sie konnten, um Schritt zu halten. Frankfurts Position lief auf die Erklärung hinaus, die Bundesbank werde niemals den Kurs der D-Mark anheben, um Paris zu helfen.

Wenn der Kurs des französischen Francs unter die untere Schwelle des EWS fiel, mussten die Franzosen mehr Rezession ertragen, weil die Zinsen erhöht wurden, um den Franc wieder dorthin zu bringen, wo er nach dem EWS-Vertrag sein sollte. Frankfurt weigerte sich rundweg, seine Zinssätze zu senken, um dem Franc eine helfende Hand zu reichen. Deshalb bezeichnete der unsympathische Norman Tebbit, Margaret Thatchers liebster Minister in ihrem Kabinett, den Wechselkursmechanismus (WKM, der Teil des EWS, der für stabile Wechselkurse sorgen sollte) gerne als ERS, Ewigen Rezessionsmechanismus.

Kanzler Schmidt tat sein Möglichstes, um die Bundesbank 1978 zu beruhigen. Irgendwann griff er in seiner Verzweiflung zu Erpressung. Er sagte dem Bundesbankpräsidenten, weiterer Widerstand aus Frankfurt werde ihn zwingen, per Gesetz die Autonomie der Bundesbank einzuschränken, die ihr doch so viel bedeutete. Sein Nachfolger Helmut Kohl wiederholte diese Drohung fünfzehn Jahre später, 1993, um die Bundesbank zu bewegen, dass sie bei der Vorbereitung auf den Euro mitspielte. Es wäre eine grobe Untertreibung, zu sagen, dass die Beziehung zwischen Deutschlands regierenden Politikern und ihrer Zentralbank angespannt war.

Zur Überraschung der Bundesbank arbeiteten das EWS und der darin eingebettete WKM zunächst gut. Warum? Volckers Plan funktionierte in einer Weise, die Kanzler Schmidt klug vorausgesehen hatte. Die Einkaufszentren überall in den Vereinigten Staaten quollen über von importierten deutschen, japanischen und später chinesischen Waren, während die Wall Street von Geld überschwemmt wurde, das aus dem Rest der Welt herbeiströmte. Die Arbeitnehmer in Amerika fielen von der Rolltreppe, die sie über ein Jahrhundert lang zu immer höheren Realeinkommen gebracht hatte, bekamen aber leicht Kredite und hielten sich an der Hoffnung fest, ihre mit Hypotheken belasteten Häuser würden großartige Wertsteigerungen erleben. Aus Helmut Schmidts Sicht funktionierte die amerikanische Volkswirtschaft wie ein Staubsauger, der das überschüssige Geld aus Deutschland in die Vereinigten Staaten saugte und so verhinderte, dass sich in der Bundesrepublik inflationärer Druck aufbaute.

Der Kursanstieg des Dollars, nachdem Volcker die Zinsen stark erhöht hatte, war ein Geschenk des Himmels für die Bundesbank und verbesserte ihre Einstellung zum EWS. Als der Kurs der D-Mark im Verhältnis zum Dollar sank, verlor sie sogar auch gegenüber der italienischen Lira und der spanischen Peseta an Wert, Währungen, die traditionell sensibler auf Bewegungen des Dollars reagieren. Von 1978 bis 1980 aalte sich die D-Mark im mittleren Bereich des Wechselkurskorridors gegenüber den südlichen Währungen und erlebte zwei, drei komfortable Jahre im Herzen der sich entwickelnden Europäischen Währungsunion.

Aber die Kehrseite von Volckers Desintegration war nicht weit weg.[9] 1980 verursachte sie einen weltweiten wirtschaftlichen Einbruch. Der französische Premierminister Raymond Barre nahm die Aufgabe, das Projekt EWS/WKM zu verteidigen, ernst; er war entschlossen, Arbeitsplätze und Wirtschaftswachstum in Frankreich gegen einen stabilen Kurs des Francs einzutauschen.[10] Während die Arbeitslosigkeit in Frankreich stieg, leitete er einen politischen Kurs ein, den wir heute als Austerität kennen (das heißt Kürzungen bei Sozialleistungen, Anhebung der Mehrwertsteuer, Einfrieren öffentlicher Investitionen), und opferte damit weitere Arbeitsplätze auf dem Altar der Wechselkursstabilität des Francs gegenüber der D-Mark innerhalb der vereinbarten Bandbreite. Ein Jahr später, 1981, kostete Barres Sparkurs Präsident Giscard das Amt und brachte den Sozialisten François Mitterrand in den Élysée-Palast.

Auf der anderen Seite des Rheins sah Kanzler Schmidt zähneknirschend zu. Weil er fürchtete, ihn könnte das gleiche Schicksal ereilen, steuerte er in die entgegengesetzte Richtung. Er wollte unbedingt Arbeitsplätze sichern und ließ deshalb zu, dass der deutsche Staatshaushalt in die roten Zahlen rutschte. Obwohl der Arbeitsmarkt wie geplant stabil blieb, sorgte die Defizitphobie der Bundesbank dafür, dass Schmidts Tage im Kanzleramt gezählt waren. Als die Inflation anzog und die deutsche Handelsbilanz überraschend deutlich einbrach, griff die Bundesbank hart durch. Wenn Preise rasch steigen und die Nettoimporte stark zunehmen, gibt es für Defizitphobiker nur ein kurzfristig wirksames Mittel: Das Geld im Land muss teurer werden (das heißt die Zinsen steigen), was die Nachfrage bremst, den Preisauftrieb und die Inflation stoppt, aber die heimische Wirtschaft in die Rezession schickt.

Helmut Schlesinger, Vizepräsident der Bundesbank, überzeugte den Vorstand, Volcker zu übertrumpfen und die kurzfristigen Zinsen auf atemberaubende 30 Prozent anzuheben. Schmidts Koalitionspartner FDP verlangte unterdessen Sparmaßnahmen. Die Kombination aus einer massiven Zinserhöhung der Bundesbank und Ausgabenkürzungen der Bundesregierung bewirkte, dass sich die Arbeitslosenzahlen in Deutschland bis 1982 verdoppelten. An diesem Punkt schüttelte der Schwanz der deutschen Regierung den Körper ab: Die kleine FDP ließ Schmidt und seine Sozialdemokraten fallen und schloss eine Koalition mit Helmut Kohls Christdemokraten. Zusammen mit Schmidts Regierung ging auch seine Zusage an die Franzosen unter, dass das EWS einen Europäischen Währungsfonds bekommen sollte. Damit bestand keine Aussicht mehr, dass ein europäisches Bretton-Woods-System dem ursprünglichen amerikanischen Entwurf ähneln könnte.

1982 hatte Volcker unbeabsichtigt bewirkt, dass das Paar Giscard–Schmidt in Europa durch ein anderes französisch-deutsches Paar abgelöst wurde, das eine ebenso wichtige Rolle für Europa spielte: François Mitterrand und Helmut Kohl. Während Amerika begann, ernsthaft die Rolle des Minotaurus auf der Weltbühne zu spielen, gab das Paar, das 1978 die Währungsunion geschaffen hatte, den Stab gnädig an ein anderes Paar weiter, das 1994 die Europäische Zentralbank gründen und seinen jüngsten Spross taufen sollte: den Euro. Bei dieser langen Abfolge von Zugeständnissen, Deals und Schummeleien vor dem Hintergrund großer Weltereignisse (wie dem Ende des Kalten Krieges) war die Bundesbank nie weit weg. Sie lenkte, ermöglichte und unterhöhlte aktiv die deutsch-französische Achse, um die sich die Europäische Union drehte.

Anspruchsvoller Pöbel

Die deutsch-französische Achse ist die Europäische Union. Zwar wird es niemals jemand zugeben, aber die anderen Mitglieder segnen lediglich ab, was die deutschen und französischen Politiker beschließen. Die Bedeutung des deutsch-französischen Zentrums hat nie abgenommen, auch nicht, als die Grenzen der Union sich immer weiter ausdehnten und eine immer breitere europäische Peripherie entstand. Seit Giscards Pilgerfahrt nach Athen 1979, die 1980 zur Aufnahme Griechenlands führte, ist die Europäische Union von zehn auf achtundzwanzig Mitglieder gewachsen, Tendenz steigend. Nach der EU-Erweiterung um ehemals rechte Diktaturen (Griechenland, Spanien und Portugal) öffnete sich mit dem Fall des Eisernen Vorhangs ein ausgedehntes Hinterland, das nach und nach einbezogen wurde, einschließlich dreier ehemaliger Sowjetrepubliken.

Während Deutschland und Frankreich dafür kämpften, die Flamme der Währungsunion zu erhalten, gaben die neuen Mitgliedstaaten freudig ihre monetäre Unabhängigkeit auf und lieferten sich ganz dem aus, was aus dem deutsch-französischen Währungslabor kommen würde. Paradoxerweise wurde die Währungsunion ausgerechnet von denen vorangetrieben, die am wenigsten darin überleben, geschweige denn gedeihen konnten.

Warum die Kraftzentren Europas ein Interesse an einer gemeinsamen Währung hatten, ist leicht nachzuvollziehen.[11] Aber wieso wollten schwache Länder wie Griechenland unbedingt eine harte Währung haben, die sie so unter Druck bringt, dass ihnen Hören und Sehen vergeht? Nach dem Nixon-Schock und angesichts der massiven Inflationsschübe in den 1970er-Jahren hatten die Eliten in Mailand und Athen genug von Abwertungen ihrer Währungen. Ihre Jachten, schicken Stadthäuser und Villen auf dem Land, ihre Anteile an lokalen Unternehmen und ihre heimischen Bankkonten verloren in Dollar und D-Mark stetig an Wert. Jedes Mal, wenn sie in der Theatersaison nach London kamen oder zum Skifahren in die Schweiz, registrierten sie, dass der Nettowert ihres heimischen Vermögens abgenommen hatte. Dagegen wehrten sie sich, indem sie Vermögenswerte zu Hause auflösten und Wege suchten, unter Umgehung der Kapitalverkehrskontrollen ihrer jeweiligen Länder Geld nach Genf, London, an die Wall Street oder nach Frankfurt zu schaffen. Wenn es nur eine einzige Währung und freien Kapitalverkehr gäbe, wenn die harte D-Mark die Währung aller wäre, dann hätten diese Sorgen ein Ende.

Die Arbeiter in Griechenland, Italien, Spanien und anderen Ländern verloren ebenfalls die Geduld mit ihren nationalen Währungen. Enorme Anstrengungen – teure Arbeitskämpfe, kräftezehrende Organisationsarbeit, mühsame und teils frustrierende Bemühungen, die Kollegen zu mobilisieren – wurden in kollektive Verhandlungen mit den Arbeitgebern über höhere Löhne investiert. Und dann verkündete die Zentralbank eine weitere Abwertung, und alles, was die Arbeiter erreicht hatten, löste sich von einer Sekunde zur anderen in Luft auf, weil das importierte Öl teurer wurde und in der Folge die meisten Preise stiegen. Dank der Abwertungen konnten die Arbeiter zwar ihre Jobs behalten, die sonst verschwunden wären, denn sie sorgten dafür, dass die Produkte ihrer Arbeit nicht durch konkurrierende Importe etwa aus Deutschland weggeschwemmt wurden, trotzdem machte sich Abwertungsmüdigkeit breit. Die Eliten nutzten das aus, um die Arbeiter für ihr Projekt einer Währungsunion zu gewinnen.

Auch die Politik spielte eine Rolle, in jedem Mitgliedstaat eine andere, aber immer eine wichtige. Die irische Regierung wollte unbedingt etwas durchsetzen, das zwar ökonomisch wenig sinnvoll war, aber voller politischer und symbolischer Bedeutung: Sie wollte das irische Pfund vom britischen Pfund lösen und stattdessen an die D-Mark binden. Die deutsche Regierung bot finanzielle Hilfe bei dem Vorhaben an, als Dank dafür, dass Dublin das EWS unterstützt hatte. Die Hilfe konnte nicht ausgleichen, dass Irland weiterhin ein erhebliches Handelsbilanzdefizit gegenüber Großbritannien hatte, machte aber eine Regierung politisch nützlich, die von London unabhängig werden wollte und eine Hintertür suchte, um den Einfluss der Europäischen Union auf das Nordirland-Problem zu lenken. Die italienische, die spanische und die portugiesische Politik waren ebenfalls entscheidend wichtig für das Projekt der Währungsunion. Kanzler Schmidt hatte in Zusammenarbeit mit Washington enorm viel politisches Kapital investiert, um sicherzustellen, dass die Linke mit ihrem Griff nach der Macht auf der iberischen Halbinsel scheiterte,[12] und natürlich in Italien, wo eine wiedererstarkte kommunistische Partei unter der aufgeklärten Führung von Enrico Berlinguer auf einen »historischen Kompromiss«

mit progressiven Kräften der italienischen Christdemokraten hinarbeitete.

Die Währungsunion und die Aussicht auf eine gemeinsame Währung waren für die konservativen Kräfte an der Peripherie der Europäischen Union politische Geschenke von großem Wert. Aber französische und deutsche Politiker setzten die Reize des EWS auch geschickt ein, um ihre Macht gegenüber Regierungen an der europäischen Peripherie auszuspielen. Im Namen französischer und deutscher multinationaler Konzerne boten sie dortigen Unternehmern lukrative Verträge an. Die Kombination von Geld aus Brüssel und Geschäftsverbindungen wurde eifrig im Dienst der Währungsunion aufgeboten und verhinderte ernsthaften Widerstand. Zusammen mit ihren politischen Agenten strichen die Arbeitgeber aus diesen Deals große Gewinne ein, und gleichzeitig beschwichtigten sie aufmüpfige Gewerkschaften ebenso wie die nationale Intelligenzija, die beide Gründe suchten, um gegen das, was sie als europäische Homogenisierung empfanden, aufzubegehren.

In Ländern wie Italien und Griechenland spielten heimische Kleptokraten geschickt die Karte der Währungsunion aus, um ihre Herrschaft weiter auszudehnen. Dreist bekannten sie ihre Schuld an Inflation, Verwaltungsversagen und Korruption, den Geißeln ihrer Länder, und baten um mehr Zeit, bis Rom, Athen, Madrid und Lissabon im Rahmen eines währungsmäßig geeinten Europa direkt von Brüssel und Frankfurt aus regiert werden würden. Griechische und italienische Politiker, die dubiose lokale Interessen vertraten wie Giulio Andreotti und Bettino Craxi, zwei besonders berüchtigte italienische Ministerpräsidenten, und führende Mitglieder konservativer und sozialistischer Regierungen in Griechenland machten ihren Wählern ein verlockendes Angebot: Stimmt weiter für uns – dann werden wir euch schon bald von unserer Herrschaft befreien! Wenn die Währungsunion erst vollendet ist, wird unser Land *de facto* von den Nordeuropäern verwaltet werden. Also, ertragt uns noch ein bisschen länger, dann werden wir dafür sorgen, dass ihr uns los seid! Die Modernisierung kommt. Calvinistische Verwalter werden in unseren Ländern die Zügel in die Hand nehmen und sie in ein neues Deutschland oder Dänemark am Mittelmeer verwandeln!

Die meisten Griechen, die ich kenne, haben dieses Angebot insgeheim begrüßt, auch wenn sie nach außen hin protestierten, um ihren verletzten Stolz und ihr schlechtes Gewissen zu kaschieren. Ich vermute, in Italien, Spanien, Portugal und sogar Irland war es genauso. In Nordeuropa sah es anders aus, allerdings nicht sehr. Auch dort bestimmten politische Faktoren die Einstellung zur Währungsunion. Belgien ist ein gutes Beispiel dafür. Vor dem Ersten Weltkrieg gehörte Belgien zur französischen Einflusssphäre; es war jahrzehntelang in die Lateinische Münzunion eingebunden, einen Versuch des 19. Jahrhunderts, eine gemeinsame europäische Währung mit dem Goldfranc im Zentrum zu schaffen. In der Folge fiel Belgien hinter die Niederlande und Deutschland zurück, als diese beiden Länder eine rasche Industrialisierung erlebten. Später, in den 1930er-Jahren, hing Belgiens Schicksal wieder an dem Frankreichs, weil beide Länder törichterweise am Goldstandard festhielten, als der schon ein Auslaufmodell war, bis der hohe Kurs ihrer Währungen ihren Volkswirtschaften schadete. Jahrzehntelang liefen die flämischen Gebiete Sturm gegen das, was Belgiens enge Bindung an Frankreich anrichtete. Als die Vereinigten Staaten nach dem Zweiten Weltkrieg ein neues Projekt für Europa ersonnen, brachte der Benelux-Vertrag Belgien mit den Niederlanden zusammen und kettete den belgischen Franc an die D-Mark. Angesichts der ethnischen Spaltung in Flamen und Wallonen war eine deutsch-französische Währungsunion genau die richtige Medizin für Belgien, unabhängig von wirtschaftlichen Argumenten und Realitäten.

Nach dem Fall der Berliner Mauer wurde eine neue Art von Mitgliedstaat erfunden. Ehemalige Satellitenstaaten der Sowjetunion, die schwere Einschnitte, eine scharfe Rezession, Armut in bisher ungekanntem Ausmaß und regelrechte Verzweiflung erlebt hatten, standen Schlange, um in die Europäische Union aufgenommen zu werden. Sie kamen zu einer Zeit, als sich alles um die Währungsunion drehte. In dem brennenden Wunsch, hereingelassen zu werden und die Erinnerung an den russischen Bären und die Angst vor ihm zu überwinden, stimmten sie begeistert in das neue Mantra ein. Eine Tradition, dem Kurs des geopolitischen Hegemons treu zu folgen, verbunden mit der regelmäßigen Lösung sozialer Konflikte durch Rezessionen, führte dazu, dass Länder wie die Slowakei und Lettland für die Logik einer Währungsunion vorbereitet waren, die keinen politischen Mechanismus zum Überschussrecycling hatte; aber genau so ein Mechanismus wäre nötig gewesen, um sie zu stabilisieren. Deutsche Politiker, die darauf brannten, das Reich der D-Mark so weit wie möglich auszudehnen, ergriffen die Chance.

Die Einbeziehung immer schwächerer und immer stärker verarmter Mitgliedstaaten gab Deutschland eine Rechtfertigung, zu fordern, dass die staatliche Unterstützung für den anspruchsvollen Pöbel in Ländern wie Griechenland und Italien heruntergefahren werden sollte. »Wie können Sie es vertreten, dass griechische Rentner pro Monat 700 Euro bekommen, während Litauer und Slowenen mit 300 Euro auskommen müssen?« Diese Frage wurde mir während der Treffen der Eurogruppe 2015 immer wieder gestellt. Meine Antwort lautete, dies spreche gegen die Aufnahme Albaniens in die Europäische Union, denn sonst müssten Litauer und Slowenen Rentenkürzungen um 60 Prozent hinnehmen, um auf dem gleichen Niveau zu sein wie die albanischen Rentner. Ihre Logik bedeutete einen Wettlauf um die niedrigsten Standards. Mein Einwand nützte nichts. Während ich meine Position vertrat, beobachtete ich das Unbehagen des französischen Finanzministers. Denn er wusste, dass der Druck, den eine von Deutschland angeführte Allianz überwiegend osteuropäischer Finanzminister auf mich ausübte, unmenschliche Kürzungen bei niedrigen Renten und absurde Steuererhöhungen auf Waren des täglichen Bedarfs hinzunehmen, demnächst ihn treffen würde.[13]

Was hatte Frankreich derart geschwächt im Vergleich zu den Tagen, als Helmut Kohl und François Mitterrand gemeinsam ausheckten, den Vertrag von Maastricht durchzusetzen und den Euro einzuführen? In den 1980er- und 1990er-Jahren hatte es zwar immer wieder Kontroversen zwischen Frankreich und Deutschland gegeben, wer bei ihrem kühnen Projekt das Sagen haben sollte, aber trotzdem hatten deutsche und französische Beamte eng zusammengearbeitet. Unmittelbar nach Errichtung des Europäischen Währungssystems 1978 erhielt die französische Position Unterstützung durch die erste Erweiterungsrunde der Europäischen Union, bei der Länder mit starken linken Oppositionsparteien dazukamen (Griechenland, Spanien und Portugal). Doch die zweite Erweiterungsrunde, durch die die Union mehr nach Osten rückte, in den riesigen ehemaligen Einflussbereich der Sowjetunion, der durch Rezessionen verheert und daran gewöhnt war, sich einem Hegemon unterzuordnen, verschob das Gleichgewicht der Macht zuungunsten Frankreichs. Die Neuankömmlinge aus dem Osten – zum Beispiel die baltischen Staaten und die Slowakei – waren ebenfalls Defizitländer (genau wie Frankreich), hatten aber keine Systeme zur sozialen Absicherung zu verteidigen (anders als Frankreich). Sie praktizierten bereits eine strikte Sparpolitik und wollten unbedingt beweisen, dass sie dem Kurs, den Berlin in der Eurogruppe vorgab, treu folgten. Ein Sprung ins Jahr 2010, und wir sehen, dass Frankreich genau zu dem Zeitpunkt in die Minderheit geriet, als die Eurokrise seinen Staatshaushalt in die roten Zahlen schickte.[14]

Frankreichs Niederlage in Zeitlupe

Dass Frankreich als Defizitland der Partner des defizitscheuen Deutschlands war, dessen Haushalt infolge genau der gleichen Krise in die schwarzen Zahlen kletterte, schwächte seine Position enorm.[15] Zudem war es eine beinahe natürliche Auswirkung der Erweiterung der Eurozone, dass der französische Finanzminister in der Eurogruppe weniger Einfluss hatte. Aber das Libretto für Frankreichs Niederlage war bereits 1983 geschrieben worden, obwohl es noch einmal zehn Jahre dauerte, bis das Stück auf der Bühne der europäischen Währungsunion aufgeführt wurde.

Wie wir in Kapitel 2 gesehen haben, hatte Präsident de Gaulle in den 1960er-Jahren die Idee, durch eine gemeinsame Währung das wiedererstarkende Deutschland zu fesseln und aus dem direkten Einflussbereich Washingtons zu lösen. Und in Kapitel 3 haben wir gesehen, dass Präsident Giscard d'Estaing in den 1970er-Jahren den Vertrag über das

EWS unterzeichnete, um die europäische Integration voranzutreiben und durch die Bindung des Francs an die D-Mark den mächtigen französischen Gewerkschaften Zügel anzulegen und sie der mäßigenden Disziplin der deutschen Bundesbank zu unterwerfen. Zehn Jahre später kombinierte Präsident Mitterrand die Projekte von de Gaulle und Giscard zu einem neuen, kühnen Plan: Er wollte die Bundesbank als Instrument nutzen, um auf europäischer Ebene ein Wirtschaftsprogramm durchzusetzen, das sich auf der Ebene des französischen Nationalstaats allein nicht umsetzen ließ. Um die Logik hinter diesem unverschämten Plan zu erkennen, der letztlich krachend scheiterte und einen erheblichen Machtverlust Frankreichs nach sich zog, schauen wir uns zuerst den Anfang seiner Regierungszeit an.

François Mitterrand wurde im Mai 1981 gewählt, weil er versprochen hatte, mit seiner Regierungskoalition aus Sozialisten und Kommunisten die Sparpolitik zu beenden, die Gleichheit wiederherzustellen und das Wirtschaftswachstum anzukurbeln. In dem Vertrauen, dass die neue Regierung mehr für Wachstum und Arbeitsplätze tun würde als dafür, den relativ hohen Kurs des Francs innerhalb des EWS zu verteidigen – worauf sich Mitterrands Vorgänger Giscard und Schmidt 1978 geeinigt hatten –, wetteten Spekulanten in der City of London und an der Wall Street darauf, dass die Regierung Mitterrand über kurz oder lang den Kurs des Francs freigeben würde. Selbst kleine Investoren nahmen die Prophezeiung der Spekulanten ernst und brachten ihr Bargeld nach Deutschland, weil sie erwarteten, dass der Kurs des Francs gegenüber der D-Mark sinken würde. So setzte kurz nach Mitterrands Einzug in den Élysée-Palast eine Kapitalflucht aus Frankreich in Deutschlands Finanzzentrum Frankfurt ein.

Mitterrand wollte nicht gleich in der ersten Woche seiner Amtszeit gegen den EWS-Vertrag verstoßen. In der Hoffnung, dadurch Zeit zu gewinnen, autorisierte er die französische Zentralbank, die Banque de France, die Zinsen bis auf 25 Prozent anzuheben als Anreiz für französische Sparer, ihr Geld im Land zu lassen, und um ausländisches Geld nach Frankreich zu locken. Unterdessen verfügte sein Finanzminister Jacques Delors einen Preisstopp, um die Inflation zu bezwingen. Als beides nicht den gewünschten Erfolg hatte, wies Mitterrand Delors an, mit Deutschland über eine Abwertung des Francs innerhalb des EWS zu verhandeln. Die Deutschen stimmten zu unter der Bedingung, dass Frankreich einen landesweiten Lohnstopp verhängen würde. Frankreichs Linke forderte daraufhin den sofortigen Austritt aus dem EWS, wenn sich die französische Regierung nicht auf die Rolle einer Marionette der deutschen Regierung reduzieren lassen wollte.

Mitterrands Regierung musste wählen zwischen Abkehr vom EWS mit einer einseitigen Abwertung des Francs und der Aufgabe ihres Anti-Sparprogramms, um im EWS bleiben zu können. Zur Empörung der Linken entschied sich der Präsident für den Verbleib im EWS; aber das Festhalten an dem Euro-Vorläufer erforderte, ausländisches Geld ins Land zu locken, was wiederum höhere Zinsen bedeutete, geringere öffentliche Ausgaben und, im Kern, eine schrumpfende französische Wirtschaft, um den Wert des Francs gegenüber der D-Mark stabil zu halten. Zum ersten Mal gab eine linke Regierung eine gegen Austerität gerichtete politische Agenda auf, um der eisernen Logik der europäischen Währungsunion treu zu bleiben.[16]

Jacques Delors war ein Meistertaktiker. Er überzeugte seinen Präsidenten, dass ihre sozialistische Agenda mit einer Kehrtwende hin zur Austerität vereinbar war: Um die Austerität zu bekämpfen, müsse man sie zuerst praktizieren im Rahmen einer (und das ist mein Begriff, nicht der von Delors) erweiterten Anti-Austeritätsstrategie. Seine Argumentation ging so: Solange Frankreich bei einer Politik zugunsten der Arbeitnehmer blieb, das heißt durch öffentliche Aufträge für Beschäftigung sorgte und die Löhne schützte, würden die Finanzmärkte der Anglosphäre gegen den Franc wetten, damit die Kreditkosten für den französischen Staat in die Höhe treiben, Kapitalflucht nach Deutschland und anderswo verursachen und damit sowohl die französische Währung wie den französischen Staat in die Knie zwingen. Unvermeidlich würde Inflation folgen, und ehe sie merkte, wie ihr geschah, würde die Regierung stürzen. Bedeutete das nun, dass man aufgeben sollte? Nein, antwortete Delors. Es bedeutete, dass ihre Anti-Austeritätspolitik nicht nur auf der Ebene des französischen Nationalstaats implementiert werden durfte, sondern in der gesamten EWS-Zone, der heutigen Eurozone, implementiert werden musste. Die City of London und die Wall Street konnten den Franc als ihren Spielball behandeln, solange er die Währung eines Defizitlandes war, aber nicht mehr, wenn er untrennbar mit der großartigen D-Mark verbunden wäre. Der Trick, so fasste Delors zusammen, um ihre Agenda von 1981 umzusetzen, bestand darin, die Bundesbank zu »kapern« und die deutsche Regierung zu überzeugen, die Agenda der französischen Sozialisten für ganz Europa zu übernehmen.

Wenn man diesen Vorschlag heute präsentiert, wird sofort deutlich, wie unrealistisch er war. Deutschlands Eliten wären niemals zu Frankreichs sozialistischer Agenda umgeschwenkt. Trotzdem schien 1983 diese ungeheuerliche Idee in Pariser Kreisen einiges Gewicht zu haben. Französische Elitebeamte aller politischen Richtungen glaubten fest, dass die zivile und militärische nukleare Schlagkraft Frankreichs, ihr überlegenes Verwaltungssystem, ihre relativ (verglichen mit Frankfurt) hoch entwickelten Banken und auf der anderen Seite das Widerstreben des geteilten Deutschland, die Führung Europas zu übernehmen, ausreichten, dass Frankreich weiter den Kurs des Kontinents bestimmen konnte. Jacques Delors' Kreuzfahrermentalität fügte diesem Anspruch noch die Fassade der Anti-Austerität hinzu. Und schließlich glaubte er selbst, es könne gelingen, die deutschen Verantwortlichen von der Weisheit des französischen Keynesianismus zu überzeugen, wenn Paris den Deutschen nur demonstrierte, dass es zu ausreichend Selbstdisziplin in der Lage war, um den Franc genauso stark zu halten wie die D-Mark, koste es, was es wolle.

Und so gab Präsident Mitterrands sozialistische Regierung die Anti-Austeritätspolitik mit der zweifelhaften Begründung auf, die Austerität könne nur europaweit bekämpft werden. Die französische Wirtschaft musste nur zuvor hinreichend hohen Dosen von Sparpolitik unterworfen werden, um die Finanzmärkte zu beruhigen und Deutschlands Eliten dazu zu bringen, dass sie sich der höheren Weisheit der französischen Wirtschaftspolitik beugten. Die französische »sozialistische« Austerität sollte nach diesem unglückseligen Plan die Bundesbank in einer falschen Sicherheit wiegen, die sie in Delors' Arme treiben würden; dann könnten die französischen Bürokraten eine Europäische Zentralbank nach dem Vorbild der französischen errichten. Von dort aus würde die gemeinsame europäische Währung die wachstumsorientierte, gegen die Austerität gerichtete Expansionspolitik von Mitterrand und Delors – dieselbe, die sie gerade zu Hause aufgegeben hatten – über die ganze Union verbreiten. So ging wenigstens das Märchen.

1983 saß Helmut Kohl im Kanzleramt, und ihm gefiel, was er jenseits den Rheins sah, vor allem, dass Jaques Delors bereit war, den Franc zu verteidigen. Die beiden Regierungen starteten ein Projekt, das uns bis heute begleitet: Sie wollten die deutschen Wähler überzeugen, dass die Währungsunion die Germanisierung Frankreichs bedeutete und teutonische Disziplin nach Südeuropa tragen würde, dass sie aus den Grillen fleißige Ameisen machen und keineswegs französischen Schlendrian nach Deutschland bringen würde. Zwei Jahre nach Kohls Wahl und Delors' Abkehr von der Anti-Austeritätspolitik wechselte Delors von Paris nach Brüssel, wo er zum vielleicht mächtigsten Kommissionspräsidenten wurde, den die Europäische Union jemals hatte.

Es ist eine seltsame Eigenschaft der Geschichte, dass sie mehr durch unsere Fehlschläge als durch unsere Wünsche beeinflusst wird. François Mitterrand kam mit den besten Anti-Austeritätsabsichten in den Élysée-Palast. Aber sein Scheitern und sein anschließender Kurswechsel prägten Europa und natürlich Frankreich ein unauslöschliches Zeichen auf. Die heutigen Treffen der Eurogruppe, in denen der französische Finanzminister praktisch nichts zu sagen hat, sind eine direkte Folge dieses Fehlschlags.

Die Hinwendung zur Austeritätspolitik, die Delors ersonnen hatte, sollte als Rammbock dienen, um die Tore der Bundesbank zu durchbrechen. Ihre Wirkung wurde noch durch Mitterrands einmalige Leistung verstärkt, einen großen Teil der traditionell widerstrebenden französischen Linken für Delors' Kurs zu gewinnen – für die Unterstützung des konservativen nord- und mitteleuropäischen Kartells. Statt des »Sozialismus in einem Land«, den er den französischen Wählern 1981 versprochen hatte, brachte er schließlich den »Kartellkorporatismus auf einem Kontinent« oder vielmehr, um präziser zu sein, entlang der Achse Paris–Berlin. Und dennoch waren viele französische Marxisten von Mitterrands kompromisslosem Determinismus beeindruckt; unbewusst erinnerte er sie an den stalinistischen Enthusiasmus darüber, in einem unabänderlichen historischen Prozess auf der richtigen Seite zu stehen. Einige folgten ihm loyal auf dem Weg zur Währungsunion. Von 1983 bis 1986 funktionierte das EWS zur Zufriedenheit der Bundesbank und erlaubte der Beziehung Mitterrand–Kohl, zu gedeihen. Volckers Staubsauger arbeitete weiter wie geplant, saugte deutsches Überschusskapital in die Vereinigten Staaten, stützte den Dollar und hielt die Bindung von Franc und D-Mark am Leben, wie Kanzler Schmidt Ende der 1970er-Jahre prophezeit hatte. Ein Schuss Austeritätspolitik hin und wieder in Frankreich trug dazu bei.

Schiefzulaufen begann es nach 1986, als die Amerikaner beschlossen, ihren Staubsauger herunterzuschalten, um das Tempo zu drosseln, mit dem das amerikanische Defizit wuchs. Die Rezession Anfang der 1980er-Jahre, die Volckers astronomische Zinssätze und Ronald Reagans frühe Haushaltskürzungen verursacht hatten, erschreckte die Regierung Reagan. Mithilfe des Verteidigungshaushalts leitete Washington das größte keynesianische Konjunkturprogramm ein, das es in der amerikanischen Geschichte jemals gegeben hatte. Es war eine eindrucksvolle Kehrtwende: Der Präsident, der die Wahl 1980 damit gewonnen hatte, dass er öffentliche Ausgaben kritisierte und den Staat verschlanken wollte, wurde 1984 nach einem regelrechten öffentlichen Ausgabenrausch mit der Wahlkampfparole wiedergewählt »It is morning in America again«.

Der Minotaurus geriet daraufhin außer Rand und Band – ein bisschen zu sehr, die Importe schwollen an, und der hohe Dollarkurs bremste die amerikanischen Exporte stark. Damit weiterhin ausländisches Geld nach Amerika strömte, wollte Washington die Zinssätze nicht merklich reduzieren. Aber wie konnten die amerikanischen Verantwortlichen den Außenwert des Dollars drücken (um die Exporte anzukurbeln und die Importe zu bremsen), ohne die Kosten für die Kreditvergabe in Dollar zu verringern, die für den Minotaurus hoch sein mussten? Washingtons Antwort war typisch amerikanisch: Sie griffen zu nackter Gewalt auf der weltweiten Bühne.

Mit den sogenannten Plaza-Abkommen, die 1985 geschlossen wurden, zwang man Tokio zu einer deutlichen Aufwertung des Yens im Verhältnis zum Dollar, und die D-Mark musste folgen. Die japanischen Exporte erlitten einen erheblichen Einbruch, die deutschen waren nicht so stark betroffen. Washington hatte sein Ziel erreicht, nur dass die »Korrektur« stärker ausfiel als erwünscht. 1987 war der Dollar so weit abgesackt, dass die Wall Street Gefahr witterte. Im selben Jahr drängten amerikanische Vertreter bei einem G7-Gipfel in Paris auf eine Kursänderung. Bei dem Treffen, das heute mit dem Begriff Louvre-Abkommen verbunden ist, setzte Washington die Europäer unter Druck, gemeinsame Anstrengungen zur Stärkung des Dollars zu akzeptieren.

Der Bundesbank gefiel es nicht, dass Politiker, die nicht ihrer direkten Kontrolle unterstanden, mit dem Außenwert der D-Mark herumspielten. Bald schon zeigte sie ihr Unbehagen, indem sie EWS und WKM zulasten Frankreichs destabilisierte. Dafür musste sie lediglich den Märkten durch Gerüchte oder kleine Anpassungen bei den Zinsen, die sie kontrollierte, signalisieren, dass sie nicht handeln würde, wenn es nötig werden sollte, den Franc zu stabilisieren – es war genau die Haltung, die in den Tagen von Bretton Woods für so viel Unruhe gesorgt hatte (vgl. Kapitel 2).

Die französische Regierung tat ihr Bestes, um der Bundesbank weiterhin zu beweisen, dass sie am Sparkurs festhielt. Sie nutzte alle verfügbaren Instrumente, um die französische Inflation unter die deutsche zu drücken, die französischen Zinsen mit denen in Frankfurt in Einklang zu bringen und zu zeigen, dass der Franc genauso stark war wie die D-Mark. Die französischen Beamten übten sich in einem neuen Sprachgebrauch: Sie redeten so, als wäre die Währungsunion zwischen Frankreich und Deutschland bereits erreicht, bis auf die Kleinigkeit, dass die französischen und deutschen Banknoten unterschiedlich aussahen. Je mehr das Unbehagen der Bundesbank wuchs, desto unverdrossener demonstrierten die Franzosen Harmonie und eine funktionierende Währungsunion. Jean-Claude Trichet[17], damals Leiter des französischen Schatzamts, drückte die Hybris der Verantwortlichen in Frankreich in bewunderungswürdiger Weise aus. In dem Bemühen, die Wahrheit zu verschleiern, dass die D-Mark der Anker für EWS und WKM war, bestritt er die Dominanz der deutschen Währung mit der bemerkenswerten Feststellung, »der Anker des [Europäischen Währungs-]Systems ist das System selbst«[18].

Die Beamten der Bundesbank, denen die Feinheiten der französischen postmodernen Sophistik verborgen blieben, waren fassungslos. *Kein regionales Wechselkurssystem mit festen Kursen kann sein eigener Anker sein!*, dürften sie vollkommen zu Recht gedacht haben. Selbst Bretton Woods brauchte die Verbindung von Dollar und Gold als Anker. Trichets Verleugnung, dass die D-Mark der Anker der europäischen Währungsunion war, sollte nicht ungestraft durchgehen. Doch die Strafe musste wegen der deutschen Wiedervereinigung zunächst verschoben werden. Kanzler Kohl wies die Bundesbank an, stillzuhalten, solange die Sowjetunion unter Präsident Michail Gorbatschow und der französische Präsident Mitterrand ihre Bereitschaft bekundeten, zu dulden, dass Westdeutschland die Deutsche Demokratische Republik absorbierte. Man musste Frankreich auf absehbare Zukunft seine Illusionen lassen, selbst wenn das bedeutete, die Bundesbank wie ein wildes Tier in einen Käfig zu sperren, damit sie nicht auf Delors und Trichet losging.

Die Bundesbank bekam ihre Chance, als die Wiedervereinigung in trockenen Tüchern war. Die angeblichen Kosten der Wiedervereinigung gaben ihr den Vorwand, die deutschen Zinsen so stark zu erhöhen, dass Paris erneut in ein Dilemma geriet, das sich nicht sehr von dem unterschied, das Delors und Mitterrand 1983 erlebt hatten: Sollte Frankreich abwerten und damit bestätigen, dass die Rede von der dauerhaften Parität des Francs zur D-Mark eine beruhigende Lüge war, oder sollte es die Zinsen auf ein Niveau setzen, bei dem sich die Arbeitslosenzahl im Land innerhalb weniger Monate verdoppeln würde? Sollte Frankreich zugeben, dass Deutschland die Führung im EWS hatte, oder sollte es die Rezession wählen?

Vor diese Entscheidung stellte Frankfurt Paris mit Vergnügen, nachdem die Bundesbank viele Monate abgewartet und stillschweigend die selbstherrlichen Äußerungen der französischen Verantwortlichen ertragen hatte. Frankreich zu demütigen mochte zwar befriedigend sein, aber es war nicht das einzige Anliegen der Bundesbank. Sie wollte auch Rache an deutschen Politikern üben, allen voran an Helmut Kohl, der ihre Einwände gegen eine Währungsunion der beiden deutschen Staaten übergangen hatte, in der die Ostdeutschen für jede wertlose Mark der DDR eine (westdeutsche) D-Mark bekamen.

Unter ihrem neuen Präsidenten Helmut Schlesinger schlug die Bundesbank nun zwei Fliegen mit einer Klappe. Der Europäische Wechselkursmechanismus, der wichtigste Motor des EWS, lag Paris und Berlin ganz besonders am Herzen; er sollte der »Gleitweg« zu einer gemeinsamen Währung in Europa werden. Anfang 1993 hatte die Bundesbank diesen Gleitweg vermasselt. Warum? Weil sie den Bundespolitikern in Berlin nicht vergeben hatte, dass sie sich hinter ihrem Rücken und ohne ihre Zustimmung um eine Vereinbarung mit Paris über eine Währungsunion bemühten. Und wie ging die Bundesbank vor? Durch eine Zinspolitik und Machenschaften hinter den Kulissen höhlte sie gezielt EWS und WKM aus.[19]

Die Berliner Politiker hatten ihre wohlverdiente Strafe bekommen und (wieder einmal) auf die harte Tour erfahren, dass es eine ganz schlechte Idee war, die Bundesbank bei ihren Verhandlungen mit Paris außen vor zu lassen. Nun war die Bundesbank bereit, eine gemeinsame Währung in Erwägung zu ziehen, aber zu ihren Bedingungen und unter ihrer Kontrolle. Erst nachdem Berlin und Paris ihre Autorität und Prioritäten anerkannt hatten, und selbst dann noch widerstrebend, fühlte sich die Bundesbank in der Lage, den Politikern ihren Wunsch zu erfüllen, EWS und WKM durch etwas Anspruchsvolleres zu ersetzen: die gemeinsame Währung, bekannt als Euro.

Frankreich hatte unterdessen eine weitere, politisch inszenierte Rezession durchlitten, bei der ein Großteil der Bevölkerung mit ansehen musste, wie ihr Wohlstand und ihre Zukunftsaussichten auf dem Altar einer fadenscheinigen Währungsunion zwischen Frankreich und Deutschland geopfert wurden. Diese Rezession war besonders schwer zu ertragen, weil sie es nicht einmal schaffte, den Traum von Delors und Trichet von einer Währungsunion unter Gleichen zu retten.

Als Europa seine kläglichen Versuche mit festen Wechselkursmechanismen aufgab und die Zeit des Euros kam, war offensichtlich, dass der Franc und die D-Mark keine Liebesheirat eingingen. Der Begriff »Übernahme« beschreibt den Ablauf besser als »Vereinigung«. Tatsächlich erinnerte die Errichtung der Eurozone sehr an die beiden deutschen Vereinigungen: die erste 1871, die ganz von Preußen dominiert wurde, und die zweite 1990, als Ostdeutschland von Westdeutschland geschluckt wurde. Für die französischen Politiker blieb vielleicht als einziger Silberstreif, dass mit Anbruch des Euro-Projekts auch ihre deutschen Kollegen Wunden leckten, die die Bundesbank geschlagen hatte.

Ein grausamer Gleitweg

Am 8. Dezember 1991 hauchte die Sowjetunion ihre Seele aus. Am selben Tag machten sich europäische Politiker auf den Weg in die holländische Stadt Maastricht, wo sie in den nächsten Tagen den Entwurf für die Geburtsurkunde des Euros aushandelten: den Vertrag von Maastricht. Während über dem Kreml zum letzten Mal die Rote Flagge eingeholt wurde, führten sie die europäischen Währungen auf einen neuen Gleitweg, der sie sanft auf eine gemeinsame Landebahn befördern sollte: eine gemeinsame Währung, die zwanzig Jahre Turbulenzen im Anschluss an den Nixon-Schock von 1971 beenden würde. Leider erwies sich der Weg zur gemeinsamen Währung nicht als sanfter Gleitweg, sondern als ein mehr als holpriger Bungeesprung.

Die ursprüngliche Idee war, dass die Schwankungen zwischen dem Kurs der D-Mark und den anderen europäischen Währungen innerhalb weniger Jahre aufhören würden, wenn die Aussicht bestand, dass sie fest miteinander verbunden würden. Wenn sie erst einmal perfekt synchronisiert waren und gegenüber dem Dollar im Gleichschritt stiegen und fielen, würden sie durch den Euro ersetzt werden. So zumindest sah es der Plan vor, der bis 1997 umgesetzt sein sollte.[20]

Ein bemerkenswerter Zug des Brüsseler Kommentariats ist es, dass sein beruflicher Erfolg sich anscheinend umgekehrt proportional zur Qualität seiner Voraussagen verhält. Daniel Gros, ein Ökonom und Kommentator, dessen Stellungnahmen bis heute als das Nonplusultra der gängigen Meinungen zur Europäischen Union gefeiert werden, sagte über den vereinbarten Prozess Folgendes: »Alles in allem gibt es deshalb wenig Grund zu glauben, dass das EWS in den 1990er-Jahren durch zufällige, sich selbst erfüllende Angriffe destabilisiert wurde … [D]as wichtigste Element für Wechselkursstabilität [ist] eine feste, glaubhafte Verpflichtung, eigene innenpolitische Ziele der Verteidigung des Wechselkurses unterzuordnen.«[21] Konnte man wirklich ernsthaft erwarten, dass Frankreich oder Deutschland ihre Ziele der Verteidigung von Wechselkursen unterordnen würden, die nicht zu verteidigen waren? Die Ereignisse von 1992 bewiesen, wie falsch diese Annahme war.

Um beim Euro mitmachen zu dürfen, musste ein Land alle Kontrollen von Kapitalbewegungen in das Land hinein und aus dem Land heraus für mindestens zwei Jahre aussetzen und in dieser Zeit beweisen, dass der Wechselkurs seiner Währung zur D-Mark innerhalb einer schmalen Bandbreite mit einer Ober- und einer Untergrenze blieb – bis er schließlich ganz stabil war. Weitere Bedingungen, die sogenannten Maastricht-Kriterien, beinhalteten gemeinsame Regeln für die Staatsverschuldung und eine Obergrenze für das Haushaltsdefizit, das ein Mitglied haben durfte.[22] Deutschland würde die D-Mark aufgeben beziehungsweise den übrigen Mitgliedern der Währungsunion erlauben, eine neue Version der D-Mark zu benutzen, wenn die anderen Mitglieder sich verpflichteten, ihre Defizite allein zu finanzieren, ohne Hilfe von Deutschland oder der neu geschaffenen Zentralbank.

Der Vertrag von Maastricht wurde zwei Monate nach der Konferenz unterzeichnet, im Februar 1992. Er deutete auf eine Europäische Zentralbank voraus, deren Satzung die Satzung der Bundesbank widerspiegeln und deren Aufgabe es sein sollte, dafür zu sorgen, dass zwielichtige Politiker aus Paris, Athen, Rom und Madrid keinerlei Kontrolle über das Geld Europas haben würden. Sämtliche Illusionen, der Gleitweg zur neuen Währung könnte sanft sein, wurden trotz der strikten Regeln des Vertrags von Maastricht unverzüglich zunichtegemacht. Neun Tage nach der Formulierung des Entwurfs und noch vor Unterzeichnung des Vertrags teilte die Bundesbank einige Schläge in Richtung Paris aus, damit die Franzosen nicht auf die Idee kamen, sie hätten entsprechend Jacques Delors' ursprünglichem Plan die deutsche Zentralbank gekapert. Die Bundesbank setzte den Hauptzinssatz auf den höchsten Wert seit dem Krieg herauf und signalisierte so den Defizitländern, dass sie die gemeinsame Währung nur unter der Bedingung bekommen würden, dass sie sich jederzeit wieder in die Rezession zurücktreiben lassen würden. Wenn sie ihre Zinsen nicht ebenfalls erhöhten, um den Preis steigender Arbeitslosigkeit und rückläufiger Investitionen, würden ihre Währungen unter Druck geraten und schließlich von dem vereinbarten Gleitweg geschleudert werden. Sie konnten wählen zwischen dem Weg, der zum Euro führte, und einer wachstumsorientierten Politik, aber sie konnten nicht beides haben.

Der französische Ministerpräsident Pierre Bérégovoy sprach offen von einem »Sieg der deutschen Selbstsucht über die internationale Solidarität«[23]; italienische Zeitungen übten harsche Kritik an der »Kahlschlagpolitik« der Bundesbank, wie sie es nannten. Im Juni 1992 ließ Dänemark, dessen Wirtschaft eine lange Rezession erlitten hatte, weil die Regierung verzweifelt versucht hatte, die dänische Krone innerhalb der Bandbreite von EWS und WKM zu halten, in einem Referendum über den Vertrag von Maastricht abstimmen. Unerwartet lehnten die Dänen ihn ab,[24] ein Versuch, die relative Unabhängigkeit von der Bundesbank zu bewahren, die sie mit einer eigenen Währung hatten. Die Brüsseler Bürokratie war in Aufruhr, der Gleitweg wurde infrage gestellt, und die Finanzmärkte nahmen die Währungen der Defizitländer aufs Korn. Italien, Frankreich und Spanien reagierten zunächst mit der Anweisung an ihre Zentralbanken, all ihre Reserven einzusetzen, um Lira, Franc und Peseta auf dem vereinbarten Gleitweg zu halten. Als sich zeigte, dass das angesichts des Eifers der Spekulanten nicht ausreichte, beschlossen sie noch härtere Sparmaßnahmen.

Bundesbankpräsident Schlesinger plante unterdessen aus Angst vor steigender Inflation in Deutschland weitere Zinserhöhungen. Kanzler Kohl setzte alle Tricks aus dem Lehrbuch und alle erdenklichen Drohungen gegen die Bundesbank ein, einschließlich des Szenarios, per Gesetz ihre Autonomie zu beschneiden, um den Anstieg der Zinsen auf ein Niveau zu verhindern, das den Gleitweg in einen freien Fall verwandeln würde. Am 16. Juli 1992 reagierte die Bundesbank darauf, indem sie nur einen Zinssatz anhob und nicht alle – ein Signal, allerdings ein klägliches, dass sie Frieden mit der Bundesregierung wollte.

Margaret Thatcher beging im Hinblick auf Europa zwei Fehler. Der erste, ein bei britischen Politikern und Kommentatoren sehr verbreiteter Fehler, war, zu glauben, es könnte einen gemeinsamen europäischen Markt geben ohne so etwas wie einen gemeinsamen europäischen Staat. Zölle können gesenkt und Quoten abgeschafft werden, ohne dass es die Souveränität der nationalen Parlamente berührt. Aber ein gemeinsamer europäischer Binnenmarkt verlangt eine Menge mehr: Er verlangt ein gemeinsames Regelwerk. Und das bedeutet, dass die Mitgliedstaaten ihre Macht verlieren, bestimmte Qualitätsstandards festzusetzen, maßgeschneiderte Umweltkontrollen für bestimmte Lebensräume festzulegen oder Maßnahmen zu ergreifen, um Arbeiter und Rentner vor einem grenzüberschreitenden Wettrennen um die niedrigsten Standards zu schützen. Ein gemeinsamer Markt braucht keine gemeinsame Währung, aber er braucht eine gemeinsame, bundesstaatsähnliche Struktur, damit er richtig funktionieren kann. Erst wenn ein gemeinsamer Staat, eine Art Bundesstaat, existiert, ist auch eine gemeinsame Währung möglich.

Margaret Thatcher war beeindruckend scharfsichtig in ihrer Kritik an der Idee einer gemeinsamen Währung ohne einen demokratischen Staat, der sie stützte. Sie sah vollkommen richtig voraus, dass das Euro-Projekt nicht zu »harmonischen Umständen« führen würde, wenn sich die Zentralbank verhielt, als wäre es möglich, zwei höchst politische Dinge zu entpolitisieren: das Geld und seinen Preis (den Zinssatz). Aber sie lag falsch mit der Annahme, der Euro sei ein Trojanisches Pferd, das durch die Hintertür Supranationalität einschmuggeln würde.

Thatchers zweiter Fehler war, mit anderen Worten, dass sie die traditionelle mitteleuropäische konservative Tendenz zu einem Europa der Staaten mit der Neigung zu einem echten Bundesstaat verwechselte. Mitterrands Fehler war eher moralischer und politischer Natur, insofern er wie de Gaulle, Pompidou und Giscard vor ihm beschloss, nicht zwischen »Wir, die Regierungen« und »Wir, das Volk« zu unterscheiden. Das ist ein entscheidender Unterschied, weil das Volk Institutionen wie die in Brüssel mit der Macht ausstatten kann, in seinem Namen Gesetze zu erlassen. Regierungen können das nicht.

Ein Europa der Staaten war das richtige Fundament für das Kartell der Schwerindustrie, auf dem das Vereinigte Europa in den 1950er-Jahren errichtet worden war. Für Europas Eliten und die Politiker des Establishments war ein Bundesstaat unvorstellbar, in dem die Sansculotten aus Frankreich, Spanien und, Gott bewahre!, womöglich aus Griechenland echten Einfluss auf die gemeinsamen europäischen Entscheidungen haben würden. Das ergab einfach keinen Sinn. Unfähig, von der Geschichte zu lernen, und unwillig, ihre kleinkarierten Pläne aufzugeben, schickte sich Europas herrschende Elite an, den Goldstandard wiederherzustellen, und legte ein grandioses Versagen an den Tag, zu erkennen, was sie tat. Keynes hatte den Goldstandard als »gefährliches und barbarisches Relikt einer vergangenen Ära« bezeichnet. Er hatte keine Ahnung, dass Europa Ende der 1990er-Jahre zum Goldstandard zurückkehren und damit die Umstände reproduzieren würde, die die Gefahr einer weiteren Weltwirtschaftskrise in den 2010er-Jahren in sich bargen. Diese Wirtschaftskrise endete damit – genau wie Nicholas Kaldor (wie Keynes ein Ökonom aus Cambridge) 1971 vorausgesagt hatte –, dass sie die politische Union verhinderte, die das Gegengift hätte sein können.

KAPITEL 5

Einer ist davongekommen

Ich hatte einmal einen Freund, der nur zu Partys mitging, um darüber zu jammern, wie langweilig sie waren. Ziemlich genauso verhält sich Großbritannien gegenüber der Europäischen Union. Beide großen Parteien, Labour und die Tories, haben sich jahrelang in der Europafrage zerfleischt. Bis heute bringt die Notwendigkeit, mit Europabefürwortern und Europaskeptikern im britischen politischen Spektrum im Gespräch zu bleiben, die britischen Beamten in Brüssel in eine ähnliche Situation wie meinen Freund: Sie sind überall dabei und erklären permanent, dass es ihnen nicht passt.

Margaret Thatcher auf dem rechten Flügel und Tony Benn auf dem linken zeigen gut, warum Großbritanniens Widerstand gegen die Europäische Union auf deutlich mehr basiert als auf schrulligem britischem Snobismus. Obwohl sie an entgegengesetzten Enden des politischen Spektrums standen, lehnten beide eine weitere Integration in Europa ab mit der Begründung, dadurch würden in undemokratischer Weise die Befugnisse des britischen Parlaments verwässert.[1] Großbritannien ist traditionell eine Handelsnation und muss deshalb Teil des großen Marktplatzes direkt vor seiner Haustür sein. Aber ein homogener gemeinsamer Markt verlangt Regeln, Standards und Vorschriften, über die nicht auf der Ebene der Nationalstaaten entschieden werden kann.[2] Die Souveränität, die die politischen Kräfte in Großbritannien, von links wie von rechts, so eifersüchtig in ihrem geliebten Unterhaus bewahren wollen, gerät durch die Forderungen der mächtigsten sozialen Gruppen unter Druck: der Geschäftsleute, der Produzenten und natürlich der City of London, aus deren Sicht ein Brexit mit großen Gefahren verbunden wäre.

Das Tauziehen zwischen Souveränität auf der einen Seite und den Kräften des Finanzkapitals auf der anderen hat zu einer seltsamen Schizophrenie geführt: Großbritannien ist Mitglied der Europäischen Union, droht aber ständig mit dem Austritt, hält an der Unabhängigkeit seiner Währung fest und blickt verwirrt auf eine Eurozone, deren Krise Entwicklungen zur Folge hatte, die sich Londons Kontrolle entziehen. Trotz des institutionellen Herumeierns bei europäischen Angelegenheiten kann es nicht den geringsten Zweifel geben, dass Großbritannien viel wirtschaftlicher Kummer erspart blieb, weil es gerade noch rechtzeitig beim Euro einen Rückzieher machte. Die Gründe, warum es noch knapp davongekommen ist und woher die ständige Unzufriedenheit über das Verhältnis zu Brüssel rührt, werfen ein interessantes Licht auf den Zustand des Vereinigten Europa.

Majors Torheit, Lamonts Bad

Die 1980er-Jahre waren eine schreckliche Zeit für die Linken. Die Gewerkschaften waren geschlagen, die Arbeiterklasse schrumpfte und verlor an Einfluss, zum ersten Mal seit dem Ersten Weltkrieg nahm die Ungleichheit zu, die Sowjetunion kollabierte unter dem Gewicht ihres moralischen und wirtschaftlichen Niedergangs, und weltweit erlagen die sozialdemokratischen Parteien den Verlockungen des Finanzkapitalismus[3]. Gleichzeitig erlitt der simplifizierende Monetarismus, den Margaret Thatcher und ihre Truppen von der Neuen Rechten populär gemacht hatten, in den 1980er-Jahren einen schweren Rückschlag.

Im Jahr 1979, mit dem Amtsantritt von Margaret Thatcher, hatte London ein schlichtes monetaristisches Mantra übernommen. Die Inflation, so lautete es, hing damit zusammen, dass in einer bestimmten Volkswirtschaft immer mehr Geld für den Kauf der mehr oder weniger gleichen Menge an Waren zur Verfügung steht. Wenn das so ist, steigt die Geldsumme, die für eine Ware ausgegeben werden kann – ihr Preis –, und damit bleibt die Inflation hoch.[4] Nach dieser Logik besteht das monetaristische Heilmittel für Inflation darin, das sogenannte Geldmengenwachstum zu begrenzen. Um die Preisstabilität zurückzubringen, die der Nixon-Schock 1971 zerstört hatte, genügte es demnach, dafür zu sorgen, dass die Geldmenge im Gleichschritt mit der Produktion wuchs.

Der Monetarismus ging Hand in Hand mit gesetzgeberischen und wirtschaftspolitischen Entscheidungen, die die organisierte Arbeitnehmerschaft in Großbritannien und ihre politische Vertretung, die Labour-Partei, zugrunde richteten. Daneben zerstörten sie auch den Arbeitsmarkt, bluteten den Produktionssektor aus und führten das Land auf einen Weg wachsender sozialer Konflikte. 1983 war es für Thatchers Wirtschaftsteam klar, dass die Begrenzung des Geldmengenwachstums[5] ihren politischen Untergang bedeuten würde. Die Jahre von 1983 bis 1987 waren so etwas wie ein Interregnum. Den ursprünglichen plumpen Monetarismus hatte man aufgegeben, und die Wirtschaft erholte sich. Aber die Erholung wurde von neuen Blasen im Immobilien- und Finanzsektor getragen – Blasen, die bald zu einem schuldengetriebenen Wachstum führten, das ganz und gar nicht zu Margaret Thatchers viktorianischen Werten passte.

Der Inflationsdruck machte unterdessen den Ruf der Tories zunichte, die Partei des stabilen Geldes und niedriger Inflation zu sein. Man musste ein neues Ziel als Ersatz für die Geldmenge suchen, um die Inflation einzudämmen, ohne zu den Arbeitslosenzahlen der Jahre 1981–1983 zurückzukehren, als in Großbritannien vier Millionen Menschen keinen Job gehabt hatten. Da fiel der Blick mehrerer Mitglieder von Thatchers Kabinett auf das Europäische Währungssystem (EWS) mit der D-Mark im Zentrum. Von 1987 an setzte London ein Wechselkursziel gegenüber der D-Mark fest, um zu testen, ob das Pfund Sterling in EWS und WKM eingeklinkt werden könnte[6] in einer Weise, die die Inflation unter Kontrolle hielt und der britischen Wirtschaft etwas mehr Spielraum verschaffte. Das Problem bei dieser Strategie war, dass die erforderlichen Zinssätze, um das Pfund Sterling an die D-Mark gebunden zu halten, so hoch waren, dass sie politisch toxisch wirkten. Bald vergrößerte sich der Abstand zwischen Pfund und D-Mark, und 1990 lag die britische Inflationsrate dreimal so hoch wie die deutsche.[7]

Ende der 1980er-Jahre ging Margaret Thatchers Zeit nach mehr als einem Jahrzehnt zu Ende. Im Oktober 1990 brachte sie ihr Schatzkanzler John Major durch einen Trick dazu, Großbritanniens Mitgliedschaft im EWS/WKM zuzustimmen, indem er sie überzeugte, nur so lasse sich die Inflation bekämpfen.[8] Einen Monat später wurde sie von Europaanhängern bei den Tories aus dem Amt gedrängt (siehe voriges Kapitel), weil sie sich geweigert hatte, den nächsten Schritt zu gehen und nach EWS/WKM auch den Euro zu akzeptieren. Ihr Nachfolger wurde John Major, der wiederum Norman Lamont zum Schatzkanzler ernannte. Damit erbte Lamont Großbritanniens Platz im System fester Wechselkurse von EWS und WKM und versuchte, das Beste daraus zu machen. Er sah es ebenfalls als Bollwerk gegen die Inflation, die von 12 Prozent in dem Jahr, als er Schatzkanzler geworden war, auf 2 Prozent im Jahr 1992 sank.[9]

Im April 1992 errang Major den vierten Wahlsieg für die Tories in Folge. Durch diesen weitgehend unerwarteten Erfolg beflügelt und stolz auf den anschließenden Kursanstieg des Pfunds[10], fühlte sich Major stark genug, eine Erklärung abzugeben, die er sein Leben lang bereuen sollte: Das Pfund sollte die stärkste Währung im EWS/WKM werden, vielleicht sogar sein Anker. Lamont dürfte es schwergefallen sein, nichts zu sagen, denn er wusste genau, dass dies nicht nur unwahrscheinlich, sondern auch nicht wünschenswert war. Wenige Monate später wankte Großbritanniens Platz im EWS/WKM.

In den frühen 1990er-Jahren herrschte wie schon in den frühen 1980er-Jahren weltweit Rezession. Die amerikanische Notenbank, die glücklicherweise frei von der Defizitphobie der Bundesbank ist, reagierte darauf mit einer Senkung der Zinsen auf die Hälfte des Niveaus, das sie in Europa hatten. Der Dollarkurs fiel, Großbritanniens Handel mit den Vereinigten Staaten litt, und das britische Pfund kämpfte darum, mit der D-Mark Schritt zu halten, deren Kurs stieg, weil die Bundesbank die deutschen Zinsen vor dem Hintergrund der Wiedervereinigung nach oben schraubte.[11]

Alle erwarteten, Schatzkanzler Lamont werde die britischen Zinsen ebenfalls erhöhen, damit das Pfund innerhalb des Korridors im EWS/WKM blieb. Lamonts Dilemma war, dass sein Pessimismus hinsichtlich des europäischen Währungsprojekts seiner natürlichen Loyalität gegenüber seinem Premierminister im Wege stand. Im August 1992 dachte er, das Spiel sei aus: EWS und WKM hatten Großbritannien geholfen, die hohe Inflation zu überwinden, die die monetaristische Politik der 1980er-Jahre dem Land beschert hatte. Aber darüber hinaus konnten sie dem Vereinigten Königreich nichts bieten als eine unnötige Rezession und garantierte soziale Spannungen, wenn man versuchte, die Zinsen gewaltsam zu erhöhen, um den Anschluss an die D-Mark nicht zu verlieren.

Am 26. August 1992 erwarteten die City of London und alle Akteure auf dem Markt angesichts des Drucks auf das Pfund, dass Lamont die Zinsen so weit anheben würde, dass das Pfund nach oben aus dem Korridor ausbrach. Lamont hatte jedoch begriffen, dass es kein Zinsniveau gab, bei dem Großbritannien im EWS/WKM bleiben konnte, ohne seine Realwirtschaft zu zerstören. Anstatt unmissverständlich zu sagen, dass er die Zinsen erhöhen werde, gab Lamont eine entschlossene, aber inhaltlich vage Erklärung ab, er werde alles tun, was nötig sein sollte, um das Pfund zu stützen. Die Märkte spürten, dass er zögerte, die Zinsen zu erhöhen, und mutmaßten, nur mit der Unterstützung der Bundesbank könne Großbritannien in Europas problematischem Währungssystem bleiben. Aber würde die Bundesbank mitspielen? Im Verlauf der nächsten Woche gerieten die Währungen von Großbritannien und Italien enorm unter Druck und an den Rand des Gleitwegs, nur um Haaresbreite von einem Crash entfernt. Am 3. September kündigte Lamont an, statt die Zinsen anzuheben, werde er mehr als 10 Milliarden Pfund leihen, um das Pfund zu stützen. Wieder einmal richteten sich alle Augen auf die Bundesbank: Würde sie sich dazu herablassen, den Engländern und Italienern zu Hilfe zu kommen?

Die Würfel fielen am nächsten Tag als Reaktion auf eine Fernsehdebatte in Paris. Frankreich stand kurz vor einem Referendum über den Vertrag von Maastricht. Unerwartet verbuchte das »Nein«-Lager starken Zulauf, obwohl die großen Parteien ein »Ja« empfohlen hatten; das spiegelte das überraschende »Nein« der Dänen bei ihrem Referendum wider. Wenn die Franzosen den Vertrag von Maastricht ebenfalls ablehnten, war der Euro tot. Mitterrand wusste das sehr genau und nutzte die bemerkenswerte Fernsehdebatte an jenem Abend, um dem »Ja« zum Sieg zu verhelfen.

Die Debatte war deshalb außergewöhnlich, weil neben Mitterrand auch der deutsche Bundeskanzler Helmut Kohl teilnahm. Auf der Seite derjenigen, die für ein »Nein« kämpften, saß Philippe Séguin, der Mitterrands Nachgiebigkeit gegenüber einer nicht rechenschaftspflichtigen, antidemokratischen Europäischen Zentralbank attackierte. Seine Argumente unterschieden sich nicht sehr von der Kritik Margaret Thatchers. Die Kritik traf den Präsidenten, und weil er außerdem fürchtete, bei dem Referendum zu unterliegen, ging er ein paar Schritte weiter, als die Bundesbank verdauen konnte. Seine Argumentation lautete:

[D]ie Techniker der EZB haben die Aufgabe, die geldpolitischen Entscheidungen des Europäischen Rats umzusetzen... Es heißt, die EZB werde die Herrin ihrer Entscheidungen sein. Das stimmt nicht! Die Wirtschaftspolitik fällt in die Zuständigkeit des Europäischen Rats, und die Umsetzung der Geldpolitik ist die Aufgabe der [Europäischen] Zentralbank, im Rahmen der Entscheidungen des Europäischen Rats... Über die Wirtschaftspolitik entscheiden Politiker, und die Geldpolitik ist nur ein Mittel zur Umsetzung der Wirtschaftspolitik... [Die Mitglieder der EZB wären mehr wie die Mitglieder der Kommission, die] sich einer gewissen Neigung zu den Interessen ihres Landes nicht erwehren können.[12]

Es war nur eine Frage der Zeit, bis sich die Heinzelmännchen in Frankfurt auf die Andeutung stürzen würden, die Europäische Zentralbank, der sie sich beugen sollten, sei ein Spielball französischer Politiker. Devisenhändler, die spürten, dass die Bundesbank nicht versessen darauf war, die bestehenden Wechselkurse zu verteidigen – ein weiterer Versuch, den Politikern eine Lektion beizubringen –, testeten das System und wetteten gegen die Lira. Wie erwartet kam die Bundesbank der italienischen Währung nicht zu Hilfe, und die Lira wurde pulverisiert. Die italienische Zentralbank konnte nichts tun, nicht einmal eine Anhebung der Zinssätze von 1,75 Prozent auf 15 Prozent konnte die Lira gegenüber der D-Mark wieder verteuern.

Ein paar Tage später versuchte Schatzkanzler Lamont bei einem informellen Treffen der europäischen Zentralbankchefs und Finanzminister im englischen Bath Bundesbankpräsident Schlesinger die Verpflichtung zu entlocken, Deutschland werde die Zinsen senken. Das hätte einigen Druck von Pfund und Lira genommen und vielleicht den Traum vom Gleitweg lebendig gehalten. Doch vergebens. Die Bundesbank war entschlossen, die Franzosen zu demütigen, indem sie die Regierung Mitterrand zwang, beim EWS/WKM um eine förmliche Abwertung des Francs zu ersuchen. Sie verlangte eine formelle französische Kapitulation in Form des Antrags auf Abwertung, der die Geschichte vom glatten, unausweichlichen Gleitweg zunichtemachen würde.

Für Präsident Mitterrand, der so viel in den Mythos investiert hatte, dass der Franc bereits fest an die D-Mark gebunden war, würde das vermutlich die Niederlage bei dem überaus wichtigen Referendum bedeuten. Für die italienische Regierung war es ebenfalls gefährlich, der Abwertung zuzustimmen, wenn Frankreich nicht abwertete. Großbritannien war auch gegen eine Abwertung, weil die britischen Zinsen in der Nähe der deutschen bleiben sollten. Letzten Endes machte Schlesinger trotz Drucks von allen Seiten keine Zugeständnisse und teilte in einem Interview öffentlich mit, die Bundesbank werde nichts tun.

Der britische Premierminister John Major versuchte, König Knut zu übertreffen mit einer Rede, in der er beteuerte, nicht »die weiche Lösung, die Abwertungslösung« zu wählen, »die ein Betrug an unserer Zukunft und an der Zukunft unserer Kinder wäre«[13]. Die Rede war das Signal an die Spekulanten, allen voran George Soros, sich auf Großbritannien zu stürzen: Sie erkannten eine Jahrhundertgelegenheit, von der Verpflichtung auf einen Wechselkurs zur D-Mark zu profitieren, den die Bundesbank erklärtermaßen nicht verteidigen würde. Auf eine Pferdewette übertragen war es so, als würde er den Namen des siegreichen Pferds kennen (die D-Mark), während ein sehr reicher Wetter (die Bank of England) gezwungenermaßen sehr große Summen auf den Sieg eines anderen Pferds (das Pfund) setzen musste: Je mehr Geld Soros erbetteln, leihen und stehlen konnte, um es gegen seinen reichen Gegner einzusetzen, desto größer würde sein Gewinn ausfallen. Dazu führte er eine Interessengemeinschaft von Spekulanten an, die 10 Milliarden Dollar zur Verfügung hatten, mit denen er gegen die Bank of England und das Pfund wettete. Sein geschätzter Gewinn lag in der Größenordnung von einer Milliarde Dollar für ein paar Stunden »Arbeit«.

Lamont wusste, dass die öffentliche Verpflichtung seines Premierministers in einem Desaster enden würde. Es gab schlichtweg keinen Zinssatz unterhalb astronomischer Höhen, der wirken würde. Am 16. September 1992 empfahl er Major in einer Kabinettssitzung in Downing Street 10, das EWS/WKM unverzüglich zu verlassen.[14] Seine Empfehlung wurde abgelehnt, stattdessen bekam er die Anweisung, die Zinsen auf 15 Prozent anzuheben. »Das war ein teurer Fehler von Major, aber natürlich gab man meiner Wenigkeit die Schuld«, sagte mir Lamont kürzlich in einem privaten Gespräch.

Am Abend desselben Tages, der auch als schwarzer Mittwoch bekannt ist, und nachdem alle Versuche, den Kurs zu halten, gescheitert waren, musste Major mitteilen, dass Großbritannien das EWS/WKM verlassen werde. Die Medien machten sich über sein spektakuläres Scheitern lustig. Ein paar Tage später berichteten sie, dass Lamont keineswegs niedergeschlagen gewesen sei, sondern unter der Dusche gesungen habe. Wie immer hatten sie etwas falsch verstanden: Lamont nahm ein Bad![15]

Auswirkungen

Lamont war der einzige Finanzminister, der im Bad sang, als EWS und WKM auseinanderfielen, aber London erlag nicht allein den Spekulanten. Rom folgte, und sehr bald musste ganz Europa vor der Unmöglichkeit kapitulieren, den Gleitweg von EWS/WKM einzuhalten. Londons offenes Eingeständnis, dass alles ein schrecklicher Fehler gewesen war, war ebenfalls einzigartig und verdankte sich in erster Linie Schatzkanzler Lamonts Entschlossenheit, mit dem Hinweis auf den schwarzen Mittwoch jeden Gedanken, Großbritannien könnte erneut in die Fänge europäischer Währungsprojekte geraten, im Keim zu ersticken. Während einige Minister im Kabinett, die bei Thatchers Sturz ganz vorne mit dabei gewesen waren, Hoffnungen hegten, zum EWS/WKM zurückzukehren, wollte Lamont davon nichts hören.[16] Schweden und Finnland gehörten der Europäischen Union nicht an und wurden nicht einmal eingeladen, beim EWS/WKM mitzumachen, aber sie hatten ihre Wechselkurse angepasst und einen hohen Preis dafür bezahlt.[17] Sie folgten als Nächste dem britischen Vorbild und gingen auf möglichst große Distanz zu dem europäischen Währungsexperiment. Anders als sie wollten die europäischen Südländer, insbesondere Italien und Spanien, die Niederlage nicht anerkennen. Im Mittelmeerraum waren die Abkürzungen EWS und WKM mittlerweile Synonyme für die Strategie der lokalen Eliten, ihre Bevölkerungen damit unter Kontrolle zu halten, dass sie versprachen, die Kontrolle schließlich abzugeben und auf die kompetente Technokratie der Experten zu übertragen, die Europa von Brüssel aus verwalten würden.

Das französische Establishment hatte einen speziellen Grund, so zu tun, als wäre alles in Ordnung und das EWS/WKM quicklebendig. Während Mitterrands langer Präsidentschaft (1981–1995) lösten sich die größten Parteien links der Mitte und rechts der Mitte immer wieder als Regierungsparteien ab[18] und setzten beide abwechselnd einen strikten Sparkurs zugunsten eines starken Francs durch. Damit folgten sie der Strategie von Jacques Delors im Jahr 1983, der mit der französischen Austeritätspolitik die Bundesbank in die Knie zwingen und damit die Austeritätspolitik in ganz Europa hatte beenden wollen. Das politische Kapital eines ganzen Jahrzehnts, das auf dieser fantasievollen Strategie gründete, stand auf dem Spiel, und ein bisschen Schummelei war besser als das offene Eingeständnis des Scheiterns.

Um das Debakel mit EWS und WKM nicht zugeben zu müssen, wurde ein Feigenblatt erfunden, das typisch für derartige Hervorbringungen der Europäischen Union war: EWS und WKM sollten weiterbestehen, aber nur noch lose verpflichtend sein, denn die Währungen sollten um bis zu sage und schreibe 15 Prozent nach oben und unten schwanken dürfen. Mit anderen Worten: Wenn man die Währungen nicht mehr auf dem ursprünglichen Gleitweg halten konnte, dann erweiterte man die Definition des Gleitwegs einfach so, dass sie alles mit einschloss – auch ein Absturz und Aufprall auf einem fernen Berg sollte nun als Beweis gelten, dass der Gleitweg funktionierte.

Die einzige europäische Institution, die die Ereignisse Ende 1992 als Bestätigung ansah, war die deutsche Bundesbank. Hans Tietmeyer, der im Jahr darauf Helmut Schlesinger an der Spitze ablöste, hatte ein einfaches Programm: Die Währungsunion sollte starten können, wenn jede Idee von Symmetrie zwischen Frankreich und Deutschland durch das in Stein gemeißelte Bekenntnis ersetzt sein würde, dass die Bundesbank uneingeschränkt über die europäische Wirtschaftspolitik bestimmte. Paris und dem Pöbel mussten die nötigen Lektionen erteilt werden, damit sie der Linie Frankfurts folgten und sich der Autorität der Bundesbank beugten.

Frankreich wusste, dass es keine Wahl hatte. Zwar gewannen bei dem Referendum von 1992 die Ja-Stimmen, wenn auch nur hauchdünn[19], aber der Plan der französischen Eliten lag in Trümmern. Ein Jahrzehnt lang hatten sie gedacht, neben der Bundesbank die zweite Geige zu spielen und ihre Wirtschaft einer langen, auf kleiner Flamme schwelenden Rezession zu unterwerfen, sei ein fairer Preis für die Errichtung einer französisch dominierten Europäischen Zentralbank, die die Bundesbank neutralisieren und ein für alle Mal ausschalten sollte. Dieser Plan wurde durch die wohlüberlegten, regelmäßigen Gegenschläge der Bundesbank auf den Kopf gestellt; das mutmaßliche Opfer erwies sich als überlegener Stratege. Der *coup de grâce* der Bundesbank war die Art und Weise, wie sie 1992 das Ende von EWS und WKM inszenierte. Es war ein meisterlicher Schachzug, mit dem die Bundesbank dafür sorgte, dass die Europäische Zentralbank nach ihrem Ebenbild geschaffen, ihren Sitz in Frankfurt haben und so konstruiert sein würde, dass sie regelmäßig schwächeren Volkswirtschaften einschließlich Frankreichs unterschiedliche Sparauflagen machte.

Nach den Turbulenzen 1992 schien 1993 ruhiger zu werden. Die Rezession in Deutschland, noch verschärft durch die hohen Zinsen, mit denen die Bundesbank das EWS ausgehebelt hatte, öffnete das Tor zu einer lockereren Geldpolitik in Frankfurt.[20] Und eine lockerere deutsche Geldpolitik wirkte wie Öl auf die Wogen der normalerweise stürmischen See zwischen Frankreich und Deutschland. Nur dass jedes Mal, wenn Ruhe einkehrte, einige französische Beamte der Ehrgeiz übermannte und sie eine Stellungnahme herausgaben, auf die die Bundesbank meinte, in ihrer unnachahmlichen Weise reagieren zu müssen. Im April 1993 hielt es der Gouverneur der französischen Zentralbank für klug, gegenüber der Bundesbank – und nicht nur ihr gegenüber – die ungeheuerliche Behauptung zu wiederholen, die französische und die deutsche Währung seien gleich stark und würden die gemeinsame Währung in gleicher Weise stützen. Das war so, als würde Frankreich um weitere Ohrfeigen von der Bundesbank betteln, bevor Deutschland sein Geld mit den Franzosen teilte. Innerhalb von Stunden stiegen die deutschen Zinsen, und die französische Zentralbank zahlte den Preis.

Die helfende Hand des Finanzkapitalismus

Während Frankreich schließlich auf die harte Tour die Kunst der Unterwerfung lernte, wütete der Minotaurus tief im Inneren der amerikanischen Wirtschaft und verschlang gewaltige Mengen von importierten Waren und ausländischem Geld. Das trug zur Stabilisierung der deutschen Wirtschaft bei, weil Unmengen von brachliegendem Geld abgesaugt wurden, die sich wegen der enormen Exportüberschüsse in Deutschland sammelten.

Die Regierung Clinton, insbesondere Robert Rubin im Nationalen Wirtschaftsrat und Larry Summers im Finanzministerium, bemühten sich nach Kräften, den Hunger des Minotaurus zu stillen. Das doppelte amerikanische Defizit hielt den globalen Kapitalismus am Laufen, indem es die Illusion einer Großen Mäßigung erzeugte, während unter der Oberfläche die Finanzmärkte zunehmend von den wachsenden amerikanischen Ungleichgewichten abhängig wurden. Wenn der Heißhunger, mit dem der amerikanische Minotaurus anderer Leute Waren und Geld verschlang, versiegte, würde das für die Finanzmärkte ein schwerer Schlag sein; Banken würden untergehen, und die Weltwirtschaft würde wanken. Genau so kam es 2008.

Um das zu verhindern und den Minotaurus bei Laune zu halten, befand die Regierung Clinton, sie müsse den Finanzsektor von den letzten Fesseln befreien, die er seit dem New Deal noch trug. Um die Illusion eines stabilen globalen Gleichgewichts zu erhalten, waren ständig neue finanzielle Energieschübe nötig. Und das bedeutete, die Banker so weit zu befreien, dass sie nach Lust und Laune auf dem Papier »Wert« aus den Kapitalbewegungen hin zur Wall Street und der Londoner City und davon weg erzeugen konnten.

In dieser schönen neuen Welt des Finanzkapitalismus und der Banker, die neue »Produkte« schufen, die sich schon bald nach ihrer Geburt wie Privatgeld verhielten, verloren Finanz- und Bankwesen jegliche Bodenhaftung; die Folgen wurden Ende 2008 schmerzlich spürbar. Das in den privaten Banken und Finanzinstituten (Lehman Brothers, Goldman Sachs, AIG und andere) geschaffene Privatgeld befeuerte einen weltweiten Ausgaben- und Investitionsrausch. Seine Bewegungen hatten mit dem, was durchschnittliche Menschen einschließlich deutscher Produzenten unter Bankgeschäften verstanden, immer weniger zu tun.

Mitte der 1990er-Jahre erkannten die europäischen Banker und ihre Freunde in der Politik, dass in der Anglosphäre etwas Großes im Gange war, und Europa musste entweder mitmachen oder es ablehnen. Nur fehlte den Verantwortlichen in Europa der politische Mut für das eine wie für das andere, genau wie ihnen die analytischen Fähigkeiten fehlten, um zu etwas Kontroversem Stellung zu beziehen. Ihre natürliche Tendenz ist es, zu schummeln, beides gleichzeitig zu versuchen, den Kuchen zu essen und ihn zu behalten. Und so unternahm Brüssel nichts. Statt die europäischen Banken zu regulieren und daran zu hindern, immer mehr toxische Papiere aufzuhäufen, die sie stapelweise kauften, sprachen sie nur Ermahnungen aus, auf die niemand hörte.

Unterdessen sah die Bundesbank den Finanzkapitalismus ebenfalls kommen. Die Aussicht erschreckte die Männer und Frauen in Frankfurt, weil sie wussten, wie primitiv die deutschen Banken waren. Der Bundesbank gefielen sie so, denn sie hatte genug von angelsächsischen Banken, die das große Rad drehten und sich wenig um die Bedürfnisse der mittelständischen Unternehmen scherten, die das Rückgrat der deutschen Industrie bilden. Das Bankwesen in Deutschland besteht bis heute aus wenigen weltweit agierenden Banken mit Sitz in Frankfurt und einem Netz vieler kleiner, häufig regionaler Banken, die aufs Engste mit den Regierungen der Bundesländer und mit lokalen Produzenten verflochten sind. Die Macht der Bundesbank basierte auf ihren starken Verbindungen zu beiden Arten von Banken.

Seit dem Nixon-Schock hatte die deutsche Zentralbank kleine Banken mit Zähnen und Klauen gegen Übernahmeversuche ausländischer Spekulanten verteidigt. Der Aufstieg des Finanzkapitalismus in der Anglosphäre war für Frankfurt nun ein Grund, sich ernsthaft Sorgen sowohl um die kleineren Banken, die Blutversorgung der deutschen Industrie, und um die multinationalen deutschen Banken zu machen, die sich von der deutschen Wirtschaft abzukoppeln oder Dummheiten anzustellen drohten, die womöglich die Wirtschaft gefährdeten. Mit diesen Sorgen im Hinterkopf fand die Bundesbank weitere Gründe[21], sich für die Idee einer europäischen Zentralbank mit Sitz in Frankfurt zu erwärmen, deren Satzung eine Kopie ihrer eigenen sein und die ähnlich agieren würde wie sie: Das bedeutete mehr deutschen Einfluss auf Tempo und Ausprägung des Finanzkapitalismus in ganz Europa bei fortbestehender Kontrolle der Bundesbank über die global operierenden deutschen Banken.

Ende 1993 kapitulierten die französischen Verantwortlichen endgültig vor der Bundesbank. Damit war der Weg frei für die Vollendung einer Währungsunion, die Paris ursprünglich ersonnen hatte, um die Bundesbank unter Kontrolle zu bringen, und auf die Frankfurt eingeschwenkt war, nachdem es den französischen Plan zu Fall gebracht hatte. Präsident Mitterrand, seine Regierung und die Beamten in der französischen Zentralbank wussten, dass sie geschlagen waren, beschlossen aber, das Beste daraus zu machen.

Sobald Frankreich in den von der Bundesbank dominierten Euro eingebunden war, konnten Frankreichs herrschende Klasse und die Technokraten, die sie so erfolgreich produzierte, zumindest erwarten, dass sie ihre Macht in Frankreich und dem Korridor Paris–Brüssel behielten. Sie hatten zwar Europa nicht gewonnen, aber wenigstens Frankreich nicht verloren – zumindest noch nicht.[22] Ihre Regierung konnte dem Druck der organisierten Arbeitnehmer besser widerstehen, und ihre Apparatschiks konnten sich damit trösten, ihre Fähigkeiten in der Europäischen Kommission zu entfalten, die Jacques Delors so aufpeppte, dass sie an eine Europäische Regierung erinnerte. Und obwohl es Frankreich nicht gelungen war, die Kontrolle über die Bundesbank zu erlangen, konnte die Europäische Union weiter die französische *planification* propagieren: das Codewort dafür, dass der Staat sich um große heimische Unternehmen kümmerte, sie rettete wie zum Beispiel Air France und Schritte unternahm, ihnen bei der Expansion in Europa zu helfen, etwa als ein französisches Unternehmen in Staatsbesitz mit Hilfe und Unterstützung durch Brüssel den größten Teil der privatisierten britischen Elektrizitätswirtschaft aufkaufte[23].

Und so durfte der Euro das Licht der Welt erblicken, mit ein bisschen Hilfe des anglozentrischen Finanzkapitalismus und dank der Siege der Bundesbank über Politiker in Paris und Berlin. Noch bevor der Euro in unsere Geldbörsen, Hosentaschen und Geldautomaten Einzug hielt, vermittelten die Ereignisse der 1990er-Jahre den Menschen in Europa einen Eindruck davon, wie Euroland aussehen und sich anfühlen würde (vor allem nach Ablauf der Flitterwochen). Ohne einen politischen Mechanismus zum Überschussrecycling bedeutete die europäische Währungsunion, dass die schwächsten Länder und ihre verwundbarsten Bürger in dem Augenblick, in dem der Kapitalismus in Europa als Reaktion auf die unvermeidlichen Krisen des Finanzkapitalismus ins Stottern geraten würde, schwere Einbußen würden erleiden müssen. Nur Mitterrands ursprüngliche Hoffnung, dass eine künftige Finanzkrise der Eurozone eine bundesstaatliche Lösung aufzwingen würde, bot einen Lichtblick angesichts einer unbarmherzigen Realität. 2010, zwei Jahre nachdem die Art von Krise eingetreten war, an die Mitterrand gedacht hatte, zerstob auch diese Hoffnung.

Eintrittsetikette

Die gemeinsame europäische Währung, den Euro, kann man sich als einen Klub vorstellen, dessen Zutrittsregeln zwangsläufig verletzt werden mussten und der nur über haarsträubende Paradoxien funktionierte. Die Zutrittsregeln, die sogenannten Maastricht-Kriterien – zum Beispiel die Schuldengrenze von 60 Prozent des BIP und die Obergrenze für das jährliche Haushaltsdefizit von 3 Prozent des BIP –, stellten das heilige Buch der Mitglieder dar. Die Kriterien, die in regelmäßigen Abständen rezitiert werden mussten, waren die Zehn Gebote der Eurozone; sie definierten Gebote und Verbote und brachten eine protestantische Abneigung gegen den lockeren Umgang mit Geld zum Ausdruck. Es sind rituelle Beschwörungen, die zur Verehrung des »unpolitischen« europäischen Geldes aufrufen – der Art von Geld, vor der Margaret Thatcher einst gewarnt hatte. Natürlich war das wahre Ziel der Maastricht-Kriterien, Länder in die Eurozone aufzunehmen, die diese Kriterien nicht erfüllten, und sie dann zu zwingen, alles zu tun, um sie zu erfüllen. Griechenland ist weltweit berühmt geworden für seine Statistiken und den kreativen Umgang damit, der meinem Land erlaubte, beim Euro mitzumachen. Aber um zu verstehen, was passiert ist, müssen wir uns Italien anschauen.

Italien musste von Anfang an, das heißt ab 2000, beim Euro dabei sein, nicht zuletzt weil die deutschen Unternehmen von den ständigen Abwertungen der Lira genug hatten, die immer wieder Fiat in Konkurrenz zu Volkswagen und Co. stärkten. Eine Eurozone ohne Italien, aber mit Frankreich ergab in Anbetracht der starken Handelsverflechtungen Norditaliens mit Frankreich und Deutschland keinen Sinn; außerdem war die norditalienische Schwerindustrie Teil des ursprünglichen Industriekartells, auf dem die Europäische Union errichtet worden war, und Italien zählte kulturell zu Zentraleuropa.

Aber die italienischen Staatsschulden waren doppelt so hoch, wie sie nach den Maastricht-Kriterien sein durften, und die Inflationsrate dümpelte im roten Bereich dahin. Rom bemühte sich nach Kräften, beide

Zahlen in Richtung der Maastricht-Schwelle zu drücken. Clevere Beamte, die mit den besten finanztechnischen Instrumenten arbeiteten, die Goldman Sachs anzubieten hatte, übten sich in kreativer Buchführung und beseitigten einen Teil der Schulden und ein bisschen vom Haushaltsdefizit der Regierung. Doch die Zahlen bewegten sich nur wenig, selbst als Rom hohe Dosen Austerität anwendete, um Preise zu drücken, Ausgaben zu verringern und generell den Eindruck zu erwecken, Italien sei auf dem Weg, sich teutonische Tugenden anzueignen.

So war klar, dass die Regeln des Maastrichter Vertrags erheblich gebeugt werden mussten, damit Italien seine ungeliebte, chronisch schwache Lira gegen Euro und Cent würde eintauschen können. Und wie die Regeln gebeugt wurden. Brüssel und Frankfurt schlugen eine grundlegende Neuinterpretation ihres Regelwerks vor: Solange ein Land sich in die Richtung der Maastricht-Kriterien bewegte, konnten die europäischen Verantwortlichen entscheiden, dass es sich für den Euro qualifiziert hatte.

Ungefähr ein Jahr später wurde auch Griechenland überraschend in die Eurozone aufgenommen. Die Wirtschaftspresse überschlug sich mit Geschichten von gerissenen griechischen Beamten, die ihren nordeuropäischen Kollegen das Fell über die Ohren gezogen hätten, und von »griechischen Statistiken« als Mittel zum Betrug. Nichts davon stimmte. Ich fragte einen Freund, der eine wichtige Rolle bei Griechenlands Aufnahmeverhandlungen gespielt hatte, wie sie es geschafft hatten, Deutschland dazu zu bringen, Griechenland in die Eurozone zu lassen. Er antwortete bemerkenswert entwaffnend:»Wir haben einfach genau das nachgemacht, was die Italiener gemacht hatten, und noch ein paar Tricks von den Deutschen übernommen. Und als sie drohten, ein Veto gegen unseren Beitritt einzulegen, drohten wir ihnen, wir würden aller Welt sagen, was Italien und Deutschland gemacht hatten.«[24] Nachdem man die Regeln von Maastricht gebeugt hatte, um Italien aufzunehmen, konnte man sie nicht dazu einsetzen, Griechenland draußen zu halten – zumindest nicht, ohne öffentlich zu enthüllen, was die Beamten getan hatten.

Gemeinsame Währung, unterschiedliche Fehler

Die Konstruktion des Euros ruhte auf drei Paradoxen und einem Denkfehler.

Die ersten beiden Paradoxe waren bereits im EWS/WKM angelegt, Europas Versuch, das System von Bretton Woods zu imitieren: Das erste Paradox reicht bis 1983 zurück, als Frankreichs sozialistische Regierung den Weg der Austerität einschlug – um die Austerität in ganz Europa zu beenden. Das zweite Paradox war das Versprechen der griechisch-spanisch-italienischen Oligarchie an die Menschen in ihren Ländern, durch den Euro würden sie die Macht über sie verlieren! Das dritte Paradox wurde exklusiv für den Euro geschaffen: Die gemeinsame Währung bekam eine Europäische Zentralbank ohne einen Staat, der ihre Entscheidungen unterstützte, und die Mitgliedsländer hatten keine Zentralbanken, die ihnen in schwierigen Zeiten halfen.[25] Um diese institutionelle Lücke zu füllen, schufen der Vertrag von Maastricht und die Nachfolgeverträge eine Fülle unglaubwürdiger Regeln, die die Staaten einschränken sollten. Natürlich werden unglaubwürdige Regeln irgendwann immer verletzt. Als Brüssel und Frankfurt sahen, dass ihre Regeln verletzt wurden, stellten sie neue, noch strengere (siehe Kap. 6) auf, die schließlich diejenigen erstickten, die sie umzusetzen versuchten.

Den Denkfehler im Fundament des Euros hätte die Menschheit zwischen den Weltkriegen erkennen müssen, als er vermeintlich unvergesslich zu wirtschaftlichem Niedergang und Krieg geführt hatte: Die Förderung des Freihandels durch die Abschaffung von Zöllen und Quoten kann durchaus sinnvoll mit Versuchen kombiniert werden, die Wechselkurse zu fixieren, damit die Preise für Käufer und Verkäufer langfristig berechenbar sind. Aber das zu tun und gleichzeitig den freien Kapitalverkehr über die Grenzen hinweg zu erlauben, garantiert ernsthafte Probleme. Denn wenn das Geld sich frei bewegen kann, folgt es in guten Zeiten den höchsten Zinsen. Defizitländer bieten höhere Zinsen, und bei festen Wechselkursen sind sie sehr attraktiv für das viele Geld der Überschussländer. Aber dadurch wachsen Schuldenberge in den Defizitregionen, die sich beim ersten Anzeichen eines wirtschaftlichen Abschwungs fatal auswirken. Deshalb gehört es zu den wenigen Dingen, in denen Ökonomen übereinstimmen, dass der freie Waren- und Kapitalverkehr nicht mit festen Wechselkursen kombiniert werden darf, sofern es nicht auch einen politischen Mechanismus zum Überschussrecycling gibt.[26]

Feste Wechselkurse zwischen unterschiedlichen Wirtschaftsregionen bringen kurzfristig Vorteile. Doch es ist ein bisschen wie bei den Invasionen Russlands in der Vergangenheit: Es beginnt forsch mit Begeisterung und Hoffnung, der rasche Vormarsch scheint unaufhaltsam, dann folgt ein herzzerreißender Niedergang, wenn der harte Winter seinen Tribut fordert, und es endet mit einem Blutbad im Schnee und endloser Vergeltung danach. Die Amerikaner lernten diese Lektion in den 1930er-Jahren mit dem Goldstandard aus den 1920er-Jahren und befolgten sie in der Ära von Bretton Woods, bis sie keine Überschüsse mehr hatten, die sie recyceln konnten. Sobald Männer wie Paul Volcker sahen, dass das politische Überschussrecycling die wirtschaftlichen Möglichkeiten Amerikas überstieg, rissen sie das ganze System ein – mit dem Nixon-Schock von 1971. Denn sie erkannten den Denkfehler, den Europa einfach nicht sehen will: Wenn der Handel und Kapitalverkehr frei sind und eine gemeinsame Währung ohne politischen Mechanismus zum Überschussrecycling eingeführt wird, kommt so etwas wie der Goldstandard der 1920er-Jahre heraus.

Nach dem Nixon-Schock machten sich die europäischen Politiker daran, die Wechselkurse zwischen den europäischen Währungen zu fixieren, und blendeten dabei aus, dass dies zu asymmetrischen Rezessionen führen musste – bei denen die schwächsten Volkswirtschaften die größten Einbußen erleiden. 1978 schufen Kanzler Schmidt und Präsident Giscard d'Estaing das Europäische Währungssystem. Anfang der 1990er-Jahre überwachten Kanzler Kohl und Präsident Mitterrand ihren Gleitweg zur gemeinsamen Währung. Und schließlich wurde im Jahr 2000 der Euro – die Mutter aller Systeme mit festen Wechselkursen – aus der Taufe gehoben. Jeder dieser anrührenden Versuche, eine

Währungsunion zu errichten, entwickelte sich nach demselben Muster: ein vielversprechender Beginn, der schon bald in Tränen und Vorwürfe mündete, weil wirtschaftlicher Krieg ausbrach und die Rezession die Schwächsten unter den Europäern in Armut stürzte.

Der Grund, warum Europa von Ende der 1990er-Jahre bis 2008 zu prosperieren schien, obwohl es einen nicht nachhaltigen Goldstandard eingeführt hatte, hatte wenig bis gar nichts mit der Konstruktion seiner gemeinsamen Währung zu tun und sehr viel damit, dass man in dieser Zeit kein politisches Überschussrecycling brauchte, weil die private Finanzwelt auf dem Rücken des amerikanischen Minotaurus reichlich Schönwetterrecycling leistete.

2008, nachdem die Wall Street unter dem Gewicht ihrer Hybris und Bergen von (angeblich risikolosen) Risikoverbriefungen kollabiert war, konnte Amerika der Europäischen Union nicht mehr die Nachfrage für ihre Exporte bieten, die Europa bis dahin stabilisiert hatte. Der Minotaurus war tödlich verwundet. Europa stellte bald fest, dass seine Privatbanken massenhaft toxische Schuldpapiere von der Wall Street in den Büchern hatten und dass Länder wie Griechenland insolvent waren. Das war der Anfang der tödlichen Umarmung oder Todesspirale zwischen insolventen Banken und insolventen europäischen Staaten. Der Rest ist Geschichte.

Die Architektur der Eurozone hielt die Schockwellen des Erdbebens von 2008 nicht aus. Seit damals steckt sie in einer tiefen Krise, die noch dadurch verstärkt wurde, dass die Europäische Union sich weigert anzuerkennen, dass die Regeln ihrer Währung das Problem sind und nicht etwa die Umsetzung dieser Regeln.

Europhilie, Germanophobie und die französischen Eliten

Warum haben die Europäer den Euro geschaffen? Eine analytisch falsche, aber unterhaltsame Antwort geht so:[27]

Die Franzosen hatten Angst vor den Deutschen.
Die Iren wollten Großbritannien entkommen.
Die Griechen fürchteten sich vor der Türkei.
Die Spanier wollten ein bisschen mehr wie die Franzosen werden.
Die Süditaliener wollten nach Deutschland auswandern können.
Die Norditaliener wollten Deutsche werden.
Die Holländer und Österreicher waren beinahe schon Deutsche.
Die Belgier wollten ihre tiefen Spaltungen überwinden, indem sie sich unter den Auspizien einer umgestalteten D-Mark sowohl Holland wie Frankreich anschlossen.
Die baltischen Staaten zitterten bei dem Gedanken an ein wiedererstarkendes Russland.
Die Slowaken konnten sich nach der Trennung von ihren tschechischen Brüdern nirgendwo sonst hinwenden.
Slowenien flüchtete vom Balkan.
Finnland musste etwas tun, was Schweden nicht tun würde.
Und schließlich hatten die Deutschen Angst vor den Deutschen!

Wie alle großen Lügen enthält auch diese einige wichtige kleine Wahrheiten. Die korrupten herrschenden Klassen Griechenlands, Italiens, Spaniens und ihresgleichen wurden mächtiger, indem sie versprachen, ihre Macht an Brüssel oder Frankfurt abzugeben. Die französischen Eliten hatten tatsächlich Angst vor den Deutschen. Und das deutsche Volk hatte allen Grund, Angst vor dieser Angst zu haben, genau wie vor der Fähigkeit ihres Heimatlandes, sich durch extreme Kriegslust selbst zu zerstören.

Es ist ein beinahe natürlicher Instinkt aller Kritiker des Euros, seine negativen Auswirkungen Deutschland und den Deutschen anzulasten. Ich habe mich dieser Tendenz immer widersetzt, und zwar aus zwei Gründen. Erstens gibt es nicht »die Deutschen«. Oder »die Griechen«. Auch nicht »die Franzosen«. »Ihr seid doch alle Individuen«, wie Brian in einer berühmten Formulierung seinen ungebetenen Jüngern in der berühmten Komödie von Monty Python sagt. Der entscheidende Punkt ist, dass es unter den Griechen und unter den Deutschen sehr viel mehr Unterschiede in Charakter, Eigenschaften und Ansichten gibt als zwischen Deutschen und Griechen. Und ich lehne die gewohnheitsmäßige Kritik an Deutschland noch aus einem zweiten Grund ab: Wenn die Debatte schon auf das Niveau der Stereotypien herabsinken darf, trägt Paris mehr Verantwortung für die Fehler des Euros als Berlin.

Ich erinnere nur an den schrecklichen Artikel in der konservativen französischen Tageszeitung *Le Figaro,* den ich am Ende von Kapitel 2 zitiert habe. Er erschien zwei Tage nach dem schwarzen Mittwoch und zwei Tage bevor die französischen Wähler über den Vertrag von Maastricht abstimmen sollten. Dort stand zu lesen: »Die Gegner von Maastricht fürchten, dass die gemeinsame Währung und die neue Zentralbank die Überlegenheit der D-Mark und der Bundesbank festigen werden. Aber das genaue Gegenteil wird passieren. Wenn Maastricht kommt, wird Deutschland seine finanzielle Macht mit anderen teilen müssen. In den 1920er-Jahren hieß es, Deutschland werde zahlen. Jetzt zahlt Deutschland. Der Vertrag von Maastricht ist ein Versailler Vertrag ohne Krieg!«[28]

Kein Deutscher, ja kein Europäer konnte eine solche Haltung vergeben, und alle erwarteten von der Bundesbank, dass sie das konservative französische Establishment, in dem *Le Figaro* eine herausragende Rolle spielte, dazu veranlassen würde, diese Worte zurückzunehmen. Der verzweifelte Kampf der französischen Eliten, die skeptischen Wähler doch noch zu einem »Ja« im Referendum über Maastricht zu bewegen (das beinahe mit einem »Nein« ausgegangen wäre), ist keine Entschuldigung. Der Versailler Vertrag von 1919 brachte unsägliches Elend über Deutschland, demütigte eine stolze Nation und schien darauf angelegt, den Gaunern von der NSDAP zu nützen. Die Nationalsozialisten wären eine historische Fußnote geblieben, hätten die siegreichen Alliierten nicht unmögliche Reparationen verlangt, die zu verlangen sie kein Recht hatten und die die deutsche Regierung aus moralischen Gründen nicht akzeptieren durfte.

Es war nicht nur ein missglückter Leitartikel in einer französischen Zeitung. Wie in Kapitel 2 erwähnt, betrachtete Präsident de Gaulle die Währungsunion mit Deutschland als Krieg mit anderen Mitteln, ganz im Geist des Artikels im *Figaro*. Selbst Delors' Kehrtwende 1983 war nichts weniger als ein französischer Plan, eine Institution zu usurpieren, die dem deutschen Volk lieb und teuer war – die Bundesbank –, sie in einer französisch dominierten Zentralbank aufgehen zu lassen und die Politik, die Frankreich wollte, auf Deutschland und den Rest Europas auszuweiten. Aus deutscher Sicht waren Delors und *Le Figaro* mehr oder weniger dasselbe. Die Tatsache, dass zivilisierte Franzosen wie Delors und Mitterrand ernsthaft glaubten, ihre Politik werde sich als gut für Deutschland erweisen, war ohne Belang. Schließlich glauben auch die meisten Beamten der Bundesbank, ihre strenge Haltung in der Geldpolitik sei gut für Frankreich und sogar auch gut für die Griechen.

Dass deutsche Politiker wie Wolfgang Schäuble immer über die Unantastbarkeit von Regeln sprechen, während ihre französischen Kollegen einer Begrifflichkeit zuneigen, die mehr nach der französischen Aufklärung klingt, ist kein Beleg dafür, dass Europas Problem die zu große Macht Deutschlands ist. Als junger Mann hörte ich, wie kultivierte Vertreter der französischen herrschenden Klassen an den allgemeinen Willen Europas oder das gemeinsame Interesse appellierten, und mein griechisches Herz hüpfte vor Freude. Aber die Wirkung dieser schönen Worte änderte sich, sobald ich lernte, was sie wirklich bedeuteten. Vor der Einführung des Euros sprachen de Gaulle, Mitterrand, Delors und andere vom gemeinsamen Wohl Europas, wenn sie eigentlich meinten, der Rest Europas solle Opfer bringen, um die teure Illusion aufrechtzuerhalten, der Franc sei genauso hart wie die D-Mark.[29] Und wann immer Frankreichs raffinierte Pläne in den Untiefen der Realität strandeten, war es üblich, die Schuld all den unzivilisierten Ausländern zu geben, die die eleganteren Aspekte dieser Pläne einfach nicht zu schätzen wussten.[30]

Der Euro veränderte all das. In seiner stählernen Umarmung dämmerte Frankreichs mit allen Wassern gewaschenen Verwaltungsbeamten nach und nach die Erkenntnis, dass die Währungsunion ihnen nicht Deutschland auf einem Silbertablett servieren würde – tatsächlich waren sie im Begriff, Frankreich zu verlieren. Das war ein natürliches und keineswegs unfaires Ergebnis eines Währungsexperiments, das Paris mit Elan auf den Weg gebracht hatte und bei dem Deutschland widerstrebend mitmachte.

Nach dieser Chronik des Wegs zum Euro müsste jedem Leser klar sein, dass es ein sanftes Dahingleiten auf den hohen Wogen der Weltwirtschaft nicht geben konnte. In den 1990er-Jahren erkannten die Europäer nicht, dass der Wert des Geldes niemals entpolitisiert werden kann, und das führte zu einem qualvollen Kampf um die Herrschaft auf dem sinkenden Schiff des Währungssystems.

Seit dem Nixon-Schock wollten die europäischen Währungen sich einfach nicht mehr im Gleichschritt bewegen, egal, wie sehr sich die Verantwortlichen bemühten. Der Euro sollte dem ein Ende machen. Doch statt die Kopfschmerzen zu beseitigen, die Wechselkursschwankungen verursachten, bewirkte er eine Reihe schwerer realwirtschaftlicher Migräneanfälle. Nach einer anfänglichen Phase des irrationalen Optimismus, in der die private und die öffentliche Verschuldung neue Gipfel erreichten, war die neue Währung Doping für die alten Probleme und ließ sie auf die nichts ahnenden Europäer los.

Wenn man in den 1990er-Jahren, als der amerikanische Minotaurus noch Europa den Weg zum Euro bereitete, die hohen Beamten Europas bei der Arbeit beobachtete, war es ein bisschen so wie bei *Macbeth* oder *Othello*: Man wunderte sich, wie kluge Menschen so leichtgläubig sein konnten. Nachdem der amerikanische Minotaurus 2008 schwer verwundet worden war, zog die Realität den Boden unter den tönernen Füßen des Euros weg, und die europäische Führung sank von tragischer Inkompetenz zu einer Komödie der Irrungen herab.

Wie konnten so viele Spitzenjournalisten, Wissenschaftler, Funktionäre und Politiker glauben, dass sie den französischen Franc und die D-Mark nachhaltig aneinander binden konnten, ganz zu schweigen von der italienischen Lira, der spanischen Peseta und der griechischen Drachme, ohne einen politischen Mechanismus für das Recycling der deutschen und holländischen Überschüsse und den Umgang mit den vielen Defiziten im privaten und öffentlichen Sektor? Sahen sie nicht, dass die deutschen Überschüsse die Defizitregionen überfluten und gewaltige Blasen erzeugen würden, wenn man es den Bankern in Frankfurt und Paris überließ, sie über die europäische Peripherie zu verteilen? Wie sollte die Eurozone auf das unvermeidliche Platzen dieser Blasen reagieren, ohne einen Mechanismus, um damit umzugehen?

Einen Großteil der Schuld trifft das Wort »Union«. Man setzt die Wörter »Währung« und »Union« zusammen und stellt sich sofort einen wie auch immer gearteten Prozess der Verschmelzung vor – Volkswirtschaften und Völker, die eins werden. Nur dass die Schilderungen in den letzten beiden Kapiteln der Entwicklungen in den 1980er- und 1990er-Jahren das Gegenteil enthüllen: Alle Anpassungskosten den Defizitländern aufzuzwingen wiederholte die Todsünde des Goldstandards. Aber während die Staaten den Goldstandard einfach verlassen konnten, indem sie die Bindung ihrer Währung an Gold von einem Tag auf den anderen kappten, konnten die Eurostaaten das Hotel California nicht mehr verlassen, wenn sie einmal eingezogen waren.

Das ist Segen und Fluch der Eurozone. Wer einmal drin ist, hat keine Währung mehr, die er vom Euro entkoppeln könnte; er hat nur noch den Euro. Wenn beispielsweise Griechenland oder Italien die europäische Währungsunion verlassen wollten, müssten sie erst eine neue Drachme oder eine neue Lira schaffen und sie dann vom Euro lösen. Aber eine neue Papierwährung zu drucken, im Land zu verteilen, das Banken- und das Zahlungssystem neu auszurichten, damit sie mit der neuen Landeswährung funktionieren,[31] und vieles mehr würde mindestens zwölf Monate dauern. Weil das Reden über die Wiederherstellung einer untergegangenen Währung sie gegenüber der Währung, die die Menschen in den Taschen haben, abwertet, liefe ein Austritt aus der Eurozone darauf hinaus, ein Jahr im Voraus eine große Abwertung anzukündigen. Der kleinste Hinweis, dass in zwölf Monaten eine Abwertung kommen wird, setzt ein heilloses Rennen in Gang. Alle werden zu Geld machen, was sie nur können, es in Euro tauschen, ihre Euros aus dem Bankensystem abziehen und entweder unter die Matratze legen oder auf Konten in Deutschland oder der Schweiz, wo sie sicher sind. Bevor der Erste nur das Wort »Panik« ausgesprochen hat, brechen Banken zusammen, aller Reichtum fließt aus dem Land ab, die Wirtschaft kollabiert.

Die Hotel-California-Klausel in der Konstruktion der Eurozone wird daher immer verhindern, dass die Länder aus der Eurozone austreten können, die einen Austritt am dringendsten gebrauchen könnten. Wenn Defizitländer erst einmal den Euro haben, sind sie der enormen Anziehungskraft der gemeinsamen Währung ausgeliefert und dazu verdammt, immer tiefer in die Krise zu versinken, wenn es der Weltwirtschaft schlecht geht. An dem Punkt haben die Regierungen drei Möglichkeiten: Tod durch tausend Schläge mit der Sparkeule, Tod durch Austritt aus dem Euro oder aktiver Widerstand gegen die Erlasse aus Brüssel und Frankfurt, um Europa zu zwingen, entweder die Architektur seiner Währung zu überdenken oder gegen seine eigenen Gesetze zu verstoßen, indem es ein Mitglied aus der Eurozone drängt. Als griechischer Finanzminister plädierte ich für die dritte Option und trat im Juli 2015 zurück, als mein Ministerpräsident sich für die erste Option entschied in der Annahme, Brüssel sei dabei, Griechenland die zweite Option aufzuzwingen – den Austritt.[32]

Mit einigem emotionalen und zeitlichen Abstand betrachtet, sieht es so aus, als hätte Europa seine eigene Balkanisierung zu einem Ziel und einer Kunst erhoben. Entwicklungen, die unter anderen Umständen gutartige Rezessionen gewesen wären, spalteten die Europäer und zwangen sie in die Knie; Unterschiede im Lebensstandard vertieften sich und führten zu unterschiedlichen Lebenschancen in unterschiedlichen Teilen der Union. Das war die Folge des Versuchs, Währungen aneinander gekoppelt zu halten, bevor es Mechanismen gab, die Überschüsse derjenigen, die sie produzierten, zu recyceln, indem man sie wenigstens teilweise in Länder und Regionen lenkte, die unter ernsthaften Defiziten litten.

Vor dem endgültigen Einfrieren der Wechselkurse Ende der 1990er-Jahre, das dem Start des Euros vorausging, hatten die festen Wechselkurse in Europa die Tendenz, sich auf politischen Druck der Bevölkerungen, die litten, weil die Wechselkurse nicht passten, regelmäßig loszureißen. Statt daraus zu lernen, beschlossen die Mächtigen, noch einmal nachzulegen, die Wechselkurse irreversibel zu fixieren, alle Währungen durch eine einzige zu ersetzen, und zugleich verzichteten sie darauf, den politischen Recyclingmechanismus zu schaffen, von dem alles abhing.

Hätte Norman Lamont nicht das EWS und den WKM geerbt, sondern den Euro, hätte er sich über die Abwertung seiner Landeswährung keine Sorge machen müssen. Nach der Abschaffung des Pfunds hätte er vielmehr den Kollaps der Realwirtschaft seines Landes erlebt, das Anwachsen eines Schuldenbergs und dazu Forderungen einer grimmigen Europäischen Zentralbank nach mehr Sparmaßnahmen, die unweigerlich die Rezession verstärken würden. Kurzum, der Euro ersetzte die Furcht vor der Abwertung durch die Gewissheit des Konjunktureinbruchs.

Ich erinnere mich an hitzige Debatten in den späten 1990er-Jahren, als der Euro am Horizont aufschien, mit anderen Ökonomen weltweit wie auch mit meinen Athener Freunden. Doch sosehr ich mich bemühte, ihnen zu erklären, dass der Euro schlecht konzipiert war, ich drang nicht zu ihnen durch. Ich benutzte Vergleiche mit dem Autofahren, dem Segeln, aus allen möglichen Bereichen des Lebens, um davor zu warnen, dass nicht nur Griechenland, sondern auch Frankreich, Italien und Spanien durch den Beitritt zu einer halb garen gemeinsamen Währung viel zu verlieren hatten. »Es ist, als würden wir bei einem Auto die Stoßdämpfer entfernen und dann direkt in das tiefste Schlagloch steuern«, sagte ich, aber meine Worte gingen in der Dämmschicht ihrer Gewissheiten unter. »Es ist, als wäre man mit einem kleinen Kahn auf einem ruhigen, majestätischen Ozean unterwegs in dem Wissen, dass er für stürmisches Wetter nicht ausgelegt ist.« Auch diese Metapher wurde gleichgültig aufgenommen. Der Reiz des Euros überstrahlte auch die vernünftigsten ökonomischen Argumente.

Manche werden vielleicht sagen, dieser Idealismus beweise die Vorzüge Europas. Sie irren sich. Dem Totalitarismus liegen Ideologien zugrunde, die der Vernunft unzugänglich und perfekt in der Lage sind, absolut vernünftige Menschen in ihren Bann zu schlagen. István Szabós Film *Mephisto* ist vielleicht die beste Darstellung, wie ein kluger Verstand von einer totalitären, finsteren Ideologie okkupiert wird. Als der Protagonist, gespielt von Klaus Maria Brandauer, seine kritischen Fähigkeiten verliert, ersetzt er sie durch einen wachsenden Machthunger, den er mit der Beschwörung sinnloser Gewissheiten bemäntelt. Meine Gespräche mit Freunden Ende der 1990er-Jahre stützten die Vermutung, dass in Europa etwas Ähnliches vor sich ging.

In der kultivierten Gesellschaft Europas wie bei meinen Freunden und Kollegen galten Zweifel am Funktionieren des neuen Europäischen Zentralbanksystems (bestehend aus der EZB und den nationalen Zentralbanken aller Mitgliedstaaten der EU) als »antieuropäisch«. Die Unterwerfung unter die Agenda der Eliten, die Kürzungen bei Löhnen vorsah und Brüssel automatisch das Recht zusprach, bei genuin politischen Fragen die Antworten zu diktieren, wurde als »Modernisierung« deklariert. »Europäisches Bewusstsein« wurde zum Synonym dafür, die Rolle der nationalen Parlamente auf das Abstempeln von Beschlüssen zu reduzieren und die Schwachen der überlegenen Meinung der Starken unterzuordnen. Selbstzerstörerische Austerität als einziges makroökonomisches politisches Instrument war auf einmal »gesunder Menschenverstand«. Und so weiter.

Die durchschnittlichen Menschen, denen der Gedanke gefiel, eine gemeinsame Währung mit anderen Europäern zu haben als erster Schritt zu einem sagenumwobenen Bundesstaat, konnten nicht ahnen, dass sie als Erste auf dem Altar der hirnverbrannten Art und Weise, wie Europa mit der unvermeidlichen Eurokrise umging, geopfert werden sollten. Aber ihre gewählten Repräsentanten hatten keine solche Entschuldigung, außer dass sie zu sehr damit beschäftigt waren, die enorme diskursive Macht und die materiellen Belohnungen untereinander aufzuteilen, die das Projekt Euro den vielen Tausend Bürokraten und Administratoren bescherte, die an seiner Entstehung mitgewirkt hatten.

Margaret Thatcher hatte gefürchtet, mit dem Euro könnte sich durch die Hintertür ein Bundesstaat einschleichen. Wenn sie nur recht gehabt hätte! Aber wenn der Euro ein Trojanisches Pferd war, dann verbarg er in seinem Bauch etwas viel weniger Heroisches: eine ratlose, ineffiziente Bürokratie mit ihren eigenen mystischen Überzeugungen, die unermüdlich für Politiker arbeitete, die *ad infinitum* nicht durchsetzbare Regeln rezitierten. Die Demokratie ist eine zu empfindliche Blume, um solche Tristesse zu überleben.

KAPITEL 6

Die Umkehralchemisten

Als der Eiserne Vorhang fiel, fing ein Kinofilm sehr schön die emotionalen Folgen der Teilung Europas in der Nachkriegszeit ein, brachte aber auch unterschwellige Angst vor der Veränderung der Europäischen Union zum Ausdruck. Ich meine Krzysztof Kieślowskis Film *Die zwei Leben der Veronika* (1991).

Kieślowskis dramaturgischer Kniff war das überwältigende Band zwischen zwei identisch aussehenden Fremden, Weronika in Polen und Véronique in Frankreich, beide gespielt von Irène Jacob. Ihre Wege kreuzen sich nur einmal, als Europa kurz vor der Wiedervereinigung steht. Weronika ist auf dem Heimweg, überglücklich, weil sie gerade zum Vorsingen für eine wichtige Rolle eingeladen wurde. Auf dem Hauptplatz von Krakau gerät sie in eine Demonstration. Ein Demonstrant trifft versehentlich ihre Tasche, und ihre Noten rutschen heraus. Beim Aufheben sieht sie Véronique, die gerade in einen Touristenbus einsteigt. Die Blicke der beiden Frauen treffen sich für den Bruchteil einer Sekunde. Nach dem erfolgreichen Vorsingen bekommt Weronika die Rolle, aber als sie in der Premiere ihr Bestes gibt, bricht sie zusammen und stirbt auf der Bühne. Genau in diesem Augenblick wird Véronique in Paris von tiefer, unerklärlicher Trauer überwältigt.

Véroniques emotionale und musikalische Verbundenheit mit ihrer polnischen Doppelgängerin (sie lieben die gleiche Art von Musik) und die radikale Abwesenheit, die sie nach Weronikas Tod empfindet, symbolisieren die Solidarität und kulturell-spirituelle Verbindung zwischen den Westeuropäern und den Menschen hinter dem Eisernen Vorhang und auch mit den Südeuropäern in Griechenland, Spanien und Portugal, die erst Mitte der 1970er-Jahre vom Faschismus erlöst wurden. Filme wie *Veronika* versinnbildlichen eine kulturelle Einheit Europas, die die gewaltsamen Spaltungen nicht nur überlebt hat, sondern unterdessen noch fester geworden ist. Sie sind auch Teil des kulturellen Schaffens, das dazu beitrug, die Idee einer gemeinsamen europäischen Währung voranzutreiben.

Als die Grenzen an Bedeutung verloren und der gemeinsame Markt triumphierte, wurde die Vertiefung der Einheit synonym mit der Währungsunion, deren Anfänge bis ins Jahr 1972 und zu der unglückseligen Schlange zurückreichen. Aus den Anfängen ging die Übereinkunft zwischen Giscard und Schmidt über das EWS 1978 hervor, und 1993 nahm die Währungsunion unter der festen Führung von Mitterrand und Kohl ihre endgültige Gestalt an. Die bittere Ironie dabei ist, wie die Gegenwart zeigt, dass der neue Impuls in Richtung europäischer Einheit das Gegenteil bewirkte und mehr Unfrieden brachte, als es je gegeben hatte.

Heute würde Weronika vielleicht einen Plattenvertrag in Paris oder London bekommen, aber ihre Musik würde homogenisiert auf einem europäischen Markt für Musik und Kunst, der keine Grenzen kennt und kein Kernland besitzt. Statt durch Melodie, Emotion, Schuld und Kultur verbunden zu sein, würde Véronique und Weronika heute ein Vertrag verbinden, ausgearbeitet von einer global agierenden Anwaltskanzlei. Véronique würde sich womöglich Sorgen machen, dass Weronika nach Paris kommen und ihr den Job wegnehmen könnte. In unserer heutigen harten Welt ist kein Raum mehr für Filme, die wie Kieślowskis *Veronika* die Einheit Europas romantisieren.

In früheren Jahrhunderten vermittelte die Alchemie einen grenzenlosen Optimismus, dass Blei sich irgendwie in Gold verwandeln ließe – dass aus etwas ganz Banalem etwas Wertvolles gemacht werden könnte. Bevor Europa sich auf den Gleitweg zur gemeinsamen Währung begab, erschien die Europäische Union als eine wertvolle Quelle der Hoffnung, als leuchtendes Ziel, das Träume anzog. Aber dann kamen die Umkehralchemisten. Sie wollten die großartigen Chancen auf Profit und Macht nutzen, die die Torheit, Europas Geld zu entpolitisieren, ihnen bot, und machten sich daran, systematisch, wenn auch unwissentlich, Europas Gold in Blei zu verwandeln.

Im Rausch

Franz hat fünfundzwanzig Jahre für eine große deutsche Bank gearbeitet. Im November 2011 saßen wir auf einem Langstreckenflug von Frankfurt nach New York nebeneinander. In den ersten zwei Stunden nickten wir uns nur ein paarmal zu und schwiegen ansonsten, wie es bei Fremden typisch ist, aber dann entspann sich ein Gespräch über die Eurokrise, die ein Jahr zuvor in Griechenland begonnen hatte. Nach wenigen Minuten vertraute Franz mir an, dass die »guten« Jahre des Euros – damit meinte er die Zeit von Ende der 1990er-Jahre bis kurz vor 2008 – für ihn die schlimmsten seines Lebens gewesen waren.

Vor 1998 hatten Flüge in alle europäischen Hauptstädte zu seinem Job gehört. Dort bewertete er die Kreditwürdigkeit von Staaten, lokalen Körperschaften, öffentlichen Versorgungsbetrieben, Baufirmen, lokalen Banken und großen Unternehmen. Potenzielle Kreditnehmer luden ihn in die schicksten Restaurants ein, stellten ihm in langen Präsentationen ihre Businesspläne vor, streichelten sein Ego, gingen mit ihm in die Oper, legten eine Mischung aus Beflissenheit und Gönnerhaftigkeit an den Tag und, besonders wichtig, gaben sich alle Mühe, ihre Kreditwürdigkeit unter Beweis zu stellen. Franz blieb unverbindlich, flog zurück nach Frankfurt, und in einer ruhigen Stunde schaute er sich die Daten und Dokumente an, die er mitgebracht hatte, um eine Entscheidung zu treffen, wer wie viel Geld von seiner Bank bekommen würde. »Vor dem Euro«, sagte er zu mir, »fühlte ich mich wie der König.«

Die Dinge änderten sich abrupt, als die Märkte realisierten, dass der Euro kommen würde und dass sogar Griechenland dabei sein würde. Um 1998 verwandelte sich Franz' angenehmes Leben schlagartig in einen Albtraum. Seine Chefs übten gnadenlos Druck auf ihn aus. »Geld verleihen, was das Zeug hält!«, lautete ihr neues Credo. Aus dem entspannten Verteiler von knappem Geld wurde ein von Angst getriebener, überbezahlter Proletarier. Er hatte pro Woche eine bestimmte Anzahl von Krediten zu vergeben, egal, wie kreditwürdig seine Kunden waren, und verlor damit den Entscheidungsspielraum, der ihm zuvor erlaubt hatte, sich wichtig zu fühlen.

Die immensen Bonuszahlungen, wenn er seine Kreditziele übererfüllte, seien keine Entschädigung gewesen, das betonte er, für die Tatsache, dass seine Kunden bald begriffen hätten, dass er nicht mehr der Boss war: Sie waren der Boss. Als die spanischen Unternehmer, irischen Baufirmen, griechischen Banker und italienischen Industriellen erkannten, unter welchem Druck Franz stand, ihnen Geld zu leihen, änderte sich ihr Auftreten. Sie wurden immer dreister, je mehr seine Vorgesetzten drängten und forderten, noch mehr Geld unter die Leute zu bringen, das in ihren Frankfurter Safes lag. Eine Zeit lang versuchte Franz, die Vorstandsmitglieder der Bank davor zu warnen, was passieren würde, wenn sie zweifelhaften Kunden Geld liehen, die sie noch vor nicht allzu langer Zeit nicht einmal mit der Kneifzange angefasst hätten. Seine Berichte wurden einfach ignoriert, und er spürte, wie die Körpersprache seiner Vorgesetzten bei jedem Besuch in Frankfurt kalte Missbilligung ausdrückte. Bald war ihm klar, dass seine Berichte nicht zu den Businessplänen des höheren Managements passten. Er lief Gefahr, als illoyaler und unzuverlässiger Mitarbeiter abgestempelt zu werden.

In Strategiesitzungen, in denen die neue Logik des höheren Managements propagiert wurde, stellten Franz und seine Kollegen fest, dass sich ihre Stellenbeschreibungen dramatisch verändert hatten. Sie sollten nicht länger Kunden bewerten. Für Risikobewertung und Risikomanagement waren sie nicht mehr zuständig. Sie sollten Kredite verhökern und ihre Vorgaben erfüllen so ähnlich wie Vertreter, die Staubsauger verkaufen, und ihre Bonuszahlungen hingen davon ab, wie viele Einheiten sie umsetzten.

»Aber was ist mit den Risiken?«, habe er einmal gefragt, erzählte mir Franz. Anders als die Staubsauger, die der Verkäufer einfach vergessen kann, wenn sie bei den Kunden angekommen sind, haben Kredite die hässliche Eigenschaft, dass sie den Lieferanten wieder einholen. Man hatte Bankern wie Franz das Gefühl vermittelt, wichtig zu sein, weil sie dafür verantwortlich waren, bei jedem Kredit, den sie gewährten, das Risiko einzuschätzen. Daraus bezogen sie ihr Renommee, ihr Gefühl, bedeutend zu sein, ihren Sexappeal. Und nun hatte eine neue Arbeitsteilung im Bankwesen all das zerstört.

Menschen wie Franz wurden angewiesen, nicht auf Risiken zu achten. »Überlass das Risiko unseren Risikomanagern«, sagte man ihnen. »Dein Job ist es, für Rendite zu sorgen[1] und möglichst viel Geld zu verleihen.« Wenn ein Kunde unterschrieben hatte und von Franz einen Kredit bekam, wurde der Vertrag sofort an die Risikomanager weitergereicht, die ein Verfahren durchführten, das man an der Wall Street entwickelt hatte. Genau wie in den Vereinigten Staaten wurden Franz' Kredite in kleine Scheiben geschnitten und mit Scheiben anderer Kredite vermischt, dann zu neuen »Produkten« zusammengeschnürt, den Derivaten, und an andere Finanzinstitute weltweit verkauft. Und so wurde das Risiko, das Franz geschaffen hatte, indem er an unzuverlässige Europäer Geld verlieh, vermeintlich auf den riesigen Archipel der weltweiten »risikolosen« Geschäfte mit Risiken verschoben.[2]

Franz' neue Arbeitsbedingungen waren ganz eindeutig keine Besonderheit der Banken in der Eurozone. Sie waren an der Wall Street entstanden als Folge des Finanzkapitalismus, der auf dem Rücken des amerikanischen Minotaurus errichtet worden war. Von der Wall Street gelangten sie in die Londoner City und nach Frankfurt und Paris. Franz' Situation unterschied sich von der seiner Kollegen in der Anglosphäre durch einen speziellen Rausch bei der Jagd nach Rendite im Euroraum.

Im Vertrag von Maastricht aus dem Jahr 1993 hieß es, die Währungsunion werde für immer Bestand haben. Um diesen Gedanken zu untermauern, definierte der Vertrag Bedingungen für den Beitritt zum Euro, aber keine Regeln für den Austritt. Damit wurde die Hotel-California-Klausel im europäischen Recht festgeschrieben. Sobald die Finanzmärkte daran glaubten, dass niemand jemals die Eurozone verlassen würde, entdeckten deutsche und französische Banker irische und griechische Kreditnehmer als gleichermaßen kreditwürdig wie deutsche Kunden. Das war einleuchtend. Warum sollten portugiesische, österreichische und maltesische Kreditnehmer anders behandelt werden, wenn sie alle ihr Einkommen in Euro bezogen? Und wenn das Risiko, das mit der Kreditvergabe an bestimmte Einzelpersonen, Unternehmen oder Staaten verbunden war, keine Rolle spielte, weil die Kredite gleich nach Unterzeichnung des Vertrags im gesamten bekannten Universum verteilt wurden, warum sollte man dann potenzielle Schuldner aus der Eurozone nicht gleich behandeln?

Nun verdienten die Griechen und die Italiener Geld, das gegenüber der D-Mark nie wieder abgewertet werden konnte, und damit machte es für die deutschen und französischen Banken keinen Unterschied, ob sie ihnen oder einem Holländer oder Deutschen einen Kredit gaben. Tatsächlich war es seit Einführung des Euros lukrativer, Einzelpersonen, Unternehmen und Banken in Defizitländern Kredit zu geben als deutschen oder österreichischen Kunden. Denn in Regionen wie Griechenland, Spanien und Süditalien war die private Verschuldung extrem gering. Die Menschen waren allgemein ärmer als die Nordeuropäer, lebten in bescheideneren Wohnungen, fuhren ältere Autos und so weiter, aber die Wohnungen gehörten ihnen, die Autos waren nicht auf Kredit gekauft, und sie hatten im Allgemeinen eine tief sitzende Abneigung gegen Schulden, wie sie häufig anzutreffen ist, wenn die Erinnerung an Armut noch sehr präsent ist. Banker lieben Kunden, die wenig Schulden haben, dafür aber ein paar Sicherheiten in Form eines Bauernhauses oder einer Wohnung in Neapel, Athen oder Andalusien. Als die Angst vor einer Abwertung der Lira, der Drachme oder der Peseta vorbei war, wurden die Menschen in diesen Ländern zu den Kunden, die Franz aufs Korn nehmen sollte.

Franz gab sich Mühe, lebhaft zu schildern, wie plötzlich und gewaltsam sich seine Bank auf die europäische Peripherie gestürzt hatte. Ihr neuer Businessplan war glasklar: Sie wollte ein größeres Stück vom Markt der Eurozone als die anderen Banken, vor allem die französischen, die bei der Kreditvergabe kein Halten mehr kannten. Das bedeutete: mehr Kredite in Defizitländern vergeben, weil das den Bankern dreifach Vorteile bot.

Erstens ließ der geringe Grad der privaten Verschuldung reichlich

Spielraum für weitere Kredite. Bei überschlägigen Rechnungen lief den deutschen und französischen Bankern das Wasser im Mund zusammen, wie viel Raum für Kredite in den Mittelmeerländern, in Portugal und Irland war. Im Gegensatz zu britischen und holländischen Kunden, die bis über beide Ohren in Hypothekenschulden steckten und sich kaum noch weiteres Geld leihen konnten, konnten griechische und spanische Kunden ohne Weiteres ihre Kreditaufnahme vervierfachen, weil sie bislang so wenig Schulden hatten. Zweitens waren die Exporte der Überschussländer in die Defizitländer, die nun dem Euro angehörten, nicht mehr durch Abwertungen der einstigen schwächeren Währungen gefährdet. Die Banker witterten eine Goldgrube: Ihre immer neuen Kredite an Defizitländer verhießen mehr Wachstum zu Hause, und das rechtfertigte die neuen Kredite an die Defizitländer. Drittens begeisterten die deutschen Banker die großen Differenzen bei den Zinssätzen, die sie deutschen Kunden berechnen konnten, und den geltenden Zinsen zum Beispiel in Griechenland. Diese tiefe Kluft war eine direkte Folge der Ungleichgewichte im Handel. Ein großer Handelsbilanzüberschuss bedeutet, dass Autos und Waschmaschinen von den Überschussländern in die Defizitländer wandern und das Geld in die umgekehrte Richtung fließt. Die Überschussländer werden von »Liquidität« überschwemmt, von Geld, das sich proportional zu den Nettoexporten an ihre Handelspartner ansammelt. Wenn das Geld bei den Banken der Überschussländer immer mehr wird – in Frankfurt, um präzise zu sein –, ist es leichter verfügbar, und damit wird die Kreditaufnahme billiger. Mit anderen Worten, der Preis des Geldes sinkt. Und was ist der Preis des Geldes? Der Zinssatz! Deshalb lagen die Zinssätze in Deutschland weit unter denen in Griechenland, Spanien und anderen Ländern, von wo Geld abfloss, weil die Griechen und Spanier immer mehr Volkswagen kauften, was den Europreis im Süden in die Höhe trieb.[3]

Die wachsende Kluft der Zinssätze zwischen den Kernländern der Eurozone und der Peripherie hatte Franz' Leben ruiniert, denn seine Aufgabe war es, Geld dort zu verleihen, wo er die höchsten Zinsen kassieren konnte – der Rendite hinterherzujagen. Die Einführung des Euros hatte den deutschen Banken unerwartet Unmengen von Liquidität beschert, die Männer wie Franz dann auf Druck ihrer Bosse in jeden Winkel der Defizitländer reexportieren mussten – Länder, für die bisher eine geringe Verschuldung typisch gewesen war. Franz' Mission lautete, die Schulden in den Defizitländern in die Höhe zu treiben, damit seine Bank die hohen Gewinne einstreichen konnte, die die Kluft zwischen den Zinssätzen der schwächeren und der stärkeren Mitglieder der Eurozone ihr einbrachte.

Um das richtig große Geld ging es bei den Staatsschulden – der Kreditaufnahme von Regierungen. Selbst eine kleine Differenz bei den Zinsen, die Banker dem griechischen Staat und im Vergleich dazu der deutschen Regierung in Rechnung stellten, war eine Lizenz zum Gelddrucken. Solange man annehmen konnte, dass die Währungsunion für immer Bestand haben würde, sorgten diese Differenzen bei den Zinssätzen – auch als »Spread« bezeichnet – dafür, dass ein Banker, der Geld in Deutschland oder Frankreich lieh (zu, sagen wir, 3,5 Prozent) und es als Kredit an den griechischen Staat (zu, sagen wir, 4 Prozent) weiterverlieh, risikolos Geld verdiente. Wie viel? Die Differenz zwischen den beiden Zinssätzen (in dem Fall 0,5 Prozent) mal den Betrag, den die griechische Regierung bekommen hatte. Aber je mehr Geld der griechischen Regierung (oder auch den irischen Banken) geliehen wurde, desto geringer war der Spread[4] und desto mehr Kredite mussten die Banken deshalb vergeben, um weiter ihre Gewinne zu machen. »Rausch« ist wahrscheinlich noch ein zu harmloser Begriff für das, was da passierte.

»Ich war ein Kredithai«, sagte Franz, als unser Flugzeug zur Landung ansetzte. Wir holten unser Handgepäck und steuerten auf den Zoll zu. Als Franz mir zum Abschied die Hand schüttelte, meinte er: »Griechenland war unser Markt für Ramschpapiere. Viel Glück, mein Freund.« Damals ahnten wir beide nicht, dass ich vier Jahre später verzweifelt versuchen würde, meinen Finanzministerkollegen klarzumachen, dass Griechenlands Schulden, die es niemals würde zurückzahlen können, ein Symptom dafür waren, dass in der Eurozone alle den Verstand verloren hatten.

Es ist September 2008. Dick Fuld, der letzte CEO von Lehman Brothers, bittet den amerikanischen Finanzminister Hank Paulson um eine gigantische Kreditlinie, um Lehman zu retten. Paulson lehnt das bekanntlich ab. Fuld solle andere Investmentbanker fragen, ob sie Lehman ein paar der schlechten Geschäfte abnehmen könnten. Aber das sei schon alles: keine Rettung:»Melden Sie Insolvenz an, wenn es nicht anders geht.«

Stellen wir uns einen etwas anderen, vollkommen fiktiven Austausch vor, in dem der Finanzminister Fuld sagen würde:»Keine Rettung für Sie, und Sie dürfen nicht Insolvenz anmelden!« Was? Natürlich kann ein Verantwortlicher nicht von einem bankrotten Institut verlangen, dass es nicht Insolvenz anmeldet, während er ihm gleichzeitig die Rettung verweigert. So etwas konnte nicht passieren. Nur dass es tatsächlich passiert ist. Natürlich nicht in den Vereinigten Staaten, sondern achtzehn Monate später in Europa.

Gegen Ende des Jahres 2009 deuteten für den frisch gewählten griechischen Ministerpräsidenten Giorgos Papandreou alle Zeichen darauf hin, dass es um Griechenland genauso stand wie um Lehman Brothers. Im Januar 2010 gab es keine Zweifel mehr: Der griechische Staat hatte keine Möglichkeit, seine gigantischen Schulden von über 300 Milliarden Euro zu bedienen. Eingesperrt in der Eurozone, besaß Griechenland keine Drachme mehr, die es hätte abwerten können, und keine griechische Zentralbank, die hätte helfen können. Papandreou suchte verzweifelt Hilfe, bevor die Finanzmärkte und die Bürger sich der Situation voll bewusst wurden, und wandte sich an Griechenlands europäische Partner. Vor allem zwei Personen waren in der Lage, auf seinen verzweifelten Hilferuf zu reagieren: die deutsche Kanzlerin Angela Merkel und Jean-Claude Trichet, der Franzose an der Spitze der Europäischen Zentralbank, der so sehr darauf bedacht war, die Fiktion der französischen Eliten zu erhalten, dass Frankreich und Deutschland mit einer Stimme sprachen und bei Währungsangelegenheiten an einem Strang zogen.

Merkels Antwort, der Trichet begeistert beipflichtete, wird in die Geschichte eingehen: *Nein* zur Rettung Griechenlands, *Nein* zu Erleichterungen bei den Zinssätzen,[5] und, höchst verblüffend, *Nein* zu einem Bankrott Griechenlands, wie ihn Lehman Brothers vorgemacht hatte. Nie wurde eine Ablehnung entschlossener und nachdrücklicher vorgebracht. Der politische Führer eines bankrotten Landes, dessen Währung in Frankfurt ausgegeben und von Monsieur Trichet kontrolliert wurde, wurde von der deutschen Kanzlerin angewiesen, nicht einmal daran zu denken, den Bankrott seines Landes zu erklären, und gleichzeitig verweigerte man ihm jede Hilfe.

Der Vergleich von Griechenland und Lehman ist in mehr als einer Hinsicht gerechtfertigt, obwohl das eine ein Land ist und das andere eine Geschäftsbank war. Lehman wie Griechenland mussten unweigerlich zusammenbrechen, sobald der Finanzkapitalismus in Schwierigkeiten geriet. Der Finanzkapitalismus hatte die Aufgabe, den gewaltigen Appetit des amerikanischen Minotaurus auf die Exporte und das Geld der Überschussländer zu stillen, und musste unvermeidlich einen herben Rückschlag erleiden, sobald die Berge von Derivaten, die er aufgebaut hatte, eine kritische Höhe erreicht hatten. Wie ein Teufelskreis, der ohne Vorwarnung einsetzt, verschwanden Kredit und Geld aus den amerikanischen und europäischen Finanzkreisläufen. Ohne die Unmengen von Privatgeld, die die Banker täglich herbeigezaubert hatten, mussten die Institute mit der größten Schuldenlast als Erste zusammenbrechen. Lehman Brothers und Griechenland waren vielleicht die berühmtesten Fälle, aber unterhalb der Schlagzeilen und hinter den tragischen Gestalten Richard Fuld und Giorgos Papandreou lief etwas Größeres und viel Schlimmeres ab: Die Gewissheiten, auf denen man die Eurozone errichtet hatte, waren dabei, sich als Illusionen zu erweisen. Das dreifache *Nein* der deutschen Bundeskanzlerin an Ministerpräsident Papandreou brachte zum Ausdruck, mit welcher Entschlossenheit das europäische Establishment die Wahrheit über die Eurozone verleugnete: dass sie von allen global wichtigen Makroökonomien am wenigsten darauf vorbereitet war, die Schockwellen dieses dramatischen *fin de siècle* zu parieren.

Tricks

Das Kartenhaus des Finanz- oder besser Kasinokapitalismus (oder die Derivate, um präzise zu sein) sackte 2007 unter dem Gewicht seiner Hybris langsam zusammen. Als weniger Privatgeld gedruckt wurde, weil die Banker den jeweiligen Papiererzeugnissen nicht mehr trauten, trocknete nahezu überall die Liquidität rasch aus. Das erste Opfer war die britische Bank Northern Rock, und kurz darauf wurde das erste Institut, die amerikanische Investmentbank Bear Stearns, von den Steuerzahlern gerettet. Amerikanische Verantwortliche wie Hank Paulson, der Fed-Vorsitzende Ben Bernanke und der Präsident der Fed von New York, Timothy Geithner, entfalteten hektische Aktivitäten, um eine Ansteckung zu verhindern. Im Lauf des nächsten Jahres erlaubten sie die Produktion von so viel öffentlichem Geld, wie nötig schien, um das Privatgeld zu ersetzen, das aus dem System verschwand. Aber wie viele ihrer Banker-Freunde sollten sie retten und wen sollten sie dem Wüten der Marktkräfte überlassen? Im September 2008 entschieden sie sich für eine abgestufte Antwort.

Sie würden eine Bank fallen lassen, Lehman, als Lektion für die anderen Banker und als Signal an das amerikanische Volk, dass seine öffentlichen Repräsentanten nicht komplett von den Bankern beherrscht wurden. Unterdessen bereiteten sie die Rettung aller anderen Finanzinstitute vor, sobald die Insolvenz von Lehman abgewickelt sein würde. Das Ergebnis war der größte Transfer privater Verluste von den Banken zum Staat, der je stattfand.

Die Turbulenzen der Wall Street sprangen sofort auf die City of London über, und mit der finanziellen Dominanz der Anglosphäre war es schlagartig vorbei. Verantwortliche in Brüssel, Paris, Frankfurt und Berlin freuten sich, dass die Anglos, die ihnen immer Vorträge über die Instabilität der europäischen Währungsunion und ihre soziale Marktwirtschaft gehalten hatten, ihre wohlverdiente Strafe bekommen hatten. Ihre Freude währte so lange, bis sie erkannten, dass die deutschen und französischen Banken noch viel schlechter dastanden als Lehman

Brothers, weil ihre Bücher von amerikanischen Derivaten überquollen, die 99 Prozent ihres Werts verloren hatten.

Die deutsche Bundesregierung geriet in Panik. Der Bundestag wurde 2009 mit Tricks dazu gebracht, 500 Milliarden Euro an Krediten und Transferzahlungen für die Rettung deutscher Banken bereitzustellen. Ähnlich lief es in Frankreich, wo die vier größten Finanzinstitute am Abgrund standen. Den Parlamentariern in beiden Ländern erklärte man unmissverständlich: Spuckt unfassbare Summen für die Banken aus, oder es ist vorbei mit der Welt, wie ihr sie kennt.

Und so kam es, dass Politiker, die mit ein paar Millionen Euro knauserten, die für Renten, Gesundheit oder Bildung hätten ausgegeben werden sollen, ihren Regierungen *carte blanche* gaben, um Bankern, die bisher in Liquidität geschwommen hatten, Hunderte Milliarden zuzuschieben. Das half den deutschen und französischen Banken, den Kollaps ihrer törichten Derivategeschäfte zu überleben. Doch es drohte noch ein weiteres Verhängnis: Die Kredite, die Banker wie Franz den Defizitregionen der Eurozone gewährt hatten, reichten aus, diese Länder in den Bankrott zu schicken, wenn die irischen, spanischen und griechischen Banken nicht mehr zahlen konnten. Bevor die Tinte auf den ersten Vereinbarungen getrocknet war, musste schon ein zweiter Rettungsplan vorbereitet werden: als Hilfsmaßnahme für die Banker in den Defizitländern, deren Regierungen es sich nicht leisten konnten, sie zu retten.

Weil die Regierungen von Frankreich und Deutschland nicht schon wieder zu ihren Parlamenten gehen und um neues Geld für irische, italienische, spanische und griechische Banken bitten wollten, wurde die Aufgabe an die Europäische Zentralbank (EZB) weitergereicht. Die EZB mit ihrem Präsidenten Jean-Claude Trichet hatte nicht die Befugnisse, die eine richtige Zentralbank haben muss, deshalb erlaubte sie den Banken der Eurozone, etwas bemerkenswert Riskantes zu tun: Schuldscheine auszustellen, die vermutlich niemand kaufen wollte[6] (da die Banken insolvent waren), diese Schuldscheine den Finanzministern ihrer Regierungen zu geben, die Minister dazu zu bringen, dass sie eine staatliche Garantie auf die Schuldscheine stempelten (von der alle wussten, dass der Staat sie niemals einhalten konnte), und schließlich diese Schuldscheine als Sicherheiten bei der EZB zu hinterlegen, die im Gegenzug Geld schuf, um es an die Banken zu verleihen.

Die Zentralbank der Eurozone, die nach den Regeln des Vertrags von Maastricht Mitgliedstaaten und insolventen Banken kein Geld leihen durfte, lieh damit indirekt der Regierung jedes Defizitlands so viel Geld, wie dessen insolvente Banken brauchten, um behaupten zu können, dass sie nicht insolvent waren.[7] Die Banken taten so, als seien sie solvent, die Defizitländer taten so, als hätten sie das Geld, um die Zahlungsfähigkeit ihrer Banken zu gewährleisten, und die EZB tat so, als wären diese traurigen Paare – insolvente Banken und insolvente Staaten – absolut zahlungsfähig und könnten deshalb nach den Regeln der EZB-Satzung zu Recht Liquidität von der EZB bekommen.

Das seltsamste Ritual, das ich in meiner fünfmonatigen Amtszeit als griechischer Finanzminister in der ersten Hälfte des Jahres 2015 über mich ergehen lassen musste, war dieser Schwindel, beinahe acht Jahre nachdem man ihn erfunden hatte. Mein wichtigster Mitarbeiter und guter Freund Wassily Kafouros kam in mein Büro und brachte Verträge, wonach mein Ministerium und damit der griechische Staat Schuldscheine im Namen griechischer Banken abstempeln sollte. Wassily, der meine Abneigung gegen dieses Arrangement kannte, sprach das Thema sehr vorsichtig an und nur zu Zeiten, die er relativ stressfrei fand. Wir beide zitterten vor Wut angesichts der traurigen Tatsache, dass meine Unterschriften irgendwann für über 50 Milliarden Euro privater Bankschulden bürgen würden, während unser Staat nicht einmal ein paar Hundert Millionen Euro zusammenkratzen konnte, um unsere Krankenhäuser und Schulen am Laufen zu halten und den Rentnern ihre Renten auszuzahlen.

Dass ich Woche für Woche meine Unterschrift unter solche Papiere setzte, war wohl das Seltsamste und zugleich das Hässlichste, was ich tun musste. Der nächste Konkurrent um den Preis für »Meine unangenehmste Pflicht als Minister« war die obligatorische Wiederholung der Lüge, die griechischen Banken seien zahlungsfähig und die Regierung werde all ihren Verpflichtungen gegenüber ihren sämtlichen Gläubigern nachkommen, einschließlich der Garantien, die ich da unterzeichnete in dem vollen Bewusstsein, dass ich sie nicht würde einhalten können, wenn sie fällig wurden. Mein einziger Trost war, dass es nicht nur mir so ging: Die Finanzminister der Eurozone und Zentralbanker auf dem ganzen Kontinent trieben seit den turbulenten Tagen im Herbst 2008 dieses verlogene Spiel.[8]

Verleugnung

Der Grund, warum Griechenland als erstes Land der Eurozone offenkundig bankrottging, war ganz einfach. Von dem Augenblick an, als es so aussah, als wäre die Drachme Geschichte und Griechenlands Platz in der Eurozone sicher, waren Banker wie Franz in einen regelrechten Kreditvergaberausch geraten; die Gründe dafür hatte er mir auf unserem gemeinsamen Flug nach New York so lebhaft geschildert.

Einen Teil der Geschichte hatte Franz weggelassen, vielleicht weil ihm dessen Bedeutung nicht klar war: die Arbeitsmarktreformen, bekannt als Hartz-Reformen[9], die die deutsche Bundesregierung einleitete, sobald die Euronoten zirkulierten. Zu einer Zeit, da die Vereinigten Staaten das Wachstumstempo vorgaben, sollten diese Reformen die deutschen Exporte und ihre Wettbewerbsfähigkeit stärken, indem sie die Nettolöhne der deutschen Arbeitnehmer signifikant verringerten, einmal durch Kürzung der Stundenlöhne und dann, indem sie viele Arbeitnehmer in sogenannte Minijobs drängten.[10]

Das Ergebnis war, dass die deutschen Arbeitnehmer sich die Waren nicht mehr leisten konnten, die sie produzierten, weil ihr Anteil an den Gewinnen der Arbeitgeber sank. Da die einheimische Nachfrage fehlte, flossen deutsche Überschussprodukte nach Irland, Griechenland und Spanien. Dort wurde die Nachfrage nach diesen Produkten durch die Kredite gestützt, die Franz und seine Kollegen bei den Frankfurter Banken in die europäische Peripherie geschaufelt hatten – Geld, das von den sprudelnden Gewinnen der deutschen Unternehmen stammte. Die Folge dieses Exports deutscher Waren und deutscher Gewinne in die übrige Eurozone waren schuldengetriebene jährliche Wachstumsraten von 5 Prozent in Griechenland und Irland. Damit standen diese fragilen, hoch verschuldeten Staaten wie Wirtschaftswunderländer da, während Deutschland nur mit einem mageren Prozent wuchs. Ist es deshalb verwunderlich, dass finanziell klamme deutsche Arbeitnehmer, die in den Sommermonaten nach Griechenland reisten, sich die Augen rieben, wenn sie dort einen steigenden Lebensstandard sahen, von dem sie nur träumen konnten? Und ist es überraschend, dass diese Verwirrung in Feindschaft gegen die griechischen, spanischen und italienischen Grillen umschlug, als die kreditgestützte Blase in Südeuropa platzte? Natürlich sahen die deutschen Touristen nicht, dass es in Griechenland viele hart arbeitende Ameisen gab, die in diesen Jahren mit den wundersamen Wachstumsraten um ihr Überleben kämpften. Arbeitern, die wenig verdienten, und Rentnern mit geringen Bezügen sagte man, sie hätten es noch nie so gut gehabt: Ihre Reallöhne und ihr Lebensstandard würden steigen. Nur leider merkten sie nichts davon. Und sie hatten recht.[11] Während es reichen Griechen, die dank Krediten deutscher und französischer Banken gut lebten, immer besser ging, gerieten immer mehr ärmere Griechen in eine Armutsfalle. In den guten Zeiten! Und als 2010 die schlechten Zeiten kamen, sagte man ihnen, sie seien verschwenderische Grillen gewesen und hätten die Krise verursacht, wofür sie nun die Zeche zahlen müssten.

Viele fragten: Erkannten die Verantwortlichen in Brüssel, Berlin und Athen denn nicht, dass die griechischen Staatsschulden (und der Lebensstil der reichen Griechen) nicht tragbar waren? Die verblüffende Antwortet lautet, dass sie es tatsächlich nicht erkannten, und zwar aus folgendem Grund. Wenn man sich die Staatsschulden eines Landes und das Bruttoinlandsprodukt als zwei wachsende Berge vorstellt, erscheinen die Schulden tragbar, solange der BIP-Berg stärker wächst als der Schuldenberg. Der Schuldenberg wächst automatisch, weil die Zinsen sich entsprechend dem Zinssatz dazuaddieren. In Griechenland waren die Zinsen dank der Schwemme ausländischer Kredite auf 3 Prozent gefallen. Gleichzeitig wuchs das BIP (gerechnet in Euro) viel schneller, mit 8 Prozent – 3 Prozentpunkte davon gingen auf steigende Preise zurück und 5 Prozentpunkte auf eine gesteigerte Produktion. Deshalb sah es so aus, als wären Griechenlands in der Tat beträchtliche Staatsschulden zu bewältigen, weil die Einkommen noch schneller anstiegen. Aber als die Ereignisse von 2008 eine Kreditklemme brachten, passierten zwei furchtbare Dinge auf einmal und zerstörten diese Illusion.

Erstens bedeutete das praktisch vollkommene Versiegen neuer Kredite, dass der griechische Staat seine Schulden nicht mehr refinanzieren konnte, außer er ließ sich darauf ein, den wenigen auf den Finanzmärkten verbliebenen risikobereiten Investoren Zinsen von über 10 Prozent zu bezahlen. Zweitens schrumpfte das griechische BIP infolge einer weltweiten Rezession, die den Tourismus bremste und die Einkommen der zahlreichen Griechen schmälerte, die schuldenfinanzierte Importe betrieben. Als die Wachstumsrate des Schuldbergs – der Zinssatz – von 3 Prozent auf 10 Prozent in die Höhe schoss und der BIP-Berg, statt weiter zu wachsen, zu schrumpfen begann (erst um 3 Prozent, dann um 5 Prozent), konnte man im Zusammenhang mit griechischen Staatsschulden nicht mehr von Tragfähigkeit sprechen.

Angesichts dieser brutalen Fakten war das dreifache *Nein* auf Giorgos Papandreous Bitte um Hilfe Anfang 2010 von niederschmetternder Dummheit. Es war so realistisch, als hätte man ihm gesagt, er solle Griechenland in eine andere Galaxie beamen, wo es möglich wäre, ohne Abwertung bankrott zu erklären, ohne Schuldenerleichterungen und ohne neue Kredite. Das dreifache *Nein* war ein reflexhafter Ausdruck von Europas Verleugnung, dass es in einer strukturellen Krise steckte. Europa hatte eine Währungsunion geschaffen mit Staaten ohne eine Zentralbank, die sie in Zeiten einer weltweiten Krise stützte, und mit einer Europäischen Zentralbank ohne einen Staat, der ihr den Rücken stärkte. Die Regeln von Maastricht waren einfach unmöglich einzuhalten.

Das dreifache *Nein* galt von Januar 2010 bis Mai desselben Jahres. Dann konnten Berlin und Frankfurt endlich nicht länger die Tatsache ignorieren, dass Griechenland wegen seiner Schulden gegenüber deutschen und französischen Banken am Rande des Bankrotts stand. An dem Punkt nahm Europas Verleugnung eine andere Form an: Sie wurde zur sogenannten Griechenlandrettung, die das Muster für den Umgang mit Dublin, Lissabon und Madrid abgeben sollte und seine Spuren in Rom hinterließ, auch in den Niederlanden und in Frankreich, und den ganzen Kontinent in eine neue Rezession trieb.[12] Der Kern des Deals, den man Griechenland anbot, war einfach: Da ihr jetzt insolvent seid, werden wir euch den größten Kredit aller Zeiten geben, unter der Bedingung, dass ihr euer BIP so schrumpft, wie man das seit den Früchten des Zorns nicht erlebt hat. Ein achtjähriges Kind hätte erkennen können, dass eine solche Rettung nicht gut ausgehen konnte.

Aber es war auch keine Rettung. Griechenland wurde nicht gerettet. Auch die anderen aus der Gruppe der europäischen »Schweine« – die PIIGS Portugal, Irland, Italien, Griechenland und Spanien – wurden nicht gerettet. Die Griechenlandrettung und dann die Rettung Irlands, Portugals und Spaniens retteten in erster Linie die französischen und deutschen Banken.

Indem die EZB ihre Regeln brach, um die Privatbanken der PIIGS durch die Ausgabe der erwähnten Schuldscheine zu retten, hatte sie Kanzlerin Merkel und Frankreichs Staatspräsident Nicolas Sarkozy ein bisschen Luft verschafft; sie mussten nicht gleich wieder vor ihre Abgeordneten treten und um mehr Steuerzahlergeld für deutsche und französische Banker bitten. Aber jetzt brauchte man noch viel mehr. Im Mai 2010 hatten griechische Staatsanleihen 82 Prozent ihres Werts verloren. Anders ausgedrückt: Eine Bank oder ein privater Investor, dem der griechische Staat 100 Euro schuldete, konnte diese Schuld nur noch für 18 Euro verkaufen. Das war eine Katastrophe für die französischen und deutschen Banken, denen Griechenland bis zu 200 Milliarden Euro schuldete. Darüber hinaus war es nur die Spitze eines riesigen Eisbergs. 2009 summierte sich die Risikoexposition deutscher Banken bei griechischen, irischen, spanischen, portugiesischen und italienischen Schulden auf schwindelerregende 704 Milliarden Euro.[13] Das war sehr, sehr viel mehr als das gesamte Eigenkapital des deutschen Bankensystems. Wenn Griechenland unterging und durch Ansteckung noch ein paar weitere Banken der Peripherie mit sich riss, waren die deutschen Banken erledigt.

Auf einmal musste Griechenland gerettet werden. Aber da der griechische Staat von den Kapitalmärkten abgeschnitten war, weil kein Investor, der bei Verstand war, der Regierung in Athen Geld leihen wollte, fürchteten die deutschen und französischen Banken das Schlimmste: Griechenland würde bankrottgehen müssen, und die Banken wären der Gunst der Regulierer ausgeliefert, deren Regeln besagten, dass ehrwürdige Institute wie BNP Paribas oder die Commerzbank Insolvenz erklären müssten. Eine weitere Rettung deutscher und französischer Banken war unumgänglich geworden, die zweite in weniger als zwei Jahren.

Da Kanzlerin Merkel und Präsident Sarkozy nicht noch einmal vor ihre Abgeordneten treten und um mehr Geld für ihre Kumpel in den Banken bitten wollten, taten sie das Zweitbeste: Sie traten vor ihre Abgeordneten und beschworen das hehre Prinzip der Solidarität mit Griechenland, dann mit Irland, dann mit Portugal und schließlich mit Spanien. Und so wurde Herr Papandreou gedrängt, den größten Kredit in der Geschichte anzunehmen, dessen Löwenanteil, über 91 Prozent, dafür draufging, französische und deutsche Banken zu stützen, indem man von ihnen Euroanleihen zum Kurs von 100 Euro zurückkaufte, deren Marktwert auf weniger als 20 Euro gefallen war.

Der zynische Trick, mit dem man Verluste in Höhe von Hunderten Milliarden Euro aus den Büchern französischer und deutscher Banken zu den europäischen Steuerzahlern verschob, wurde der Welt als Demonstration europäischer Solidarität präsentiert. Dieses Manöver war nicht nur zynisch, sondern bösartig, weil der Kredit für Griechenland nicht nur von französischen und deutschen Steuerzahlern kam, sondern auch von portugiesischen, slowakischen und irischen – von Steuerzahlern, deren Banken dabei nichts zu gewinnen hatten. Im Kern wurden die privaten Verluste französischer und deutscher Banken in der Eurozone verteilt und dabei die schwächsten Bürger der schwächsten Mitgliedsländer gezwungen, mit zu bezahlen.

Die Griechenlandrettung kam in den sechzehn Parlamenten, die darüber diskutierten, nicht gut an. Nationalisten und Antieuropäer ergriffen die Gelegenheit, ihre Regierungen abzukanzeln, dass sie es wagten, das Volk zu bitten, für die schlimmsten Grillen des Mittelmeerraums

Geld auszuspucken, während sie selbst seit 2008 unter einer Rezession litten. Hinter den Kulissen informierten die Regierungen sie, dass es bei der Griechenlandrettung um die Rettung ihrer eigenen Banken ging, aber die Chance, sich groß als Patrioten aufzuspielen, war einfach zu verlockend, als dass man sie vorübergehen lassen konnte. Sie wollten erst griechisches Blut sehen, bevor sie dem Deal zustimmten.

Der Kredit für Griechenland war an grausame Bedingungen geknüpft – Bedingungen, die erkennbar den schwächsten Griechen Schmerzen zufügten. Die Konditionalitäten, wie die Bedingungen hießen, liefen darauf hinaus, grundlegende soziale Absicherungen auszuhebeln, was von Vertretern der EZB, der Europäischen Kommission und des Internationalen Währungsfonds kontrolliert werden sollte.[14] Und so erblickte die Troika aus EZB, Europäischer Kommission und IWF das Licht der Welt. Sie bestand aus einer kleinen Gruppe von Gerichtsvollziehern, verkleidet als Technokraten, die Macht in einem Ausmaß besaßen, von dem Europas Regierungen nur träumen konnten. Mit jedem Kontrollbesuch der Troika erlitt der Traum vom gemeinsamen europäischen Wohlstand einen weiteren Rückschlag.

Fiskalisches Waterboarding

Dass ich 2010 den Begriff »fiskalisches Waterboarding« verwendet hatte, galt nach meiner Ernennung zum Finanzminister 2015 als Beweis, dass ich ein Provokateur war. Tatsächlich war es ein absolut angemessener und vernünftiger Begriff, um das Auftreten der Troika in Athen und anderswo zu beschreiben. Was bedeutet Waterboarding? Man nimmt einen Menschen, legt ihn auf den Rücken, breitet ein Tuch über Mund und Nase und übergießt es ständig mit Wasser, sodass er keine Luft mehr bekommt. Kurz bevor er stirbt, stoppt man, erlaubt dem Menschen ein paar qualvolle Atemzüge, und dann geht es weiter, so lange, bis er gesteht.

Fiskalisches Waterboarding ist offenkundig nicht physischer Natur, sondern fiskalischer. Aber der Gedanke dahinter ist der gleiche, und genau das passierte aufeinanderfolgenden griechischen Regierungen seit 2010. Statt Luft wurde den überschuldeten griechischen Regierungen die Liquidität genommen. Und zugleich verbot man ihnen, sich gegenüber ihren Gläubigern für zahlungsunfähig zu erklären. Man verlangte Zahlungen von ihnen, aber bis zum letzten Augenblick, bis kurz vor dem formellen Bankrott, wurde ihnen die Liquidität vorenthalten. Statt zu Geständnissen wurden sie gezwungen, weitere Kreditvereinbarungen zu unterzeichnen, die, wie sie wussten, die Krise verschlimmern würden. Die Troika gewährte ihnen gerade so viel Liquidität, dass es für die Rückzahlung an ihre Mitglieder reichte. Genau wie beim Waterboarding wurde die Liquidität so bemessen, dass Griechenland gerade noch weitermachen konnte, mehr nicht. Und die Folter ging immer weiter, während die Regierung komplett unter der Kontrolle der Troika stand.

Das ist fiskalisches Waterboarding, ich kann mir keine bessere und zutreffendere Bezeichnung für das denken, was seit 2010 geschieht. In meinen fünf Monaten im Finanzministerium konnte ich dieses höchst interessante Verfahren mit eigenen Augen beobachten. So etwa, als die Europäische Zentralbank es zuließ, den Zugang unserer Regierung zu Liquidität einzuschränken, indem sie Griechenlands Banken daran hinderte, griechische Staatsanleihen zu kaufen.

Natürlich ist Waterboarding eine schlechte Methode, um die Wahrheit herauszubekommen, weil die Opfer alles gestehen werden, was der Vernehmer hören will, nur damit die Folter aufhört. So war es auch beim fiskalischen Waterboarding durch die Troika: Die aufeinander folgenden Regierungen verschuldeter Mitgliedstaaten der Eurozone stimmten den Forderungen der Troika zu, obwohl sie wussten, dass sie die Krise noch verschärfen würden.

Ponzi-Austerität

Franz und seine Bankerkollegen hatten *de facto* ein riesiges Pyramiden- oder Ponzi-System in den Defizitländern der europäischen Währungsunion geschaffen. Das meinte Franz mit seinem traurigen Eingeständnis:»Ich war ein Kredithai.«Und als die Pyramide einstürzte, wie es bei solchen Systemen immer geschieht, wurde aus dem Ponzi-Wachstum Ponzi-Austerität, wie ich das einmal genannt habe.

Übliche Ponzi-Systeme basieren auf einem Trick, der es so aussehen lässt, als würde der Gesamtwert eines Fonds schneller wachsen als der Wert der einzelnen Investments in den Fonds. Tatsächlich ist das Gegenteil richtig. Meistens bereichert sich der Betrüger hinter einem solchen System an einem Teil des Kapitals, das hereinfließt, aber der Fonds schafft kein neues Kapital, um die Abflüsse zu decken, geschweige denn, die versprochenen Renditen auszuschütten. Alle Dividenden, die ausgezahlt werden, um die Illusion von Wachstum aufrechtzuerhalten, stammen aus neuen Investitionen. Und diese Illusion von Wachstum, das nicht wirklich existiert, ist natürlich der Köder, der neue Teilnehmer anlockt. Deren Kapital nutzt dann der Betreiber des Ponzi-Systems, um den Schein zu wahren.

Ponzi-Austerität ist das Gegenteil von Ponzi-Wachstum. Während auf Wachstum angelegte Ponzi-Systeme mit dem Köder eines wachsenden Fonds operieren, ist der Köder bei Ponzi-Austerität das Versprechen, durch eine Kombination von Sparen und neuen Krediten, die dem Bankrotteur das nötige Geld verschaffen, damit er auslaufende Schulden wie etwa Anleihen bezahlen kann, die Schulden zu vermindern und so der Insolvenz zu entgehen. Aber weil es unmöglich ist, auf diese Weise der Insolvenz zu entkommen, da die Austerität die Einkommen schrumpfen lässt, brauchen auf Austerität angelegte Pyramidensysteme genau wie auf Wachstum ausgelegte einen ständigen Zustrom neuer Kredite, um vorzuspiegeln, dass der Bankrott abgewendet wurde. Um solche Kredite anzulocken, müssen die Betreiber des Systems alles tun, um es so aussehen zu lassen, als würde das Defizit reduziert.

Ponzi-Wachstum gibt es seit Jahrhunderten. Aber es brauchte die kollektive Weisheit der Mächtigen Europas, um das erste auf Austerität angelegte Ponzi-System der Geschichte zu schaffen. Die griechischen, portugiesischen, irischen, spanischen und zypriotischen Kreditvereinbarungen sind hervorragende Beispiele. Bankrotte Staaten, in tödlicher Umarmung mit bankrotten Bankensystemen, wurden gezwungen, immer mehr Kredite anzunehmen (hauptsächlich von europäischen Steuerzahlern), unter der Bedingung, zu sparen und den Gürtel enger zu schnallen. Während das System weiterlief und immer neue Kredite vereinbart wurden, wuchsen die Staatsschulden als Prozentsatz des BIP immer weiter. Und wieder war es wie bei allen Ponzi-Systemen, bei denen neue Investitionen den Anschein von Wachstum wahren müssen, auch im Fall von Griechenland, Portugal, Irland, Spanien und Zypern nötig, dass immer mehr Kredite vergeben wurden, um den Anschein zu wahren, Schulden würden reduziert.

Hier ein besonders schlimmes Beispiel für Ponzi-Austerität in der Eurozone. Es ist Frühjahr 2012. Die griechische Regierung, die die zweite Rettungsvereinbarung unterzeichnet hat[15], ist unter dem kollektiven Zorn über den traurigen Zustand des Landes kollabiert. Für Mai 2012 sind Neuwahlen angesetzt; in den Umfragen führt die radikal linke Partei Syriza, die die Bedingungen der Rettungsvereinbarung widerrufen will. Die Troika ist entsetzt über die Aussicht, dass eine gegen sie gerichtete Partei an die Macht kommen könnte, und storniert die Auszahlung der Kredittranchen an die griechische Interimsregierung.[16] Der Regierung bleibt keine andere Wahl, als ihre eigenen Zahlungen an Institutionen und Einzelpersonen auszusetzen. Krankenhäuser, Schulen, Löhne, Renten – alles ist betroffen. Aber die Mächtigen machen sich Sorgen wegen Griechenlands Schulden gegenüber der Europäischen Zentralbank.

Sie sehen, lieber Leser, 2010 einen zum Scheitern verurteilten Versuch des EZB-Präsidenten Jean-Claude Trichet, griechische Staatsanleihen dadurch zu stützen, dass die EZB zu sehr niedrigen Preisen einen Teil der griechischen Staatsanleihen aufkauft. Erklärtes Ziel dabei war, ihren Wert nach oben zu treiben und damit zu verhindern, dass die Griechen keinen Zugang zu den Finanzmärkten mehr haben würden – sich kein Geld mehr von privaten Investoren leihen könnten.[17] Trichet scheiterte mit dem Plan, genau wie Griechenland scheiterte.[18] Trotzdem behielt die EZB diese Bonds, die nach und nach fällig werden. Hätte sie die EZB nicht 2010 aufgekauft, hätten sie einen »Haircut« bekommen (wäre ihr Wert herabgesetzt worden), so wie es mit den übrigen griechischen Staatsanleihen in Privatbesitz ein paar Monate zuvor, Anfang 2012, passiert war. Aber nein, die EZB kann Abschreibungen von Mitgliedstaaten nicht dulden, weil das gegen ihre Satzung verstößt, die ihr alles verbietet, was auch nur entfernt an Staatsfinanzierung der Mitglieder erinnert – ausgenommen natürlich, wenn sie ihre eigenen Regeln bricht, um ausgewählte Banker zu retten, wie wir bereits gesehen haben.[19]

Das bedeutet, dass die griechische Übergangsregierung, während sie die Sozialsysteme immer weiter auspresst, innerhalb weniger Tage 5 Milliarden Euro auftreiben muss, um der EZB eine fällige Anleihe zurückzuzahlen. Woher soll das Geld kommen? Die Troika hat die Kreditzahlungen gestoppt, und kein Privater ist bereit, ein Terrain zu betreten, auf das die Troika keinen Fuß setzt.

Das Nächstliegende wäre es unter diesen Umständen gewesen, wenn Athen erklärt hätte, dass es die Anleihen im Besitz der EZB nicht zurückzahlen kann, oder wenn die EZB der griechischen Regierung längere Laufzeiten angeboten hätte, eine Umschuldung oder etwas in der Art. Aber das lehnen Frankfurt und Berlin mit Nachdruck ab. Wenn es um Länder wie Deutschland oder Frankreich geht, darf man die Regeln ruhig brechen.[20] Aber für Länder wie Griechenland gibt es an den Regeln nichts zu rütteln! Selbst wenn sie nicht funktionieren und nicht durchsetzbar sind. Der griechische Staat kann sich gegenüber den ärmsten griechischen und nicht griechischen Bürgern, gegenüber Pensionsfonds und dergleichen bankrott erklären, doch seine Schulden bei der EZB sind sakrosankt. Sie müssen zurückgezahlt werden, komme, was wolle. Aber wie?

Das dachten sie sich anstelle einer Lösung aus: Die EZB erlaubt der griechischen Regierung, wertlose Schuldverschreibungen auszugeben – kurzlaufende Geldmarktpapiere (»T-Bills«) –, die kein privater Investor anrühren wird, und sie an die insolventen griechischen Banken weiterzureichen.[21] Die griechischen Banken können diese Schuldverschreibungen dann beim europäischen System der Zentralbanken[22] als Sicherheiten für Kredite der Banken an die griechische Regierung hinterlegen, mit denen Athen die EZB auszahlen kann.

Wenn das wie ein Pyramidensystem klingt, dann deshalb, weil es die Mutter aller Pyramidensysteme ist, ein Karussell von Ponzi-Austerität, das die insolventen griechischen Banken und den insolventen griechischen Staat noch ein bisschen insolventer machte, während die griechische Bevölkerung immer tiefer in Verzweiflung versank. Aber wenigstens konnte die Europäische Union behaupten, ihre hirnverbrannten Regeln seien eingehalten worden.

Das ist nur ein Beispiel für den Teufelskreis, in dem Ponzi-Austerität unablässig in der Eurozone wiederholt wurde. Erklärtes Ziel war es, die Schulden zu verringern, aber tatsächlich stiegen die Schulden überall.[23] War das ein Misserfolg? Ja und nein. Es war ein Misserfolg, gemessen an Brüssels erklärten Zielen, aber nicht gemessen an den zugrunde liegenden Motiven. Denn in Wahrheit sollte mit den Rettungskrediten erreicht werden, die faulen Kredite der Peripherieländer aus den Büchern der (hauptsächlich) nordeuropäischen Banken herauszubekommen und auf die Schultern der europäischen Steuerzahler zu verteilen, um den Preis wachsender Schuldenberge und einer Rezession, die durch die an die neuen Kredite geknüpften Bedingungen verursacht wurde.

Diese toxischen Transfers im Namen der europäischen Solidarität führten zu einem Totentanz insolventer Banken und bankrotter Staaten, lauter traurige Paare, die eins nach dem anderen über die Klippe des Wettlaufs um mehr Austerität stürzten. Deflation, extrem geringe Investitionen, sozialer Zerfall und steigende Armutszahlen sorgten dafür, dass große Teile der stolzen europäischen Völker, meistens die schwächsten Staatsbürger, in das zeitgenössische Äquivalent eines viktorianischen Armenhauses gedrängt wurden.

Ohnmacht

Wir schreiben das Jahr 2011. Die Epidemie von Zahlungsausfällen und Kollaps erfasst dank der gemeinsamen Währung ein Land nach dem anderen. Der Finanzminister eines großen europäischen Landes, dessen Wirtschaftskraft die Griechenlands weit übersteigt, sucht nach Ideen, wie man den Dominoeffekt stoppen kann, bevor er auch sein Land erreicht. Er ist bereit, sich mit einem Freund von mir zu treffen, der dem Minister einen Vorschlag unterbreiten möchte, wie man die Schuldenwalze, die auf die Eurozone zurollt, bremsen könnte.

Der Minister hört sich den Vorschlag an, und er gefällt ihm gut. Umgehend bittet er seine Mitarbeiter, Treffen zwischen seinem Besucher und Politikern in Brüssel zu arrangieren, Mitgliedern des EU-Parlaments und anderen, damit sein Besucher bei diesen wichtigen europäischen Verantwortlichen für seinen interessanten Vorschlag werben kann. An dem Punkt dreht sich sein Besucher um und fragt:»Warum, Herr Minister? Warum soll ich versuchen, all diese Politiker zu überzeugen, wenn ich Sie überzeugt habe? Sie sind der Finanzminister eines wichtigen europäischen Landes. Sie sitzen in der Eurogruppe und im Ecofin [dem Rat der Finanzminister der Europäischen Union]. Wenn Ihnen mein Vorschlag gefällt, warum setzen Sie ihn dann nicht als Ihren eigenen Vorschlag beim nächsten Treffen mit Ihren Kollegen auf die Tagesordnung?«

Der Minister lächelt. Er lehnt sich in seinem weich gepolsterten Armsessel zurück und gibt eine Antwort, die auf tragische Weise absolut einleuchtend ist.

»Was denken Sie, was passieren wird, wenn ich Ihren großartigen Vorschlag vorlege? Während ich rede, werden Dutzende SMS aus dem Raum abgeschickt. Die Presse wird in kürzester Zeit berichten, dass ich einen Vorschlag unterbreite, einen Teil der Schulden jedes Mitgliedslands der Eurozone unter gemeinsame Verwaltung zu stellen. Sekunden später werden die Finanzmärkte meiner Regierung kein Geld mehr geben beziehungsweise nur zu Wucherzinsen, weil sich das Gerücht verbreitet, ich präsentierte solche Vorschläge, weil meine Regierung ihre Schulden nicht refinanzieren kann. Und dann, mein Freund, bin ich nicht mehr Minister. Wie genau könnte das Ihrem Vorschlag helfen?«

Ein Jahr später war der Minister weg und seine Regierung auch. Was nicht wegging, nach meinen kürzlich gemachten Erfahrungen, ist die schreckliche Kluft zwischen den ungeheuer vernünftigen Sätzen, die manche Minister hinter verschlossenen Türen sagen, und der Torheit ihrer Stellungnahmen in der Eurogruppe, in anderen europäischen Gremien und sobald sie vor einer Fernsehkamera stehen.

Fallende Dominosteine oder strauchelnde Bergsteiger?

Während sich die griechische Krankheit ausbreitete und Irland, Portugal und Spanien erfasste, bevor sie auch Italien erreichte und das ganze Kartenhaus zum Einsturz zu bringen drohte, wurde die Metapher von den fallenden Dominosteinen in den Medien eher überstrapaziert. Ein besserer Vergleich wäre eine Gruppe Bergsteiger.

Stellen wir uns eine Gruppe einzelner Bergsteiger vor, die auf einem Felsvorsprung hocken; einige sind beweglicher, andere sind nicht so fit, alle hängen in erzwungener Solidarität an einem einzigen Seil. Unglaublicherweise halten sie sich an eine unumstößliche Regel: Das gemeinsame Seil wird nicht an dem Felsen befestigt, den sie erklimmen. Auf einmal bebt die Erde (wie beim Kollaps der Wall Street), und eine Bergsteigerin (sagen wir von griechischer Sinnesart) gerät ins Rutschen, ihr Fall wird nur durch das Seil gebremst. Sie hängt in der Luft, ein paar lose Steine fallen herab, und unter dem Gewicht gerät der nächstschwächere Bergsteiger (der irische vielleicht?) ebenfalls ins Rutschen, kann sich noch eine Weile halten und fällt dann auch.

Die Belastung für die Verbliebenen erhöht sich stark, und das nun schwächste Mitglied wehrt sich verzweifelt gegen den Absturz, der wieder ganz schrecklich an den verbliebenen Rettern zerren würde. Werden die stärkeren Mitglieder das aushalten? Werden sie es schaffen, den Gipfel zu erreichen und dabei die Abgestürzten hinter sich herzuschleppen, bevor die gnadenlose Wirkung der Schwerkraft die ganze Gruppe in den Abgrund reißt? Oder werden die stärksten Mitglieder sich mit ihren Messern losschneiden (und zu so etwas wie der D-Mark zurückkehren)?

Der Grund, warum der Vergleich mit den Bergsteigern viel besser ist als der Vergleich mit den Dominosteinen, hat mit der Architektur der Eurozone und insbesondere mit der Maastricht-Regel zu tun, dass kein Mitgliedsland auf finanzielle Hilfe von anderen Mitgliedern oder von der Union zählen darf – die sogenannte »No-Bailout-Klausel« sollte hauptsächlich dafür sorgen, dass Regierungen gar nicht erst in Schwierigkeiten gerieten.[24] Konnte man diese Regel (das Äquivalent dazu, das gemeinsame Seil nicht am Felsen zu befestigen) respektieren und gleichzeitig Ländern wie Griechenland verbieten, Zahlungsunfähigkeit und Bankrott gegenüber den Bankern zu erklären? Der gewöhnliche Menschenverstand dürfte diese Frage wohl verneinen. Aber die Brüsseler Funktionäre sind keine gewöhnlichen Menschen.

Mit kräftiger Unterstützung von Finanzberatern, die ein Vermögen damit verdient hatten, die Logik zu ihren Gunsten zu verdrehen, schlugen sie eine geniale Alternative vor. Sie schufen einen neuen Fonds, die sogenannte Europäische Finanzstabilisierungsfazilität (EFSF), um die gefallenen Mitgliedsländer zu retten; der Fonds sollte ihnen das Geld leihen, das sie brauchten, damit die Banker wieder ruhig schlafen konnten. Das war das finanzielle Äquivalent dazu, die Bergsteiger unserer Gruppe noch fester miteinander zu verbinden, aber immer noch ohne das Seil am Felsen zu fixieren.

Der Trick, der Mitgliedstaaten erlaubte, anderen bedrängten Mitgliedstaaten Geld zu leihen, während scheinbar die No-Bailout-Klausel respektiert wurde, versteckte sich in der teuflischen Struktur der Bonds, die die EFSF ausgeben sollte. Zu Beginn, als nur Griechenland Hilfe brauchte von, sagen wir, einer Milliarde Euro, konnte die EFSF eine Anleihe mit einem Nominalwert von einer Milliarde Euro auflegen, sie an den Finanzmärkten verkaufen und das Geld an die griechische Regierung weiterreichen, die es umgehend den europäischen Bankern aushändigte. Die Verbindlichkeit in Höhe von einer Milliarde Euro entfiel auf Griechenland, wurde aber von den Mitgliedstaaten der Eurozone abgesichert, die weiterhin solvent waren. Sie waren auf einmal Griechenlands Gläubiger geworden, und jeder trug einen Teil der neuen Schuld entsprechend seiner Wirtschaftsleistung.[25] Um die No-Bailout-Klausel einzuhalten und sicherzustellen, dass es keine wie auch immer gearteten gemeinsamen Schulden gab – dass jeder einzelne Schuldeneuro nur auf einen einzelnen Mitgliedstaat entfiel –, galt für die Tranche des Bonds im Wert von einer Milliarde Euro die, sagen wir, Frankreich gehörte, der gleiche Zins, den Frankreich zahlte, wenn es für sich selbst Geld lieh; diesen Zins bekam nun auch der Inhaber dieses Bonds (der Investor, der den Bond gekauft hatte). Für die spanische Tranche galt ein anderer Zinssatz, ebenso für die italienische, und so weiter.

So zahlte jedes Land, das sich an der Rettung Griechenlands oder später Portugals, Irlands und der anderen Staaten beteiligte, Marktzinsen entsprechend seiner eigenen Kreditwürdigkeit, die das spezifische Bankrottrisiko des jeweiligen Landes widerspiegelten. Das bedeutete, dass das Mitgliedsland mit der höchsten Wahrscheinlichkeit, dem Weg Griechenlands zu folgen, die höchsten Zinsen für den Anteil am EFSF-Bond bezahlte, für den es bürgte, damit Griechenland die Gesamtsumme von einer Milliarde Euro neue Schulden bekam.

Wer mit den strukturierten Derivaten vertraut ist, die Lehman Brothers zu Fall brachten und die Wall Street gleich mit – den sogenannten Collateralized Debt Obligations oder CDOs –, wird in den Rettungsbonds der EFSF die gleiche Form des Risikos wiedererkennen. Mit dem Unterschied, dass die Bonds der EFSF noch toxischer waren als die schlimmsten Derivate der Wall Street! Zur Erläuterung mag dienen, was passierte, als Irland bankrottging und von der EFSF finanzierte Rettung benötigte.

Die EFSF musste Irland im Namen aller Eurozonen-Mitglieder mit Ausnahme Griechenlands, das bereits insolvent war, und natürlich Irlands selbst neue Hilfskredite geben. Das bedeutete, dass in der um Griechenland und Irland verkleinerten Gruppe der Gläubigerländer eine größere Last auf die verbliebenen EFSF-Mitglieder verteilt werden musste. Die Märkte konzentrierten sich sofort auf das nächste Land am Rand, das sich aktuell zu den höchsten Zinssätzen Geld lieh, um den Problemkandidaten Griechenland und Irland unter die Arme zu greifen: Portugal. Sofort schossen die Zinsen für Portugal in die Höhe und schoben das Land über den Rand der Klippe.

Das würde immer so weitergehen, bis nur noch so wenige Länder übrig blieben, dass sie entweder unwillig oder unfähig wären, die kombinierten Schulden der gefallenen Staaten zu tragen. An dem Punkt müssten die verbliebenen solventen Staaten, angeführt von Deutschland, das bittere Ende des Euros verkünden und sich zurückziehen. Oder die EZB müsste einen neuen Trick ersinnen, um ihr unmögliches Regelwerk zu verletzen.

Ignoranz

Die europäischen Finanzminister kommen traditionell mindestens einmal im Monat in der Eurogruppe zusammen. Auf dem Höhepunkt der Eurokrise produzierten sie bei ihren Sitzungen eine verhängnisvolle Entscheidung nach der anderen. 2011, als die Finanzmärkte gelernt hatten, die optimistischen Kommuniqués der Eurogruppe zu ignorieren, sank die Halbwertszeit ihrer positiven Wirkung auf die Stimmung an den Märkten auf bestenfalls einige Stunden.

Im Herbst 2011 traf sich die Eurogruppe in Polen. Der amerikanische Finanzminister Timothy Geithner war auch dabei und hatte ein paar handfeste Ratschläge für die Europäer im Gepäck, wie man die tödliche Umarmung von insolventen Banken und bankrotten Staaten lösen könnte. Geithners wichtigste Empfehlung lautete, die Europäische Zentralbank solle ihre Bereitschaft signalisieren, für einen Teil der Schulden wichtiger Länder wie Italien geradezustehen, um den Finanzmärkten zu zeigen, dass Europa bereit war, den Dominoeffekt zu stoppen, der die Eurozone bedrohte. Geithner wurde nicht nur ignoriert, sondern attackiert. Am Ende des Treffens tat die österreichische Finanzministerin Maria Fekter im Namen ihrer europäischen Kollegen die Meinung kund, die Amerikaner hätten ihnen nichts zum Umgang mit der Schuldenkrise zu sagen, da Amerikas Schulden noch höher seien als die der Eurozone. »Wir brauchen keine Belehrungen von den Vereinigten Staaten«, erklärte sie trotzig.[26]

Als ich sie später im Fernsehen sah, wie sie diesen Satz sagte, überkam mich, das muss ich zugeben, Verzweiflung. Verzweiflung, weil ihre Worte die völlige Ignoranz der europäischen Politiker und ihren Unwillen deutlich machten, den einfachen, nützlichen Rat zu begreifen, den der amerikanische Finanzminister mitgebracht hatte. Sie und andere Finanzminister der Eurozone schienen auf einer Mission zu sein, ihr Problem nicht zu verstehen. Zu glauben, Europas Problem seien die Schulden und nicht die Konstruktion der Eurozone und ihre nicht durchsetzbaren Regeln. All das nicht, sondern die Schulden. Dabei waren Schulden nie Europas Problem. Die Schulden waren ein Symptom der miserablen Konstruktion der Institutionen. Unsere Finanzminister erinnerten an Ärzte, die bei einem Krebspatienten, der unter starken Schmerzen leidet, eine Schmerzkrankheit diagnostizieren. Kein Wunder, dass die verschriebene Medizin schlimmer war als die Krankheit.

Die Ponzi-Austerität breitet sich aus

Ende des Jahres 2011 wurde EZB-Präsident Jean-Claude Trichet, der wohl schlechteste Zentralbanker der Welt, von Mario Draghi abgelöst, dem schrecklich klugen ehemaligen Generaldirektor des italienischen Finanzministeriums und Präsidenten der italienischen Zentralbank, der, ein wichtiges Detail, einmal Vice President von Goldman Sachs International gewesen war. Draghi sah, dass seinem eigenen Land nur wenige Monate blieben, bis es das gleiche Schicksal ereilen würde wie Griechenland, und dass danach Spanien und Frankreich nicht mehr in der Lage wären, ihre Schulden zu bedienen, die sich auf mehrere Billionen Euro summierten. Tatsächlich stand der Euro am Rand des Zerfalls, weil in der Bergsteigergruppe aus der Eurozone ein Mitglied nach dem anderen strauchelte und in Zeitlupe in den Abgrund rutschte. So beschloss Draghi, unverzüglich zu handeln.

Sein erster Schritt, zwei Wochen nachdem er die Führung der EZB übernommen hatte, sah so aus, dass er eine Billion Euro »druckte« und an die Not leidenden Banken der Eurozone auslieh. Wenn die Banker nur irgendwelche herumliegenden Papiere auftreiben konnten, akzeptierte Draghi sie als Sicherheiten und gab ihnen Geld.[27] Wie in Europa üblich, bekam diese schlichte Operation einen hochtrabenden Namen: Long Term Refinancing Operations (Längerfristiges Refinanzierungsgeschäft, LTRO). Draghis wahre Absicht bei LTRO war es, den Banken zu Zinsen nahe null Geld zu leihen, mit dem die Banken dann das tun sollten, was die Satzung der EZB ihm verbot: strauchelnden Staaten Geld leihen, allen voran der italienischen Regierung, die auf ihrem eigenen Weg ins Armenhaus war.

Unterdessen hatte das Konzept einer demokratiefreien Zone, das in Brüssel in den 1950er-Jahren entstanden war, in Rom und auch in Athen gerade einen neuen Schub bekommen. Zwei Ministerpräsidenten, Giorgos Papandreou in Griechenland und der unnachahmliche Silvio Berlusconi in Italien, waren von Kanzlerin Merkel (mit Präsident Sarkozy im Schlepptau) für unfähig befunden worden, beim Tempo der Sparpolitik mitzuhalten, das nötig war, um den Bundestag dazu zu bringen, dass er einer Finanzierung der nicht tragfähigen italienischen und griechischen Schulden entweder via EFSF oder via EZB zustimmte. Es ist kaum zu glauben, dass Ministerpräsidenten europäischer Staaten nach Belieben eines anderen europäischen Politikers weggefegt oder ins Amt gehoben werden können, aber genau das passierte. Papandreou wurde durch den ehemaligen Vizepräsidenten der EZB, einen gewissen Loukas Papademos ersetzt, und Silvio Berlusconi durch Mario Monti, ein ehemaliges Mitglied der Europäischen Kommission.[28]

Monti sollte die italienischen Staatsfinanzen irgendwie in Ordnung bringen. Er wusste, dass Berlin Italien durch das gleiche Martyrium schicken wollte wie Griechenland: Die verhasste Troika würde in den römischen Ministerien einfallen und harte Sparmaßnahmen diktieren. Das versuchte er zu verhindern, indem er selbst eine mildere Form des Sparens praktizierte, in der Hoffnung, die Schulden Italiens ein wenig zu reduzieren, bevor er mit dem Hut in der Hand vor die Eurogruppe treten würde. Dabei suchte er die Unterstützung des anderen Mario, Mario Draghis von der EZB. Die Hilfe kam in Gestalt des oben erwähnten LTRO-Tricks.

Die ganze Zeit standen alle europäischen Banken am Rand des Abgrunds, und den hauptsächlich betroffenen Ländern wie Italien ging es genauso schlecht. Die EZB hoffte, ihre LTRO-Kredite zum Zinssatz von nahe null würden netto den Banken einen hübschen kleinen Profit einbringen, wenn sie das Geld an die Staaten weiterverliehen – zu etwas höheren Zinsen, die aber immer noch sehr viel geringer wären als die Wucherzinsen, die private Investoren verlangten. Banken und Staaten würden so eine Atempause bekommen.

An einem Morgen im Februar 2012 informierte der CEO einer der größten italienischen Banken die Regierung Monti, dass seine Bank zahlungsunfähig würde, wenn sie nicht auf der Stelle 40 Milliarden Euro bekäme. Ein Land, das wie Griechenland unter seiner Schuldenlast zu kollabieren drohte, wurde damit vor ein schreckliches Dilemma gestellt: Entweder blätterte es eine Summe hin, die es sich nicht leisten konnte, oder es musste zusehen, wie seine Banken eine nach der anderen dichtmachten. Zum Glück hatte man Draghis LTRO. Und so passierte Folgendes: Die strauchelnde Bank gab noch an dem Morgen Schuldscheine im Wert von 40 Milliarden Euro aus, die in Anbetracht ihrer furchtbaren Verfassung kein Investor kaufen wollte. Der italienische Finanzminister garantierte diese privaten Schulden, indem er mit künftigen Steuereinnahmen dafür bürgte, wodurch sich die italienischen Staatsschulden um weitere 40 Milliarden Euro erhöhten. Schließlich ging die Bank mit den Schuldscheinen zur EZB und bekam aus Mario Draghis großzügigem LTRO-Programm Geld.

Am sprichwörtlichen Ende des Tages war Draghis Plan, die italienischen Banken und den italienischen Staat zu stützen, gescheitert. Er hatte den Banken geholfen, aber den italienischen Staat noch tiefer in die Überschuldung getrieben.

Despotismus

Klaus Masuch war bis vor Kurzem der Vertreter der EZB in der Delegation der Troika, die Angst und Schrecken verbreitet, wohin sie kommt. Anfang 2012 landete die Troika in Dublin. Bei der Pressekonferenz nach dem Treffen mit den irischen Vertretern fühlte sich Masuch bei den überwiegend unterwürfigen Journalisten so wohl, dass er seine Ansicht kundtat, das irische Volk sei clever, weil es verstanden habe, dass die Bemühungen der Troika hart, aber nötig seien. Seine genauen Worte lauteten: »Die Haltung [des irischen Volks], soweit ich sehen kann, und mein Blickwinkel ist begrenzt, ist sehr gut. Ich bin beeindruckt von der Tiefe der Diskussion in Irland und dem Verständnis für komplexe finanzielle und ökonomische Argumente... Wenn ich am Flughafen ein Taxi nehme, sind die Taxifahrer sehr gut informiert, deshalb denke ich, dass es ein sehr gutes Zeichen ist, dass wir hier eine offene Diskussion haben. Der Anpassungsprozess ist schwierig, aber es wird eine ökonomische Debatte geführt, und so sollte es sein.«

An dem Punkt stellte Vincent Browne, ein erfahrener irischer Journalist, eine Killerfrage, auf die folgender faszinierender Wortwechsel folgte.

BROWNE: Klaus, hat Ihr Taxifahrer Ihnen gesagt, wie verwirrt das irische Volk ist, dass wir Inhabern nicht garantierter Anleihen Milliarden Euro für Schulden bezahlen sollen, mit denen das irische Volk nichts zu schaffen hat, hauptsächlich um die europäischen Banken und ihre Unabhängigkeit zu retten? Und wenn Ihr Taxifahrer diese Frage gestellt hätte, was hätten Sie ihm geantwortet?

MASUCH: Ich hätte gesagt, dass ich verstehe, dass die Regierung hier eine schwierige Entscheidung getroffen hat, aber dass verschiedene Sachverhalte gegeneinander abgewogen werden mussten, und ich verstehe, dass die Regierung zu der Ansicht gelangt ist, dass die Kosten für das irische Volk, für die Stabilität des Bankensystems, das Vertrauen in das Bankensystem sehr viel höher für den Steuerzahler gewesen wären als bei der Handlungsweise, die Sie erwähnt haben... Der Finanzsektor wäre betroffen gewesen, das Vertrauen in den Finanzsektor wäre negativ betroffen gewesen, und ich kann verstehen, dass die Entscheidung in dieser Richtung schwierig war.

BROWNE: Das war nicht meine Frage! Wir sollen im Namen dieser kaputten Bank in einer Weise, die dem irischen Volk absolut nichts nützt, Milliarden für nicht garantierte Anleihen zahlen, um die Gesundheit der europäischen Banken sicherzustellen. Wie würden Sie diese Situation dem Taxifahrer erklären, den Sie vorhin erwähnt haben?

MASUCH: Ich denke, ich habe die Frage beantwortet.

BROWNE: Nein, Sie haben die Frage nicht beantwortet. Sie haben über die Funktionsfähigkeit der Finanzinstitute gesprochen. Das Institut, von dem ich spreche, funktioniert nicht mehr. Damit ist es aus und vorbei. Nun, warum soll das irische Volk auf Druck der EZB, warum soll das irische Volk auf Druck der EZB Milliarden für nicht garantierte Anleihen bezahlen?[29]

MASUCH: ... [unverständlich]

BROWNE: Sie haben die Frage vorhin nicht beantwortet, vielleicht möchten Sie sie diesmal beantworten.

MASUCH: ...

BROWNE: Das reicht nicht! Ihr mischt euch in diese Gesellschaft ein, richtet großen Schaden an mit der Forderung, dass wir Zahlungen leisten sollen, die nicht dem Volk von Irland hier zugutekommen, sondern nur den europäischen Finanzinstituten nützen. Sie müssen die Frage beantworten: Warum wird dem irischen Volk diese Last aufgeladen?

MASUCH: Ich denke, ich habe die Frage beantwortet ...

BROWNE: Mehr haben Sie nicht zu sagen? Das heißt, keine Antwort, richtig? Ist das so? Keine Antwort?

MASUCH: Ich habe eine Antwort gegeben ...

BROWNE: Sie haben eine Antwort auf eine andere Frage gegeben.

MODERATOR: Das ist Ihre Ansicht.

BROWNE: Das ist meine Ansicht, und es wird die Ansicht des Taxifahrers sein!

Weil Masuch den hartnäckigen Journalisten nicht zum Schweigen bringen konnte, packte er seine Papiere zusammen und verließ mit eingezogenem Schwanz den Raum. Wer eine bildliche Darstellung des Demokratiedefizits in Europa haben möchte oder eine Erklärung sucht, warum die Bürger Europas zunehmend das Vertrauen in die europäischen Institutionen verlieren, soll »Vincent Browne v The ECB« in seiner Suchmaschine eingeben, sich den Clip ansehen und weinen.

Bertolt Brecht hat einer seiner Figuren das Bonmot in den Mund gelegt: »Die grobe Gewalt hat ausgespielt. Man schickt keine Mörder mehr aus, wenn man den Gerichtsvollzieher schicken kann.«[30] Im Zeitalter der Troika schickte Europa diesem Bonmot entsprechend seriös gekleidete Technokraten wie Klaus Masuch los. Drei Jahre später, im Februar 2015, hatte ich direkt mit Herrn Masuch zu tun – er weiter in der Rolle als Späher der Troika, ich als Finanzminister einer griechischen Regierung, die gewählt worden war, damit sie Nein zu der irrationalen Misanthropie sagte, die als offizielle europäische Politik galt.[31]

Als ich Klaus in einem trostlosen Büro in Brüssel gegenübersaß und wir vor dem Beginn harter Verhandlungen Nettigkeiten austauschten, kamen mir die Bilder aus dem YouTube-Clip mit dem unerschrockenen Vincent Browne wieder in den Sinn. Unser Treffen endete ergebnislos, weil ich anders als die irische Regierung 2009 von meinem Kabinett, unserem Parlament und dem Ministerpräsidenten ermächtigt war, Nein zu Klaus Masuch zu sagen. Ich denke, Vincent Browne hätte das gefallen.[32]

Montis Meuterei

Während der Winter 2012 in einen turbulenten Frühling überging, lag Italien am Boden, nur einen Schritt vom Untergang entfernt. Mario Monti kämpfte mit dem Druck kollabierender Staatsfinanzen und von Banken mit gähnenden schwarzen Löchern in ihren Büchern. Die meisten Italiener vertrauten Monti, weil er seine Sache als Wettbewerbskommissar gut gemacht, überzeugende akademische Würden vorzuweisen hatte und grundsätzliche menschliche Anständigkeit besaß. Doch er war nicht gewählt worden und verdankte seinen kometenhaften Aufstieg an die Spitze der italienischen Politik dem Beharren von Angela Merkel, er müsse den gewählten, aber untragbaren Silvio Berlusconi ablösen – nicht die besten Voraussetzungen, um sich bei der italienischen Öffentlichkeit beliebt zu machen, die es nicht hinnehmen wollte, dass die deutsche Kanzlerin entschied, wer Italien regierte.

Kanzlerin Merkel hatte Monti die unmögliche Aufgabe übertragen, Italiens ausufernde Schulden einzudämmen zu einer Zeit, als die Zinsen, die Italien zahlte, infolge der Ansteckung, die von Griechenland ihren Ausgang nahm, durch die Decke gingen. Monti selbst hatte andere Prioritäten. Er hatte gesehen, wie demütigend die Troika mit Griechenland umgesprungen war, und betrachtete es darum als seine patriotische Pflicht, sein gutes Verhältnis zur deutschen Regierung zu nutzen und eine Art Austerität light zu praktizieren, die Angela Merkel in Schach halten und eine Übernahme seines Landes durch die Troika verhindern sollte.

Kurz nach seiner Ernennung erkannte Mario Monti, dass seine Aufgabe immer unmöglicher wurde. Die italienischen Banken strichen alle Vorteile von Mario Draghis Bemühungen ein, ohne selbst aus der Deckung zu kommen. Aber die Anleihemärkte, auf denen sich Italien jeden Tag Geld beschaffen musste, um seine Schulden in Höhe von 2 Billionen Euro bedienen zu können, waren außer Rand und Band, verlangten Wucherzinsen und trieben damit Italiens Gesamtverschuldung in die Stratosphäre. Monti glaubte inzwischen, solange die Investoren sahen, dass sich Italiens problematische Banken auf seine problematische Regierung stützten, würden sie mit einer milden Form der Austerität nicht zu besänftigen sein. Seine Kritiker – die von links, die seine Austeritätspolitik verabscheuten, und die von rechts, die schäumten, weil man seinen Vorgänger Berlusconi aus dem Amt gejagt hatte – erkannten, dass seine Lage aussichtslos war, und wetzten ihre Messer. Seine wenigen verbliebenen Bewunderer verloren unterdessen den Glauben an seine magischen Fähigkeiten.

Monti wusste, dass er handeln musste. Und er handelte!

Beim Eurogipfel im Juni 2012, als sich die Sitzung bereits dem Ende zu-neigte und Kanzlerin Merkel im Aufbruch begriffen war, meldete sich Monti zu Wort. Mit seiner sanften Stimme gab er die härteste Stellung-nahme seines Lebens ab. Die Kanzlerin setzte sich wieder hin. Offen-sichtlich war ihr klar, dass es um etwas sehr Wichtiges gehen musste, wenn Monti sich so verhielt.

Montis Botschaft war schlicht: Wenn nicht auf der Stelle eine radi-kale Vereinbarung über die Finanzierung der Banken in der Eurozone zustande komme, werde er sein Veto gegen das Abschlusskommuniqué einlegen. Er argumentierte, es sei absurd, zu erwarten, dass klamme Staaten wie Italien sich Geld für insolvente Banken liehen, und dann von denselben Banken zu fordern, dass sie den Staat mit Krediten von der EZB finanzierten.[33] Das müsse sich ändern. Vor allem verlangte Monti, dass Banken, die neue Kapitalspritzen brauchten, sich das Geld direkt beim europäischen Rettungsfonds leihen sollten, dem Europäi-schen Stabilitätsmechanismus (ESM), der inzwischen die provisorische EFSF abgelöst hatte. Montis entscheidendes Argument lautete, dass bei den Krediten vom ESM an die Banken die nationalen Regierungen voll-kommen außen vor bleiben und die Kredite deshalb die Staatsverschul-dung der Mitgliedsländer nicht erhöhen sollten. Eine Geschäftsbank in Italien, in Spanien oder Griechenland, die Steuerzahlergeld zum Über-leben brauchte, sollte das von Europas Rettungsfonds bekommen und nicht von den geplagten Regierungen Italiens, Spaniens oder Griechen-lands.

Monti hatte gegen das Protokoll verstoßen und etwas nach europäi-schen Maßstäben schrecklich Radikales getan, das sich dann als radikal vernünftig herausstellte: Er hatte eine echte Bankenunion gefordert so wie in den Vereinigten Staaten. Wenn man sich darauf geeinigt hätte, hätte man eine in Schwierigkeiten geratene italienische Bank europäi-sieren können: Dann hätte die Eurozone ihre Finanzierung und Leitung übernommen, genau wie eine in Schwierigkeiten geratene Bank in Nevada von Washington rekapitalisiert, abgewickelt und verwaltet wird, ohne erst die Regierung des Bundesstaates Nevada zu bitten, dass sie für die betreffende Bank an der Wall Street oder bei der City of London Geld leiht.[34]

Nach Montis Erklärung herrschte einige Augenblicke lang gespenstisches Schweigen. Dann wagte der spanische Ministerpräsident Rajoy, der eine ähnliche Lösung für Spaniens taumelnde Banken herbeisehnte, Montis Vorschlag zu unterstützen. Und danach sprang ihm auch noch der vielleicht bescheidenste Politiker in der Runde, der französische Präsident Hollande, mit seiner ersten Wortmeldung auf dem Gipfel überhaupt zur Seite. Angesichts einer gemeinsamen Front der Südländer lenkte Kanzlerin Merkel ein, stellte aber eine Bedingung: Ja zu direkten Rekapitalisierungen italienischer und spanischer Banken, aber nur, wenn die Mitgliedstaaten einwilligten, eine formelle Bankenunion innerhalb der Europäischen Währungsunion zu bilden.

Wer konnte so einen vernünftigen Vorschlag ablehnen? Ich für meinen Teil hätte begeistert zugestimmt. Der Gedanke, dass alle Banken derselben Form der Regulierung unterworfen sein sollten, mit einem einzigen Kontrolleur an der Spitze, der in den Büros der EZB in Frankfurt sitzen und Europa insgesamt rechenschaftspflichtig sein würde, und mit einem gemeinsamen Fonds für die Rekapitalisierung – nach Montis Vorschlag dem ESM –, war nach den Maßstäben europäischer Gipfeltreffen ein seltenes Beispiel der Vernunft. War es Mario Monti tatsächlich gelungen, die deutsche Kanzlerin dazu zu bringen, dass sie den ersten und womöglich wichtigsten Schritt zu einer echten Wirtschaftsunion tat? Zu einer Union, die willens und bereit war, den Kollaps einer Bank in Italien, Griechenland oder Deutschland als einen Insolvenzfall im europäischen Finanzsektor zu behandeln, um den sich eine europäische Institution kümmerte, statt die Bank an die bedrängte Regierung des betreffenden Mitgliedstaats zu verweisen?

Einen Augenblick sah es so aus. Aber leider war dieser Augenblick nur allzu schnell vorbei.

Ein Bruch

Nach dem Gipfeltreffen vom Juni feierte die Presse zu Recht Mario Monti als den Helden, der die Eurozone gerettet hatte oder dem es zumindest gelungen war, der deutschen Kanzlerin und ihrem Finanzminister eine Politik aufzuzwingen, die den ersten, überaus wichtigen Stoßdämpfer für das System schuf.[35] Es war auch das erste Mal, dass ich mich im Fernsehen zur Eurokrise äußerte, um einen europäischen Politiker zu loben und etwas Gutes über einen Gipfelbeschluss zu sagen. Doch leider verflüchtigte sich Mario Montis Triumph nur wenige Wochen später. Die ersten Anzeichen des Kommenden waren in einem Brief des deutschen Finanzministers Wolfgang Schäuble enthalten, der im August 2011 in der *Financial Times* abgedruckt wurde. In diesem Brief[36] lobte Dr. Schäuble die Entscheidung für eine Bankenunion, fügte aber eine Bemerkung hinzu, die nichts Gutes verhieß: Er könne sich nicht vorstellen, wie eine Union von mehr als 6000 Banken in der Praxis funktionieren solle. Das war der Anfang eines von Berlin gesteuerten Prozesses, in dessen Verlauf nur dem Namen nach eine Bankenunion errichtet wurde als Lippenbekenntnis zu der Vereinbarung vom Juni 2012, während man tatsächlich Montis Vorschlag torpedierte.

Dieser Prozess erfolgte in mehreren wohlüberlegten Schritten. Erstens beharrte Berlin darauf, dass die Bankenunion nur »systemrelevante« Finanzinstitute betreffen sollte, das waren 124 Banken. Ihr Ziel? Die vielen kleinen deutschen Landesbanken, die fest in das Netz politischer und unternehmerischer Interessen eingebunden waren, sollten außen vor bleiben, denn dieses Netz wollten die deutsche Bundesregierung und die Bundesbank allein kontrollieren und der Aufsicht der Europäer entziehen. Der zweite Schritt war, die Bankenunion auf die gemeinsame Aufsicht der EZB über große Banken zu beschränken, wodurch der Großteil der Kosten, die bei der Rettung bedrängter Banken anfielen, auf nationaler Ebene verbleiben würde.[37] Der dritte Schritt war die Schaffung eines gemeinsamen Versicherungsfonds, zu dem alle beitragen sollten und dessen Geld man bei einem weiteren Bankenkollaps einsetzen konnte. Doch seine Finanzausstattung war hoffnungslos unzureichend, sollte es zu einer weiteren Krise wie 2010 kommen.

Der zweite und der dritte Schritt zusammen bedeuteten Folgendes: An der Verknüpfung von kollabierten Banken und bankrotten Mitgliedstaaten – der schrecklichen Umarmung – änderte sich nichts. Wenn die Krise eine deutsche oder eine holländische Bank bedrohte, würden die Sparer sicher sein. Wenn sie eine griechische oder portugiesische Bank traf, würden Kontoinhaber mit Einlagen von mehr als 100.000 Euro wahrscheinlich einen herben Verlust hinnehmen müssen,[38] und die versicherten Einlagen (unterhalb dieser Summe) würden die Finanzen des betroffenen Staats schwer belasten.

Kurzum, Montis exzellente Idee wurde zwar gewürdigt, aber nicht befolgt. Europas gefeierte Bankenunion existiert nur dem Namen nach, in der Realität und der Praxis wirkt die fehlende Union der Banken so toxisch wie eh und je. Der endgültige Beweis dafür kam in den letzten Wochen meiner Amtszeit als griechischer Finanzminister, als die EZB die griechischen Banken schloss, obwohl sie sie in ihrer Eigenschaft als einzige Bankenaufsicht für solvent befunden hatte. Welche Art der Bankenunion lässt es zu, Banken zu schließen, die als solvent gelten, um Druck auf die Mitgliedstaaten auszuüben, mehr fiskalische Austerität, mehr Rentenkürzungen, eine höhere Mehrwertsteuer und dergleichen zu akzeptieren?

Nachdem Montis letzter verzweifelter Versuch gescheitert war, waren seine Tage als Ministerpräsident gezählt. Noch im Sommer 2012 ging die Bürde, Italien zu retten – wovon das Überleben des Euros abhing –, auf einen anderen Mario über, den an der Spitze der Europäischen Zentralbank.

Alles, was nötig ist?

Während der Sommer 2012 immer heißer wurde, weiteten sich die Bruchlinien des Euros bis zum kritischen Punkt. Italien und Spanien standen an vorderster Front, ihre Verteidigung knickte unter Wetten ein, weil Spekulanten darauf setzten, dass es Rom und Madrid nicht gelingen würde, das Schicksal Griechenlands, Portugals und Irlands abzuwenden. Berlin erkannte, dass man vor einem schlichten Dilemma stand: entweder die Währungsunion verlassen oder der EZB erlauben, den Euro zu retten und dabei gegen den Geist und womöglich sogar gegen den Buchstaben ihrer von der Bundesbank diktierten Satzung zu verstoßen.

Mitte Juli machte Christian Noyer, der Vertreter der französischen Zentralbank, in einem Interview mit der deutschen Wirtschaftszeitung *Handelsblatt* ein bis dahin undenkbares Geständnis:»Wir haben ein klares Problem der Übertragung der Geldpolitik auf die Finanzierungskosten der Banken. Für die Märkte hängt der Zinssatz, den einzelne Banken zahlen müssen, von den Kreditkosten ihres Staates ab und nicht von den Sätzen, die die Zentralbank festsetzt. Das heißt, dass die Übertragung unserer Geldpolitik nicht funktioniert.«[39] Das war in etwa so, als würde sich in einem Flugzeug der Pilot zu Wort melden und den Passagieren mitteilen:»Das Fahrwerk blockiert, und demnächst werden die Tragflächen abfallen.«

Am 26. Juli 2012 nahm Mario Draghi die Dinge selbst in die Hand und wandte sich mit einer geschliffenen Rede in London an die erschöpften Investoren:»Der Euro ist wie eine Hummel. Es ist ein Geheimnis der Natur, warum sie fliegen kann, aber sie fliegt. Der Euro war eine Hummel, die mehrere Jahre sehr gut fliegen konnte. Und nun, denke ich, fragen sich die Leute: Wie war das möglich? Wahrscheinlich war etwas in der Luft, das dafür sorgte, dass die Hummel fliegen konnte – jetzt hat sich etwas in der Luft geändert, und seit der Finanzkrise wissen wir, was. Die Hummel muss sich in eine Biene verwandeln. Und genau das tut sie.«

Zweifellos wollte Draghi, dass der Euro sich in eine echte Währung verwandelte, mit einem Mechanismus zum Überschussrecycling und der Art politischer Legitimität, die nur eine freiheitliche Demokratie verleihen kann – die freiheitliche Demokratie, die der Eurozone konstruktionsbedingt fehlte. Seine Hoffnung war, dass all jene, die nicht zulassen wollten, dass die gemeinsame Währung so starb, wie EWS und

WKM Anfang der 1990er-Jahre gestorben waren, sich politisch dafür einsetzten, und deshalb sagte er unmissverständlich: »Wenn die Menschen von der Fragilität des Euros sprechen und der zunehmenden Fragilität des Euros und vielleicht von der Krise des Euros, unterschätzen Länder oder Politiker, die nicht der Eurozone angehören, wie viel politisches Kapital in den Euro investiert wurde.«

Draghi wiederholte, dass der Euro ein politisches Projekt war, wenn auch ein paradoxes, weil er in einer politikfreien Zone geschaffen worden war. Dann kam er zu dem einen Satz, der im Sommer 2012 mehr zur Eurorettung beitrug als die vielen Hundert Milliarden zusammen, die die EZB in die Stabilisierung der Währung fließen ließ: »Die EZB ist bereit, im Rahmen ihres Mandats alles zu tun, was nötig ist, um den Euro zu retten. Und glauben Sie mir, es wird genug sein.«[40] Was meinte er mit »alles, was nötig ist« und »im Rahmen ihres Mandats«? In den kommenden Wochen erklärte eine offizielle Ankündigung der EZB Draghis Zusage: Spanien, Italien und auch Frankreich würde nicht erlaubt werden, den gleichen Weg zu gehen wie Griechenland. »Alles, was nötig ist« hieß, dass Spanien und Italien, die beiden Frontstaaten im Kampf um die Rettung des Euros, sich nicht Geld von anderen europäischen Steuerzahlern würden leihen müssen; ihre Schulden würden durch Geld abgefedert werden, das die EZB drucken ließ. Aber wie konnte so etwas im Rahmen von Draghis »Mandat« erfolgen? Seine Antwort kam in Form des Programms Outright Monetary Transactions (OMT) der Zentralbank.

Die einfache Idee hinter OMT war, dass die EZB zu einem Zeitpunkt, den sie wählte – mit anderen Worten, wenn es in Italien und Spanien richtig eng wurde –, auf den Finanzmärkten unbeschränkt italienische und spanische Bonds kaufen würde, um ihren Wert zu stabilisieren und damit die Zinsen, die die italienische und die spanische Regierung für die Refinanzierung ihrer Staatsschulden bezahlen mussten. Und wie wollte die EZB diese Käufe finanzieren? Indem sie aus dem Nichts digitale Euros schuf. Aber war es nach der Satzung der EZB zulässig, einem Mitgliedstaat auf diese Weise bei seinen Schulden zu helfen? Verstieß das nicht gegen die No-Bailout-Klausel, die nach dem Willen der Bundesbank das Herzstück der EZB-Satzung sein sollte?

Draghis geniales Argument lautete, beim OMT-Programm gehe es nicht darum, die italienischen und spanischen Staatsfinanzen zu stützen; vielmehr wolle man die nicht mehr funktionierende Übertragung der Geldpolitik der EZB in die Eurozone reparieren.[41] Tatsächlich mussten Unternehmen in Italien und Spanien 9 Prozent Zinsen für Kredite zahlen, obwohl die Zinssätze der EZB auf unter ein Prozent gefallen waren, während vergleichbare Unternehmen in Deutschland oder Holland Geld für weniger als die Hälfte bekamen. Draghi argumentierte dementsprechend, dass das OMT-Programm nicht darauf abzielte, den Regierungen von Spanien und Italien zu helfen, denn das war nach der Satzung der EZB explizit verboten. Nein, mit dem Ankauf italienischer oder spanischer Staatsschulden (Staatsanleihen) verfolge man das Ziel, so Draghi, die Kontrolle der EZB über die Zinsen, die Unternehmen in der ganzen Eurozone zahlten, wiederherzustellen, mit anderen Worten, dafür zu sorgen, dass die EZB wieder tun konnte, wozu sie nach ihrer Satzung verpflichtet war: die volle Kontrolle über die Zinssätze auszuüben, die Unternehmen und Privathaushalte zahlten. Allerdings, so Draghi weiter, musste die EZB dafür zuerst die Zinsen drücken, die die Staaten zahlten, in der Hoffnung, dies werde in heilsamer Weise auf den Unternehmenssektor übergreifen und auch dort die Zinsen verringern.[42] Das heißt, Draghi präsentierte das OMT-Programm als einen Mechanismus, die Kontrolle der Zentralbank über die Zinssätze wiederherzustellen, wobei die Hilfe für die Staatsfinanzen Italiens und Spaniens eine Nebenfolge dieser Politik war – nur ein Mittel, kein Zweck an sich.

Es stimmte zwar, dass der Übertragungsmechanismus der Geldpolitik der EZB nicht mehr funktionierte und repariert werden musste, aber es stimmte auch, dass Draghi in Wahrheit verhindern wollte, dass Italien und Spanien genauso bankrottgingen wie Griechenland. Und dazu musste er tun, was die Satzung der EZB verbot: »Staatsfinanzierung« betreiben.[43]

Während die Bundesbank in den Kulissen abwartete, um dann Mario Draghi als Ketzer und Verletzer des Vertrags von Maastricht zu bezichtigen, musste der EZB-Präsident eine wichtige rechtliche Vorkehrung treffen: Er musste den Ankauf von italienischen oder spanischen Staatsschulden mit der Bedingung verknüpfen, dass Rom und Madrid jeweils ein striktes Sparprogramm nach dem Vorbild der griechischen Austerität akzeptierten, das von der verhassten Troika überwacht werden sollte. Das war der Preis, den Angela Merkel Mario Draghi dafür zahlen ließ, dass er den Euro mit der Ankündigung seines OMT-Programms retten durfte.

Noch vor der Ankündigung zeigte Draghis Londoner Satz »alles, was nötig ist« Wirkung. Die Zinsen gingen stark zurück, was Italien und Spanien eine willkommene Atempause verschaffte. Die Händler auf den Finanzmärkten dürsteten so sehr nach guten Nachrichten aus Europa, dass sie Draghis Zusage begierig aufsogen und alle Hinweise ignorierten, dass sie nicht glaubwürdig sein könnte – eine Drohung, oder ein Versprechen, die bzw. das die EZB nicht würde einhalten dürfen, wenn es hart auf hart kam.[44]

Doch Draghi wusste es besser. Er wusste genau, was alle von uns, die ein Gefühl für die fehlerhafte Konstruktion des Euros hatten, die ganze Zeit schon befürchteten: Das OMT-Programm basierte auf einer nicht glaubwürdigen Drohung der EZB gegenüber Anleihehändlern, die bei italienischen und spanischen Schulden »short« gehen wollten: das heißt, die ordentlich Geld darauf wetten wollten, dass deren Wert fallen würde. Wie Mario Monti und Luis de Guindos, der spanische Finanzminister, Jahre später in Gesprächen bestätigten, die wir in meiner Zeit als Finanzminister führten, waren weder Rom noch Madrid damals bereit, ein ähnliches »Memorandum of Understanding«[45] wie Griechenland mit der Europäischen Kommission, der Europäischen Zentralbank und dem Internationalen Währungsfonds zu unterzeichnen. Denn wenn sie sich mit der Troika eingelassen hätten, hätten ihre Regierungen höchstens noch ein paar Wochen Bestand gehabt.

Das OMT-Programm wird als eine unwahrscheinliche Erfolgsgeschichte in die Historie eingehen. Es überschwemmte den Markt mit italienischen und spanischen Anleihen, später auch mit portugiesischen und irischen, alles auf der Grundlage des nicht glaubhaften Versprechens der EZB, in großem Stil solche Anleihen zu kaufen. Es funktionierte, weil wie bei einem erfolgreichen Bluff die EZB nie auf die Probe gestellt wurde. Man vertraute Draghis Worten – oder fürchtete sie, um genauer zu sein. Die Anleihehändler begannen nach Draghis Rede italienische und spanische Schuldtitel zu kaufen und freuten sich über die Gewinne aus steigenden Anleihekursen. Er musste seinen Worten gar keine Taten folgen lassen, und deshalb mussten auch Rom und Madrid keine Memoranden mit der Troika unterzeichnen.

Auf diese Weise kaufte Mario Draghi wertvolle Zeit für den Euro. Rom und Madrid verordneten sich eine maßvolle Sparpolitik, um den viel härteren Auflagen der Troika zu entgehen, und die Zinsen fielen stark. Aber auch die Preise und die Nominaleinkommen sanken, und damit waren die Schulden der betroffenen Länder so wenig tragbar wie zuvor. Insbesondere Italien steckte arg in der Klemme. Das Land exportierte mehr, als es importierte, und sein Haushalt wies ohne Zinsen und Tilgung einen ordentlichen Überschuss von über 2 Prozent des BIP aus. Dennoch stiegen seine Schulden im Verhältnis zum BIP weiter beträchtlich an. Warum? Weil das BIP immer weiter schrumpfte, während die Schulden immer noch stiegen – wenn auch langsam dank des OMT-Programms der EZB.

Draghi wusste, dass das OMT-Programm ihm höchstens ein Jahr Luft verschafft hatte. Er musste noch sehr viel mehr Staatsfinanzierung von Mitgliedsländern betreiben, um die Illusion hinter der Eurorettung zu erhalten. Zu seinem Pech wusste das auch Jens Weidmann, der Präsident der Bundesbank. Für ihn verletzte das OMT-Programm die Regeln, die die Bundesbank als Bedingung für die Aufgabe der D-Mark diktiert hatte. Und er sah auch voraus, dass die Verletzung der Regeln noch sehr, sehr viel weiter würde gehen müssen, wenn Draghi mit seinem Versuch der Eurorettung Erfolg haben wollte.

Der Norden und der Süden

Die Iren und die Griechen sind in vielerlei Hinsicht verschieden. Und doch bescherte ihnen die Eurokrise ein sehr ähnliches Schicksal, weil die schwächsten Griechen und die schwächsten Iren gezwungen wurden, die privaten Verluste deutscher und französischer Banker zu tragen.[46] Vincent Browne, der Klaus Masuch bei der Pressekonferenz so zugesetzt hatte, brachte den hilflosen EZB-Vertreter in die unmögliche Position, dass er das nicht zu verteidigende Verhalten der EZB gegenüber den Iren verteidigen musste. In seinen Fragen hatte Browne wiederholt darauf angespielt, dass die EZB die Regierung in Dublin erpresst hatte, sie gezwungen hatte, private Schulden in den öffentlichen Geldbeutel einer Bank zu übertragen, die tot und begraben war und damit keine Bedrohung mehr für die finanzielle Stabilität Irlands darstellte. Aber Browne wusste nicht, dass die schmutzige Arbeit der EZB noch längst nicht abgeschlossen war.

Fangen wir ganz am Anfang an. Nachdem die Anglo Irish Bank und andere ähnliche Finanzbomben 2009 hochgegangen waren, zwang die EZB die irische Regierung, ohne die Zustimmung der Wähler einzuholen, den bankrotten Bankern sogenannte Promissory Notes (eine weitere Art von Schuldverschreibungen) anzubieten, die, wie jeder Ire und jede Irin weiß, das Land in den Bankrott führten, viele in die Emigration trieben und die Mehrheit in unbeschreibliches Elend stürzten. Die Promissory Notes sicherten dem Inhaber regelmäßige Zahlungen des irischen Fiskus zu, in happiger Höhe und fällig in wenigen Jahren, was eine Liquiditätskrise im öffentlichen Sektor und die Insolvenz des irischen Staates verursachte. Die nicht mehr funktionsfähigen irischen Banken nahmen die Papiere, reichten sie als Sicherheiten bei der irischen Zentralbank ein und zahlten mit dem Geld, das sie dafür erhielten, die (meist deutschen) Inhaber ihrer nicht versicherten Bonds aus.

Diese irische Regierung kollabierte unter dem Gewicht ihrer Hybris, aber die neue irische Regierung beugte sich ebenfalls dem Druck der EZB, keinen Haircut bei den Promissory Notes vorzunehmen oder sie umzuschulden. Stattdessen verhielt sich Dublin wie ein Mustergefangener: »Wir tun, was man uns sagt, in der Hoffnung auf Straferlass.« Von da an hatte die Zentralbank in Dublin die Promissory Notes in den Büchern, und die Regierung kämpfte, als der Zeitpunkt der Fälligkeit nahte. Zwei Jahre lang bat Dublin Brüssel und Frankfurt, die Termine für die Rückzahlung zu verlängern, während es gleichzeitig die schwächsten irischen Staatsbürger den schlimmsten Einschnitten unterwarf, die es in Nordeuropa seit der Großen Hungersnot in Irland gegeben hatte. Doch leider blieb die EZB unerbittlich: Die irische Zentralbank durfte ihrer eigenen Regierung keine besseren Konditionen gewähren, weil das als Verstoß gegen die No-Bailout-Klausel des Vertrags von Maastricht gewertet werden konnte. Mit anderen Worten: Nicht versicherte private Banker mussten illegal[47] und zutiefst unmoralisch gerettet werden, aber die Steuerzahler, die gezwungen wurden, die Last zu tragen, bekamen keine besseren Konditionen für die Rückzahlung der schändlichen privaten Schulden, die sie übernehmen mussten, um die Banker zu retten.

Erst 2014 lenkte die EZB ein und akzeptierte, dass die Promissory Notes gegen neue, länger laufende, verzinste irische Staatsanleihen eingetauscht werden konnten. Die EZB akzeptierte die Umschuldung dieser widerwärtigen Schulden und reduzierte so ein wenig den Druck auf den irischen Staat. So tauschte die irische Zentralbank die verhassten Schuldscheine[48] in ihrem Besitz gegen frische irische Staatsanleihen, die den Inhabern langfristig substanzielle Zinszahlungen versprachen. Und solange der Inhaber die irische Zentralbank war, die diese Anleihen bis zur Fälligkeit hielt, würde die Regierung die Zinsen an ihre eigene Zentralbank zahlen, die die Zinsen wiederum in Form von Dividenden an die Regierung zurückgab. In gewisser Weise würden langfristig die irischen Steuerzahler die Nutznießer sein, eine kleine Entschädigung für all den Kummer, den die EZB und die Banker ihnen zugefügt hatten.

Aber die EZB wollte davon nichts hören. *Was?,* dachten die Beamten in Frankfurt, *der irische Staat soll vom Tausch der Promissory Notes gegen Staatsanleihen profitieren? Das können wir nicht zulassen! Das wäre ein Geschenk an die irischen Steuerzahler. Finanzierung des irischen Staats durch die EZB. Was wird die Bundesbank dazu sagen?* Und so drängten die Mächtigen in Frankfurt die irische Zentralbank, die Staatsanleihen abzugeben, sie an private Banker zu verkaufen, die dann bei Fälligkeit die Zinsen von den irischen Steuerzahlern kassierten.

Wenn jemand profitierte, dann sollten es wieder die Banker und die Hedgefonds sein. Auf keinen Fall die Bürger.

Etwas Ähnliches passierte zur selben Zeit in Griechenland. Im Frühjahr 2012 gab es endlich einen Schnitt bei Griechenlands Staatsschulden, was bestätigte, dass nicht rückzahlbare Schulden einen Haircut bekommen, egal, was die Dogmen der Verantwortlichen in Europa besagen. Die Frage war nur, wer würde vom Timing und den Bedingungen des Haircuts profitieren und wer würde dabei verlieren? In dem Fall waren Anleihen betroffen, die sich überwiegend im Besitz griechischer Banken, griechischer Kleinanleger und Pensionsfonds befanden. Die Troika beharrte darauf, dass die griechische Regierung die Kleinanleger und Pensionsfonds nicht entschädigen durfte, aber den Bankern in vollem Umfang ihr Geld zurückzugeben hatte.

Die griechischen Banken verloren bei dem Haircut 38 Milliarden Euro und waren faktisch bankrott.[49] Das zweite Rettungspaket für Griechenland, das im Frühjahr 2012 den Haircut begleitete, stellte 50 Milliarden Euro bereit, die sich die Regierung zur Rekapitalisierung der Banken bei EFSF/ESM leihen sollte – eine Summe, die die griechischen Staatsschulden weiter in die Höhe treiben würde, anders als es bei Mario Montis Vorschlag gewesen wäre. Tatsächlich wurde der bankrotte griechische Staat von Europa gezwungen, bei Europa einen Kredit für die bankrotten griechischen Banker aufzunehmen und dafür zu sorgen, dass die Banker Kapitalspritzen bekamen, ohne dass sie die Kontrolle über ihre Banken aufgeben mussten – ohne dass die Banken verstaatlicht wurden. Damit die Banker die Kontrolle über die Banken behielten, erließ das griechische Parlament ein Gesetz, das verfügte, wenn die Banker nachwiesen, dass sie 10 Prozent des zusätzlichen Kapitals aufbringen konnten, würde der griechische Staat die restlichen 90 Prozent beisteuern – Geld, das die Steuerzahler sich von Europa liehen –, ohne die Kontrolle über die Banken zu bekommen.[50]

Und als wäre das nicht genug, regelte dasselbe Gesetz auch noch, dass private Käufer von Bankaktien zusammen mit ihren Aktien sogenannte Warrants (Optionsscheine) bekommen sollten. Warrants sind im Wesentlichen Anrechte, mehr Aktien zum ursprünglichen niedrigen Kurs zu kaufen. Anders gesagt: Der Staat erlaubte nicht nur den Bankern, die Kontrolle über die Banken zu behalten, die sie in den Bankrott geführt hatten, er verpflichtete sich auch noch, ihnen alle Gewinne aus einem Kursanstieg der Bankaktien zu überlassen. Der Staat verlor, und die Banker gewannen gleich zweimal. So einfach!

Natürlich erzeugten diese absurd großzügigen Konditionen, besonders die Warrants, einen Wirbel an spekulativem Interesse an den griechischen Banken. Um den Bankern ihre Gewinne zu sichern, passierte im April eine Änderung der Regeln für die Rekapitalisierung der Banken so unauffällig das Parlament, dass es kaum ein Abgeordneter merkte. Eine scheinbar harmlose Gesetzesänderung verhinderte, dass der griechische Staat die neuen Aktien kaufen konnte, die die Banken ausgeben würden. Weil zugelassen wurde, dass die neuen Aktien zu einem deutlich niedrigeren Preis ausgegeben wurden, als der griechische Staat dafür bezahlt hatte, als er beinahe 40 Milliarden Euro in die Banken gepumpt hatte, und weil zugleich bestimmt wurde, dass der Staat diese billigeren Aktien nicht kaufen durfte, verloren die Aktien des Staats an Wert und sein Anteil an den Banken wurde deutlich verwässert. Kurzum, die griechische Öffentlichkeit wurde in einer Weise ausgenommen, die sehr an das erinnerte, was in derselben Woche in Irland passiert war – als die irische Zentralbank gezwungen wurde, die Staatsanleihen abzugeben, die sie für die Promissory Notes bekommen hatte.

Und was ist das Bindeglied zwischen diesen Attacken auf das irische und das griechische Volk? Das Handeln von Europas Währungshüterin und gemeinsamer Interessenvertretung: der Europäischen Zentralbank.

Das Imperium schlägt zurück

Im Dezember 2012 schlug die deutsche Zentralbank, die unnachgiebige Bundesbank, gegen die EZB und Mario Draghis OMT-Programm zurück: Bundesbankpräsident Jens Weidmann gab beim Bundesverfassungsgericht eine Stellungnahme in dem Verfahren wegen der Beschwerden gegen den Euro-Rettungsschirm ab, in der er die Käufe von

Staatsanleihen kritisierte.[51] Drei Punkte machten die Stellungnahme zu einem Paukenschlag. Im ersten wurde offen die Frage gestellt, ob die EZB ein Mandat habe, um den Zusammenbruch des Euros zu verhindern. Der zweite hinterfragte die Entscheidung von Kanzlerin Merkel und EZB-Präsident Draghi im Sommer 2012, Griechenland in der Eurozone zu halten. Und der dritte rüttelte an Draghis wiederholt geäußerter Überzeugung, der kaputte Übertragungsmechanismus der Geldpolitik der EZB sollte so schnell wie möglich repariert werden.

Zusammengenommen bedeuteten die drei Punkte einen Angriff auf den Euro als kohärente Währung, insbesondere angesichts der Tatsache, dass es offizielle Einlassungen der Bundesbank vor dem deutschen Verfassungsgericht waren mit der Absicht, den Einsatz von Mario Draghis letzten verbliebenen geldpolitischen Instrumenten zu verbieten, mit denen er die Eurozone zusammenzuhalten versuchte.

Aber wenn es nicht die Aufgabe der EZB ist, den Euro zusammenzuhalten, wie Jens Weidmann sagte, wessen Aufgabe ist es dann? Indem die Bundesbank bestritt, dass die EZB dafür zuständig war, das Überleben des Euros zu sichern, vertrat sie eine interessante neue Position: Die Rettung der Eurozone ist kein vorrangiges Ziel, selbst wenn die politisch Verantwortlichen in Europa das glauben. Offenkundig hatte die Bundesbank ihre Neigung, die Entwicklung Europas vom Rücksitz aus zu beeinflussen, mit dem Abschied von der geliebten D-Mark nicht aufgegeben. Sie hatte vielleicht eine Weile geruht, aber mit Jens Weidmann an der Spitze war sie eindeutig wieder erwacht.

Wenn man die Stellungnahme des Bundesbankpräsidenten genauer liest, bekommt sie jedoch eine unheimliche Plausibilität. Darin versuchte er, die Glaubwürdigkeit des OMT-Programms zu erschüttern, mit dem Mario Draghi für die Unumkehrbarkeit des Euros kämpfte, wobei er Griechenland als Artillerie einsetzte. Weidmann argumentierte, die Entschlossenheit der EZB, Griechenland in der Eurozone zu halten, sei nicht durch ihre Satzung gedeckt. Wenn die EZB erkläre, um den zukünftigen Zerfall der Währungsunion zu verhindern, müsse sie bereit sein, »alles, was nötig ist« zur Rettung der griechischen Banken zu tun, dann laufe das darauf hinaus, der Welt zu sagen, dass sie Schulden aus dem Besitz griechischer Banken auch dann noch kaufen werde, wenn die Banken ganz und gar nicht mehr behaupten könnten, solvent zu sein. Und das komme der Erklärung gleich, die EZB sei bereit, zur Rettung des Euros gegen ihre Satzung zu verstoßen!

Weidmann hatte natürlich recht. Um die Eurozone zu bewahren, musste die EZB wiederholt clevere Entschuldigungen finden, warum sie ihre eigenen lächerlichen Regeln aus der Maastricht-Ära brach. Niemand hat das besser und mit mehr Verve gemacht als Mario Draghi. Dass der Euro heute noch existiert, wohl oder übel, ist dem Geschick zu verdanken, mit dem der EZB-Präsident diese potenziell explosive Angelegenheit handhabte: das Regelwerk der EZB in einer weder offensichtlichen noch übermäßig zurückhaltenden Weise zu unterlaufen.

Jens Weidmann durchschaute das und wusste, dass Draghi würde nachlegen müssen. Wenn sich das OMT-Programm erst einmal als echte politische Strategie etabliert hatte, würde er weiter gehen müssen, um die Anleihehändler auf Distanz zu halten. Die Bundesbank schäumte bei dem Gedanken, dass es noch mehr Verstöße gegen die Satzung geben könnte, die sie der EZB so sorgsam aufoktroyiert hatte; sie war und ist entschlossen, »alles, was nötig ist« zu tun, um Mario Draghi zu stoppen.

Dass Jens Weidmann damit bisher gescheitert ist, zeugt von Angela Merkels Entschlossenheit, nicht zuzulassen, dass der Euro während ihrer Amtszeit auseinanderbricht. Aber wie Draghi nur zu gut weiß, kann er es sich genauso wenig wie Berlin leisten, den Zorn der Bundesbank und ihr Plädoyer für eine verkleinerte Eurozone zu ignorieren.

Lockerungsübungen

Draghis OMT-Programm war die perfekte Waffe, insofern sie funktionierte, weil sie nie abgefeuert wurde. Dennoch wusste der EZB-Präsident, wenn die Anleihehändler seinen Bluff durchschauten und er die Waffe tatsächlich abfeuern musste, würde das Ergebnis wenig überzeugend sein.[52] Er sah auch, dass die Austerität, die er zuerst Griechenland aufgezwungen hatte, bevor sie in die meisten Länder der übrigen Eurozone exportiert wurde, eine bösartige Deflation erzeugte, die die gesamte Eurozone in eine postmoderne Version der Weltwirtschaftskrise der 1930er-Jahre zu treiben drohte. In dieser Hinsicht hatte das OMT-Programm ihm lediglich Zeit gekauft, um die großen Geschütze in Stellung zu bringen: die quantitative Lockerung (Quantitative Easing, QE).[53]

QE wurde in den 1990er-Jahren in Japan erfunden und von den Vereinigten Staaten nach dem Desaster von 2008 übernommen. Wenn eine Krise so groß ist, dass alle nur noch verzweifelt versuchen, mit sinkenden Einkommen Schulden zurückzuzahlen, will sich niemand Geld leihen, selbst wenn die Zinsen auf null fallen. An dem Punkt gehen den Zentralbanken die Mittel aus, um die Wirtschaft in der üblichen Weise zu stimulieren – nämlich durch Zinssenkungen. Null ist in der Tat eine radikale Zahl, und ein Zinssatz unter null bedeutet, dass Anleger dafür bezahlen müssen, dass sie der Bank ihr Geld geben dürfen. Dazu werden sie natürlich nicht bereit sein, sondern so schnell wie möglich jeden Cent abziehen und damit den Kollaps des Bankensektors verursachen.

1936 zitierte John Maynard Keynes aus Ibsens *Die Wildente*, um seinen Lesern begreiflich zu machen, vor welchem Problem eine Zentralbank steht, wenn die Zinsen auf null fallen, aber die Wirtschaft immer noch in der Flaute ist: »Die Wildente ist auf den Grund hinuntergetaucht, so tief sie gelangen kann, und hat sich dort festgebissen am Unkraut, Tang und all dem wilden Gestrüpp der Tiefe, und es brauchte einen außerordentlich geschickten Hund, um ihr nachzutauchen und sie wieder heraufzufischen.«[54] Die quantitative Lockerung sollte dieser »außerordentlich geschickte Hund« sein – ein alternativer Weg, wie Zentralbanken die Wirtschaft stimulieren können.

Dahinter steht eine einfache Idee: Die Zentralbank kauft von den Geschäftsbanken anderer Leute Schulden. Wer sind nun diese »anderen Leute«? Es können Familien sein, die Hypothekenschulden bei der Bank haben, oder eine Regierung, die Staatsanleihen an die Bank verkauft hat. Im Austausch für die Schulden und den Einkommensstrom, den sie produzieren, zahlt die Zentralbank Dollars oder Euros auf ein Konto ein, das die Geschäftsbank bei der Zentralbank unterhält. Woher bekommt die Zentralbank das Geld? Nun, sie schafft es aus dem Nichts:

Sie zaubert einfach Zahlen herbei und addiert sie zu dem Kontostand der Geschäftsbank. Das tut sie in der Hoffnung, dass die Geschäftsbank das Geld an Unternehmen verleihen wird, die investieren wollen, oder an Familien, die Häuser, Autos, Haushaltsgeräte und dergleichen zu kaufen vorhaben. Wenn das passiert, wird die wirtschaftliche Aktivität wieder zunehmen, weil Liquidität vorhanden ist. Und so stimuliert die quantitative Lockerung mindestens in der Theorie eine lahmende Wirtschaft.

QE funktioniert, aber selbst unter den günstigsten Umständen nicht sehr gut und nicht unbedingt so wie beabsichtigt. Der Grund dafür ist, dass mehrere unwahrscheinliche Überzeugungen zusammentreffen müssten, damit die QE ihre heilsame Wirkung entfalten könnte.

Jack und Jill, die Kunden der Bank Y sind, müssen überzeugt sein, dass der Immobilienmarkt vorerst die Talsohle erreicht hat und dass ihre Arbeitsplätze hinreichend sicher sind, damit sie ihre Bank um eine Hypothek zu bitten wagen. Bank Y muss bereit sein, das Risiko einzugehen, ihre bereits lange Liste von Aktiva (die Liste mit den Krediten, die Einkommen bringen) noch weiter zu verlängern, indem sie Jack und Jill das Geld für einen Hauskauf leiht. Dabei hofft sie, dass Bank X die Hypothek mit Geld von ihrem Konto bei der Zentralbank kaufen wird, das durch QE aufgefüllt wurde. Unternehmen, die daran denken, Menschen wie Jack und Jill mittel- bis langfristig zu beschäftigen, müssen überzeugt sein, dass Bank X tatsächlich die Hypothek der beiden von Bank Y kaufen wird und darüber hinaus, dass diese Art von Transaktion die Nachfrage nach ihren Produkten erhöhen und damit die Einstellung von mehr Mitarbeitern rechtfertigen wird.

Um es kurz zu machen: Viele Menschen müssen vieles glauben, bevor QE ihr Versprechen erfüllt, der Realwirtschaft Auftrieb zu geben. Aber in der Stimmung des sich selbst bestätigenden Pessimismus, die in den tiefsten Tiefen einer schweren Krise herrscht, gleicht es dem Glauben an Wunder, wenn man annimmt, verschiedene Personen würden gleichzeitig zu diesen Überzeugungen gelangen. Die Erfahrungen in Japan und Amerika, wo QE entschlossen ausprobiert wurde, sprechen eher dafür, dass die Banken das Geld, das die Zentralbank geschaffen hat, nicht an andere Banken oder an Jack und Jill verleihen, sondern an Unternehmen. Und die Unternehmen investieren das geliehene Geld nicht in Maschinen und Arbeitskräfte, weil sie fürchten, dass nicht genug Nachfrage für eine Produktionssteigerung vorhanden sein wird. Stattdessen kaufen sie mit dem Geld eigene Aktien zurück, um ihren Kurs in die Höhe zu treiben, und streichen einen hübschen Bonus ein, weil sie »den Marktwert des Unternehmens« gesteigert haben. Dieser Vorgang befeuert in gewissem Umfang die Immobilienpreise und die Nachfrage nach Luxusgütern, und so führt QE nur zu großer Ungleichheit.

In Japan und in den Vereinigten Staaten ist es nicht gelungen, mit QE eine wirtschaftliche Erholung in Gang zu setzen,[55] aber wenigstens hat sie verhindert, dass aus der Rezession eine Wirtschaftskrise wurde. In Europa erwies sich QE wegen der architektonischen Schwächen der Eurozone, die sich in den Inkonsistenzen des Vertrags von Maastricht widerspiegeln, immer als problematischer. EZB-Präsident Draghi wusste das, glaubte aber, keine Alternative zur quantitativen Lockerung zu haben. Dafür hatte er zwei Gründe: Erstens wusste er, dass sein Bluff mit dem OMT-Programm früher oder später auffliegen würde, und zweitens erwartete er, wenn die Federal Reserve und die Bank of Japan irgendwann 2014 ihre eigenen QE-Programme kürzen würden, würde die Volatilität zurückkehren, und sein Trick mit den OMT müsste unterfüttert werden.

Die EZB hat nicht das Recht, Schulden eines Mitgliedstaats zu finanzieren, wie die Bundesbank nicht müde wird, Mario Draghi zu erinnern. Darum kann sie nicht nach Belieben italienische Staatsanleihen von italienischen oder spanischen Banken kaufen, wie die Fed amerikanische Treasury Bills kauft.[56] Um so weit wie möglich innerhalb der Grenzen ihrer Satzung zu bleiben, hat der Gouverneursrat der EZB unter Draghi folgenden Plan ersonnen: Sie kauft Anleihen jedes Mitgliedstaats im Verhältnis seines Anteils an der EZB – das heißt im Verhältnis zur Größe seiner Volkswirtschaft. Draghi vertraute wirklich auf die Entschuldigung, die EZB würde niemanden per Bailout retten, wenn sie die Schulden von allen im Verhältnis zur relativen Größe der jeweiligen Volkswirtschaft finanzierte. Um Jens Weidmanns Kritik entgegenzutreten, wenn die EZB Anleihen insolventer Staaten kaufe, würde sie gleichsam Schulden der mit ihnen verbundenen insolventen Banken übernehmen, akzeptierte Draghi, dass es QE nicht für Länder geben würde, die der Troika bereits in die Hände gefallen waren. Das bedeutete, dass das Land, das die quantitative Lockerung der EZB am dringendsten gebraucht hätte, Griechenland, davon ausgeschlossen war, und dass die Staaten, die sie am wenigsten brauchten, für deren Volkswirtschaften sie sogar potenziell schädlich war, die größte Dosis bekommen würden.

Das deutsche Beispiel illustriert das gut. Die Volkswirte bei der EZB kalkulierten, dass die EZB Bonds – Staatsschulden – im Wert von 60 Milliarden Euro pro Monat kaufen musste, damit ihr QE-Programm für die Eurozone funktionieren und die deflationäre Spirale, die das Ende des Euros zu bringen drohte, gestoppt würde. Entsprechend ihrer Satzung musste die EZB sicherstellen, dass 27 Prozent dieser Bonds deutsche Bundesanleihen waren, denn Deutschland hat einen Anteil von 27 Prozent an der EZB, was die Tatsache widerspiegelt, dass das deutsche Bruttoinlandsprodukt rund 27 Prozent des aggregierten BIP der Eurozone beträgt.

Im ersten Jahr mit QE, 2015, musste die EZB nach dieser Rechnung Bundesanleihen im Wert von über 190 Milliarden Euro kaufen – 16 Milliarden pro Monat. Leider summierten sich sämtliche Bundesanleihen, die Deutschland im Jahr 2015 ausgab, nur auf 140 Milliarden Euro, weil die Bundesregierung die »schwarze Null« anstrebt – sie will Schulden abbauen und sich wenig neues Geld leihen. So steckte die EZB in der Klemme, denn die deutsche Regierung verkaufte Bundesanleihen im Wert von 50 Milliarden Euro weniger, als die EZB von ihr kaufen musste. Der EZB blieb nur der Ausweg, an deutsche Pensionsfonds und Geschäftsbanken heranzutreten und sie zu bitten, sich von den Bundesanleihen zu trennen, die sie gekauft hatten, um so die Lücke zu füllen. Das Problem dabei war, dass die meisten deutschen Pensionsfonds und Versicherungsgesellschaften nach deutschem Recht verpflichtet sind, ihre Reserven in Bundesanleihen anzulegen. Folglich musste die EZB haarsträubende Preise bezahlen, um von Banken, Hedgefonds und Privatpersonen, die Bundesanleihen horteten, die Papiere zu bekommen, die sie brauchte. So ging unter Umständen ein Stück Papier, das dem Inhaber 1000 Euro in fünf Jahren versprach, für 1010 Euro an die EZB über! Das ist so, als müsste Jack Jill dafür bezahlen, dass er ihr Geld leihen darf. Oder anders gesagt: Es sind negative Zinsen.

Die negativen Zinsen schufen unzählige Probleme. Deutsche Sparer und Pensionsfonds, die anständige Zinsen zum Überleben brauchen, standen vor dem Ruin. Spekulanten nutzten die extrem niedrigen Zinsen in Deutschland, um sich Geld zu leihen, und kauften dafür Aktien an der Börse. Damit trieben sie die Aktienkurse in die Höhe, was sowieso schon reiche Europäer noch reicher machte zu einer Zeit, als arbeitende Männer und Frauen unter niedrigen Löhnen in Deutschland und blanker Not in Ländern wie Griechenland und Spanien litten.

Hätte Mario Draghi wie der Chef einer wirklich unabhängigen Zentralbank agieren können, hätte er sich darauf beschränken können, nur spanische und italienische Staatsanleihen zu kaufen, keine deutschen, was die Tatsache widergespiegelt hätte, dass Spanien und Italien von Deflation betroffen sind, aber Deutschland nicht. Doch nein, die EZB musste deutsche Bundesanleihen kaufen, um die Fiktion aufrechtzuerhalten, dass sie ihre dumme Satzung respektiert.

Ein sehr europäischer Coup

Mario Draghis QE bewirkte, dass die Aktienkurse und die Preise für Luxusimmobilien in Überschussländern wie Deutschland und Holland nach oben gingen, aber sie half nicht, brachliegende Ersparnisse in diesen Ländern und vor allem nicht in den Krisenländern für produktive Investitionen zu mobilisieren. Und doch schien die Finanzpresse überzeugt zu sein, dass QE wirkte.

Tatsächlich passierte Folgendes: Als die Menge der von der EZB fabrizierten Euros wuchs, wurde ein Teil davon gegen andere Währungen eingetauscht, und als immer mehr Euros auf den Devisenmärkten für andere Währungen ausgegeben wurden, sank der Außenwert des Euros, sein Wechselkurs. Einige Länder wie Spanien erlebten darauf einen kleinen Exportboom. Aber ein Blick auf Spaniens zerstörten Arbeitsmarkt, auf dem die Löhne am Boden lagen, bestätigt, dass die wenigen Jobs, die dank des Booms geschaffen wurden, auf Kosten von Arbeitsplätzen in Frankreich entstanden, wo die Löhne noch nicht gefallen waren. Die europäischen Unternehmen profitierten einfach vom bedrängten Spanien, während der Nettoeffekt auf die Beschäftigung in der Eurozone zu vernachlässigen war. Die nicht zu vernachlässigende Realität ist, dass Europa seine eigene Arbeit durch den internationalen Wettbewerb abwertet, genau wie es in den 1930er-Jahren seine eigenen Währungen durch Wettbewerb abgewertet hat. In diesem Kontext bewirkte die Stabilisierung der deflationären Kräfte der Eurozone durch Mario Draghis QE nur, dass diese Form der fruchtlosen und unwürdigen Beggar-my-Neighbour-Politik sich ausbreitete, ohne dass sie wirklich zur Überwindung der Krise beitrug.

Ironischerweise war der größte Erfolg der quantitativen Lockerung aus der Sicht von Brüssel, Frankfurt und Berlin, dass sie der Troika erlaubte, die Bemühungen der griechischen Regierung zunichtezumachen, das gescheiterte Programm, das unser Volk zu einer endlosen Krise verdammte, neu zu verhandeln. Warum war das so?

Ende 2012 waren nach zwei Rettungspaketen für Griechenland potenzielle private Verluste komplett auf die europäischen Steuerzahler übergegangen und die europäischen Banken somit vor dem griechischen Drama geschützt. In Verbindung mit QE wirkte das Wissen, dass Mario Draghi bis zu 60 oder 70 Milliarden Euro pro Monat drucken konnte, um Staatsanleihen von Ländern in finanzieller Bedrängnis (ausgenommen Griechenland) zu kaufen, wie ein zusätzlicher Stoßdämpfer auf den Finanzmärkten. Das erlaubte der Eurogruppe und der EZB, Griechenlands Banken zu schließen, ohne dass es Panik auf den Anleihemärkten gab. Eine Politik, die in ganz Europa die Deflation aufhalten sollte, schloss erst das Land aus, das sie am nötigsten gehabt hätte – Griechenland –, und strangulierte dann seine Regierung, weil sie es gewagt hatte, das Austeritätsprogramm und die nicht tragbaren Schulden infrage zu stellen, die hauptsächlich die Krise verursacht hatten. Nur die Eurozone konnte der Währungspolitik, die doch eigentlich die Not der Menschen hätte lindern sollen, eine so verachtenswerte Rolle zuschieben.

Niedertracht

Vor einigen Jahren, lange bevor sich mein Einstieg in die Politik abzeichnete, diskutierte ich in Brüssel mit einem der Hohepriester der Europäischen Kommission über die Entwicklungen und Wendungen der Krise. Es war mein erstes Gespräch mit jemandem, der eine so hohe und mächtige Position in Brüssels selbstverliebter Technokratie bekleidete, und ich stellte ein paar geradezu unverschämte Fragen. Zu meiner Überraschung erhielt ich ehrliche Antworten.

»Warum drängt die Kommission Portugal, die indirekten Steuern zu erhöhen, während die Binnennachfrage kollabiert?« (Würden solche Steuererhöhungen nicht die Umsätze einbrechen lassen und damit Einnahmen des Staates aus der Mehrwertsteuer? So war es auch bei der Verdoppelung der Steuern auf Brennstoffe in Griechenland.) »Warum fordern Sie das?«, fragte ich. »Sehen Sie denn nicht, dass die Menschen einfach nicht mehr heizen und die Einnahmen der Regierung aus der Energiesteuer sinken werden?«

»Natürlich. Aber wir drängen nur als Abschreckung auf höhere Umsatz- und Energiesteuern. Wir wollen Rom zeigen, was passieren wird, wenn sie bei unseren Forderungen nach härteren Sparmaßnahmen nicht kooperieren.«

Als ich später im Namen der griechischen Regierung mit der Kommission, der EZB und dem IWF verhandelte, begegnete mir genau die gleiche Argumentationsweise. Auf meine Frage an mein Gegenüber, ob er tatsächlich denke, dass der unglaubliche Mehrwertsteuersatz, den er mir reindrücken wollte, die Steuereinnahmen unseres Staates verbessern würde, gab er offen zu, dass das nicht der Fall sein werde. »Warum beharren Sie dann darauf?«, fragte ich. Seine Antwort: »Jemand, dessen

Ansichten hier zählen, möchte Paris demonstrieren, was passiert, wenn Frankreich sich weigert, Strukturreformen durchzuführen.«

Hat es darum nicht seine Berechtigung, wenn ich italienischen oder französischen Zuhörern über meine jüngsten Erfahrungen mit der Troika sage:»Ich bin nicht hier, weil ich Ihr Mitgefühl oder Ihre Hilfe möchte. Ich bin hier, weil ich Sie warnen möchte, dass es so etwas wie eine griechische oder irische oder portugiesische Krise nicht gibt. Wir sitzen alle in einem Boot. Griechenland ist einfach nur ein großes Labor, in dem verfehlte politische Maßnahmen ausprobiert werden, bevor man sie bei Ihnen anwendet.«

Das macht die Eurokrise mit Europa. Eine ratlose politische Elite, die Natur und Geschichte einer Krise verleugnet, deren Wurzeln bis mindestens 1971 zurückreichen, verfolgt eine Politik, die darauf hinausläuft, stolze europäische Nationen einem Flächenbombardement zu unterziehen, um sie zu retten. Griechenland, Portugal, Irland und Spanien wurden kaputt gemacht, um Italien und Frankreich Respekt einzuflößen und die EZB im Geschäft zu halten. Gleichzeitig wird diese menschenverachtende Politik im Namen von Gemeinschaft, Solidarität, Effizienz, Verantwortung und, natürlich, tief empfundener Sorge um die sogenannte Glaubwürdigkeit der europäischen Institutionen präsentiert.

Umkehralchemie ist nicht leichter als Alchemie. Die Verwandlung von Blei in Gold, der Heilige Gral des Alchemisten, erwies sich als unerreichbar schwierig; Gold in Blei zu verwandeln ist nicht leichter.

Europas Umkehralchemisten – die Bürokraten, Politiker, Kommentatoren und Wissenschaftler, deren Großtaten in diesem Kapitel geschildert wurden – haben über viele Jahre sorgfältig daran gearbeitet, etwas zu erreichen, das nahezu genauso unmöglich sein sollte: Jahrzehnte kontinentaler Integration durch eine bleierne Uneinigkeit zu ersetzen, die schwer auf den Köpfen und Herzen der Europäer lastet. Aber sie haben es erreicht – mithilfe der gemeinsamen Währung.

Als Harry Lime – gespielt von Orson Welles in *Der Dritte Mann* – von dem berühmten Riesenrad im Wiener Prater auf die Stadt blickt, formuliert er eine provokante Theorie über die europäische Kultur:

Drei Jahrzehnte Blutvergießen unter den Borgias hätten uns die Renaissance gebracht. Fünf Jahrhunderte schweizerische Demokratie und friedliches Zusammenleben hingegen hätten nur die berühmte Kuckucksuhr hinterlassen.[57] Limes Theorie war natürlich sarkastisch (und sehr unfair gegenüber der schweizerischen Geschichte). Geschichte und Kultur Europas sind von Blut durchtränkt und von Konflikten durchzogen. Genau aus diesem Grund gefiel den Europäern der Gedanke einer Union. Kunst und Musik, zwei Bereiche, in denen Europa der Menschheit viel gegeben hat, enthalten weitere Beispiele unserer dunkleren Seite. Picasso hat einmal gesagt, ein Gemälde solle nicht schmücken, sondern »eine Waffe gegen den Feind« sein. Beethoven widmete seine Dritte Symphonie Napoleon und zerriss die Widmung dann voller Zorn, als Napoleon sich zum Kaiser krönte. D. H. Lawrence zeigte eine wütende Verachtung für die Demokratie mit einem Schuss heftigen Antisemitismus. Ezra Pounds Dichtung feierte seine große Liebe zur europäischen Kultur, die ihn leider nicht hinderte, ein glühender Verehrer des Faschismus zu sein.

Vor einem so reichen kulturellen Hintergrund mit so vielen missmutigen Stimmen erscheint es schon weniger paradox, dass die gemeinsame Währung die europäische Einheit untergräbt. Von dem Augenblick an, als Europa aus der komfortablen amerikanischen Dollarzone der Nachkriegszeit vertrieben wurde, kämpften seine Eliten darum, innerhalb Europas diese Komfortzone wiederherzustellen. Die europäischen Politiker haben die Lektionen, die die New-Deal-Politiker in den 1930er- und 1940er-Jahren lernten, niemals begriffen, sondern die Fehler der 1920er-Jahre wiederholt und eine schlecht konzipierte Währung geschaffen, die dem Goldstandard im Herzen Europas ähnelte.

Ab den späten 1990er-Jahren kopierten die europäischen Banken die Praktiken des außer Rand und Band geratenen Finanzsektors der Anglosphäre, ohne ein Sicherheitsnetz wie die Federal Reserve, die Bank of England oder wenigstens die Bank of Japan zu haben, das sie hätte auffangen können, als der unvermeidliche Absturz kam. Die Kombination aus der instabilen monetären Architektur und den Imperativen des angelsächsischen Kasinokapitalismus, der unter den Augen von

Brüssel und der EZB die Pariser und Frankfurter Banken infizierte, erzeugte ein blindes Vertrauen in die Finanzmärkte, dem Europas Währungsunion erlag.

Während der amerikanische Minotaurus brüllte und dafür sorgte, dass die Produktion in deutschen, holländischen und chinesischen Fabriken brummte, folgte Europa Großbritannien und den Vereinigten Staaten, ordnete wie sie seine Industrie den Finanzmärkten unter und bekehrte die Gesellschaft zu dem neuen Glauben, Märkte seien Zwecke an sich, Totems, die man verehren müsse, Tempel, deren Heiligkeit nicht hinterfragt werden dürfe.

An dem Gedanken, einen gemeinsamen Markt vom Atlantik bis zur Ukraine und von den Shetland-Inseln bis nach Kreta zu schaffen, war nichts verkehrt. Grenzen sind Wunden auf dem Planeten, und je früher wir sie überwinden, desto besser, wie die Krise um die syrischen Flüchtlinge aktuell zeigt. Und an einer gemeinsamen Währung ist auch nichts verkehrt. Gefährlich falsch war hingegen die Vorstellung, wir könnten einen gemeinsamen Markt und eine gemeinsame Währung schaffen ohne einen mächtigen Demos als Gegengewicht, der sie stabilisiert und zivilisiert.

Vergessen Sie all die verwirrenden Wirtschaftstheorien. Ein Blick auf die Ästhetik des Euros spricht Bände. Schauen Sie sich einen beliebigen Euroschein an. Was sehen Sie? Hübsche Bögen und Brücken. Aber es sind fiktive, nicht existierende Brücken. Ein Kontinent voller Kulturschätze hat sich unglaublicherweise dafür entschieden, seine frisch aus der Taufe gehobene Währung nicht damit zu schmücken. Warum? Weil die Bürokraten nichts Strittiges auf den neuen Geldscheinen haben wollten. Sie wollten die Kultur von unserer Währung fernhalten, genau wie sie die Entpolitisierung der Politik und die Technisierung des Geldes wollten. Selbst wenn jemand nichts von Wirtschaft und von der schrecklichen Finanzarchitektur der Eurozone wüsste, würde ein Blick auf die kulturelle Wüste auf den Euroscheinen ausreichen, um ihm eine Ahnung zu vermitteln, was los ist. Statt eines souveränen europäischen Volks mit einer gemeinsamen Kultur, die es stolz auf seinem Geld herzeigt, macht Europa weiter wie in den 1950er-Jahren und überträgt enorme politische Macht auf eine kolossale, nominell technokratische Bürokratie, die dafür sorgt, dass Demokratie und Solidarität eher weihevoll zitiert als umgesetzt und beachtet werden.[58] Und das ist die Ironie dabei. Bevor die Grenzzäune zwischen Polen, Deutschland, Frankreich und Großbritannien niedergerissen wurden, stieß ein Film wie *Die zwei Leben der Veronika* in Warschau, Paris, London und Stuttgart auf Resonanz. Heute würde das einem ähnlichen Film nicht mehr gelingen. Véronique und Weronika hätten keine Verbindung, kein mystisches Band. Sie würden im Rahmen einer skrupellosen Europäischen Union gegeneinander kämpfen, einer Union, in der Solidarität sich auf räuberische »Rettungsaktionen« beschränkt, die Schuldenberge vergrößern, in der »Reformen« tiefe Einschnitte in die Löhne und Renten der Ärmsten in Europa bedeuten und »Glaubwürdigkeit« ein Synonym dafür ist, sich an gescheiterte wirtschaftliche Rezepte zu halten.

Das auf Brüssel konzentrierte Kommentariat weist unermüdlich darauf hin, dass der Wunsch, Mitglied der Europäischen Union zu werden, nie größer war. Beweist das nicht, dass Europa funktioniert? Sie vergessen, dass das Römische Reich implodierte, als sein innerer Kern zerfiel, während seine Grenzen sich immer weiter nach Osten verschoben. Ein Zeitalter kultureller Degeneration, bekannt als Mittelalter, war die Folge. Heute erlebt die Europäische Union ebenfalls, dass ihr Kern sich auflöst, während sie sich nach Osten ausdehnt. Eine stolze Nation nach der anderen wird finanziellem Waterboarding unterworfen, ein Volk erhebt sich gegen das andere, Ponzi-Wachstum wird nahtlos durch Ponzi-Austerität ersetzt, ohne dass es eine ernsthafte Diskussion darüber gibt, wie eine rationale wirtschaftliche Architektur geschaffen werden könnte, und manche Europäer sind zunehmend davon überzeugt, dass sie mehr verdienen als andere – diese Entwicklungen schwächen Europas Kern gefährlich, und die Bande einer echten Solidarität zerreißen.

Unterdessen sehen jenseits des Atlantiks die Amerikaner ungläubig zu, wie der Kontinent, den vor sich selbst zu retten sie vor so vielen Jahren geholfen haben, nun wieder in dem alten Schlamassel steckt: sich selbst zerfleischt, die Saat der Zwietracht in seiner Mitte sät und dabei gleich noch die Bemühungen Amerikas und Chinas gefährdet, die Weltwirtschaft zu stabilisieren.

Gibt es etwas, um Europas furchtbare Umkehralchemisten zu stoppen?

Kann Europa den Klauen eines postmodernen dunklen Zeitalters eine demokratische Zukunft entreißen?

Oder brauchen die Europäer wieder einmal Hilfe von jenseits des Atlantiks, selbst wenn sie sie nicht wollen?

Eines ist gewiss: Europa ist zu wichtig, um es seinen hilflosen Herrschern zu überlassen.

KAPITEL 7

Zurück in die Zukunft

Jedes Mal, wenn ich auf der Ministerbank des griechischen Parlaments Platz nahm, saßen die demokratisch gewählten Gauner der Nazi-Partei Goldene Morgenröte mir direkt gegenüber.[1] Jedes Mal, wenn es mir nicht gelang, ihren Blicken auszuweichen, oder wenn mich Freunde aus den Vereinigten Staaten, Großbritannien, Australien, Thailand oder China baten, ihnen zu erklären, was es mit der Goldenen Morgenröte auf sich hatte, musste ich an Kapnias denken.

Ich begegnete Kapnias zum ersten Mal im Dezember 1991, auf dem Bauernhof auf der südlichen Peloponnes, auf dem er mit Großmutter Georgia lebte, seiner Frau, die ich besuchte. Aus ihrer Lebensgeschichte sollte ein Schriftsteller, der sich auf tragische Liebesschicksale versteht, einen Roman machen.[2] Ich war von Athen hingefahren, um das Wochenende mit ihnen zu verbringen, und sah ihn zum ersten Mal, wie er neben seinen Ziegen stand; vor einem stahlblauen Himmel rüttelte ein Habicht in der Luft. Ich erblickte eine etwas unordentliche, aber durchaus vornehme Gestalt in der Art von Arbeitskleidung, die arme Bauern im Mittelmeerraum für ihre Uniform halten, und das wettergegerbte, mit weißen Stoppeln bedeckte Gesicht eines Achtzigjährigen, das mir zulächelte. Es war ein freundliches und zugleich geheimnisvolles Lächeln, das viele beunruhigende Geschichten und nicht zu entwirrende Wahrheiten versprach. »Endlich lernen wir uns kennen! Willkommen in meiner bescheidenen Hütte«, rief er mir entgegen und breitete seine Arme aus.

Obwohl Kapnias sein Ruf vorausgeeilt war, war ich nicht vorbereitet auf die wortlose Gewalt der Begrüßung an jenem Abend. Ich bezog das

Zimmer, das Großmutter Georgia ganz wunderbar für mich vorbereitet hatte, und brach das Brot mit ihnen. Dann entschuldigte ich mich und fuhr in die nahe gelegene Stadt, um mich mit Freunden zu treffen. Als ich einige Zeit nach Mitternacht in das Bauernhaus zurückkehrte, hörte ich Kapnias' entferntes Schnarchen und das Kreischen streitender Katzen. Ich war müde und wollte endlich im Schoß der ländlichen Peloponnes in den Schlaf sinken. Da entdeckte ich zwei Bücher auf meinem Kopfkissen.

Das eine trug den Titel *Erinnerungen eines Ministerpräsidenten*. Der Verfasser war Adamantios Androutsopoulos, der letzte Ministerpräsident der Militärdiktatur, die meine Jugend überschattet hatte, Marionette von Dimitrios Ioannidis, dem Brigadegeneral, der die neofaschistische Junta nach dem Massaker an Studenten am 17. November 1973 noch tiefer in den NS-Sumpf geführt hatte. Das zweite Buch war ein dünner, ledergebundener und schon reichlich abgegriffener Band. Ich wollte meinen Augen kaum trauen, als ich den Titel *Mein Kampf* las, und schlug das Buch auf. Es war eine deutsche Originalausgabe, irgendwo in Deutschland 1934 erschienen. Diese Bettlektüre sollte den Linken, der da auf Besuch gekommen war, wohl erschrecken, mutmaßte ich. Mit den besten Wünschen eines Bauern, der kaum richtig lesen und schreiben konnte, mir aber zeigen wollte, was Sache war.

Als ich am Morgen erwachte, ließ ich mir Zeit mit dem Aufstehen, denn ich hoffte, dass Kapnias schon weg war, um sich um seine Tiere und Felder zu kümmern. Die Hoffnung war vergebens. Er wollte sich mein Auftauchen und meine Reaktion auf die Gaben des letzten Abends auf keinen Fall entgehen lassen. Und so begannen wir zu reden.

Kapnias hatte früher als »unberührbarer« Knecht für Großmutter Georgias Vater gearbeitet, der vor dem Krieg in ihrem heimischen Gebirgsdorf eine Art Adliger gewesen war – ein wunderschönes Dorf, das der Bürgerkrieg 1944–1949 praktisch entvölkert hatte. Während der nationalsozialistischen Besatzung (1941–1944) diente Georgias Vater als Mittelsmann zwischen dem britischen Geheimdienst und den örtlichen linken Partisanen, die gemeinsam Sabotageakte gegen das nahe gelegene Korps der Wehrmacht und mehrere Abteilungen italienischer Soldaten verübten. Georgia, das schönste Mädchen im Dorf, verliebte sich in den Partisanen Georgios Xenos und heiratete ihn heimlich. In den Jahren eines schrecklichen Krieges bekam das Paar, das mit seinem Glück den Umständen trotzte, zwei Kinder.

Unterdessen schlug sich der jugendliche Knecht Kapnias auf die andere Seite: Er schloss sich einer paramilitärischen Einheit an, die die örtliche Gestapo aufgestellt hatte, und wurde nach Kreta entsandt, wo er die Kunst des Verhörs und der Bekämpfung subversiver Aktivitäten erlernen sollte. Sein dortiger Ausbilder Hans gab ihm das ledergebundene Exemplar von *Mein Kampf*, so wie manche Missionare ungebildeten Wilden die Bibel in die Hand drücken, bevor sie weiterziehen, um die Nächsten zu bekehren.

Der Zweite Weltkrieg endete, aber die Auseinandersetzungen in Griechenland spitzten sich zu, und das Land versank in einen albtraumhaften Bürgerkrieg. Verbündete kämpften gegeneinander, Brüder gegen Brüder, Töchter gegen Väter. Der Partisan Xenos, Georgias Ehemann, kämpfte gegen die griechische Armee, die die Briten aufgestellt hatten, deren getreuer Anhänger Georgias Vater war. Innerhalb von zwei Jahren entspann sich eine moderne griechische Tragödie. Xenos wurde im Kampf gegen die Armee verwundet, gefangen genommen und während der anschließenden Befragung von einem amerikanischen Offizier getötet.[3] Georgias Vater starb wenig später durch die Hand der Kameraden ihres Ehemanns, weil er einen verletzten Partisanen umgebracht hatte, der in seinem Haus Zuflucht gesucht hatte. So wurde Georgia von den Nationalisten ihres Vaters zur Witwe gemacht und von den Partisanen ihres Ehemanns zur Waisen.

Diese Ereignisse waren für Kapnias ein Fingerzeig. Er wechselte von der paramilitärischen Truppe, die die Gestapo organisiert hatte, zur örtlichen Gendarmerie und war nun in der Position, um Rache an der Oberklasse in seinem kleinen, quasi-feudalistischen Universum zu üben. Er machte Georgia einen Vorschlag:»Du heiratest mich, und ich werde meine Leute daran hindern, dass sie das Land von dir und deiner kommunistischen Brut befreien.« Mit »Brut« meinte er ihre beiden kleinen Kinder. Georgia willigte ein in der Hoffnung, Kapnias' Uniform würde Sicherheit für sie und ihre Kinder bedeuten, deren Schicksal sie in die gnädige Lüge kleidete, ihr Vater sei von anderen Partisanen umgebracht worden. Doch leider wurde Kapnias nicht lange nach ihrer trostlosen Hochzeit von den Gendarmen entlassen, weil er während eines Verhörs übermäßige Gewalt angewendet hatte – ungefähr so, als hätte man Mephisto wegen übermäßiger Bösartigkeit entlassen. Daraufhin wandten sich seine Wut und seine Brutalität gegen seine neue Frau, ihre Nachkommen und die ganze Welt. Georgia erkaufte das Überleben ihrer Familie mit einem Dasein voller Misshandlungen, in Armut, Tränen und Schrecken unter Kapnias' grausamem Regiment. Erst ihr Tod im Jahr 2012 brachte ihr Erlösung.

Damals dachte ich, Menschen wie Kapnias wären eine aussterbende Rasse und würden langsam aus dem Land unserer Eltern verschwinden. Aber so sollte es nicht sein, wie der Anblick der Abgeordneten von der Goldenen Morgenröte im Athener Parlament einige Jahre später bewies.

Schlangen-Gene

Nichts bereitet ein Volk besser auf ein autoritäres Regime vor als eine Niederlage, gefolgt von nationaler Demütigung und wirtschaftlichem Zusammenbruch.[4] Deutschlands Niederlage nach dem Ersten Weltkrieg und seine Unterwerfung unter den Versailler Vertrag spielten zusammen mit der wirtschaftlichen Not der Mittelschicht wenig später eine gut dokumentierte Rolle beim Aufstieg der Nationalsozialisten. Griechenland erlitt 1922 als Folge der Hybris seiner Regierung eine vergleichbare Niederlage und Demütigung durch Mustafa Kemal.[5] Die politische Instabilität im Anschluss an die militärische und wirtschaftliche Katastrophe und dazu die Verschlimmerung der Armut nach der Weltwirtschaftskrise 1929 führten zu unserer Form des Faschismus: der Diktatur von Ioannis Metaxas, der durch einen Putsch am 4. August 1936 an die Macht kam.

Natürlich war das nichts Ungewöhnliches. Wenige Tage bevor in

Griechenland ein faschistisches Regime die Macht übernahm, stürzte Spanien nach dem Angriff von Generalissimus Franco auf die Republikaner in den gleichen Abgrund. Italien hatte sich bereits zehn Jahre zuvor unter Mussolini dem Faschismus verschrieben, genau wie Portugal unter Salazar. Ungarn, Serbien, Rumänien, Bulgarien und die baltischen Staaten erlagen alle einer Variante des Schlangengifts.[6] Selbst Großbritannien machte seine Erfahrungen mit Oswald Mosleys Schwarzhemden, von den NS-Sympathien mehrerer Mitglieder der königlichen Familie ganz zu schweigen. Heute vergessen wir gern, dass das Gespenst des Faschismus einen großen Teil Europas heimsuchte, lange bevor Hitlers Artillerie, Flugzeuge und Panzerdivisionen den Zweiten Weltkrieg auslösten.

Wir vergessen auch, dass der Traum einer Europäischen Union bis vor den Krieg zurückreicht. Der Geist Karls des Großen, den der französische Präsident Valéry Giscard d'Estaing und Bundeskanzler Helmut Schmidt Jahrzehnte später um Unterstützung der Europäischen Währungsunion baten, hatte eine trübe Geschichte früherer Anrufungen. Ende 1944, als es für alle, die Augen hatten, um zu sehen, und Ohren, um zu hören, offensichtlich war, dass Hitler den Krieg verloren hatte, schlossen sich zwischen sieben- und elftausend Franzosen einer neuen SS-Division an, die nach Karl dem Großen benannt war – mit vollständigem Namen 33. Waffengrenadierdivision der SS Charlemagne (französische Nr. 1). In den folgenden Monaten kämpften sie verbissen und verteidigten als letzte SS-Einheit den Führerbunker bis zum bitteren Ende.[7] Etwas motivierte die Franzosen zum Kämpfen, und dieses Etwas hing mit der Idee eines *Paneuropa* zusammen, das würdig wäre, das Erbe Karls des Großen anzutreten, und das in ihren verwirrten Köpfen Hitler repräsentierte. Dieser Vorgang erinnert uns nachdrücklich daran, dass die Symbole der europäischen Einheit, die schon einmal so leicht zur Beute der dunklen Seite unseres Kontinents geworden sind, es schnell wieder werden können.

Heute glauben wir Europäer, dass die dunkle Seite unseres Kontinents ausgemerzt wurde. Dass die Europäische Wirtschaftsgemeinschaft, die mit dem Vertrag von Maastricht 1993 zur Europäischen Union wurde, ein Bollwerk gegen den Totalitarismus darstellt. Während es stimmt, dass die Europäer nach dem Krieg dachten, die neuen europäischen Institutionen würden vor einem weiteren Krieg und einer neuen Diktatur schützen, ist keineswegs offensichtlich, dass die Institutionen, die dann tatsächlich geschaffen wurden, diesen Anspruch auch wirklich erfüllten. Wenn die Wiederkehr früherer Formen des Bösen nur dadurch verhindert werden kann, dass man die Geschichte begreift, dann muss diese Behauptung infrage gestellt werden. Eine kleine Aufgabe kann dabei helfen.

Schauen Sie sich die folgenden beiden Zitate an und raten Sie, wer und in welchem Kontext diese bewegenden Worte wohl gesagt hat:

Über den nationalen Staatsgedanken hinaus wird die Idee einer neuen gemeinsamen Ordnung den uns durch unsere Geschichte gegebenen gemeinsamen Raum zu einem neuen geistigen Reich gestalten ... Das neue Europa der solidarischen Zusammenarbeit aller, das Europa ohne Arbeitslosigkeit, ohne Wirtschafts- und Währungskrisen ... wird nach Beseitigung national-wirtschaftlicher Hemmungen seine gesicherte Grundlage und einen rasch heraufkommenden Wohlstand finden.

Unter den europäischen Völkern aber bricht sich mehr und mehr das Bewußtsein Bahn, daß vieles von dem, was wir untereinander auszumachen haben, im Grunde doch nur Familienstreitigkeiten sind, gemessen an den großen Fragen, die heute die Kontinente zu lösen haben ... Ich bin überzeugt, in fünfzig Jahren wird man nicht mehr nur in Ländern denken.

Das erste Zitat stammt von Arthur Seyß-Inquart, einem Nationalsozialisten, der als neu gewählter österreichischer Kanzler das Gesetz über den Anschluss unterzeichnete und nach dem Anschluss in der NS-Regierung Reichsstatthalter wurde. Später ernannte Hitler ihn zum Reichskommissar des besetzten Holland. Die Sätze fielen in einer Rede an seine holländischen Untertanen 1940.[8] Seyß-Inquart wurde 1946 in

Nürnberg zum Tode verurteilt. Das zweite Zitat stammt aus einer Rede von Joseph Goebbels 1940.[9] Bedeutet die Tatsache, dass die Nationalsozialisten als Erste eine Europäische Wirtschafts- und Währungsunion planten – die womöglich der heutigen Europäischen Union unbehaglich nahe kommt –, dass die Union auf faschistischen Prinzipien ruht? Natürlich nicht. Der entscheidende Punkt ist nicht, dass die Europäische Union von der Schlange ausgebrütet wurde, sondern vielmehr und konstruktiver, dass die Europäer eine moralische Pflicht haben, die gefährliche Illusion zu zerstreuen, die Idee einer Europäischen Union, in der die Nationalismen und der Nationalstaat sich schrittweise auflösen sollen, sei von Natur aus inkompatibel mit autokratischen, menschenfeindlichen, rassistischen, inhumanen Kriegstreibern, wie sie die europäische Krise der Zwischenkriegszeit nach oben gespült hat. Ein geeintes Europa, das auf freiem Handel und freiem Kapitalverkehr gründet, auf gemeinsamen Arbeitsgesetzen und einer gemeinsamen Währung, ist leider ebenso gut mit einem nationalsozialistischen politischen Programm vereinbar wie mit einem progressiven, humanistischen und internationalistischen. Diesen ernüchternden Gedanken muss Europa heute im kollektiven Gedächtnis behalten.

Konferenzen über die europäische Integration, die gemeinsame Agrarpolitik, eine koordinierte Industriepolitik, abgestimmte Technologieförderung, die Währungsunion und so weiter sind nicht automatisch Schritte in Richtung einer strahlenden europäischen Zukunft. Die erste derartige Konferenz mit Beteiligung von Wissenschaftlern, Ministern und Beamten, die (ich zitiere aus dem offiziellen Programm) über »die Bildung einer Europäischen Wirtschaftsgemeinschaft« diskutierte, fand 1942 unter der Leitung von Hitlers Finanzminister Walther Funk statt. Das bedeutet, dass eine Europäische Union, die der sehr ähnlich ist, die wir heute haben, mit dem Totalitarismus nicht unvereinbar ist.

Hinter dem ideologischen Schleier einer europäischen Integration von oben nach unten kann sich eine Vielzahl von Übeln verbergen, besonders wenn sie mitten in (und sogar vermittels) einer bösartigen asymmetrischen Rezession vollzogen wird. Die Anhänger eines vereinten Europa, die Europa zu gern als unser gemeinsames Haus sehen möchten, aber vernünftigerweise auch fürchten, dass Europa in autoritäre Verhältnisse abgleiten könnte, die unser gemeinsames Haus in ein gemeinsames Konzentrationslager zu verwandeln drohen, sollten besser auf der Hut sein. Das Abgleiten in totalitäre Verhältnisse lässt sich nicht dadurch verhindern, dass gesichtslose Bürokraten, denen es in erster Linie um ihre eigenen banalen Karrieren geht, technische Mittel anwenden. Es lässt sich nur durch eine gesunde, funktionierende Demokratie verhindern – durch genau den politischen Prozess, den die Verantwortlichen in Brüssel und Frankfurt zutiefst verachten und der jedes Mal, wenn die Troika die Daumenschrauben wieder fester anzieht, ausgehöhlt wird. Mit jedem toxischen Rettungspaket, mit jedem Triumph der Eurogruppe über eine demokratisch gewählte Regierung wird Europa weiter in eine dunkle, öde Zukunft getrieben, die zu den Plänen der Schlange passt.

Beweise dafür gibt es reichlich. Während ich das schreibe, prophezeien die Umfragen, dass bei den nächsten Präsidentschaftswahlen in Frankreich der Front National aus der ersten Runde als Sieger hervorgehen wird, eine Partei, deren Wurzeln tief in eine rassistische Mythologie der Holocaust-Leugnung reichen. Ungarn hat eine ultrarechte Regierung. In den baltischen Staaten finden regelmäßig Gedenkveranstaltungen zu Ehren lokaler Nationalsozialisten statt, die in die SS eingetreten sind und Seite an Seite mit der Division Charlemagne gekämpft haben; häufig nehmen demokratisch gewählte Kabinettsmitglieder an solchen Veranstaltungen teil. Politische Parteien und paramilitärische Gruppen, die das Andenken der NS-Kollaborateure während des Krieges hochhalten, sind in der Ukraine, in Serbien, Kroatien und Albanien weiterhin einflussreich.

Trotz alledem ist Griechenland ein verstörender Sonderfall. Nur in meinem Heimatland ist es einer offen nationalsozialistischen Partei, der Goldenen Morgenröte, gelungen, beachtliche Wahlerfolge zu erzielen. Warum sind die Nationalsozialisten wieder im griechischen Parlament? Auch die Spanier, die Iren, die Portugiesen und die Italiener haben die Auswirkungen der Krise in der Eurozone zu spüren bekommen. Warum hat nur Griechenland eine durch und durch nationalsozialistische Partei im Parlament, deren Sturmtruppen durch die Straßen marschieren?

Der Hauptgrund ist, dass der wirtschaftliche Kollaps in Griechenland sehr viel schwerwiegender war als das, was sich in anderen Ländern der Eurozone ereignete. Nach dem globalen Crash 2008 stürzte Griechenland als erstes Land und wurde zum Labor der Troika. Angesichts absolut untragbarer Staatsschulden bekam Griechenland riesige Rettungskredite mit den härtesten Sparauflagen. Das Experiment scheiterte katastrophal, fast ein Drittel aller Einkommen und Arbeitsplätze ging verloren, die Verschuldung warf einen immer längeren Schatten über Griechenland, in dem nichts gedieh außer Furcht und Hass. Als die Troika ihre Aufmerksamkeit den anderen gescheiterten Mitgliedstaaten der Eurozone zuwandte, machte sie sich bereits große Sorgen, ob die Eurozone überleben würde. Um die in Griechenland begangenen Fehler zu korrigieren, verhängte sie über Irland, Portugal, Spanien und Irland sehr viel weniger harte Sparprogramme. Weniger Austerität bedeutete weniger Rezession und weniger Raum für neue Nationalsozialisten.

Ein weiterer Grund für die Wiederauferstehung des Faschismus in Griechenland verbirgt sich in der Geschichte von Kapnias. Die NS-Besatzer versuchten in Griechenland, eine einheimische, SS-ähnliche Organisation an den Rand gedrängter Männer aufzustellen, die sowohl mit dem lokalen Bürgertum wie mit der Linken unzufrieden waren und im permanenten Bewusstsein der kollektiven Schande lebten, das eine frühere nationale Demütigung über sie gebracht hatte. »Kapnias« war ein Spitzname (tatsächlich hieß er Georgios), der sich von den griechischen Wörtern für Tabak *(kapnos)* und für Ruß *(kapnia)* ableitete, Wörter, in deren destruktiver Bitterkeit Kapnias sich wiedererkannte: ein verbitterter, wütender Mann, der unablässig darauf sann, sich an einer Welt zu rächen, die ihm nie eine Chance gegeben hatte. Und dann bot ihm die Gestapo eine Chance, die er mit beiden Händen ergriff und bis zum bitteren Ende auskostete, umgeben von seinen unschuldigen, ahnungslosen Ziegen.

Während unserer langen Gespräche wirkte Kapnias wie vergiftet durch die Macht, die seine NS-Ausbilder ihm verliehen hatten. Er war gewöhnt an die Macht, die er durch das Bündnis mit der dunklen Seite bekommen hatte, und genoss die Abkehr vom Anstand, die künftig sein Leben prägte. »Die Deutschen standen über Gott«, sagte er zu mir. »Anders als die Italiener und unser eigenes Gesocks konnten sie jedes Mittel einsetzen, wenn sie etwas erreichen wollten. Ohne Zucken! Ohne Furcht! Ohne Leidenschaft! … Du hättest sie sehen müssen.«»Sie waren großartig«, lauteten seine letzten Worte zu dem Thema. Dabei leuchtete sein Gesicht wie ein Weihnachtsbaum, und sein Herz füllte sich mit besonderer Freude, weil er merkte, wie sich mir bei jedem Wort der Magen umdrehte.

Dennoch verstand ich, woher er kam. Als man ihm dieses kleine ledergebundene Buch übergeben hatte, für dessen Lektüre seine Deutschkenntnisse nicht ausreichten, war das für ihn wie die Einführung in eine europäische Bruderschaft gewesen – eine bösartige, ohne Zweifel, aber auch eine, die technisch viel weiter fortgeschritten war als seine eigene Gemeinschaft, und das gab einem ausgegrenzten, feigen Mann wie Kapnias ein unschätzbares Gefühl, zu einem Kreis von Auserwählten zu gehören. Und ein solches Gefühl kann bewirken, dass sich gewalttätige Empfindungen, Wörter, Taten auf abscheuliche Weise Bahn brechen.

Nachdem die linken Partisanen 1949 geschlagen waren, schwächte sich der Einfluss von Menschenfeinden wie Kapnias ab, aber er verschwand nie ganz. In den höheren Rängen der staatlichen Hierarchie spielten Männer seines Schlags im Griechenland der Nachkriegszeit weiter wichtige Rollen; 1963 ermordeten sie den linken Abgeordneten Grigoris Lambrakis[10], 1967 übernahmen sie in einem Militärputsch die Macht[11], und auch nach dem Zusammenbruch des Obristenregimes 1974 blieben sie in verschiedenen Institutionen präsent.

Kapnias starb 2009, und viele seiner Brüder aus der Kriegszeit starben um dieselbe Zeit. Doch die Schlangen-Gene starben nicht mit ihnen; sie schlummerten und warteten auf die nächste Krise.

Wandernde Träume, Ponzi-Wachstum, zunehmende Unzufriedenheit

Dass Griechenland es 2001 schaffte, in die Eurozone aufgenommen zu werden, verdankte es hauptsächlich dem Zustrom zahlreicher Arbeitskräfte aus dem ehemaligen Ostblock, die seit den 1990er-Jahren ins Land gekommen waren. Spanien und Italien profitierten auch sehr von illegalen ausländischen Arbeitskräften, die ihre Wettbewerbsfähigkeit steigerten und ihnen halfen, sich den Maastricht-Kriterien anzunähern. Aber während in der europäischen Peripherie, von Griechenland über die Iberische Halbinsel bis nach Irland, dank der Finanzierung durch gestresste Banker wie meinen Reisegefährten Franz die Bulldozer und Bohrmaschinen auf Hochtouren liefen, hatte die gewaltige Kraftanstrengung, diese Länder in die Eurozone zu hieven, einen erheblichen Teil der ärmeren Bürger zu einer unerkannt schwelenden Rezession verdammt.

Die Wirtschaft boomte, aber unter der Oberfläche verschwanden immer mehr gute Jobs: Während der Großteil der Investitionen in der Peripherie in eine Blase im Baubereich floss, trockneten traditionelle Produktionssektoren aus, weil gewaltige Importe aus den fortgeschrittenen Überschussökonomien sie überrollten. Blasen schaffen großartige Gelegenheiten für Zocker, aber wenig echte, nachhaltige Beschäftigung, besonders wenn große deutsche, holländische und französische Konzerne hereindrängen und die lokalen Unternehmen aufkaufen, ihre Produktion abwickeln und ihre Firmengelände als Lagerhäuser für die Waren nutzen, die sie von ihren eigenen Produktionsstätten ins Land bringen.[12] Boomzeiten in der europäischen Peripherie gingen paradoxerweise mit einem rückläufigen Lebensstandard der Schwachen einher. Selbst als sie neue Autos und Kühlschränke auf Kredit kauften, wussten sie, dass aus dem Strom der Liquidität eines Tages Sturzbäche an Liquidationen werden konnten.

Zugegeben, die Löhne stiegen in dem goldenen Jahrzehnt der Eurozone von 1998 bis 2008, als die offiziellen Zinssätze einander angeglichen wurden. In einigen Ländern wie etwa Griechenland, Irland, Frankreich und Spanien sagte man den Menschen, die Löhne würden zu stark steigen und die Wettbewerbsfähigkeit gegenüber Deutschland, Finnland, Holland und den anderen schmälern, wo die Lohnstückkosten entweder zurückgingen oder weniger stark anstiegen. Trotzdem wuchs auch die Unzufriedenheit. In Deutschland lag der Grund auf der Hand: Die Arbeiter arbeiteten härter, ihre Firmen machten mehr Gewinn als je zuvor, aber die Löhne hielten nicht damit Schritt, und der Lebensstandard stagnierte. Aber warum gab es in Frankreich, Spanien und Griechenland noch mehr Unzufriedenheit, während uns doch die offiziellen Statistiken, die Nachrichtenmoderatoren im Fernsehen, die Zeitungen und die Politik sagten, es sei uns noch nie so gut gegangen, unsere Kaufkraft erhöhe sich, über uns alle werde Wohlstand hereinbrechen?

Man muss sich nur die offiziellen Statistiken genauer anschauen, und schon löst sich das scheinbare Paradox auf. Die Löhne in den Defizitländern stiegen tatsächlich ein wenig schneller als die Preise, und es stimmte, dass es dem »durchschnittlichen« Griechen, Iren, Spanier besser ging. Nur dass es so etwas wie einen durchschnittlichen Griechen, Iren oder Spanier nicht gibt. Die Preise für grundlegende Güter – die Dinge, die jeder kaufen muss, auch wenn er arm ist – kletterten viel schneller als die Durchschnittspreise. Die Preise für Luxusgüter, für die Dinge, die die oberen 10 Prozent der Bevölkerung kaufen, fielen unterdessen massiv.[13] Die Durchschnittslöhne stiegen, nur verdiente die Mehrheit der arbeitenden Menschen weit weniger als den Durchschnittslohn – nicht zuletzt weil der Durchschnitt durch die exorbitanten Gehälter der Manager der Oligarchen und durch die fallenden Preise der Waren, die sich nur die Privilegierten leisten konnten, stark verzerrt war.[14]

Neben der Kluft zwischen Arm und Reich wuchs noch eine weitere tückische Bruchlinie: die zwischen den einheimischen und den zugewanderten Arbeitern. Letztere waren mobiler, eher bereit, Demütigungen zu ertragen, die Einheimische nicht duldeten. Deshalb arbeiteten sie für weniger Geld und übernahmen Jobs an Orten, wohin die an ihre Familien und Häuser gebundenen Einheimischen nicht gehen konnten. Dadurch wurden die Schwachen noch schwächer, uneiniger und unzufriedener, die Starken hingegen noch reicher und anmaßender. Und all das passierte, während sich das größte Pyramidensystem in der Geschichte entfaltete, bei dem Spanien mit weißen Elefanten überschwemmt wurde wie zum Beispiel Autobahnen ins Nirgendwo, bei dem Griechenland riesige Baustellen bekam für Schnellstraßen, U-Bahnen und die Sportstätten für die Olympischen Spiele 2004 und der keltische Tiger entweder endlose Reihen von Wohnblöcken irgendwo in der Wildnis baute oder die Skyline von Dublin mit noch mehr »Gewerbeimmobilien« verschandelte.

Verdeckt von dem Eifer, Geld zu verdienen, reifte das Schlangenei heran. Wärme spendete eine unterschwellige Rezession, die nur die Schwachen zu spüren bekamen, und unbemerkt von dem Kommentariat, das weiter die Champagnerkorken knallen ließ, verfielen die Industriearbeiter zunehmend den Verlockungen einer rassistischen Menschenfeindlichkeit. Während die europäische Linke nach der historischen Niederlage von 1991, dem Zusammenbruch des Sowjetreichs, ihre Wunden leckte und die sozialdemokratischen Parteien sich drängelten, auf den Zug des Finanzkapitalismus aufzuspringen, profitierten rassistische, ultranationalistische Organisationen wie der Front National in Frankreich, die Lega Nord in Italien und natürlich die Goldene Morgenröte in Griechenland von der wachsenden Unzufriedenheit.

2005 hatte sich das Tempo, mit dem die Banken an der Wall Street, in der Londoner City und in Frankfurt Privatgeld produzierten, ein bisschen abgeschwächt. Dieser Rückgang beim Ponzi-Wachstum erschwerte es Migranten ohne Papiere, Jobs zu finden. Ein Beispiel: Als 2004 die Olympischen Spiele in Athen näher rückten, standen die Migranten, die wie Ameisen geschuftet hatten, um die Stadien rechtzeitig für die Athleten und Würdenträger fertigzustellen, auf einmal ohne Jobs da. Sie wurden sichtbarer, waren aber zugleich finanziell nicht mehr so interessant. Nicht genug, dass sie »Scheiß Ausländer« waren, sie hatten jetzt auch weniger Geld, das sie ausgeben konnten. Gleichzeitig durchbrach die Schlangenbrut in Frankreich und andernorts in Europa die Schale und machte die Immigranten für die unterschwellige Rezession verantwortlich, unter der die schwächeren Einheimischen litten und für die in Wahrheit die Konstruktionsfehler der Eurozone verantwortlich waren. Die Verteilung der Wählerstimmen in Frankreich zeigte eine starke Wählerwanderung von den linken Parteien, die sich traditionell für die Schwachen einsetzten, zum Front National; Präsident Mitterrands Taten rächten sich. Auch in Griechenland, Italien, Irland und Spanien, wo Mitte-Links-Parteien eine entscheidende Rolle beim Beitritt zur Währungsunion gespielt hatten, hatten sie an moralischer Autorität verloren und erlebten, dass viele ihrer Wähler sich der intoleranten, nationalistischen Rechten zuwandten.

Um dieselbe Zeit erhöhten die griechischen Nationalsozialisten den Druck und planten eine Kampagne zur »Säuberung« von Stadtvierteln, die die Überlebenden der 1930er-Jahre in Verzweiflung stürzte. Die Goldene Morgenröte kopierte eine Strategie, die die rechtsextreme NPD in den 1990er-Jahren in Ostdeutschland praktiziert hatte, und legte es darauf an, die Vorstädte, in denen viele Migranten lebten, zu »befreien«. Sie sprachen von »Abschaum« und stellten »Bürgerkomitees« auf, de facto rassistische Bürgerwehren, die von der Polizei toleriert und oft unterstützt wurden.[15]

Bald schon waren Gegenden wie der Attiki-Platz in Athen (nicht weit vom Stadtzentrum entfernt) gefährlich für Menschen, die irgendwie anders aussahen. Ladenbesitzer mit Migrationshintergrund wurden wiederholt Opfer von Übergriffen wie in der Kristallnacht, und die Opfer lernten auf die harte Tour, dass es zwecklos war, die Polizei einzuschalten. Bauunternehmer hatten ihre Freude am Treiben der Goldenen Morgenröte: Man kaufe Immobilien zu niedrigen Preisen auf, lasse die Migranten von der Goldenen Morgenröte vertreiben und mache dann Kasse. Selbst etablierte Fernsehsender gaben »aufgebrachten Einheimischen« die Gelegenheit, Migranten als tollwütige Tiere zu beschreiben, die man in Quarantäne stecken, wenn nicht gleich ganz beseitigen müsse. Es dauerte nicht lange, und auf der Abschussliste standen auch Prostituierte, Schwule, Lesben, Transsexuelle und natürlich Linke, die Sympathien für Migranten zeigten.

Dann stürzte der amerikanische Minotaurus, und der ökonomische Tsunami brach los, der Griechenland Ende 2009 überrollte und zu der sogenannten Griechenlandrettung vom Mai 2010 führte. Die stählernen Fesseln der Austerität, die mit dem gewaltigen Kreditpaket verbunden waren, zerstörten den griechischen Sozialstaat. Angesichts der Stärke der Goldenen Morgenröte und einer politischen Mitte, die zusammen mit der Wirtschaft des Landes abrutschte, schien eine Wiederkehr der Nationalsozialisten möglich. Die Figur des Kapnias wandelte sich von einer Erinnerung an eine schreckliche Vergangenheit zu einer höchst aktuellen Gegenwart.

Griechenland ist ein Ausreißer, im übrigen Europa schwenken noch keine Massen die Hakenkreuzfahne; aber Rassismus und der Atem des Bösen verbreiten sich über den ganzen Kontinent. Das wurde im Sommer 2015 auf schreckliche Weise offenbar, als die politisch Verantwortlichen vermeintlich zivilisierter europäischer Länder anscheinend in einen Wettbewerb traten, wer die wenigsten Flüchtlinge aus dem vom Krieg zerrissenen Syrien aufnehmen würde. Aber das sollte uns nicht überraschen. Während der ungehinderte Fluss von Waren, Geld und gut bezahlten Managern seit jeher eine heilige Kuh der globalisierten Finanzwelt und die Basis von Freihandelszonen wie der Europäischen Union, dem Nordatlantischen oder dem Transatlantischen Freihandelsabkommen ist, wurde die Freizügigkeit für durchschnittliche Menschen schon immer strikt eingegrenzt. Kein Wunder, dass der Rassismus proportional zu den Krisen in unseren Freihandelszonen zunimmt.

Nationalsozialisten an der Macht, wenn auch nicht in der Regierung

Viele werden zu Recht darauf hinweisen, dass zwischen Europa heute und Europa in den 1930er-Jahren ein großer Unterschied besteht: Zum Beispiel kontrolliert heute in keinem europäischen Land eine nationalsozialistische Partei die Regierung. Doch ultrarechte Bewegungen müssen nicht in der Regierung sein, um Macht auszuüben. Der Front National in Frankreich hat nicht nur ein offen fremdenfeindliches nationalistisches Narrativ legitimiert, er hat auch die Politik der etablierten Parteien stark beeinflusst: Ein großer Teil des politischen Spektrums in Frankreich hat sich nach rechts verschoben, aus einem Reflex, zu verhindern, dass noch mehr ehemals den Linken zugeneigte Stimmen der Arbeiterklasse an die Rechten verloren gehen.

Griechenlands Goldene Morgenröte bekam den ersten Vorgeschmack echter Macht kurz *vor* den Wahlen im Mai 2012, bei denen sie ihren ersten Wahlerfolg einfuhr. Der Vorgeschmack kam in Form eines abscheulichen Dekrets des damaligen Ministers für öffentliche Ordnung, Michalis Chrysochoidis, der viele Jahre für die sozialistische Partei Ministerämter bekleidet hatte. Chrysochoidis und sein Ministerkollege Andreas Loverdos, damals zuständig für Gesundheit, nahmen die schwächsten Frauen in Griechenland ins Visier. Loverdos sprach sogar bei einer Konferenz der Vereinten Nationen, wo er seinem fassungslosen Publikum mitteilte, HIV-infizierte afrikanische Prostituierte stellten eine Gefahr für griechische »Familienväter« dar.[16] Die beiden Minister ordneten an, Prostituierte im Stadtzentrum von Athen – viele Migrantinnen ohne Papiere – zu verhaften, zwangsweise HIV-Tests durchzuführen und ihre Fotos mit Namen auf die Website des Ministeriums zu stellen als Warnung an potenzielle griechische Freier.

Mehrere Wochen lang durchkämmten Polizisten das Stadtzentrum von Athen, nahmen ohne Haftbefehle wahllos Frauen fest, die ihnen nicht hinreichend respektabel erschienen, und brachten sie in ihren Bussen zur Polizeistation, wo ihnen unter Zwang Blut abgenommen wurde. Wenn der HIV-Test positiv war, warfen sie die verzweifelten Frauen in eine Zelle, ohne ihnen irgendeine Art von Hilfe anzubieten, unter dem Vorwurf, sie gefährdeten die öffentliche Gesundheit. Mit einem Schlag wurden die so hoch geschätzten Prinzipien der liberalen Demokratie zerrissen. Und wozu? Damit zwei kampflustige sozialistische Politiker in der Wahl von der moralischen Panik profitieren konnten, die fremdenfeindliche Geschichten auslösten, die Wasser auf die Mühle von Organisationen wie der Goldenen Morgenröte waren.[17]

In diesem Sinn kam die Goldene Morgenröte an die Macht, bevor sie auch nur ins Parlament einzog. Warum sollten sich diese Gangster darum scheren, gewählt zu werden, wenn etablierte Politiker in den Ministerien unter der Kontrolle der Troika, die Griechenlands Geldgeber vertrat, ihre Politik umsetzten? Als echte Ideologen stießen die Brutalos von der Goldenen Morgenröte darauf an, dass ihre teuflische Agenda zur offiziellen Politik von Bailoutistan wurde.

Wenige Wochen später, im Juni 2012, brachten zwei aufeinanderfolgende Wahlen eine neue griechische Regierung unter der Führung des Konservativen Antonis Samaras ins Amt. Die Regierung verlor keine Zeit, ein außergewöhnliches Gesetzeswerk zu verabschieden, das klarstellte, dass die griechische Staatsbürgerschaft und gute Noten bei der Aufnahmeprüfung nicht ausreichten, wenn ein junger Mensch in eine griechische Polizei- oder Militärakademie aufgenommen werden wollte. Was brauchte man noch? Einen Nachweis der *ithageneia* – der Abstammung von griechischem Blut –, die eingebürgerte Migranten natürlich nicht vorweisen konnten. Und warum war das nötig? Weil man den Wählern der Goldenen Morgenröte entgegenkommen wollte, die wie alle Faschisten einen natürlichen Hang zu Blut und Boden haben; man hoffte, diese Wähler damit in den rechten Mainstream zurückzuholen.

Und so erließ erstmals seit den Rassegesetzen der Nationalsozialisten aus den 1930er-Jahren ein europäisches Land Gesetze, die seine Bürger (nicht nur seine Einwohner) danach klassifizierten, wer das »richtige Blut« hatte und wer nicht. Ein Schreckensschauer hätte uns den Rücken hinunterlaufen, tiefe Scham unsere Herzen erfüllen müssen, dass so etwas in der Welt von heute möglich war.

Lotusesser

Zur Zeit der Obristen, als meine Eltern heimlich die Deutsche Welle gehört hatten, waren zwei Deutsch sprechende und ein amerikanischer Politiker die großen Hoffnungsträger gewesen. Die Kanzler von Deutschland und Österreich, Willy Brandt und Bruno Kreisky, beides

Sozialdemokraten, hatten ihre Stimmen gegen den griechischen Faschismus erhoben und Inseln echter Solidarität geschaffen, wo wir Zuflucht finden konnten. Der Amerikaner war Senator Bobby Kennedy, der verehrte Held der Bürgerrechtsbewegung und 1968 aussichtsreicher demokratischer Bewerber um das Präsidentenamt. Für meine Mutter verkörperte Bobby Kennedy die Hoffnung, dass die Vereinigten Staaten ihre Unterstützung für unsere neofaschistischen Diktatoren bereuen und die Rückkehr zu einer demokratischen Herrschaft erleichtern würden. Die Nachricht von seiner Ermordung ließ sie fast verzweifeln, weil mit ihm ein mächtiger Fürsprecher der Schwachen gegangen war.

Rückblickend betrachtet verkörperte Bobby Kennedy auch noch etwas anderes: Er war vielleicht der letzte Amerikaner, der den Geist des New Deal im Weißen Haus hätte lebendig halten können. Nach seinem Tod und nachdem Lyndon Baines Johnson von der politischen Bühne abgetreten war, gab es niemanden mehr, der den Nixon-Schock aufhalten konnte, und er setzte unumkehrbar Kräfte frei, die Europa ins Wanken brachten.

Es hatte einmal eine Zeit gegeben, da wussten Europas Sozialdemokraten und die New-Deal-Politiker Amerikas, was ihre Rolle sein sollte. Sie wussten, dass die Zähmung des Kapitalismus nur gelingen konnte, wenn man einen Teil der Gewinne der Industriellen dafür einsetzte, Projekte wie Krankenhäuser, Schulen, eine Arbeitslosenversicherung und die Künste zu finanzieren. Bruno Kreisky, Willy Brandt, der schwedische Sozialdemokrat Olof Palme[18] und die britische Labour Party – sie alle wussten, dass das ihre Aufgabe war. Manche waren dabei erfolgreicher als andere, aber alle teilten die gleiche Grundüberzeugung. Doch als irgendwann nach 1980 der Finanzkapitalismus auf dem Rücken des Minotaurus in die Stadt geritten kam, änderte sich alles.

In den 1980er- und 1990er-Jahren gaben Europas Sozialdemokraten und Amerikas Demokraten die Idee auf, dass der Kapitalismus dadurch gezähmt werden müsse, dass man mit den Industriekapitänen hart verhandelte, die organisierten Arbeitnehmerinteressen unterstützte und den natürlichen Instinkten der Banker Fesseln anlegte. Sie vergaßen, dass unregulierte Arbeits-, Finanz- und Immobilienmärkte zutiefst ineffizient sind. Sie kümmerten sich nicht um die Ungleichheit, die als Nebenprodukt dieser Ineffizienz entstand. Sie verloren die Tatsache aus dem Blick, dass Ungleichheit die Finanzmärkte destabilisiert und die Neigung des Kapitalismus zu Krisen verstärkt.

Was brachte die Regierung Clinton dazu, die letzten Zügel zu beseitigen, die der New Deal der Wall Street angelegt hatte? Schließlich waren es nicht Reagan-Anhänger und Neokonservative, sondern ausgewiesene Demokraten wie Robert Rubin, Larry Summers und Tim Geithner, die in den 1990er-Jahren den Glass-Steagall Act und die damit verbundenen rechtlichen Beschränkungen für die Finanzbranche aufhoben, wodurch sie den Finanzkapitalismus in Turbogeschwindigkeit auf einen nichts ahnenden Planeten losließen. Und warum gaben die europäischen Sozialdemokraten die Prinzipien auf, die Bruno Kreisky, Willy Brandt und Olof Palme so viel bedeutet hatten?

Eine Antwort liegt in der Transformation der globalen Wirtschaft und des Finanzwesens, gesteuert von Männern wie Paul Volcker, nach dem Nixon-Schock. Wie wir gesehen haben, war die Deregulierung der Finanzbranche die Voraussetzung dafür, dass der amerikanische globale Minotaurus seine Aufgabe erfüllen und deutsche, japanische, schwedische und später chinesische Fabriken mit ausreichend Nachfrage versorgen konnte, während er gleichzeitig mit den Gewinnen der deutschen, japanischen, schwedischen und später chinesischen Fabrikbesitzer gefüttert wurde, die an die Wall Street flossen.[19]

Während auf dem Papier die Gewinne stiegen, wurden die regierenden europäischen Sozialdemokraten und amerikanischen Demokraten in einen faustischen Handel mit den Bankern der Wall Street, der Londoner City, von Frankfurt und Paris gelockt, die nur zu gern Reformpolitikern einen kleinen Teil ihrer Beute überließen, wenn diese Politiker der vollständigen Deregulierung der Finanzmärkte zustimmten. Franz und seine Kollegen mussten Quoten bei der Kreditvergabe erfüllen, und deshalb blieb ihnen nichts anderes übrig, als mit den größten Opportunisten unter den Politikern opportunistische Vereinbarungen zu treffen.

Es wirkte wie eine Situation, die ärgerlicherweise – zumindest mich ärgert es – »win-win« genannt wird.[20] Die Banker wurden von allen Fesseln befreit, und Politiker der linken Mitte mussten nicht länger mit Industriekapitänen um die Finanzierung ihrer Sozialprogramme rangeln. Die Finanziers mussten lediglich Unmut heucheln, wenn sie ein paar Krumen von ihrem Tisch abgaben, damit die Politiker der Logik und Ethik des Finanzkapitalismus zustimmten, ihre kritische Haltung gegenüber dem Kapitalismus außer Kraft setzten und fest daran glaubten, dass der Finanzsektor sich am besten selbst regulierte.

Mit Homers Worten ausgedrückt, wurden die europäischen Sozialdemokraten zu den Lotusessern unserer Zeit.[21] Der Lotus, der sie sanft machte und bereit, die abscheulichen Praktiken einer außer Rand und Band geratenen Finanzwelt zu akzeptieren, war das Privatgeld, das die Wall Street zu drucken begann und das andere skrupulös nachahmten. Dieser zuckersüße Saft vernebelte ihre Wahrnehmung und ließ sie glauben, sie könnten den Kuchen essen und ihn trotzdem behalten, es gäbe risikoloses Risiko und eine geheimnisvolle Gans, die unendlich viele goldene Eier legte, mit denen der Wohlfahrtsstaat – die einzige noch verbliebene Verbindung zu ihrem Gewissen – finanziert werden konnte.

Und als dann 2008 riesige Pyramiden von Finanzkapital einstürzten, fehlten Europas Sozialdemokraten die geistigen Instrumente und die moralischen Werte, um gegen die Banker vorzugehen und das kollabierende System einer kritischen Prüfung zu unterziehen. Anders als ihre amerikanischen Kollegen, die nach Obamas Wahlsieg im November 2008 wieder an der Macht waren, hatten Europas Sozialdemokraten nicht die Rückendeckung einer funktionierenden Zentralbank, denn die Europäische Zentralbank steckte in der Zwangsjacke ihrer Satzung. Präsident Obama hatte von seinem ersten Tag im Amt an eine Fed, die willens und bereit war, ihn bei jedem Schritt zu unterstützen, als seine Administration versuchte, die Wall Street wieder flottzumachen und die Scherben zusammenzukehren. Zweifellos ließ das Ergebnis dieser Bemühungen einiges zu wünschen übrig, aber man stelle sich nur einmal vor, wie viel schlimmer alles in den Vereinigten Staaten und in der Welt insgesamt gekommen wäre, wenn die Fed mit dem Mandat der Europäischen Zentralbank und mit ihren Instrumenten hätte agieren müssen.

Die europäischen Sozialdemokraten und ihre Vorgänger hatten die ethischen, intellektuellen und finanziellen Waffen einige Jahre zuvor freiwillig abgezogen oder sich geweigert, sie zu schaffen. Stattdessen wurden sie kontinuierlich mit dem Lotus des Finanzkapitalismus versorgt und so zufriedengestellt. Nun waren Europas Sozialdemokraten bereit zu fallen, bereit, sich zurückzuziehen, sich den Forderungen der Banker nach Rettung, finanziert durch selbstzerstörerische Austerität für die Schwächsten, zu beugen, die Augen davor zu verschließen, dass man diejenigen von den Kosten der Krise verschonte, die sie zu verantworten hatten, um sie auf die breite Masse der Bürger, Deutsche und Griechen gleichermaßen, abzuwälzen, genau die Menschen, deren Interessen die Sozialdemokraten vermeintlich vertraten.

Wie nicht anders zu erwarten, ging die europäische Sozialdemokratie zu Boden und ebnete damit ultrarechten Gaunern aller Art den Weg, sich als Beschützer der Schwachen aufzuspielen – sofern die Schwachen das richtige Blut, die richtige Hautfarbe und die richtigen Ansichten besaßen.

Metternichs Echo

Im Jahr 1993, als der Vertrag von Maastricht in Kraft trat, herrschte die Sichtweise vor, dass die deutsche Wiedervereinigung nach dem Fall der Berliner Mauer nur Teil eines gesamteuropäischen Einigungsprojekts sein würde, das im Bereich des Geldes beginnen sollte: mit der Eurozone. Sorgen über eine deutsche Dominanz, die Präsident de Gaulle, Margaret Thatcher und andere hegten und die in Frankreich seit Jahren in der Luft lagen, wurden nun mit der Begründung weggewischt, dass die Ost- und die Westdeutschen sich nur wiedervereinigen würden, um dann gemeinsam in einer größeren Europäischen Union aufzugehen.

Jacques Delors, der ehemalige französische Finanzminister und in seiner Eigenschaft als Präsident der Europäischen Kommission Motor der Eurozone, machte viel Aufhebens darum, dass es nötig sei, den Einfluss großer Länder durch das Subsidiaritätsprinzip zu begrenzen: den Gedanken, dass man die politischen Aufgaben, die man am besten auf der Ebene des Nationalstaats behandeln konnte, auch den nationalen Regierungen zur Entscheidung und Umsetzung überlassen sollte. Dezentralisierung sollte eine deutsche und französische Dominanz über die Union verhindern.

Zugleich zogen viele Kommentatoren, Historiker und Politiker Parallelen zwischen der europäischen Währungsunion und der deutschen Vereinigung – nicht der Wiedervereinigung 1991, sondern der im 19. Jahrhundert. Bis 1833 bestand das heutige Deutschland aus einer Vielzahl kleiner Staaten, Stadtstaaten und Herrschaftsbereiche, alle mit eigenen Standards, Zeitzonen und eigener Währung. Der Handel über diese vielen Grenzen hinweg war ein Albtraum und der Grund, warum Deutschland in Sachen Industrialisierung, Innovation und Regierungsweise Großbritannien so weit hinterherhinkte. Die deutsche Einigung begann mit einer Zollunion, dem Zollverein, einem Abkommen aus dem Jahr 1833 zwischen verschiedenen Gebieten, das als erster Schritt zu einem freieren Handel und der dringend nötigen wirtschaftlichen Integration propagiert wurde.

Ein kluger Beobachter der damaligen Zeit machte sich große Sorgen über den Zollverein. Klemens von Metternich, Kanzler der Österreich-Ungarischen Monarchie, spielte die Schlüsselrolle in der sogenannten Heiligen Allianz, dem Bündnis der österreichischen, preußischen und russischen Monarchien, deren gemeinsames Ziel es war, jede politische Bewegung zu hemmen und jede Veränderung zu verhindern, die die bestehende Ordnung gefährden könnte. Metternich konnte nicht umhin zu bemerken, dass Preußen, das dominierende Königreich in Deutschland, die treibende Kraft hinter dem Zollverein war und dass Österreich-Ungarn ausgeschlossen blieb. Genau wie Beijing es heute als eine große Gefahr ansieht, dass Amerika in Form der Trans-Pazifischen Partnerschaft (TPP) eine pazifische Freihandelszone ohne China schaffen will, hatte Metternich damals den Eindruck, dass Preußen nichts Gutes im Schilde führte. In einem Brief an seinen Kaiser schrieb er:

In dem großen Bundesverein entsteht ein kleinerer Nebenbund, in dem vollsten Sinne des Wortes ein status in statu, welcher nur zu bald sich daran gewöhnen wird, seine Zwecke mit seinen Mitteln in erster Linie zu verfolgen und die Bundeszwecke und Bundesmittel nur in zweiter Linie, insofern sie mit den ersten sich vereinbaren lassen, zu berücksichtigen. Nach und nach werden die Vereinsstaaten … in einen mehr oder weniger compacten Körper zusammenfließen, welcher bei jeder am Bundestage zur Verhandlung kommenden Frage (und dies nicht blos [sic] in den den Handel betreffenden Angelegenheiten) nach gemeinschaftlich verabredeten Grundsätzen vorangehen und in demselben Sinne abstimmen wird. Bei so bewandten Umständen wird alle nützliche Discussion beim Bundestage aufhören; vorher besprochene und nicht nach den Bundes-, sondern nach isolirt [sic] preußischen Zwecken eingerichtete Abstimmungen werden an ihre Stelle treten … [und] so läßt sich das Resultat dieser Abstimmungen in jeder Frage, in welcher das preußische mit dem Bundes-Interesse in Collision sein wird, unschwer und bedauerlicherweise vorausbestimmen.[22]

Dieser Brief könnte mit wenigen Änderungen auch meine Eindrücke beschreiben, die ich 2015 als Finanzminister eines kleinen EU-Landes von den Beratungen der Eurogruppe gewann. Metternich hätte ebenso schildern können, wie Angelegenheiten, die für verschiedene Mitglieder der Eurozone, vor allem solche mit hohen Defiziten und erdrückenden Schulden, entscheidend wichtig waren, auf der Grundlage des »isolierten Interesses« des modernen Preußen geregelt wurden.[23]

Heute glauben wir, dass die Politiker des 19. Jahrhunderts ihre Reiche in erster Linie mit dem Schwert vergrößerten und weniger durch Appelle an das Eigeninteresse ihrer künftigen Untertanen. Das traf für den Deutschen Bund nicht zu. Tatsächlich war der Gedanke, dass kleinere Staaten aufgrund eigener Interessen freiwillig mitmachten, eine zentrale Idee des Zollvereins. Preußen überredete die kleineren deutschen Staaten, der neuen Übereinkunft beizutreten, indem es betonte, dass es ihnen innerhalb der Union besser gehen würde, als wenn sie draußen blieben, weil sie dann selbst Einfluss nehmen konnten, statt nur auf Entscheidungen des Bundes zu reagieren.

Selbst die Idee der Subsidiarität oder etwas, das ihr sehr nahe kam, wurde ins Spiel gebracht. Das Versprechen, die Macht zu dezentralisieren, wirkte Wunder, als es darum ging, die deutschen Staaten, die eine preußisch dominierte Union fürchteten, zum Beitritt zu bewegen. Doch manche sagen, das sei eine geschickte Falle gewesen. Der deutsche Staatsrechtslehrer Heinrich Triepel stellte fest: »Ein lockerer Verband von Staaten ist der Entstehung einer Hegemonie förderlicher als ein fester ... Und je mehr die Organisation des Bundesstaats die unitarischen Elemente vor den föderativen bevorzugt, also je gefestigter sie innerlich ist, um so größere Hindernisse setzt sie der Bildung einer Hegemonie entgegen.«[24] Tatsächlich kann ein Überschussstaat, der einen Staatenbund dominieren möchte, das genau dadurch erreichen, dass er dessen zentrale Institutionen schwächt: Wenn ein zentraler politischer Mechanismus zum Überschussrecycling fehlt, der notwendig wäre, um Krisen abzuwenden oder sie zu bändigen, wenn doch welche auftreten, erhöht das die Wahrscheinlichkeit eines schweren wirtschaftlichen Einbruchs. In dem Stadium, wenn die verschiedenen Mitgliedstaaten bereits stark integriert sind, sind systemische Lösungen nötig, um den Einbruch zu überwinden – mit anderen Worten, Zentralisierung. Ohne gut definierte föderale Prozesse, wie das vonstattengehen soll, wird die Zentralisierung auf Autopilot erfolgen, und die Institutionen werden zu den Bedingungen des stärksten Mitglieds geschaffen.

Genau das passierte in Deutschland nach 1833. Und es passierte auch in der Eurozone, nachdem der Vertrag von Maastricht 2010 zur Eurokrise geführt hatte: Jede Beschwörung der Vorzüge von Subsidiarität und Dezentralisierung leitete eine neue Welle autoritärer, nicht rechenschaftspflichtiger Herrschaft des Zentrums ein. Im 19. Jahrhundert ging von Preußen ein Schwall vereinheitlichender Gesetze aus, um Standards und Regeln für die Industrie zu schaffen, die für Berlin günstig waren. Alle institutionellen Veränderungen in der Eurozone nach 2010 erfolgten mit Rücksicht auf die Prioritäten der Bundesrepublik.

1871 mündete der Zentralisierungsprozess, den Metternich so gefürchtet hatte, in die Gründung des Deutschen Reichs mit einer Zentralbank (der Reichsbank), einer einheitlichen Währung (der Reichsmark), die an den Goldstandard gebunden war, und einem gemeinsamen Parlament (dem Bundesrat), das von dem Eisernen Kanzler Otto von Bismarck beherrscht wurde. Preußen hatte nur siebzehn von achtundfünfzig Stimmen im Bundesrat, beherrschte ihn zu dem Zeitpunkt aber dank der Stimmen der Vertreter kleinerer Staaten, die seit 1833 in die preußische Einflusszone gekommen waren.[25] Doch zu dem Zeitpunkt, da diese Zeilen geschrieben werden, ist es höchst unwahrscheinlich, dass die Geschichte sich genauso wiederholen wird. Es mag sein, dass die Eurozone dem Deutschland der, sagen wir, 1860er-Jahre ähnelt, als eine Reihe kleinerer Staaten darum wetteiferten, als Preußens Musterschüler dazustehen, aber die Umstände sind heute doch sehr anders. Frankreich ist insofern wichtig, als es trotz des raschen Niedergangs nach seinem gescheiterten Versuch, die Bundesbank zu kapern, schwer ist, es zu unterwerfen, und nahezu unmöglich, es in eine moderne Version des Bismarck-Reichs zu integrieren.

Dennoch lässt die Verbindung der beiden Unmöglichkeiten ein großes Fragezeichen über Europas Zukunft schweben. Auf der einen Seite kann die Eurozone mit ihrer gegenwärtigen verheerenden Architektur nicht weiterbestehen und immer wieder neue Versionen der griechischen Tragödie produzieren. Auf der anderen Seite ist es unmöglich, einen einheitlichen, zentralisierten Staat mit Berlin und Frankfurt im Mittelpunkt zu schaffen, in dem Paris seine Ohnmacht mit Fassung trägt und seinen Vasallenstatus endgültig akzeptiert.

So bleiben uns nur zwei Möglichkeiten: entweder der Bruch oder ein echter Bundesstaat. Das Problem ist, dass zu viel politisches Kapitel investiert wurde, um eine einvernehmliche Scheidung zuzulassen, während gleichzeitig die Eurokrise so viel Feindseligkeit zwischen den Völkern Europas schürt, dass ein echter Bundesstaat heute denkbar utopisch ist.

Zurück in die USA

Wenige progressive Europäer würden sich gegen demokratische Vereinigte Staaten von Europa aussprechen mit einer richtigen Regierung, die in paneuropäischen Wahlen bestimmt würde und einem richtigen Parlament gegenüber rechenschaftspflichtig wäre, das die volle Souveränität über alle Angelegenheiten und Entscheidungen hätte. Aber das ist Wunschdenken. Die ernüchternde Realität ist, dass die DNA der Europäischen Union kein Gen für die Fortentwicklung zu einem Bundesstaat enthält.

Der Grund, warum die Eurozone eine nicht endende Existenzkrise durchmacht, die die Europäer auseinanderreißt, ist, wie wir gesehen haben, dass sie sich ursprünglich auf einen Schönwetter-Recyclingmechanismus verließ, statt einen echten politischen Mechanismus zum Überschussrecycling zu schaffen. Und noch wichtiger: Die politischen Institutionen der Eurozone und die Interessen, die dahinterstehen – vor allem die Geschäftsbanken in Frankfurt und Paris –, weigerten sich selbst nach Ausbruch der Krise hartnäckig, einen solchen Mechanismus einzurichten. Die große Frage lautet: Warum? Warum lehnten sie einen politischen Mechanismus zum Überschussrecycling ab, der, wie die Vereinigten Staaten in den 1940er-Jahren erkannten, doch entscheidend dafür ist, eine asymmetrische Währungsunion am Leben zu halten?

Ein Grund ist, dass die europäischen Eliten überzeugt waren, die europäische Wirtschaft werde für alle Zeit auf von den Vereinigten Staaten gesteuertes Überschussrecycling zählen können. Sie glaubten fest daran, dass Amerika diese stabilisierende Rolle für Europa spielen würde. Tatsächlich war dies ein in Maastricht verankerter Grundsatz der Eurozone, den ich gerne als »Prinzip der perfekt trennbaren Schulden und Bankensektoren« bezeichne. Die Idee dahinter ist einfach: Jeder Euro Schulden, ob privat oder staatlich, endet an den Grenzen des Nationalstaats. Kein geschuldeter Euro sollte schließlich von mehr als einem Staat geschuldet werden, ob der Euro von der griechischen Regierung einer französischen Bank geschuldet wird oder von einer irischen

Bank einem beliebigen privaten Gläubiger. Die Schulden der europäischen Länder dürfen nicht zusammengeführt, die Last der Absicherung von Kontoinhabern darf nicht geteilt werden, es darf keinen gemeinsamen Fonds geben, um eine Krise des gemeinsamen Währungssystems zu bekämpfen.

Im Kern ist dieses Prinzip das Verbot eines politischen Mechanismus zum Überschussrecycling. Ganz wichtig dabei ist: Das Fehlen eines solchen Mechanismus ist kein Versäumnis der Architekten des Euro, sondern Absicht. In der Folge konnte der Euro als stabile Währung nur so lange funktionieren, wie jemand anderer ihn stabilisierte. Dieser andere waren die Vereinigten Staaten und ihr Minotaurus.

In der Ära von Bretton Woods, die 1971 endete, und der anschließenden Ära des Minotaurus ging der europäische Prozess der Integration von Märkten und Bürokratien mit Brüssel im Mittelpunkt eher glatt voran. Und solange weiter Ströme privater Schönwetterliquidität aus der Anglosphäre nach Europa flossen, erlaubten sie Brüssel und Frankfurt, an der Illusion festzuhalten, die Fiskalpolitik müsse nicht zentralisiert werden – ihre wackelige Eurozone brauche nichts weiter als Schönwetterrecycling; der europäische Demos müsse die Technokraten in Brüssel nicht kontrollieren, und der Gesetzgebungsprozess müsse nicht durch ein souveränes Parlament überwacht werden. Angeblich übten die nationalen Parlamente demokratische Kontrolle über die Fiskalpolitik aus; währenddessen arbeiteten die Institutionen der Europäischen Union im Interesse einer unheiligen Allianz zwischen dem ursprünglichen Kartell der zentraleuropäischen Schwerindustrie, einer hochproduktiven (hauptsächlich französischen) Landwirtschaft und einem aufblühenden Finanzsektor.

Doch 2008 verloren die Vereinigten Staaten ihre Fähigkeit, die Weltwirtschaft durch das Wirken der Wall Street und die Defizite in der amerikanischen Handelsbilanz und im Bundeshaushalt zu stabilisieren. Und damit begann die Auflösung der Eurozone. Je mehr Europa daran festhielt, die Ereignisse von 2008 könnten im Rahmen ihrer Regeln bewältigt werden, desto größer wurde die Krise, die die Europäer traf. Je tiefer die Krise nach Europa vordrang, desto schwieriger wurde es für die Fed und das amerikanische Finanzministerium, den stockenden Motor der amerikanischen Wirtschaft wieder in Gang zu bringen.

An diesem kritischen Punkt gab es keine Alternative zur Zentralisierung des Umgangs mit den Staatsschulden Europas und damit der Fiskalpolitik. Aber wie konnte die Fiskalpolitik zentralisiert werden, wenn sie im Prinzip in der Zuständigkeit der nationalen Parlamente und Regierungen verblieb, die praktisch bankrott waren und in einer tödlichen Umarmung mit insolventen Bankensektoren standen? Nicht einmal da entschied sich Europa dafür, die dringend benötigte föderale politische Union zu schaffen. Sondern es entschied sich für Zentralisierung einer anderen Art: riesige Kredite an die insolventen Länder, die, um die Parlamente der Überschussländer zur Zustimmung zu bewegen, mit harten Bedingungen verknüpft waren.

Und so kam die Zentralisierung der Fiskalpolitik der Eurozone dadurch zustande, dass eine Austeritätsunion geschaffen wurde, die die Krise noch verschärfte, beinahe zum Zerfall des Euros führte und schließlich, als die Europäische Zentralbank im Sommer 2012 die Rettung der gemeinsamen Währung einleitete,[26] die Krise von den Finanzmärkten auf die Realwirtschaft übertrug. Europas Krise wanderte von den Schulden- (oder Anleihe-)Märkten zur Industrie, in die Geschäfte und die sozialen Sicherungssysteme, während die Bürokraten und Politiker, die hinter der neuen Austeritätsunion steckten, ihre angebliche Lösung feierten.

Unterdessen sahen die Washingtoner Politiker zu und fragten sich, was sie tun konnten, ob sie überhaupt etwas tun konnten, damit die europäischen Entscheidungsträger begriffen, was los war.

Während sich die Kluft zwischen den Überschuss- und den Defizitmitgliedern der Eurozone vertieft, verliert das gesamte Gebäude an Stabilität und driftet in Richtung Auflösung. Selbst die glühendsten Befürworter der ursprünglichen europäischen Idee, die amerikanischen Politikern sagen, sie sollten sich um ihre eigenen Angelegenheiten kümmern, verstehen das inzwischen. Zumindest plädieren sie mittlerweile dafür, dass es, um die Eurozone zu retten, eine politische Union geben müsse.

Wie auch immer, wir sollten auf jeden Fall auf der Hut sein: Es ist ein kardinaler Fehler, das Gerede über eine politische Union für einen Schritt in Richtung einer föderalen Demokratie zu halten.

Schäubles Plan

»Im Idealfall wäre Europa eine politische Union ... Hierzu zwei Ideen: Wie wäre es mit einem EU-Haushaltskommissar, der nationale Haushalte zurückweisen kann, wenn sie nicht den von uns gemeinsam vereinbarten Vorschriften entsprechen? Wir befürworten auch ein ›Eurozonen-Parlament‹ aus MdEPs aus Ländern der Eurozone, um die demokratische Legitimation von Entscheidungen mit Auswirkung auf das Euro-Währungsgebiet zu stärken.«[27]

Die zitierte Passage stammt aus der Feder zweier einflussreicher deutscher Politiker, die in den 1990er-Jahren als überzeugte Anhänger eines europäischen Bundesstaats galten, weil sie sich in ihren Beiträgen immer wieder für die politische Union aussprachen: Wolfgang Schäuble, der amtierende deutsche Finanzminister, und Karl Lamers, bis 2002 Mitglied des Deutschen Bundestags, außenpolitischer Sprecher der CDU und Obmann im Auswärtigen Ausschuss. In dem Papier behandelte Schäuble sein Lieblingsthema – eine spezielle Form der politischen Union, die er befürwortet – und zeigte an zwei Beispielen, wie sie funktionieren könnte. Ein flüchtiger Leser könnte denken, Deutschlands mächtiger Finanzminister spreche sich für zwei Vorschläge aus, die Europa in Richtung eines demokratischen Bundesstaats führen würden. So war es aber nicht.

Gegenwärtig kontrolliert die Europäische Kommission in Brüssel den Haushalt eines Mitgliedstaats und gibt Empfehlungen ab. Wenn der Haushalt ein Defizit ausweist, das die im Vertrag von Maastricht vereinbarte Obergrenze von 3 Prozent übersteigt, spricht die Kommission Warnungen aus, die in Sanktionen münden können. Üblicherweise führt dieser Prozess zu langen Verhandlungen zwischen dem Mitgliedstaat und der Kommission, die das Thema langwieriger Sitzungen der Eurogruppe werden. Am Ende werden dem fraglichen Land ein paar zusätzliche Sparauflagen gemacht, und es wird allerlei kreative Buchführung bei seiner volkswirtschaftlichen Gesamtrechnung betrieben. Schäubles erster radikaler Vorschlag sah vor, dass ein Haushaltskommissar die nationale Souveränität über die Haushalte beenden sollte. Er sollte das Recht und die Pflicht haben, einen Blick auf, sagen wir, Frankreichs Staatshaushalt zu werfen und ihn entweder zu billigen oder für nicht annehmbar zu erklären. Das wäre eine bemerkenswerte Abkehr von der bisherigen Praxis. Ein nationaler, von einem nationalen Parlament verabschiedeter Haushalt könnte von einem Brüsseler Kommissar mit einem Federstrich zu Fall gebracht werden. Natürlich rief Schäubles Idee scharfe Reaktionen auf den Plan, insbesondere in Paris. Aber eines müssen wir ihm zugestehen: Er hat als einziger deutscher Politiker die aktuelle Philosophie und Architektur der Eurozone zu ihrer logischen Konsequenz geführt. Dr. Schäuble formulierte hier Vorstellungen, vielleicht etwas milder, die er mit bemerkenswerter Konsistenz in den letzten zwanzig Jahren immer wieder skizziert hatte. Zum Beispiel führte er am 8. Juni 2000 in der *Frankfurter Allgemeinen Zeitung* einen Seitenhieb auf den Begriff der nationalen Souveränität, nannte ihn unsinnig und kritisierte die »akademische Debatte, ob Europa ein Bundesstaat sein soll oder ein Staatenbund«.[28]

Wenn Schäuble recht hat und es keinen nennenswerten Unterschied zwischen einem Bundesstaat und einem Staatenbund gibt, dann ist der Gedanke, dass die Eurozone einen Haushaltskommissar installieren sollte mit der Macht, gegen nationale Haushalte Einspruch einzulegen, absolut einleuchtend. Die Schaffung einer solchen Position mit großer Macht über alle Mitglieder wäre ein Signal für eine engere politische Union und ein Schritt in Richtung eines Bundesstaats. Aber gibt es wirklich keinen Unterschied zwischen einem Bundesstaat und einem Staatenbund der europäischen Länder? Natürlich gibt es einen Unterschied. Es ist der Unterschied zwischen Demokratie und Despotie.

Keine Souveränität, keine Demokratie

Im Zusammenhang mit liberaler Demokratie wird oft vergessen, dass die Legitimität einer Verfassung durch die Politik bestimmt wird und nicht durch juristische Nettigkeiten. Tony Benn von der britischen Labour Party hat einmal gesagt, wir sollten denen, die uns regieren, immer wieder fünf Fragen stellen: Welche Macht habt ihr? Woher habt ihr sie bekommen? In wessen Interesse übt ihr sie aus? Wem seid ihr rechenschaftspflichtig? Und wie werden wir euch wieder los?[29]

Seit Sophokles' *Antigone* wissen wird, dass alle anständigen Frauen und Männer die Pflicht haben, gegen Gesetze zu verstoßen, denen die politische und moralische Legitimität fehlt. Politische Autorität ist der Zement, der die Gesetze zusammenhält, und die Souveränität der politischen Körperschaft, die die Gesetze erlässt, ist ihr Fundament.

Zu behaupten, wie Dr. Schäuble das 2000 tat und 2014 implizit wiederholte, dass es keinen Unterschied macht, ob die Eurozone eine Allianz unabhängig voneinander souveräner Staaten ist oder ein souveräner Bundesstaat, heißt, absichtlich die Tatsache zu ignorieren, dass nur ein souveränes Volk politische Autorität hervorbringen kann, während ein Staatenbund das nicht kann. Schäubles Staatenbund kann natürlich zu Vereinbarungen kommen, die für alle Beteiligten vorteilhaft sind, wie eine Militärallianz gegen einen gemeinsamen Aggressor oder gemeinsame Standards für die Industrie oder sogar eine Freihandelszone. Aber er kann nie legitim einen Kommissar installieren, der die Souveränität eines Mitgliedstaats übergeht oder aufhebt, denn es gibt keine kollektive, den gesamten Bund umfassende Souveränität, aus der sich die dafür nötige politische Autorität ableiten ließe.

Darum spielt der Unterschied zwischen einem Bundesstaat und einem Staatenbund sehr wohl eine Rolle. Denn während ein Bundesstaat die vom Einzelstaat aufgegebene Souveränität durch Souveränität auf einer gemeinsamen, föderalen Ebene ersetzt, ist die Zentralisierung von Macht in einem Staatenbund per Definition illegitim, weil es dort keine politische Körperschaft gibt, die sie legitimieren kann.

Man könnte dem entgegenhalten, dass die demokratischen Referenzen der Europäischen Union über jeden Zweifel erhaben seien, weil die Kommission von gewählten Staatsoberhäuptern ernannt wird, die auch den Europäischen Rat bilden, der im Namen von Dr. Schäubles Staatenbund Gesetze erlässt. Und dann gibt es ja auch noch das Europäische Parlament, das die Macht hat, einzelne Gesetze aufzuhalten. Als Abrundung dieser Erwiderung wird oft noch hinzugefügt, dass die Souveränität überhaupt sehr überschätzt werde und in einer interdependenten, globalisierten Welt sowieso bedeutungslos sei. In dem globalen Dorf erfreuten sich die Franzosen, die Deutschen – alle Europäer, sogar die Griechen – größerer Souveränität, wenn sie ihre jeweilige nationale Souveränität zu einer gemeinsamen europäischen zusammenführen würden. Und wenn das bedeutet, dass wir einen Haushaltskommissar schaffen müssen, der die Aufgabe hat, uns allen in Haushaltsdingen Respekt einzuflößen und dafür zu sorgen, dass wir die Regeln der Eurozone einhalten, dann muss es eben so sein.

Aber diese Argumente zeigen, wie weit es mit Europas Haltung zu den Grundprinzipien einer freiheitlichen Demokratie gekommen ist. Der entscheidende Irrtum einer solchen Verteidigung besteht darin, politische Autorität mit Macht zu verwechseln. Ein Parlament ist souverän, selbst wenn es nicht sonderlich mächtig ist, sofern es die Exekutive absetzen kann, wenn sie die Aufgaben vernachlässigt hat, die ihr innerhalb der Grenzen, die ihrer Macht und der Macht des Parlaments gezogen sind, übertragen wurden. Nichts dergleichen gibt es heute in der Eurozone.

Während dem Europäischen Rat und der Eurogruppe gewählte Politiker angehören, die – theoretisch – ihren jeweiligen nationalen Parlamenten rechenschaftspflichtig sind, müssen der Rat und die Eurogruppe selbst weder einem Parlament noch einer anderen politischen Körperschaft Rechenschaft ablegen. Und damit nicht genug: Die Eurogruppe, in der alle wichtigen wirtschaftlichen Entscheidungen getroffen werden, gibt es im europäischen Recht überhaupt nicht; sie agiert auf der Grundlage des Mottos, »die Starken tun, was sie wollen, und die Schwachen ertragen, was sie müssen«. Sie führt nicht Protokoll über ihre Verhandlungen und beachtet nur eine Regel, nämlich dass ihre Beratungen vertraulich sind – das heißt, die europäischen Bürger erfahren nichts davon. Diese Konstruktion verhindert, dass die Souveränität auch nur ansatzweise zu dem Volk Europas zurückverfolgt werden kann.

Man könnte anführen, dass ein europäisches Land innerhalb der Eurozone mächtiger ist als außerhalb. Aber wie steht es mit seiner Souveränität? Wie Metternich vorausgesagt hatte, überzeugte Preußen die kleineren deutschen Staaten, dass ihre Souveränität im Zollverein besser geschützt sei als außerhalb – nur um sie wenig später zu zerschlagen. Genau das passiert heute in Europa, mit dem Unterschied, dass es schneller und mit weniger Widerstand vonstattengeht, weil es mitten in einer Krise passiert. Die Tatsache, dass es letztlich den Zerfall Europas verursachen wird – weil das Volk von Frankreich, das Volk von Italien und andere irgendwann sagen werden: »Es reicht!« –, verlangsamt den zerstörerischen Prozess nicht.

»Natürlich ist in unserer globalisierten Welt kein Platz für kleine souveräne Länder«, beschied mich ein anderer Finanzminister in einer Pause bei einem Treffen der Eurogruppe. »Island kann nie wirklich souverän sein«, schloss er, zufrieden, sein Argument angebracht zu haben. Nur dass das Argument hohl war. Zu behaupten, Islands Souveränität sei eine Illusion, weil das Land zu klein sei, um Macht zu haben, ist so, als würde man sagen, ein armer Mensch mit praktisch null Ahnung von Politik könnte gleich sein Wahlrecht aufgeben. Um es etwas anders zu formulieren: Kleine, souveräne Länder wie Island müssen innerhalb der Schranken, die die Natur und der Rest der Menschheit ihnen gesetzt haben, ihre Entscheidungen treffen. Diese Entscheidungen mögen begrenzt sein, aber Island hat als Gemeinwesen die absolute Autorität, seine gewählten Vertreter für Entscheidungen zur Rechenschaft zu ziehen, zu denen sie im Rahmen der äußeren Zwänge gelangt sind, und jedes Gesetz aufzuheben, das in der Vergangenheit beschlossen wurde.

Ganz anders in der Eurozone: Wenn ihre Finanzminister von Brüssel – oder wo die Eurogruppe und Ecofin gerade zusammengekommen sind – nach Hause zurückkehren, machen sie sofort die Beschlüsse schlecht, die sie soeben unterzeichnet haben, und entschuldigen sich mit dem Standardsatz:»Mehr konnten wir nicht aushandeln« oder »Ich wurde überstimmt«. Dass ich als griechischer Finanzminister darauf beharrte, Abkommen zu unterzeichnen, mit denen ich guten Gewissens nach Athen zurückkehren konnte und die im Einklang mit den Interessen Griechenlands und Europas standen, wurde als Starrköpfigkeit, als eine Art sture Unvernunft kritisiert. Die europäischen Mächte freute mein Rücktritt am 6. Juli 2015 eben wegen meiner Weigerung, Vereinbarungen zu unterzeichnen, die ich als Ökonom, als Politiker, als Intellektueller und als Grieche nicht mittragen konnte. Das galt als inakzeptables Benehmen in einer Institution, die dafür geschaffen worden war, Souveränität und Rechenschaftspflicht als Ärgernisse abzutun, die das reibungslose Funktionieren der europäischen Währungsunion behinderten.

Die Eurokrise führte dazu, dass diese Lücke im Zentrum Europas erschreckend viel größer wurde. Brüsseler Funktionäre, deutsche und französische Beamte, Vertreter der Europäischen Zentralbank – sie alle lernten zu erwarten, dass die Vertreter kleinerer Mitgliedsländer strammstanden, genau wie man in der Sowjetunion erwartet hatte, dass die Abgeordneten des Obersten Sowjets bei den Sitzungen des Zentralkomitees der Kommunistischen Partei der Sowjetunion ihre Abstimmungskarten hoben. Und sie erwarteten, dass wir nach Hause zurückkehrten und unseren nationalen Parlamenten sagten, wir stimmten zwar nicht mit der Entscheidung der Eurogruppe oder des Rats überein, seien aber zu »verantwortungsbewusst« gewesen, um sie abzulehnen. Gleichzeitig wurde es mehr und mehr üblich, dass Beamte der mächtigsten Länder andere Vertreter kritisierten, weil sie unter dem Druck, die europäische Solidarität nicht auszuhöhlen, schlechten Entscheidungen zugestimmt hatten. Selbst wenn eine Mehrheit der Mitglieder der Eurogruppe die Logik von, sagen wir, der Griechenlandrettung ablehnte, wurde sie von der Eurogruppe beschlossen und von der Troika exekutiert, und die Rettungsvereinbarungen wurden durch die nationalen Parlamente gepeitscht, die Angst hatten, sie würden sonst als »unvernünftig« oder »europafeindlich« gebrandmarkt.

Kein Forum und keine Versammlung europäischer Bürger einschließlich des sogenannten Europäischen Parlaments konnte demnach diese Entscheidungen aufheben oder diejenigen rügen, die sie getroffen hatten, selbst wenn klar war, dass es sich um eklatante Fehlentscheidungen handelte. In diesem Sinn erfreut sich das kleine, machtlose Island immer noch seiner vollen Souveränität, während die vergleichsweise omnipotente Europäische Union aller Formen von Souveränität entkleidet wurde.

Würde Wolfgang Schäubles zweiter Vorschlag, innerhalb des Europäischen Parlaments eine Kammer nur für Mitglieder der Eurozone einzurichten[30], irgendetwas daran ändern? Das Europäische Parlament ist in der Tat die einzige Institution der Europäischen Union, die entfernt an eine bundesstaatliche Körperschaft erinnert. Die Abgeordneten werden in europaweiten Wahlen direkt gewählt, und auf den ersten Blick erinnert es an das amerikanische Repräsentantenhaus oder das britische Unterhaus. Doch bei genauerer Betrachtung ist das Europäische Parlament alles andere als eine mit der liberalen Demokratie vereinbare Versammlung. In der Demokratie liegt die Macht, Gesetze zu erlassen, beim Parlament oder Kongress, und zwischen Exekutive und Legislative verläuft eine klare Trennlinie. In der Europäischen Union ist das wichtigste gesetzgeberische Organ der Ministerrat, der hinter verschlossenen Türen berät und beschließt und der nicht aus Parlamentariern besteht, sondern aus Angehörigen der Exekutiven der Mitgliedstaaten. Mehr noch: Die Eurozone wird von einer informellen Gruppe regiert – der Eurogruppe –, die unter Ausschluss der Öffentlichkeit berät und, weil sie informell ist, dem Europäischen Parlament niemals Rede und Antwort steht.

Diese Drehtüren zwischen der Legislative im Zentrum und der Exekutive in den Mitgliedstaaten wurden eingerichtet, um sicherzustellen, dass Gesetze ohne ernsthafte Prüfung durch ein souveränes Parlament, das mit der Autorität des höchsten Schiedsrichters in der Demokratie, des Volkes, ausgestattet ist, beschlossen werden können. Das Europäische Parlament hat zwar im Lauf der Jahre neue Macht neben dem Rat erworben, aber ein richtiges Parlament ist es immer noch nicht. Weil es sich die Gesetzgebungsbefugnis mit dem Europäischen Rat teilt und bemerkenswerterweise selbst keine Gesetze auf den Weg bringen kann, fehlt ihm die politische Autorität, die für einen Souveränitätstransfer von der nationalen Ebene auf eine Eurozonen-Kammer im Europäischen Parlament nötig wäre. Ein solcher Transfer wäre so, als würde man Wasser aus einem Teich in der Nähe schöpfen und mit einem Sieb in ein entlegenes Reservoir transportieren wollen.

Wolfgang Schäuble gefällt die Idee einer Eurokammer, weil er meint, sie würde die Stellung und die Handlungen seines Haushaltskommissars legitimieren; sie würde »die demokratische Legitimität von Entscheidungen mit Auswirkungen auf das Euro-Währungsgebiet ... stärken«[31]. Doch man kann ihm nur zustimmen, wenn man alle Vorstellungen, wozu Parlamente da sind und was sie tun, über Bord wirft.

Demokratie versus Willkür

Dieser Abschnitt müsste überflüssig sein. Dass er nicht überflüssig ist, wirft ein bezeichnendes Licht auf eine Welt, die anscheinend die Mindestanforderungen an eine freiheitliche Demokratie vergessen hat. Und so halten wir hier fest, was einmal alle genau wussten, nämlich dass es der wichtigste Zweck von Gesetzen ist, das Spielfeld zwischen den Schwachen und den Mächtigen auszugleichen. Ein ebenes Spielfeld kann zwar Ausbeutung und ernste Verletzungen der Freiheit nicht verhindern, aber es ist das Mindeste, was die Herrschaft des Rechts gewährleisten muss. Alle menschlichen Interaktionen auf Machtbeziehungen zu reduzieren, ist das Gegenteil der Herrschaft des Gesetzes und ein Tor zur Despotie. Um zu verhindern, dass all unsere Interaktionen auf Machtbeziehungen reduziert werden, und um die Despotie abzuwehren, muss die willkürliche Macht der Exekutive durch eine souveräne politische Körperschaft minimiert werden, die auch die Mittel dazu hat.

Aus dieser Perspektive sind Dr. Schäubles Vorschläge eine düstere Lektüre. Sein Haushaltskommissar ist eine Art Leviathan, der nur Ja oder Nein zu einem Haushaltsentwurf sagen kann, der seinem Büro von einem Mitgliedstaat vorgelegt wird. Er hat das Recht, den Entwurf durchzustreichen und Haushalte, die gegen die Regeln der Eurozone (die Regeln von Maastricht) verstoßen, an die Adressaten zurückzuschicken. Aber wie funktioniert das in der Praxis?

Gehen wir ein bisschen in die Vergangenheit zurück, ins Jahr 2009. Als in Irland beide Spekulationsblasen, die Immobilienblase und die Bankenblase, platzten, wurde die Regierung von der Europäischen Zentralbank gezwungen, private Schulden in die Bücher des Staates zu übernehmen und von den Steuerzahlern zu verlangen, dass sie dem Staat Berge von Geld liehen, um die Schulden zurückzuzahlen.[32] Das Ergebnis war, dass das Haushaltsdefizit und die Staatsschulden in die Höhe schossen und dabei die Regeln der Eurozone verletzten. Ähnliches passierte in Spanien, wo vor der Krise die Schuldenquote unter der deutschen gelegen hatte. Die Krise von 2008 sorgte dafür, dass das Haushaltsdefizit und die Verschuldung über die Grenzen von Maastricht stiegen. Was hätte Dr. Schäubles Leviathan in der Situation getan – die Haushaltsentwürfe von Spanien und Irland zurück nach Madrid und Dublin geschickt? Wozu?

Tatsache ist, dass es keine noch so strengen Sparmaßnahmen geschafft hätten, die Defizite von Dublin und Madrid unter 3 Prozent des BIP zu drücken, ohne ihre Volkwirtschaften schwer zu beschädigen und dafür zu sorgen, dass die Länder ein Jahr später ihre Schulden nicht mehr hätten bedienen können. Ähnlich sieht es aktuell in Frankreich aus: Mit noch so strikter Austerität ist es nicht möglich, das Defizit unter die 3-Prozent-Grenze zu bringen. Aber Austerität wird mittelfristig die Eurozone zerstören und kurzfristig den ultrarechten Front National an die Macht bringen.

Mit anderen Worten: Wenn der fiskalische Leviathan eine substanzielle Rolle spielen soll, muss er sehr viel mehr sagen können als nur *Nein*. Er darf nicht binär angelegt sein – nur mit 1 oder 0 reagieren, mit Ja oder Nein. Es muss ihm freigestellt sein, nationalen Regierungen alternative Haushaltsentwürfe vorzuschlagen, die immer noch gegen die Regeln verstoßen. Wenn bestimmte nicht regelkonforme Haushaltsentwürfe von den nationalen Regierungen favorisiert werden und ein anderer vom Leviathan, muss der vom Leviathan vorgeschlagene sich durchsetzen. Welchen Sinn hätte sonst seine Existenz?

Aber was passiert, wenn die nationale Regierung den Haushaltsentwurf des Leviathan nicht umsetzen will und seine Vorschläge aus Gründen ablehnt, die ihm nicht angemessen oder nicht überzeugend erscheinen? Sicher glaubt Wolfgang Schäuble, dass der Leviathan mit der Macht ausgestattet sein muss, über einen nationalen Haushalt in einer Weise zu bestimmen, die sich nicht eindeutig und natürlich aus den bestehenden Regeln ergibt. Damit würde im Zentrum Europas massive Willkür herrschen – *de facto*, obwohl *de jure* bestritten.

Kehren wir noch einmal ins Jahr 2008 zurück und nehmen wir an, Dr. Schäubles Leviathan hätte da schon existiert. Bis zur Eurokrise hätte er nichts unternommen (zumindest soweit es den irischen und den spanischen Haushalt betrifft, die jahraus, jahrein regelkonform waren), aber dann, als die Krise zuschlug, hätte er sich vehement zu Wort gemeldet und den ganzen Kontinent seine Willkürmacht spüren lassen. Hätte er gegenüber Irland den gleichen Hang zur Einmischung an den Tag gelegt wie gegenüber der deutschen Regierung, die ebenfalls gegen die in Maastricht festgelegten Obergrenzen für Schulden und Haushaltsdefizit verstieß? Wie auch immer die Antwort lautet, eines ist klar: Hätte man die Blaupause des deutschen Finanzministers, um das Funktionieren der Eurozone zu verbessern, angewendet, hätte das die Eurozone nach 2008 in eine Kraftprobe zwischen dem Leviathan und den krisengeschüttelten Ländern Europas hineingetrieben, die Herrschaft von Recht und Gesetz auf europäischer Ebene verletzt und Europas schwächeren Bürgern und Staaten jeglichen verfassungsmäßigen Schutz vor willkürlicher Machtausübung geraubt.

Angenommen, ein Leviathan müsste die Autorität haben, die Haushaltsentwürfe von Mitgliedstaaten nicht nur abzulehnen, sondern auch zu gestalten, könnte dann eine innerhalb des Europäischen Parlaments oder parallel dazu existierende Eurokammer die fehlende politische Körperschaft sein, die die Europäer vor ihrer eigenen Exekutive schützen und im Herzen Europas die Herrschaft von Recht und Gesetz wahren könnte? Folgende Minimalbedingungen müssten erfüllt sein, damit der Schutz wirksam wäre: a) Nur die Eurokammer ist befugt, den Leviathan zu ernennen und zu entlassen; b) die Eurokammer ist die Quelle der letzten Entscheidungsgewalt über den Inhalt des Haushaltsentwurfs jedes Mitgliedstaats; und c) die Kompetenzen der Eurokammer sind in einer Verfassung klar definiert. Es ist kristallklar, dass zumindest zwei dieser Bedingungen nicht eingehalten werden könnten. Weder die deutsche Regierung noch die Pariser Eliten würden es zulassen, dass die Eurokammer den Leviathan einsetzt und entlässt. Und sie würden sich auch nicht darauf einlassen, eine Verfassung für Europa zu schreiben.

Es zeigt sich, dass die Übertragung einer bundesstaatlichen Demokratie auf die Brüsseler Technokratie nicht einfach ist, besonders wenn die besagte Technokratie eine heilige Allianz zwischen Apparatschiks, einem mächtigen zentraleuropäischen Kartell der Schwerindustrie, nationalen Politikern mit trauten Beziehungen zu bankrotten lokalen Bankern und großen internationalen Banken darstellt. Und so sind alle kleinen Schritte in Richtung einer politischen Union und »mehr Europa«, von denen immer die Rede ist, nicht die ersten Schritte in Richtung eines demokratischen europäischen Bundesstaats, sondern eher der Sprung in einen eisernen Käfig, der die Krise verlängert und jede Aussicht auf einen zukünftigen echten demokratischen Bundesstaat in Europa zunichtemacht. Wenn man die Völker Europas im Namen des Fortschritts hin zu den versprochenen Vereinigten Staaten von Europa in diesen eisernen Käfig sperrt, wird das der Legitimität »Europas« in den Augen der Europäer endgültig den Todesstoß versetzen. In einer Endlosschleife, die sich auf schreckliche Weise immer wieder selbst verstärkt, werden Autoritarismus und ökonomische Malaise sich gegenseitig nähren, bis Europa zerbricht.

Dezentralisierte Europäisierung.
Oder wie man TINA durch TATIANA ersetzt

Eiserne Käfige werden nicht automatisch zu demokratischen Bundesstaaten. Es wäre verrückt, zu erwarten, dass eine demokratische politische Union entsteht, nachdem man die Länder der Eurozone in einem System mit willkürlicher Machtausübung eingesperrt hat, ohne den politischen Mechanismus zum Überschussrecycling, der nötig wäre, um die Union zu harmonisieren. Ein düsterer Zustand mit einem stabilen Gleichgewicht aus niedrigen Investitionen und hoher Arbeitslosigkeit infolge der Austerität wäre das einzige natürliche Ergebnis, und das verheißt nichts Gutes für einen demokratischen Bundesstaat.

Die Erbauer von Imperien halten sich nicht lange mit der Kontrolle der Exekutive auf, besonders wenn sie es eilig haben und unter Druck stehen. Selbst wenn ihre Absichten gut und lauter sind, werden sie unvermeidlicherweise sehr hässlich mit der Exekutive umspringen. Als die Austeritätspolitik der EU-Exekutive Europa in die Deflation getrieben hatte, reflektierten Vorschläge wie die von Wolfgang Schäuble und Karl Lamers den verständlichen Wunsch von Verantwortlichen, die noch mehr Willkürmacht haben wollten, um ihre unmöglichen Ziele zu erreichen, nach einem Feigenblatt. In meiner kurzen Zeit als Minister im Jahr 2015 konnte ich die Beratungen, bei denen der deutsche Finanzminister seine Vision für Europa präsentierte, aus der ersten Reihe verfolgen. Was Wolfgang Schäuble sagte, bestätigte ganz und gar die oben zitierte Einschätzung: Europa muss sein Fundament, die Währungsunion, durch eine straffe politische Union retten, die das vollkommene Gegenteil eines demokratischen Bundesstaats ist. Und Griechenland sollte geopfert werden, um den französischen Eliten einen heiligen Schrecken einzujagen, damit sie Dr. Schäubles Version einer politischen Union zustimmten.

Aber genug mit den Klagen über die natürliche Tendenz des offiziellen Europa zu einer von der Krise genährten Despotie. Gibt es einen bescheidenen, realistischen Gegenvorschlag? Können wir harte Kritik an der Europäischen Union mit einer Einschätzung verbinden, welche enormen Kosten ihre Auflösung verursachen würde? Können die bestehenden Institutionen, die alles andere als perfekt sind, dazu genutzt werden, die Krise aufzuhalten und die Demokratie in Europa wiederzubeleben? Diese Fragen haben mich schon beschäftigt, bevor die Eurozone offiziell in der Krise versank. Zusammen mit zwei engen Freunden, die ebenfalls Ökonomen sind, dem ehemaligen britischen Parlamentsabgeordneten Stuart Holland und dem renommierten amerikanischen Wirtschaftswissenschaftler Jamie Galbraith, habe ich mich darangemacht, eine Blaupause für die Bewältigung von Europas spezieller Krise zu entwerfen.

Wir waren nicht so naiv zu glauben, dass unsere Blaupause umgesetzt werden könnte, weil sie so vernünftig ist. Nein, unser Ziel war bescheidener: Wir wollten der offiziellen europäischen Doktrin unsere eigene entgegensetzen. Den Eurokraten, die immer sagten: »There is no alternative« (TINA), »es gibt keine Alternative, die die Verträge und geltenden Regeln respektiert«, antworteten wir »that, astonishingly, there is an alternative« (TATIANA), »dass es, erstaunlicherweise, eine Alternative gibt«. Und diese Alternative, TATIANA, mit dem Titel »Bescheidener Vorschlag zur Lösung der Eurokrise« ist eine Blaupause, wie man die Krise angehen kann: durch eine Europäisierung ihrer vier Bestandteile – der Krise der Staatsschulden, der Bankenkrise, der Investitionskrise und der Explosion der Armut –, während zugleich die politische Macht dezentralisiert wird durch einen Abbau der Willkürmacht, die das Dreieck Brüssel-Frankfurt-Berlin unrechtmäßig ausübt. Aus einer weniger politisch aufgeladenen Perspektive betrachtet, liegt der größte Vorteil des Vorschlags darin, dass er einen Weg aufzeigt, wie man das problematische Prinzip der Eurozone überwindet, dass Schulden und Bankensektoren perfekt voneinander getrennt werden können, und den fehlenden politischen Mechanismus zum Überschussrecycling einführt, ohne eine autokratische Willkürmacht im Zentrum Europas zu schaffen und ohne zuvor die vorhandenen Satzungen und Verträge der Europäischen Union umschreiben zu müssen.

Wie können diese scheinbar widersprüchlichen Ziele erreicht werden? Wie können wir die Lösung der Krise ohne Zentralisierung europäisieren? Unsere Antwort lautet, dass die Europäisierung der vier Subkrisen (Schulden, Banken, Investitionen, Armut) durch einen Neustart der bestehenden europäischen Institutionen – der Europäischen Zentralbank, des Europäischen Stabilitätsmechanismus und der Europäischen Investitionsbank – erreicht werden kann. Und zwar auf eine Weise,

die die Willkürmacht bei ihrer Bewältigung auf ein Minimum reduziert, indem klare Regeln aufgestellt werden, denen sie entsprechend ihren neu definierten Rollen folgen müssen; die systematisch die systemischen Probleme der Eurozone mit Staatsschulden, unterfinanzierten Banken, einer beklagenswerten Investitionsschwäche und um sich greifender Armut angeht und es den nationalen Regierungen ermöglicht, die bestehenden Regeln der Eurozone zu befolgen.

Der Grund, warum bei diesem Vorschlag keine Schritte in Richtung einer politischen Union erforderlich sind und deshalb auch kein neuer fiskalischer Leviathan mit Willkürmacht, ist, dass der von uns vorgeschlagene Neustart der Institutionen

nicht erfordert, dass die deutsche, die österreichische oder die finnische Regierung für Griechenlands oder Italiens Schulden oder Investitionen bezahlt; innerhalb der bestehenden Verträge durchgeführt werden kann und auf der Grundlage des vollkommen regelkonformen Einsatzes der bestehenden Institutionen erfolgt.

Dies ist nicht der Ort, um unseren »Bescheidenen Vorschlag« in allen Einzelheiten zu erläutern (stattdessen wird eine Zusammenfassung als Anhang beigefügt). Seine Absicht war es, einen Weg zu finden, wie man einen Bundesstaat, die Vereinigten Staaten von Europa, durch automatisierte Regeln simulieren kann, die anders als die des Vertrags von Maastricht und seiner Nachfolger tatsächlich funktionieren. Unsere Idee war es, zusätzliche Regeln zu entwerfen, die mit dem Buchstaben der bestehenden Regeln übereinstimmen und keine neue Willkürmacht für Brüssel oder Frankfurt erfordern. Mit unseren Regeln ist es möglich, die vier Subkrisen auf europäischer Ebene anzugehen – sie zu europäisieren –, während die nationalen Parlamente reale Macht zurückbekommen. Deshalb habe ich den Begriff »dezentralisierte Europäisierung« gewählt. Keine der von uns vorgeschlagenen politischen Strategien verletzt die bestehenden Regeln der Eurozone. Tatsächlich können sie vollständig umgesetzt werden, indem zusätzliche Regeln für die Europäische Zentralbank, den Europäischen Stabilitätsmechanismus und die Europäische Investitionsbank geschaffen werden, die anders als die bestehenden keine Widersprüche aufwerfen und deshalb keine Willkürmacht für diejenigen erfordern, die sie anzuwenden versuchen. Befreit von großen Problemen, können die nationalen Regierungen die vorhandenen Regeln viel besser beachten und haben viel mehr Raum, die Prioritäten ihrer Parlamente zu verwirklichen.

Alexis de Tocqueville hat einmal geschrieben, dass alle, die die Freiheit nur wegen der mit ihr verbundenen materiellen Vorteile preisen, sie nicht lange genießen werden. Heute sind in Europa diejenigen, die salbungsvoll über die unantastbaren Regeln sprechen, deren schlimmste Feinde und die Handlanger autokratischer Willkürmacht. Europas Demokraten müssen sich deshalb vor denen hüten, die von Schritten hin zu einer politischen Union und »mehr Europa« sprechen, während es ihr wahres Ziel ist, eine zum Scheitern verurteilte Währungsarchitektur zu erhalten. Weiterhin nicht praktikable Regeln anzuwenden öffnet den hässlichen Gespenstern unserer gemeinsamen Vergangenheit Tür und Tor.

Angesichts der Geschichte der Europäischen Union und des aktuellen Zustands der Eurozone sind eine politische Union, eine Fiskalunion und andere Ideen für eine stärkere Zentralisierung in der Zukunft weder machbar noch wünschenswert. Die Institutionen der Europäischen Union wurden in den 1950er- und 1960er-Jahren konzipiert mit der Absicht, die Politik fernzuhalten. Und weil nichts so politisch und so toxisch ist wie der Versuch, einen politischen Prozess zu entpolitisieren, kamen dabei Institutionen heraus, die im Widerspruch zum Konzept und der Praxis einer Demokratie stehen. Die Europäer verstehen das heute besser, nachdem die Eurokrise die Folgen der Architektur ihrer Institutionen zutage gebracht hat. Besonders nach dem Zusammenbruch der griechischen Regierung, der ich angehörte, im Juli 2015 sehen die Europäer die Technokratien in Brüssel und Frankfurt zunehmend als Besatzer, ein bisschen so, wie die Franzosen die Vichy-Regierung betrachteten. Sie wollen nicht, dass Brüssel, so wie es heute ist, als Reaktion auf eine Krise, die die EU selbst verschuldet hat, zu ihrer Zentralregierung wird. Und dafür haben sie gute Gründe.

Der deutsche Philosoph Jürgen Habermas hat schon vor langer Zeit geschrieben, der Kapitalismus habe die Tendenz, ein »Legitimationsdefizit« zu entwickeln – eine Situation, in der die Bürger unabhängig von ihren politischen Meinungen und Überzeugungen das Zutrauen verlieren, dass die politisch und administrativ Verantwortlichen das Recht haben, zu handeln, wie sie handeln.[33] Während die Europäer ihr Vertrauen in die Institutionen Europas verlieren, sehen sie sich mit einem furchtbaren faustischen Handel konfrontiert: heute weniger Demokratie und morgen mehr Zentralisierung akzeptieren, damit sie irgendwann in der Zukunft so etwas wie einen Bundesstaat bekommen. Doch wenn sie diesen Handel eingehen, wird sie das leider dem Bundesstaat nicht näher bringen. Stattdessen wird es

die Wirtschaftskrise verschärfen und dafür sorgen, dass die Schuldenberge noch größer werden und die Investitionen für lange Zeit niedrig bleiben; die Europäische Union in den Augen von noch mehr Europäern entlegitimieren; das, was an Demokratie auf nationaler Ebene noch geblieben ist, durch Konsultationsprozesse ersetzen, die Brüssel nutzt, um die permanente Verpflichtung auf eine deflationäre, massiv umverteilende Politik (in erster Linie zugunsten von Banken und zuverlässig zugunsten der Starken und sowieso schon Mächtigen) zu zementieren; die politischen Debatten über Wirtschaftspolitik auf pseudo-technokratische Diskussionen nicht gewählter Manager reduzieren, deren einzige Loyalität einer Technokratie gilt, die geschaffen wurde, um den Interessen des allgegenwärtigen zentraleuropäischen Kartells und des alles verschlingenden Finanzsektors zu dienen; dem Europäischen Parlament oder einer Eurokammer eine Pseudokontrolle übertragen, während sie in Wahrheit nicht wie ein Parlament agieren, sondern den Anschein eines Parlaments nutzen, um die Tatsache zu verbergen, dass europäische Gesetze vollkommen außerhalb eines parlamentarischen Prozesses zustande kommen; und in die europäische Gesetzgebung die gefährliche Idee einbringen, dass Souveränität im Zeitalter der Globalisierung der Vergangenheit angehört.

Keine dieser Entwicklungen ist mit einer nachhaltigen Europäischen Union vereinbar. Irgendwann werden die Europäer diese Monstrosität abschütteln und aus dem eisernen Käfig fliehen, der um sie herum gebaut wird. Leider wird das Ergebnis, der Zerfall Europas, horrende sozioökonomische Kosten verursachen, das Äquivalent zur Weltwirtschaftskrise der 1930er-Jahre in unserer heutigen Zeit. Der Trick besteht darin, dem Käfig zu entkommen, ohne unser gemeinsames Haus zu zerstören.

Das Paradox eines Kontinents, den eine gemeinsame Währung entzweit, muss durch ein anderes Paradox ersetzt werden: das Paradox der dezentralisierten Europäisierung – einen regelbasierten Neustart europäischer Schlüsselinstitutionen (EZB, ESM und EIB), um Europas vier Subkrisen anzupacken und zugleich die nationalen Demokratien zu stärken. Dann, und nur dann, wenn die Demokratie auf der Ebene der Mitgliedstaaten wiederbelebt wurde, können wir das notwendige Gespräch darüber eröffnen, welche Zukunft wir für Europa wollen.

Unterdessen ruft mir meine unmittelbare Erfahrung, wie Europa regiert wird, wieder lebhaft die Gestalt von Kapnias ins Gedächtnis, dem Mann, dessen Geschichte ich am Anfang dieses Kapitels erzählt habe. Seine spezielle Bösartigkeit lehrte mich, wie unser Abscheu vor den schlimmsten Feinden der Demokratie sie stärken und ihren Geist erneuern kann. Sie lehrte mich, dass nur steter, unerschütterlicher, leidenschaftsloser, von Hass freier Widerstand gegen ihre Entschlossenheit etwas ausrichten kann. Sie lehrte mich, dass ein Grieche, der nie im Leben einem Juden begegnet ist – oder heutzutage einem Pakistani –, darauf programmiert werden kann zu glauben, die Juden (oder Pakistani) seien schuld an all seinem Leid. Sie lehrte mich auch, dass die Schlange sehr zäh ist. Wenn ihre Gene erst einmal durch die Demütigung einer erzwungenen, bedingungslosen Kapitulation[34] einer Gesellschaft eingepflanzt wurden, lauert sie dort für eine sehr lange Zeit und wartet ab, bis sich wieder eine systemische Krise entwickelt.

»Wenn ich heute Abend nach Hause zurückkehre, werde ich vor einem Parlament stehen, in dem die drittgrößte Partei eine nationalsozialistische Partei ist«, sagte ich bei meinem ersten Besuch im deutschen Finanzministerium im Februar 2015 vor der versammelten Presse zu Wolfgang Schäuble.[35] Es war ein Appell zu gemeinsamem Handeln. Er und die deutsche Presse taten es als Show ab.

Sieben Monate später, im September 2015, nachdem es Dr. Schäuble und die Eurogruppe geschafft hatten, unsere Regierung zu stürzen, indem sie uns so lange die Luft abschnürten, bis Ministerpräsident Tsipras kapitulierte, wurde die Goldene Morgenröte im Parlament noch stärker,[36] erreichten Griechenlands Schulden neue Höchststände, verlor unsere Gesellschaft den Willen, sich zu reformieren und, was am schlimmsten war, wurde die europäische Demokratie schwer verwundet. Die Flüchtlingskrise im selben Sommer mit Zehntausenden verzweifelten Menschen, die an Griechenlands Küsten landeten, während die politisch Verantwortlichen in Europa und Amerika darüber stritten, wie man sie am besten *nicht* aufnahm, bestätigte, dass Europas Integrität und Europas Seele massiv beschädigt sind.

Neue Grenzen, neue Spaltungen und mehr Auseinanderdriften sind die Früchte, die die europäische Währungsunion einem Kontinent gebracht hat, zu dem die Welt so gerne aufschauen wollte. Ein Kontinent, von dem einmal so viel Licht ausging, exportiert nun Trostlosigkeit und Rezession in den Rest der Welt. Aber es muss nicht so sein. Innovative politische Strategien können die Dezentralisierung der Macht, die sich die Europäer so sehr wünschen, mit der Europäisierung grundlegender gemeinsamer Probleme verbinden, die sie brauchen. Aber es wird einer radikalen Idee bedürfen, um dieses glückliche Paradox zustande zu bringen und die Schlange aufzuhalten. Es ist eine absonderliche Idee, die – Sie werden es erraten haben – ebenfalls aus meiner problematischen, unerträglichen, brillanten Heimat stammt: die Idee der Demokratie.

Um Kapnias ein für alle Mal und überall in Europa zu begraben, müssen sich die Europäer die Kontrolle über ihre Politik und ihr Geld von den nicht rechenschaftspflichtigen Technokraten zurückholen. Wir müssen uns ein Blatt aus dem Stammbuch der Amerikaner nehmen und von einem Europa nach dem Motto »Wir, die Regierungen ...« und »Wir, die Technokraten ... « zu dem Motto »Wir, das europäische Volk ... « übergehen.

Bei diesem Prozess wäre es hilfreich, das französische Triptychon von Freiheit, Gleichheit und Brüderlichkeit in jede Ecke unseres Kontinents auszudehnen, erweitert um drei neue Prinzipien:

1. Kein europäisches Land kann frei sein, wenn die Demokratie eines anderen Landes verletzt wird.
2. Kein europäisches Land kann in Würde leben, wenn die Würde eines anderen mit Füßen getreten wird.
3. Kein europäisches Land kann auf Wohlstand hoffen, wenn ein anderes in permanente Zahlungsunfähigkeit und Depression getrieben wird.

Nur wenn diese Prinzipien in ganz Europa respektiert werden, wird es gelingen, Kapnias' Nachfolgern das widerliche Grinsen aus dem Gesicht zu wischen.

KAPITEL 8

Europas Krise, Amerikas Zukunft

Die Finanzwelt implodierte ein erstes Mal 1929 und erneut 2008. Nachdem die Banken an der Wall Street 1929 in ein schwarzes Loch gestürzt waren, das sie selbst gegraben hatten, zerfiel die gemeinsame Währung der damaligen Zeit, der Goldstandard. Kurz darauf hatten wir in Europa die Nationalsozialisten und andere Faschisten an der Macht. Nachdem 2008 die Banken an der Wall Street unter dem Gewicht ihrer Derivategeschäfte eingeknickt waren, begann die gemeinsame Währung unserer Zeit zu zerfallen, der Euro, eine Wiederbelebung des Goldstandards im Herzen Europas.

Im Februar 2010 erreichte die Druckwelle von 2008 Europa und brachte das schwächste Glied, Griechenland, an den Rand des Abgrunds. Der Euro wackelte, mit potenziell furchtbaren Folgen für Europas Banken, Unternehmen, Menschen und die Politik. Aber statt sich Sorgen zu machen, dass sich die 1930er-Jahre wiederholen könnten, hatten die europäischen Politiker andere Prioritäten. Timothy Geithner, der amerikanische Finanzminister, der ein Jahr lang auf der anderen Seite des Atlantiks gegen die Krise gekämpft hatte, wollte seinen Ohren nicht trauen, als er in einer Sitzung mit seinen europäischen Amtskollegen hörte: »Wir werden den Griechen eine Lektion erteilen, wir werden sie fertigmachen.«[1]

Geithner ist nicht dafür bekannt, besonders zartfühlend zu sein. Es hätte ihm keine schlaflosen Nächte bereitet, wenn es nur darum gegangen wäre, dass wütende Nordeuropäer den Griechen den Garaus machen wollten. Tatsächlich sagte er seinen Gesprächspartnern, sie sollten nur weitermachen, wenn das ihr Wunsch sei: »Ihr könnt diesen Burschen euren Fuß in den Nacken setzen, wenn ihr wollt. Aber ihr müsst dafür sorgen, dass ihr als Ausgleich ein beruhigendes Signal an Europa und die Welt sendet, dass ihr den Laden zusammenhaltet und nicht auseinanderfliegen lassen werdet. [Dass ihr] den Rest von Europa schützen werdet.«[2] Inmitten lauter moralisch entrüsteter Europäer war Geithner der Einzige im Raum, der im Auge hatte, um was es ging – die schreckliche Wirkung, die es auf die Deutschen, die Franzosen und sogar auf die Amerikaner haben würde, wenn man die Griechen »fertigmachte«.

Ungefähr zur selben Zeit formulierte ich, unabhängig von Geithners Äußerungen im Gespräch mit Europas Finanzministern und ohne dass ich davon wusste, meine Befürchtungen, was Europa bevorstand, in einem Beitrag mit dem Titel »Europa droht ein neues Versailles«[3]. »Länder wie Griechenland in eine von der Sonne ausgedörrte Wüste zu verwandeln«, schrieb ich, »und den Rest der Eurozone in eine immer schnellere Abwärtsspirale aus Schulden und Deflation zu schicken, ist der wirksamste Weg, wie Deutschland seine eigene Wirtschaft aushöhlt.« Ich befürchtete, und ich denke, Geithner befürchtete es ebenfalls, dass die Geschichte drauf und dran war, sich zu wiederholen. 1929 hatte man die gesamte Last der Anpassung auf die Schultern der schwächsten Schuldner geladen. Eine solche Politik kann nicht erfolgreich sein, weil die daraus resultierende Deflation die Schulden in die Höhe treibt und massenhafte Arbeitslosigkeit die Demokratie gefährdet. Und sie hatte auch keinen Erfolg. 2010 fiel wieder die größte Last auf die schwächsten Schultern. Innerhalb von zwei Jahren verlor Europa seine Integrität, und nun ist es auf dem besten Weg, auch seine Seele aufzugeben.

Der Geist von Versailles

Le Figaro feierte 1992 mit einer Schlagzeile den Vertrag von Maastricht als einen neuen Vertrag von Versailles: Deutschland werde wieder für Frankreich zahlen, ohne dass ein einziger Schuss abgegeben werden müsse. Das war zweifellos ein gewaltiger Affront gegenüber der europäischen Geschichte.[4] Die konservative französische Tageszeitung war schlichtweg blind für die Torheit von Versailles. Der Kern dieses unglückseligen Vertrags bestand weniger darin, dass Deutschland ökonomisch zu Boden gezwungen wurde und die Deutschen unsägliches kollektives Leid zu ertragen hatten, sondern letztlich, dass er ein Eigentor war: ein selbst für die Sieger schrecklicher Handel – ein Akt der Strafe, der sie selbst vernichtete, wie John Maynard Keynes schon früh begriff[5] und der Rest der Welt in den 1930er-Jahren, als es zu spät war.

Auch wenn es ein Affront war, dass die französische Zeitung Maastricht als neues Versailles darstellte, ist es doch vollkommen gerechtfertigt, Parallelen zwischen Versailles und den europäischen Rettungsaktionen zu ziehen, insbesondere der Griechenlandrettung. 2010 zitierte ich Keynes' *Dr. Melchior: Ein besiegter Feind,* Keynes' autobiografische Reflexion über die Bedingungen des Versailler Vertrags. Ich änderte nur die Namen der Protagonisten und schrieb[6] von Griechenlands »unaufrichtige[r] Annahme unmöglicher Bedingungen … ohne die Absicht, sie auszuführen«, damit sei »Griechenland [Deutschland] fast ebenso schuldig, Unerfüllbares anzunehmen, wie die Troika [die Alliierten], aufzuzwingen, was sie zu verlangen kein Recht hatten«.

Weil mich amüsierte, wie genau Keynes' Kritik am Versailler Vertrag auf das griechische Drama zutraf, fuhr ich fort und zitierte diesmal aus seinem Buch *Krieg und Frieden. Die wirtschaftlichen Folgen des Vertrags von Versailles:*

Durch krankhafte Täuschung und rücksichtsloses Selbstbewußtsein getrieben, stürzte das griechische [deutsche] Volk die Fundamente, auf denen wir alle lebten und bauten. Aber die Wortführer der Europäischen Union [des französischen und des britischen Volkes] haben das Wagnis unternommen, den Umsturz zu vollenden, den Griechenland [Deutschland] begann, durch ein Rettungspaket [den Friedensvertrag von Versailles], dessen Verwirklichung das empfindliche, verwickelte, durch die Krise von 2008 [den Krieg] bereits erschütterte und zerrissene System, auf Grund dessen allein die europäischen Völker arbeiten und leben können, noch weiter zerstören muß, statt es wiederherzustellen.[7]

Vielen Lesern mag es als schreckliche Übertreibung erscheinen zu sagen, die Griechenlandrettung sei eine Gefahr für Europa und die Weltwirtschaft. Aber es ist keine Übertreibung.

Die europäischen Verantwortlichen lagen falsch mit der Hoffnung, zur Rettung von Nordeuropas Banken würde es genügen, Griechenland enorme Geldsummen zu leihen, die es nie würde zurückzahlen können, und mein Land dann als Abschreckung für die anderen in einer permanenten Krise versinken zu lassen. Diese Strategie, die als Modell für den Umgang mit dem Rest der europäischen Peripherie diente, verwandelte die Mehrheit der europäischen Staaten in ein Bailoutistan, wie ich es scherzhaft nenne, und musste zwangsläufig auf die europäische Wirtschaft zurückschlagen. Tim Geithner und Jack Lew, sein Nachfolger im Finanzministerium, begriffen das sehr genau. Sie teilten die Ansicht, dass das, was 2010 in Griechenland mit einer absurden Rettung und einem schändlichen Ausmaß an Austerität begonnen hatte, Europa in eine Lage brachte, die Amerikas Erholung torpediert und die wirtschaftlichen Aussichten von China, Lateinamerika, sogar Indien und Afrika gefährdet.

Amerikas Zukunft in Gefahr

Die Vereinigten Staaten lieferten nach dem Zweiten Weltkrieg die Stabilisatoren für den globalen Kapitalismus. Bretton Woods, der umfassende globale Plan, in den das System eingebettet war, und Paul Volckers schöne neue Welt nach 1971 waren die Grundlage, warum der Kapitalismus in der Nachkriegsära weltweit triumphierte.

Wie schaffte es Amerika, dem Kapitalismus zu diesem Erfolg zu verhelfen? Es gelang, weil Washington sich weigerte, Angst vor Defiziten zu haben. Die Defizitphobie geht mit einem Hang zu merkantilistischem Überschussfetischismus einher. Wenn defizitscheue Politiker die stärksten Volkswirtschaften regieren, erhebt schließlich ein Wirtschaftskrieg jeder gegen jeden wie in den 1930er-Jahren sein hässliches Haupt. Länder konkurrieren um die Reserven der Welt und werden wie von einer unsichtbaren Hand zu einem schrecklichen wirtschaftlichen Gleichgewicht geführt, aus dem alle möglichen politischen und moralischen Übel erwachsen. Nach 1944 war die Welt mit den New-Deal-Politikern in Washington gesegnet, die das alles gut verstanden und entschlossen waren, nicht zuzulassen, dass sich die Tragödie der 1930er-Jahre wiederholte. LBJ's nationaler Sicherheitsberater Francis Bator beschrieb 1968 ihre Gedankengänge und ihre Politik folgendermaßen:

Den überwiegenden Teil der Nachkriegszeit blieb das Problem der Inkonsistenz verborgen – und der Welt blieben die schädlichen Auswirkungen erspart –, weil die Vereinigten Staaten in Zusammenarbeit mit dem Rest der Welt darauf vorbereitet waren, sich nicht nur aus dem Wettlauf um die Reserven herauszuhalten, sondern die Rolle der Weltzentralbank zu spielen, Liquidität in die Welt zu pumpen und zuzusehen, wie andere ihre Wünsche nach Überschüssen und Reserven erfüllten, während sie gleichzeitig ihre Reserven erschöpften und die liquiden Verbindlichkeiten [die Geldmenge] der Nation erhöhten. Das System funktionierte genau deshalb, weil die Vereinigten Staaten so lange gegen die Defizitphobie immun waren.

Sowohl vor als auch nach dem Nixon-Schock bereitete Amerika das Terrain, auf dem deutsche, japanische und später chinesische Firmen und Volkswirtschaften Reserven und Überschüsse anhäufen konnten. Washingtons Bereitschaft, mit roten Zahlen zu leben, war die Voraussetzung für den Erfolg der anderen. Das hatte nichts mit Menschenfreundlichkeit zu tun, es ging nur um das aufgeklärte Eigeninteresse der Verantwortlichen in Amerika, die begriffen, wie merkwürdig der Kapitalismus funktioniert.

Amerikas Fähigkeit, die Lasten des weltweiten Kapitalismus zu tragen, nahm 2008 gefährlich ab. Der Kollaps der Wall Street wurde durch das Handeln von Menschen wie Timothy Geithner und Ben Bernanke gebremst,[8] aber Amerikas Fähigkeit zum globalen Überschussrecycling erholte sich nicht mehr. Ab 2009 half die Tatsache, dass Amerika keine Angst vor Defiziten hatte, die Rezession zu beenden; das amerikanische

Handelsbilanzdefizit wuchs wieder, sodass chinesische und deutsche Fabriken ihre beschädigten Vermögen wieder etwas aufbessern konnten, und Amerikas Haushaltsdefizit bot Investoren weltweit weiterhin die Zuflucht, die sie verzweifelt suchten.[9] Trotzdem können die Defizite der Vereinigten Staaten den Mechanismus nicht länger stützen, der die globalen Ströme von Waren und Gewinnen bis 2008 im Gleichgewicht hielt. Der amerikanische Minotaurus ist verwundet und nicht mehr in der Lage, die Pflichten zu erfüllen, die Paul Volcker und andere ihm Ende der 1970er-Jahre übertragen haben.

Die chinesische Regierung versuchte tapfer, ihre Wirtschaft – sogar die Weltordnung – zu stabilisieren, indem sie zuließ, dass sich eine Investitionsblase auf einer Immobilienblase aufbaute, die Landverkäufe von Regionalregierungen genährt hatten.[10] Während es Beijing gelang, eine Zeit lang die chinesischen und zu einem großen Teil auch deutschen Fabriken durch Nachfrage nach ihren Produkten auszulasten, fallen die selbst erzeugten Blasen nun in sich zusammen. Deutschland nutzte seine Blase *made in China,* um Produkte nach China zu exportieren, die es zuvor in europäische Defizitländer wie Spanien, Griechenland und Portugal geschickt hatte, deren Importe in der Zwischenzeit eingebrochen waren. Aber während Berlins Defizitphobie verhindert, dass es seine Pflicht erkennt, beim Recycling globaler Überschüsse zu helfen, begriff Beijing seine Pflicht und seine Grenzen sehr genau. Beijing verstand, dass es nicht lange in der Lage sein würde, die chinesische Wirtschaft durch Blasen aus der Krise zu retten und damit zugleich die europäischen Überschussländer zu stabilisieren. Wenn nicht Europa gemeinsam mit Amerika, Japan und China half, die globalen Waren- und Geldströme zu stabilisieren, würden Chinas Blasen in sich zusammenfallen, und die Welt würde noch tiefer in Schwierigkeiten versinken.[11]

Die Verantwortlichen in Washington wussten, dass das passieren würde, und hielten gespannt Ausschau nach jedem Anzeichen, dass die Europäer wieder zur Vernunft kamen. Doch leider sorgten die Defizitphobie der europäischen Überschussländer, ihre Verpflichtung auf das, was ich »das Prinzip der perfekt voneinander getrennten Schulden- und Bankensektoren« genannt habe (siehe Kap. 7, »Zurück in die Zukunft«), und ihre vollständige Unterwerfung des gesamten Rests der Eurozone dafür, dass Washington, Tokio und Beijing keine Hilfe von einer makroökonomisch naiven Eurozone erhielten, die nur Nabelschau betrieb.

Wieder einmal war Griechenland der Lackmus-Test, ein Test, bei dem das Dreieck Brüssel–Frankfurt–Berlin regelmäßig versagt. Washington hat allen Grund, wütend auf die Europäer zu sein wegen ihrer Defizitphobie und deren schädlichen Auswirkungen. Obwohl die Fed Berge von Geld gedruckt hat, um die heimische Wirtschaft zu stimulieren, weigern sich in den USA beheimatete Konzerne, ausreichend in qualifizierte Arbeitsplätze und produktive Ausrüstung zu investieren, weil sie fürchten, dass ein neuerlicher kalter Windhauch aus Europa in Verbindung mit einer wirtschaftlichen Abschwächung in China die Wirtschaft weltweit auf Talfahrt schicken wird. Wenn es heute in Amerika viele Arbeitnehmer gibt, die gerne mehr arbeiten würden, es aber nicht können, wenn die Löhne nicht steigen, wenn Unternehmen Überschüsse lieber dafür ausgeben, eigene Aktien zurückzukaufen, als zu investieren, dann haben die Fehler Europas daran einen erheblichen Anteil.

Kurzum: Amerika kann die Welt nicht mehr stabilisieren, und diejenigen, die in der Vergangenheit am meisten von dieser nunmehr verlorenen Fähigkeit profitiert haben, die Europäer, entziehen sich ihren Pflichten gegenüber Amerika und dem Rest der Welt.

Von Geithners Schlag zu Lews Angst

Als Timothy Geithner registrierte, dass die Europäer einfach nicht in der Lage waren, die wahre Natur der Krise in der Eurozone und Griechenlands symptomatische Bedeutung zu begreifen, traf ihn beinahe der Schlag.[12] Sein Nachfolger als Finanzminister, Jack Lew, betrat die Bühne, als die Dinge sich deutlich beruhigt hatten; aber auch ihn verblüffte, dass Europa seinen negativen Einfluss auf die Weltwirtschaft einfach nicht erkannte.

Am 30. Oktober 2013 legte Lew dem Kongress den Bericht des Finanzministeriums über die Internationale Wirtschafts- und Wechselkurspolitik vor.[13] Darin kritisierte er Deutschland, weil es die wirtschaftliche Schwäche in den Rest der Eurozone und die Weltwirtschaft exportiere. Das Ministerium von Wolfgang Schäuble reagierte am nächsten Tag: »Es gibt keine Ungleichgewichte in Deutschland, die korrigiert werden müssen. Im Gegenteil, die innovative deutsche Wirtschaft trägt durch Exporte und den Import von Komponenten für Fertigprodukte wesentlich zum weltweiten Wachstum bei.«[14] Nur selten hat in einer Auseinandersetzung eine Seite ganz recht und die andere ganz unrecht. Aber das ist ein solcher seltener Fall. Jack Lew lag vollkommen richtig, und die deutsche Antwort war einfach lächerlich. Die zugrunde liegende Analyse des US-Finanzministeriums ging von elementaren makroökonomischen Tatsachen aus, die Berlin und die Eurogruppe (wie ich es selbst erlebt habe) einfach nicht wahrhaben wollen. Die Argumentation ist glasklar.

Berlins Plan, wie die Mitglieder der Eurozone die Krise überwinden sollen, basiert auf einer Kombination von Nettoexporten und ausgeglichenen Haushalten. Da sowohl in den Überschussländern wie in den Defizitländern der Eurozone erheblich mehr gespart als investiert wird, kann Berlins Plan nur funktionieren, wenn die Eurozone sich in einen merkantilistischen Fanatiker verwandelt. In schlichten Zahlen ausgedrückt bedeutet das, dass die Eurozone, um ihre Krise zu überwinden, einen Leistungsbilanzüberschuss[15] gegenüber dem Rest der Welt von nicht weniger als 9 Prozent der gesamten Wirtschaftsleistung in der Eurozone schaffen muss.

Aber wir dürfen nicht vergessen, dass China als ein großer destabilisierender Faktor in der Weltordnung galt, als sein Handelsbilanzüberschuss 2008 in dieser Höhe rangierte. Da der Überschuss einer Volkswirtschaft das Defizit einer anderen ist, bedeutet die Steigerung der Nettoexporte einer großen Volkswirtschaft wie China oder Europa auch, dass in den Rest der Welt Deflation exportiert wird. Ein Überschuss der Eurozone von 9 Prozent würde die Hoffnungen von Amerika, China, Lateinamerika, Indien, Afrika und Südasien auf Stabilität und Wachstum zunichtemachen.[16] Er würde massive Arbeitslosigkeit im Rest der Welt bedeuten, politische Instabilität und Rufe nach protektionistischen Barrieren, die die Wirtschaftsleistung überall schmälern würden, auch in Deutschland.

Deshalb blickt das amerikanische Finanzministerium mit einer Mischung aus Verständnislosigkeit und Abscheu auf die Pläne von Berlin und Brüssel. Washington weiß, dass die defizitscheue Politik, die Berlin dem Rest der Eurozone aufzwingen möchte (angefangen mit dem griechischen Versuchskaninchen), wenn sie funktioniert, alles zerstören wird, was an Gleichgewicht in der Weltwirtschaft noch vorhanden ist. Aber da diese Politik letztlich nicht funktionieren kann[17], wird sie stattdessen unvermeidlich zwei andere Dinge gleichzeitig erledigen: Europas Peripherie weiter zerrütten[18] und weitere deflationäre Schockwellen in die Weltwirtschaft aussenden.

Die amerikanischen Verantwortlichen beobachten all das von der anderen Seite des Atlantiks und ärgern sich über die deflationären Kräfte, die ein dummes Europa, das nicht erkennt, wie selbstzerstörerisch seine Politik ist, nach Washington sendet. Persönliche Begegnungen mit amerikanischen Politikern haben mich zu den folgenden Erkenntnissen gebracht:

1. Sie wissen, dass Amerika nicht länger die Macht hat, allein die Weltwirtschaft zu stabilisieren.
2. Sie begreifen, dass Europas Politik Amerikas Zukunft schadet.
3. Sie sind frustriert, dass ihre europäischen Gesprächspartner nicht nur einfache makroökonomische Gesetze nicht kennen, sondern sich seltsamerweise ihrer Unwissenheit nicht einmal schämen.

Epilog
Regeln, Rituale und Religion

Wenn Volkswirtschaften scheitern, sind religiöse Erklärungen nicht weit. Man kann die Regeln der Eurozone und ihre Beharrungskraft trotz ihres eklatanten Versagens nicht vollständig begreifen, ohne zu berücksichtigen, wie in Zeiten einer langwierigen Krise in religiösen Vorstellungen verankertes Denken die Oberhand gewinnt.

Bei einer Diskussion im September 2015[1] warnte der französische Wirtschaftsminister Emmanuel Macron, die anhaltende Eurokrise ziehe Europa in einen neuen Religionskrieg zwischen Katholiken und Calvinisten. An der Stelle warf ich scherzhaft ein, er habe die orthodoxen Griechen vergessen; wir seien gezwungen worden, eine orthodoxe Wirtschaftspolitik umzusetzen, seien infolge unseres Scheiterns aber ganz katholisch bei unseren Protesten. Weniger humorvoll ausgedrückt, spielten Macron und ich darauf an, dass es sowohl in Brüssel wie in Frankfurt an ernsthafter ökonomischer Analyse fehlte und diese Lücke durch ein quasi religiöses Bekenntnis zum ursprünglichen Dogma der Eurozone gefüllt wurde. Die Verteidiger der Eurozone, so möchte ich hinzufügen, haben jeweils ein Blatt aus den heiligen Schriften nahezu aller etablierten Kirchen genommen: Sie sind überkonfessionell, wenn es darum geht, logisch schiefe Lehren zusammenzubasteln, die Politiker dann wie Papageien auf dem ganzen Kontinent als Wahrheiten verkünden.

Ökonomische »Analysen« (Dogmen wäre die bessere Bezeichnung) werden nur gutgeheißen, soweit sie die orthodoxen Prophezeiungen der Europäischen Kommission oder der Europäischen Zentralbank bestätigen. Wenn die Fakten nicht mit den Dogmen übereinstimmen, ist das Pech für die Fakten. Beispielsweise begegnet man empirischen Belegen, die gegen Ponzi-Austerität sprechen, mit der von den Jesuiten bekannten Strategie, gleichzeitig das Austeritätsdogma zu verteidigen und die Fakten, die dem Dogma widersprechen. Unterdessen schränken die Rituale der Bürokraten den Kreis der wahren Gläubigen so ein, dass die Ausgeschlossenen – etwa die, die es wagen, die Verkündungen der Troika infrage zu stellen – nur »gerettet« werden können, wenn sie unablässig das Lob der erlösenden Austerität singen.

Was der amerikanische Institutionalist Clarence Ayres (1891–1972) über Bürokraten geschrieben hat, ergibt ein geradezu unheimlich hellsichtiges Porträt der Eurogruppe, der Europäischen Kommission, der

Europäischen Zentralbank, des Europäischen Stabilitätsmechanismus und aller anderen:

> [S]ie erweisen der Realität die Ehre, an zeremoniellen Status zu glauben, aber sie tun das, um den Status zu bestätigen, und nicht, um Effizienz zu erreichen. In wichtigen Dingen funktioniert Europa über ein Netz von Glaubensüberzeugungen, das sich von Vernunft und Evidenz losgelöst hat. Es erinnert weniger an die Methode, die Descartes, Hume, Newton oder Leibniz berühmt gemacht haben, und mehr an das Netz mythischer Überzeugungen, die der Anthropologe Evans-Pritchard in den 1930er-Jahren als den ideologischen Mechanismus aufdeckte, der die Machtstrukturen in einem afrikanischen Stamm, den Zande, trug: »Zande sehen so gut wie wir, dass die falschen Prophezeiungen ihres Orakels in der Tat eine Erklärung verlangen. Sie sind aber so verstrickt in ihre mystischen Vorstellungen, dass sie beim Erklären des Versagens von ihnen Gebrauch machen müssen. Der Widerspruch zwischen der Erfahrung und einer mystischen Vorstellung wird mit anderen mystischen Vorstellungen erklärt.«[2]

Aus Zweckmäßigkeit glauben auch »moderne« Menschen an Rituale, besonders wenn es keine rationale Debatte innerhalb einer funktionierenden Demokratie gibt. In Zeiten von Krisen und Stress verfallen moderne Gesellschaften, die in Ritualglauben befangen sind, schnell auf Selbstgeißelung.

2013 argumentierte Wolfgang Schäuble in einem Artikel mit der Überschrift »Wir wollen kein deutsches Europa«[3], die Mehrheit der Europäer unterstütze sein Rezept für die Beendigung der Krise in der Eurozone (wobei er die meisten Makroökonomen, das amerikanische Finanzministerium und den Rest der Welt aussparte). Er schrieb, »die Menschen nicht nur im Norden, sondern auch im Süden Europas« würden sich »mit deutlichen Mehrheiten für Reformen und die Reduktion der Staatsausgaben und Schulden aussprechen, um die Krise zu überwinden«. Das mag sein, aber es ist nicht der entscheidende Punkt. Verwirrte Europäer, gefangen in einer permanenten Abwärtsspirale und ohne demokratische Kontrolle über diejenigen, deren Entscheidungen ihr Leben bestimmen, halten Nabelschau und machen sich Selbstvorwürfe. Im Mittelalter, als der Schwarze Tod in Europa wütete, glaubten die meisten Europäer ernsthaft, die Pest werde durch einen sündigen Lebenswandel verursacht und könne durch Selbstgeißelung ausgetrieben werden. Sie hatten natürlich unrecht, aber etwas Ähnliches passiert auch heute.

Heute ist der dominierende Text nicht die Bibel oder deren Interpretation durch diejenigen, die behaupten, sie hätten einen direkten Draht nach oben, sondern es ist das Regelwerk der Verträge und Rettungsvereinbarungen: vertragliche Übereinkünfte, denen sich alle, die in den Kreis der Euro-Gläubigen eintreten, unterwerfen müssen. Ich weiß das, weil ich es persönlich erfahren habe. Sie haben die Wahl, wurde mir unmissverständlich gesagt, entweder akzeptieren Sie die vorliegenden Bedingungen der Rettungsvereinbarung für ihr Land (wie sie frühere griechische Regierungen unterzeichnet hatten), oder Sie können gehen. Wenn ich versuchte, ein Gespräch darüber zu führen, wie angemessen und realistisch die Bedingungen waren und die Regeln, auf denen sie beruhten, lautete die Antwort faszinierenderweise nicht: »Die Regeln sind gut, richtig und umsetzbar, weil …«, sondern vielmehr: »Die Regeln sind die Regeln sind die Regeln …«[4]

Es war ein bisschen so, als würde man immer wieder Henry Ford treffen, diesmal nicht beim Verkauf seines Model T, das ein Kunde in jeder beliebigen Farbe bekommen konnte, solange sie schwarz war, sondern auf der Ebene der internationalen wirtschaftlichen Entscheidungsfindung, wo jede neu gewählte Regierung ihre Politik selbst bestimmen konnte, solange sie praktisch identisch war mit der katastrophalen Politik, die die Troika früheren griechischen Regierungen aufgezwungen hatte.[5]

Die religiöse Hingabe an widersprüchliche Regeln, um die sich die ökonomischen Kräfte nicht scheren, hat in der Vergangenheit mächtige Reiche zu Fall gebracht – jüngstes Beispiel ist die Sowjetunion. Jetzt scheint die Europäische Union wild entschlossen, ihren Weg ins Nirgendwo zu gehen. Die No-Bailout-Regel ist ein gutes Beispiel. Sie spiegelte eine feierliche Verpflichtung wider, als sie 1993 niedergeschrieben wurde, aber angesichts der unvermeidlichen Eurokrise, die 2010 zuschlug, konnte sie nicht eingehalten werden. Tragischerweise bestimmte dieses Paradox alles, was die Eurozone anschließend tat.

Statt zu fragen: »Wie sollen wir mit der Krise umgehen?«, stellten die amtierenden Politiker eine nahezu religiöse Frage: »Wie wollen wir Griechenland, Irland und die anderen retten, ohne dass es so aussieht, als würden wir das Dogma, dass es keine Rettung geben darf, verletzen?« Man muss nicht lange nachdenken, um zu erkennen, dass Europa unvermeidlich in die Irre gehen musste, wenn es die zweite Frage stellte und nicht die erste.

Auf diesen ersten falschen Schritt folgten unzählige Sünden. Es wäre ehrlich und vollkommen legal gewesen, den irischen Banken und dem griechischen Staat zu erlauben, sich gegenüber ihren privaten Gläubigern für zahlungsunfähig zu erklären, um die No-Bailout-Klausel zu beachten. Stattdessen führte der sündige Wunsch der Verantwortlichen, die deutschen und französischen Banken zu retten, ohne den Steuerzahlern zu sagen, dass sie genau das taten, dazu, dass sie die No-Bailout-Klausel verletzen mussten, indem sie ein weiteres Axiom ersannen: die Regel, dass es keinen Bankrott geben darf, die nie zu den ursprünglichen Regeln in Europa gehört hatte. Beide, die frisch formulierte Regel »kein Bankrott« und die alte Regel »kein Beistand«, waren politische Launen der Starken, die als legaler Zwang gegenüber den Schwachen ausgegeben wurden. Die Starken brechen ihre Regeln, wie es ihnen passt, und basteln neue Regeln zusammen, wenn sie denken, dass es ihnen nützt. Das leuchtendste Beispiel ist Dr. Schäubles jüngste Regel, dass sich Griechenland innerhalb der Eurozone nicht bankrott erklären darf, aber sehr wohl, wenn es den Euro verlassen müsste. Das ist höchst außergewöhnlich, denn erstens wurde eine solche Regel nie beschlossen, und zweitens erlauben es die Regeln nicht, dass ein Mitgliedsland aus der Eurozone hinausgeworfen wird.

Kurzum, Europas religiöse Hingabe an Regeln ist nichts anderes als ein Schleier, hinter dem die Starken die Regeln so festsetzen, wie es zu ihrer eigenen politischen Agenda am besten passt. Vielleicht wäre das nicht so schlimm, wenn die besagte Agenda nicht vorsähe, Europa und die Weltwirtschaft schnellstmöglich in einen wirtschaftlichen, politischen und moralischen Sumpf zu führen.

Von Dissonanz zu Harmonie

Während der fünf Monate im Jahr 2015, als ich von der ersten Reihe aus einen Crashkurs in Europas Streitigkeiten absolvierte, bestätigte sich für mich eines: Um Europas Integrität und Seele wird ein Titanenkampf geführt, und bisher verlieren die Kräfte der Vernunft und des Humanismus gegenüber wachsender Irrationalität, autoritärer Machtausübung und Niedertracht. Der Rest der Welt, insbesondere Amerika, ist betroffen, aber nicht so sehr, wie es eigentlich der Fall sein müsste. In den letzten hundert Jahren hat Europa zweimal den Planeten in einen entsetzlichen Morast gezogen. Es kann wieder so kommen. Wie die New-Deal-Politiker in den 1940er-Jahren genau verstanden hatten, ist Europa zu wichtig, um es uns Europäern zu überlassen. Die ganze Welt ist darauf angewiesen, dass Rationalität, Freiheit, Demokratie und Humanismus dort siegen, wo diese Ideen entstanden sind.

Leonard Schapiro hat im Zusammenhang mit dem Stalinismus[1] gewarnt, das wahre Ziel der Propaganda sei es nicht, zu überzeugen, nicht einmal, zu überreden. Vielmehr wolle sie ein einheitliches Muster öffentlicher Äußerungen schaffen. In der EU kommt man wegen einer abweichenden Meinung nicht mehr ins Gefängnis oder ins Irrenhaus, aber »unorthodoxes Denken ist immer noch eine Dissonanz«[2]. In den fünf Monaten, die ich im Namen Griechenlands mit der Eurogruppe verhandelte, bekam ich die Wucht eben dieser Art von Propaganda zu spüren. Meinen Versuchen, in die Verhandlungen über die Finanz- und Reformagenda meines Landes ein wenig rationalen Humanismus einfließen zu lassen, begegnete man mit konzertierten Bemühungen, unsere vernünftigen Vorschläge als eine ebensolche eklatante Dissonanz darzustellen. Es ist sehr bemerkenswert, aber auch entmutigend, dass eine kluge Bemerkung über den Stalinismus heute in den Korridoren der Macht in Brüssel, Frankfurt und Berlin so viel Widerhall findet. Aber die Dissidenten sollten Mut schöpfen. Falsche Dogmen werden irgendwann als solche entlarvt, in Europa ebenso, wie es in der Sowjetunion und anderswo der Fall war. Hier und heute kommt es darauf an, dass sie schnell entlarvt werden. Denn der Preis, den die Menschen für die Krise in Europa zahlen, ist zu hoch, und es besteht die Gefahr, dass er Teile des Planeten erreicht, die es nicht verdienen, ein weiteres Mal wegen eines europäischen Debakels zu leiden. Gandhi gab auf die Frage, was er von der westlichen Kultur halte, die berühmte Antwort: »Sie wäre eine sehr gute Idee.« Wenn wir Europäer heute gefragt werden, was wir von der Europäischen Union halten, würde unsere Antwort wohl deutlich negativer ausfallen als: »Was für eine großartige Idee! Wenn wir sie nur verwirklichen könnten!«

Ich denke, wir können sie verwirklichen. Aber nicht ohne mit der Vergangenheit Europas zu brechen und nicht ohne einen starken demokratischen Schub, der den Vätern der Europäischen Union vielleicht nicht gefallen hätte.

DANKSAGUNG

Ich begann mit der Arbeit an diesem Buch im Jahr 2012, nachdem meine Frau Danae und ich nach Austin gezogen waren, wo ich eine Stelle an der Lyndon B. Johnson School of Public Affairs der University of Texas angetreten hatte. Die Arbeit profitierte von meinem Austausch mit Studenten an der LBJ School und von der Ermutigung, die ich in Austin von zwei besonderen Menschen bekam: von Danae und von meinem guten Freund und Kollegen Jamie Galbraith.

Kurz nachdem ich mit den Recherchen für das Buch angefangen hatte, wurde Wendy Strothman meine literarische Agentin, Nation Books erklärte sich bereit, es zu veröffentlichen, und es nahm Gestalt an. Leider konnte ich den ersten Entwurf bis zum Januar 2015 nicht fertigstellen. Das erwies sich als ein großer Fehler angesichts der unerwarteten Auflösung des griechischen Parlaments und der Neuwahlen vom 25. Januar, die meine Wahl ins Parlament und die anschließende Ernennung zum griechischen Finanzminister brachten. Damit war klar, dass das Buch erst einmal auf Eis liegen würde.

Ein halbes Jahr später war ich nicht mehr Minister. Im September 2015 wurde auch das Parlament, in das ich gewählt worden war, aufgelöst. Und so fand ich im Herbst 2015 die Zeit, zu meinem Manuskript zurückzukehren. Mein Kopf war voller neuer Fakten und Bilder aus den Monaten, in denen ich von einem Platz in der ersten Reihe auf das Zentrum der Krise Europas geblickt hatte. Ich überarbeitete die bereits geschriebenen Kapitel und fügte neues Material hinzu. Dabei achtete ich darauf, nicht meine Erfahrungen aus den Verhandlungen, an denen ich in der ersten Hälfte des Jahres 2015 beteiligt gewesen war, mit einfließen zu lassen und auch den Thriller auszulassen, der zum Zusammenstoß unserer Regierung mit dem offiziellen Europa und dem Internationalen Währungsfonds geführt hatte – ein Zusammenstoß, der mit einem *coup d'état* endete, durch den die Regierung zu Fall gebracht wurde.[1] Nur Erkenntnisse, die mit meiner Darstellung, was zur Eurokrise von 2010 führte und zu Europas Unfähigkeit, effizient darauf zu reagieren, zusammenhängen, sind in den Text eingeflossen. Der Thriller muss bis zum nächsten Buch warten – damit er, wie es sich gehört, aus größerer Distanz erzählt werden kann.

Neben all den anderen freundlichen Menschen bei Penguin Random House und Nation Books gilt mein tiefer Dank Will Hammond und Alessandra Bastagli für ihr großartiges Lektorat. Ebenso danke ich meinem Waffenbruder Nicholas Theocarakis für seine wie üblich akribischen kritischen Kommentare. Und schließlich danke ich den unzähligen Menschen, die Ideen, Fakten, Gerüchte und Analysen mit mir geteilt haben, insbesondere Lord (Norman) Lamont für seine freundlichen Erläuterungen zu den Ereignissen von 1990–1993, die in Kapitel 5 wiedergegeben werden.

AUSZÜGE AUS »BESCHEIDENER VORSCHLAG ZUR LÖSUNG DER EUROKRISE« VON YANIS VAROUFAKIS, STUART HOLLAND UND J. K. GALBRAITH, JULI 2013 (DEUTSCH 2015)

Die Krise der Eurozone entfaltet sich auf vier miteinander verbundenen Feldern.

Bankenkrise: Es gibt eine weltweite Bankenkrise, die hauptsächlich durch den Zusammenbruch des amerikanischen Finanzsektors ausgelöst wurde. Doch die Eurozone hat in einzigartiger Weise bei der Bewältigung der Bankenkrise versagt, und das ist ein Problem ihrer Struktur und der Art, wie sie regiert wird. Die Eurozone hat eine Zentralbank, aber keine Regierung, und nationale Regierungen ohne Zentralbanken, die sie unterstützen könnten; sie stehen außerdem einem globalen Netz von Megabanken gegenüber, das sie gegebenenfalls nicht kontrollieren können. Europas Antwort war der Vorschlag einer echten Bankenunion – im Prinzip eine kühne Maßnahme, die praktisch jedoch in der Luft hängt.

Schuldenkrise: Die Kreditklemme des Jahres 2008 brachte zutage, dass das in der Eurozone geltende Prinzip der perfekt getrennten Staatsschulden nicht funktioniert. Als Europa einen Rettungsfonds einrichten musste, der die No-Bailout-Klauseln der EZB-Satzung und des Vertrags von Lissabon nicht gefährden durfte, schuf es zuerst die provisorische Finanzmarktstabilisierungsfazilität (EFSF) und dann den dauerhaften Europäischen Stabilitätsmechanismus (ESM). Diese neuen Institutionen sollten mehreren Mitgliedstaaten mit akutem Finanzbedarf helfen, hielten aber an dem fehlerhaften Prinzip der ge-

trennten Staatsschulden fest und konnten deshalb die Krise nicht ein-
dämmen. Darum schlug die EZB im Sommer 2012 etwas anderes vor:
die Monetarisierung der Staatsschulden zuerst durch eine Politik, die
angekündigt, aber niemals umgesetzt wurde (das Anleihekaufpro-
gramm Outright Monetary Transactions, OMT), gefolgt 2014 von
quantitativer Lockerung (Quantitative Easing, QE), die auf dem seltsamen Prinzip basiert, Staatsschulden im Verhältnis zur Wirtschaftsleistung jedes Landes aufzukaufen (und nicht entsprechend der jeweiligen deflationären Entwicklung). Diese Maßnahmen haben zwar
gegen die Kreditklemme geholfen, aber weder die Schuldenkrise noch
den deflationären Prozess überwunden, der die gesamte Eurozone erfasst hat.

Investitionskrise: Die Investitionsschwäche bedroht den Lebensstandard in Europa und die internationale Wettbewerbsfähigkeit. Seit
2000 verzeichnet nur Deutschland hohe Überschüsse; die daraus re-
sultierenden Ungleichgewichte im Handel sorgten dafür, dass Nachfrage und Investitionen in den Defizitregionen einbrachen, als 2008
die Krise zuschlug. Weil die defizitären Volkswirtschaften in den Defizitregionen die Last der Anpassung nicht tragen konnten und weil
es keinen Mechanismus zum Ausgleich durch Reflation (eine expansive Geld- und Fiskalpolitik) in den Überschussregionen gab, war der
Weg bereitet für den Abzug von Investitionen aus den Regionen, die
sie am meisten gebraucht hätten. Am Ende stand Europa mit niedrigen Gesamtinvestitionen und einer ungleichen Verteilung der Investitionen zwischen Überschuss- und Defizitregionen da.

Soziale Krise: Die jahrelange strikte Sparpolitik hat ihren Tribut von den
Europäern gefordert. Von Athen bis Dublin und von Lissabon bis Ni-
kosia haben Millionen Europäer den Zugang zu grundlegenden Gü-
tern und zu Würde verloren. Arbeitslosigkeit grassiert. Die Zahl der
Obdachlosen und Hungernden steigt. Renten wurden gekürzt, während die Steuern auf lebensnotwendige Güter immer weiter steigen.
Zum ersten Mal seit zwei Generationen stellen die Europäer das europäische Projekt infrage, während Nationalismus und sogar nationalsozialistische Parteien auf dem Vormarsch sind.

Politische Vorgaben für eine Lösung

Eine Lösung der Krise muss bestimmte realistische Vorgaben bzw. Auflagen für das politische Handeln berücksichtigen. Vor vier solchen Vorgaben steht Europa heute:

a) Die EZB darf die Staatsschulden nicht direkt in einer Weise monetarisieren, die den von Schulden niedergedrückten Ländern einen Teil der Last abnehmen würde. Die EZB darf keine Staatsanleihen auf dem Primärmarkt kaufen und nicht den EFSF-ESM dazu benutzen, Staatsschulden auf dem Primärmarkt oder dem Sekundärmarkt zu kaufen.

b) Das OMT-Programm der EZB und die quantitative Lockerung verbinden Stabilität nicht mit Wachstum und werden sich früher oder später als ineffizient erweisen.

c) Die Überschussländer werden nicht dazu bereit sein, Schulden und Defizite zu vergemeinschaften, indem sie gesamtschuldnerisch für Eurobonds haften. Vor allem Frankreich wird sich dem Souveränitätsverlust widersetzen, der von ihm verlangt würde, ohne dass es eine echte Transferunion gäbe, weil Deutschland sie verständlicherweise ablehnt.

d) Europa kann nicht abwarten, bis es gemeinsame Institutionen hat. Wenn die Lösung der Krise von gemeinsamen Institutionen abhängt, wird die Eurozone zerfallen, bevor es sie gibt. Die notwendigen Vertragsänderungen, um ein echtes europäisches Finanzministerium einzurichten, das die Macht hat, Steuern zu erheben, Ausgaben zu beschließen und Kredite aufzunehmen, kann und darf keine Voraussetzung für die Lösung der Krise sein.

Im nächsten Abschnitt werden vier politische Strategien vorgestellt, die diese Vorgaben berücksichtigen.

Der Bescheidene Vorschlag – Vier Krisen, vier politische Strategien

Der Bescheidene Vorschlag sieht keine neuen EU-Institutionen vor und verstößt nicht gegen die bestehenden Verträge. Stattdessen schlagen wir vor, dass die bestehenden Institutionen in einer Weise genutzt werden, die im Einklang mit der europäischen Gesetzgebung steht, aber neue Aufgaben und politische Strategien ermöglicht.
Die Institutionen sind
  die Europäische Zentralbank – EZB
  die Europäische Investitionsbank – EIB
  der Europäische Investitionsfonds – EIF
  der Europäische Stabilitätsmechanismus – ESM.

Strategie 1 – Ein Fall-zu-Fall-Programm für die Banken (FFPB)

Fürs Erste schlagen wir vor, dass die Banken, die Finanzhilfe vom ESM brauchen, direkt an den ESM verwiesen werden – statt dass die Regierungen der betroffenen Länder im Namen der Banken Geld leihen müssen. Der ESM und nicht die nationale Regierung wird dann die strauchelnde Bank restrukturieren, rekapitalisieren und sanieren und dafür den Großteil seiner finanziellen Möglichkeiten aufwenden.
Die Eurozone muss irgendwann zu einer Bankenunion mit einer einzigen Kontrollinstanz, einer gemeinsamen Einlagensicherung und einem gemeinsamen fiskalischen Rettungsnetz werden. Aber dieses Endziel steht einer guten Politik in der aktuellen Situation entgegen. Unser Vorschlag sieht vor, dass eine strauchelnde Bank aus der Zuständigkeit der nationalen Regierung herausgenommen und einer neuen, dafür ausgelegten europäischen Zuständigkeit unterworfen wird. Die EZB ernennt einen neuen Verwaltungsrat, der prüft, ob die Bank abgewickelt oder rekapitalisiert wird. Im zweiten Fall stellt der ESM das Kapital zur Verfügung und bekommt dafür Anteile im Verhältnis zu der geleisteten Kapitalspritze. Die Restrukturierung der Bank kann eine Fusion, eine

Verkleinerung oder sogar die Abwicklung bedeuten, stets in dem Bewusstsein, dass vor allem ein Schnitt bei den Einlagen vermieden werden muss. Wenn die Bank restrukturiert und rekapitalisiert ist, verkauft der ESM die Anteile, die er erhalten hat, und deckt damit seine Kosten.

Strategie 2 – Ein begrenztes Umschuldungsprogramm (BUP)

Der Vertrag von Maastricht erlaubt jedem EU-Mitgliedstaat, Schulden bis zu einer Höhe von 60 Prozent seines Bruttoinlandsprodukts zu haben. Seit der Krise von 2008 haben die meisten Länder der Eurozone diese Marke gerissen. Wir schlagen vor, dass die EZB den Mitgliedstaaten die Möglichkeit einer Umschuldung ihrer Maastricht-konformen Schulden (MKS) anbietet. Dabei werden die jeweiligen Anteile an den umgeschuldeten MKS weiter separat von jedem Mitgliedstaat bedient.

Getreu der Klausel, dass die EZB keine Staatsfinanzierung betreiben darf, wird sie weder direkt noch indirekt MKS aufkaufen oder dafür bürgen. Vielmehr wird die EZB als Vermittlerin zwischen Investoren und Mitgliedstaaten tätig werden. Für die Bedienung der MKS würde sie eigene »Umschuldungsanleihen« ausgeben und bei Fälligkeit zurückzahlen.[1]

Diese Umschuldungsanleihe würde folgendermaßen funktionieren. Den Maastricht-konformen Teil der Schulden, der mittlerweile in EZB-Bonds gehalten wird, würden die Mitgliedstaaten bedienen, aber zu Zinssätzen, die von der EZB knapp über ihren eigenen (extrem niedrigen) Anleihezinsen festgesetzt werden. Die Anteile an den in EZB-Bonds umgewandelten nationalen Schulden werden auf Debitkonten gebucht. Diese können nicht als Sicherheiten für Kredite oder neu geschaffene Derivate verwendet werden.[2] Bei Fälligkeit werden die Mitgliedstaaten den Gläubigern diese Anleihen auf Wunsch zurückzahlen oder sie in Anleihen mit niedrigen, sichereren Zinsen umtauschen, die die EZB anbietet.

Regierungen, die sich an diesem Verfahren beteiligen wollen, können das auf der Grundlage der Verstärkten Zusammenarbeit tun, der mindestens neun Länder zustimmen müssen.[3] Die anderen, die nicht mitmachen wollen, können für ihre MKS weiterhin eigene Anleihen ausgeben. Um die Glaubwürdigkeit dieser Umschuldung zu sichern und ein Sicherheitsnetz für die EZB-Bonds zu schaffen, das keine Monetarisierung durch die EZB erfordert, vereinbaren die Mitgliedstaaten, ihren Debitkonten bei der EZB absoluten Vorrangstatus einzuräumen. Die EZB-Bonds, die der Umschuldung dienen, können durch den ESM abgesichert werden, wobei der ESM nur einen kleinen Teil seiner Kreditaufnahmekapazität einsetzen muss. Wenn ein Mitgliedstaat in eine ungeordnete Insolvenz geht, bevor eine in seinem Namen ausgegebene EZB-Anleihe fällig ist, wird die Anleihe durch eine gekaufte oder vom ESM zur Verfügung gestellte Versicherung beglichen.

Strategie 3 – Ein investitionsgestütztes Rettungs- und Konvergenzprogramm (IRKP)

Dem IRKP, das wir vorschlagen, liegen die folgenden Fakten zugrunde.
Europa braucht unbedingt Investitionen in großem Umfang, die das Wachstum ankurbeln. Derzeit bleibt sehr viel Kapital in Europa ungenutzt und wird aus Angst nicht in produktive Investments geleitet, weil man fürchtet, dass die Nachfrage fehlt, sobald die Waren vom Band rollen. Die EZB möchte Wertpapiere von guter Qualität kaufen, um die deflationäre Entwicklung zu stoppen, die eine Folge der Investitionsschwäche ist. Sie will nicht deutsche oder italienische oder spanische Wertpapiere kaufen müssen, weil ihr sonst vorgeworfen wird, ihre Satzung zu verletzen oder Deutschland, Italien, Spanien etc. zu begünstigen.
Und das könnte die EZB tun, um ihre komplexen Ziele zu erreichen:
Die Europäische Investitionsbank (EIB) [und ihr kleinerer Ableger, der Europäische Investitionsfonds, EIF] sollten grünes Licht bekommen für ein investitionsgestütztes Hilfsprogramm für die gesamte Eurozone in Höhe von 8 Prozent des BIP der Eurozone. Dabei sollte sich die EIB auf große Infrastrukturprojekte konzentrieren und der EIF auf Start-ups, kleine und mittelständische Unternehmen, innovative Technologiefirmen, Neuerungen bei grüner Energie und so weiter.
EIB und EIF geben seit Jahrzehnten Anleihen aus, um Investitionen zu finanzieren, und decken damit 50 Prozent der Projektkosten. Sie soll-

ten nun neue Anleihen ausgeben, um das europaweite Rettungs- und Investitionsprogramm komplett zu finanzieren, das heißt, die Vorgabe fallen lassen, dass 50 Prozent der Gelder von den Ländern aufgebracht werden müssen.

Um sicherzustellen, dass wegen des großen Volumens neuer Anleihen nicht die Renditen der Anleihen von EIB und EIF steigen, kann die EZB sich bereithalten, um auf dem Sekundärmarkt so viele dieser Anleihen aufzukaufen, wie nötig ist, damit die Renditen auf dem aktuellen niedrigen Niveau bleiben. Um die aktuelle Bewertung zu halten, könnte das Volumen für diese Art von quantitativer Lockerung auf eine Billion Euro in den nächsten Jahren festgesetzt werden.

In diesem Szenario betreibt die EZB quantitative Lockerung, indem sie solide Eurobonds aufkauft; diese Bonds werden von EIB und EIF im Namen aller EU-Mitgliedstaaten ausgegeben (deshalb sind sie nicht wie die Bonds des ESM den CDOs ähnlich). Dadurch entfällt das Problem, welche Anleihen von welchem Land gekauft werden sollen. Überdies unterstützt die vorgeschlagene Form der QE im Gegensatz zu Finanzinstrumenten, die inflationstreibend wirken können, produktive Investitionen direkt und hat keine Auswirkungen auf die fiskalischen Regeln der EU (weil die Finanzierung durch die EIB nicht zu den Defiziten oder Schulden der Mitgliedstaaten dazugerechnet wird).

Strategie 4 – Ein Notprogramm für soziale Solidarität (NPSS)

Wir empfehlen, dass Europa sofort ein Notprogramm für soziale Solidarität einleitet, das den Zugang zu Nahrungsmitteln und einer Grundversorgung mit Energie für alle Europäer sicherstellt, und zwar durch ein europäisches Nahrungsmittelprogramm nach dem Vorbild des amerikanischen Lebensmittelhilfe-Programms und ein europäisches Programm für eine Grundversorgung mit Energie.

Diese Programme sollte die Europäische Kommission mit den Zinsen finanzieren, die aus Ungleichgewichten bei den TARGET2-Salden im Europäischen System der Zentralbanken auflaufen, aus Gewinnen durch Transaktionen mit Staatsanleihen und in der Zukunft aus anderen Finanztransaktions- oder Börsenumsatzsteuern, deren Einführung die EU gegenwärtig prüft.

Begründung

Europa erlebt derzeit die schlimmste humanitäre und soziale Krise seit den späten 1940er-Jahren. In Mitgliedstaaten wie Griechenland, Irland und Portugal, aber auch andernorts in der Eurozone einschließlich ihrer Kernländer werden Grundbedürfnisse nicht mehr befriedigt. Das gilt ganz besonders für ältere Menschen, Arbeitslose, für kleine Kinder und Schulkinder, für Behinderte und Obdachlose. Es ist schlichtweg eine moralische Pflicht, diese Bedürfnisse zu decken. Außerdem droht Europa manifest und akut Gefahr durch Extremismus, Rassismus, Fremdenfeindlichkeit und unverblümten Nazismus – vor allem in Ländern, die wie Griechenland die volle Wucht der Krise getroffen hat. Nie zuvor hielten so viele Europäer so wenig von der Europäischen Union und ihren Institutionen. Aus der humanitären und sozialen Krise wird rasch eine Legitimationskrise der Europäischen Union.

Grund für die Finanzierung aus TARGET2

TARGET2 ist die Fachbezeichnung für das System der internen Verrechnung der Geldflüsse zwischen den Zentralbanken, die zusammen das Europäische System der Zentralbanken bilden. In einer gut ausbalancierten Eurozone, wo das Handelsbilanzdefizit eines Mitgliedstaats durch einen Nettokapitalfluss in eben diesen Mitgliedstaat finanziert wird, sind die Verbindlichkeiten der Zentralbank dieses Staats gegenüber den Zentralbanken der anderen Staaten genauso groß wie seine Forderungen. Ein solcher ausgeglichener Fluss von Waren und Kapital führt zu einem TARGET2-Saldo von nahe null für alle Mitgliedstaaten. So war es mehr oder weniger in der ganzen Eurozone vor der Krise.

Doch die Krise brachte erhebliche Ungleichgewichte, die sich bald schon in hohen TARGET2-Ungleichgewichten widerspiegelten. Weil die Kapitalzuflüsse in die Peripherie versiegten und das Kapital in die umgekehrte Richtung zu strömen begann, häuften die Zentralbanken der Peripherieländer hohe Nettoverbindlichkeiten auf und die Zentralbanken der Überschussländer entsprechend hohe Nettoforderungen.

Die Architekten der Eurozone wollten in das europäische Echtzeitzahlungsverkehrssystem einen Abschreckungsmechanismus einbauen, um zu verhindern, dass sich auf der einen Seite hohe Verbindlichkeiten aufbauen und auf der anderen hohe Forderungen. Dieser Mechanismus bestand darin, Zinsen für die Nettoverbindlichkeiten jeder nationalen Zentralbank zu berechnen in Höhe des Hauptrefinanzierungssatzes der EZB. Diese Zahlungen werden unter den Zentralbanken der Überschussländer verteilt, die sie an die jeweiligen Staatskassen weiterreichen.

Die Eurozone wurde also auf der Annahme errichtet, dass TARGET2-Ungleichgewichte isolierte, vereinzelte Ereignisse sein würden, die durch nationales politisches Handeln korrigiert werden könnten.

Fundamentale strukturelle Asymmetrien und eine systemische Krise waren dabei nicht vorgesehen.

Heute sind die großen TARGET2-Ungleichgewichte die monetären Spuren der Krise. Sie spiegeln wider, wie sich die anschließende humanitäre und soziale Katastrophe durch die Defizitregionen ausbreitet. Ohne die Krise wären die hohen TARGET2-Zinsen gar nicht angefallen. Sie entstehen nur, wenn zum Beispiel risikoscheue spanische und griechische Anleger durchaus vernünftig ihre Ersparnisse zu einer Frankfurter Bank transferieren. In der Folge müssen nach den Regeln des TARGET2-Systems die Zentralbanken von Spanien und Griechenland an die Bundesbank Zinsen zahlen – die die Bundesbank an den Finanzminister in Berlin weiterreicht. Für diesen Geldsegen an die Adresse der Überschussländer gibt es keinen Grund und keine moralische Rechtfertigung. Doch das Geld ist da und könnte dazu eingesetzt werden, die soziale und politische Gefahr abzuwenden, die Europa droht.

Man kann mit guten Gründen argumentieren, dass die Zinsen, die von den Zentralbanken der defizitären Mitgliedstaaten bezahlt werden, auf ein Konto fließen sollten, von dem unser vorgeschlagenes Notprogramm für soziale Solidarität (NPSS) finanziert wird. Wenn die EU eines Tages eine Finanztransaktions- oder Börsenumsatzsteuer einführen sollte, könnte man dafür plädieren, dass auch diese Erlöse dem NPSS zufließen. Auf diese Weise müssten für das NPSS weder Haushaltsgelder noch nationale Steuern eingesetzt werden.

Schlussfolgerung: Vier realistische politische Strategien anstelle von fünf falschen Entscheidungen

Nach Jahren der Krise hat Europa bei seinen eigenen Bürgern Legitimität eingebüßt und beim Rest der Welt an Glaubwürdigkeit verloren. Unnötigerweise ist Europa immer noch auf einem Weg mit wenig Investitionen und zu vernachlässigendem Wachstum. Zwar ließen sich die Anleihemärkte durch die Maßnahmen der EZB beruhigen, doch die Eurozone steuert weiter auf die Auflösung zu.

Während diese Entwicklung Europas Potenzial für gemeinsamen Wohlstand aufzehrt, stecken die europäischen Regierungen in einem Dilemma aus falschen Entscheidungen

zwischen Stabilität und Wachstum;

zwischen Sparpolitik und Wachstumsimpulsen;

zwischen einer tödlichen Umarmung von insolventen Banken und insolventen Regierungen und einer bewundernswerten, aber nicht definierten und unendlich verschobenen Bankenunion;

zwischen dem Prinzip der perfekt getrennten Staatsschulden der einzelnen Länder und der vermeintlichen Notwendigkeit, die Überschussländer dazu zu bringen, dass sie die anderen finanzieren;

zwischen nationaler Souveränität und supranationalen Strukturen.

Diese fälschlich als Entweder-Oder-Entscheidungen präsentierten Dilemmata hemmen das Denken und lähmen die Regierungen. Sie sind verantwortlich für die Legitimationskrise des europäischen Projekts. Und sie drohen eine katastrophale humanitäre, soziale und demokratische Krise über Europa zu bringen.

Unser Bescheidener Vorschlag hält dem entgegen:

Die wirkliche Entscheidung ist die zwischen einer deflationären Politik auf Kosten der anderen und einer investitionsgestützten Erholung in Verbindung mit sozialer Stabilisierung. Die Erholung durch Investitionen wird durch globales Kapital finanziert werden, das hauptsächlich von Staatsfonds und Pensionsfonds kommt, die langfristige Investitionsmöglichkeiten suchen. Zu Anfang kann die soziale Stabilisierung durch die Gewinne aus dem TARGET2-System finanziert werden.

Die Steuerzahler in Deutschland und anderen Überschussländern müssen kein Geld aufbringen für das Europäische Wiederaufbauprogramm 2020, für die Umstrukturierung der Staatsschulden, die Lösung der Bankenkrise und das Notprogramm für humanitäre Hilfe, das die europäische Peripherie so dringend braucht.

Weder eine expansive Geldpolitik noch Konjunkturprogramme in Deutschland oder anderen Überschussländern – die allerdings willkommen wären – würden ausreichen, um die Erholung in Europa in Gang zu setzen.

Änderungen an den Verträgen, die Europa einem Bundesstaat näher bringen, mögen zwar wünschenswert sein, stoßen aber bei vielen auf Ablehnung, würden zu lange dauern und sind gegenwärtig zur Lösung der Krise auch nicht nötig.

Die vier politischen Strategien unseres Bescheidenen Vorschlags sind realistische Schritte, um wirksam Europas Bankenkrise, Schuldenkrise, Investitionskrise, Beschäftigungskrise sowie die humanitäre, soziale und politische Krise zu bekämpfen.

Trotz des breiten Aufgabenfelds verlangt der Bescheidene Vorschlag keine neuen Institutionen und zielt auch nicht auf eine Umgestaltung der Eurozone. Er braucht keine neuen Regeln, Fiskalpakte oder Troikas. Eine Einigung auf Schritte in Richtung eines Bundesstaats ist nicht Voraussetzung, aber er ermöglicht Konsens durch vertiefte Kooperation statt durch erzwungene Sparpolitik.

In diesem Sinn ist der Vorschlag wirklich bescheiden.

BIBLIOGRAFIE

ALLIN, D. (2011), »De Gaulle and American Power«, in: B.M. Rowland (Hg.), *Charles de Gaulle's Legacy of Ideas*, New York.

AMBROSE, S. E. (1989), *Nixon, Bd. 2: The Triumph of a Politician 1962–1972*, New York.

BALL, G. W. (1982), *The Past Has Another Pattern*, New York.

BATOR, F. (1968), »The Political Economics of International Money«, *Foreign Affairs* 47 (1).

BATOR, F. (2001), »Lyndon Johnson and Foreign Policy: The Case of Western Europe and the Soviet Union«, in: A. Lobel (Hg.), *Presidential Judgement: Foreign Policy Decision Making in the White House*, Washington.

BECKER, A. (2013), »German Economic Miracle: Thanks to Debt Relief«, *Deutsche Welle* Website, http://www.dw.de/german-economic-miracle-thanks-to-debt-relief/a-16630511, zuletzt abgerufen am 20. Dezember 2014.

BRECHT, B. (1978, Originalausg. 1934), *Dreigroschenroman*, Berlin.

CONDORCET, M. DE (1963, Originalausg. 1795), *Entwurf einer historischen Darstellung des menschliches Geistes*, Frankfurt am Main.

CONNOLLY, B. (1995), *The Rotten Heart of Europe*, London und Boston.

COUDENHOVE-KALERGI, R. N. GRAF VON (1923), *Pan-Europa*, Wien.

CRAWFORD, A. F. und KEEVER, J. (1973), *John B. Connally: Portrait in Power*, Austin.

DALLEK, R. (1995), *Franklin D. Roosevelt and American Foreign Policy: 1932–1945*, Oxford.

EICHENGREEN, B. (2012), *Das Ende des Dollarprivilegs. Aufstieg und Fall des Dollars und die Zukunft der Weltwirtschaft*, Kulmbach.

EVANS-PRITCHARD, E. E. (1978, Originalausg. 1937), *Hexerei, Orakel und Magie bei den Zande*, Frankfurt am Main.

FERRELL, R. H. (Hg.) (2010), *Inside the Nixon Administration: The Secret Diary of Arthur Burns, 1969–1979*, Lawrence.

FUNK, W. (1942), *Europäische Wirtschaftsgemeinschaft*, Berlin.

GALBRAITH, JAMES K. (2012), *Inequality and Instability: A Study of the World Economy Just Before the Great Crisis*, Oxford.

GALBRAITH, J. K. und VAROUFAKIS, Y. (2014), »Wither Europe? The Modest Camp versus the Federalist Austerians«, openDemocracy.org, 11. Juni 2014, https://opendemocra cy.net/can-europe-make-it/james-galbraith-yanis-varoufakis/whither-europe-modest-camp-vs-federalist-austeri.

GEITHNER, T. (2014), *Stress Test: Reflections on Financial Crises,* New York.

GILBERT, M. (2003), *Surpassing Realism: The Politics of European Integration Since 1945,* Oxford.

GODLEY, W. (1992), »Maastricht and All That«, *London Review of Books* 4 (19), 8. Oktober 1992, S. 3f.

GRAY, W. G. (2007), »Floating the System: Germany, the United States, and the Breakdown of Bretton Woods, 1969–1973«, *Diplomatic History* 31 (2), S. 295–323.

GROS, D. und THYGESEN, N. (1992), *European Monetary Integration: From the European Monetary System to the European Monetary Union,* London.

HABERMAS, J. (1973), *Legitimationsprobleme im Spätkapitalismus,* Frankfurt am Main.

HALEVI, J. und VAROUFAKIS, Y. (2003), »The Global Minotaur«, *Monthly Review* 55 (Juli–August), S. 56–74.

HERSH, S. (1983), *The Price of Power: Kissinger in the Nixon White House,* New York.

KALDOR, N. (1980), *Collected Economic Essays of Nicholas Kaldor,* London, veröffentlicht von der Royal Economic Society; siehe Kapitel 12 »Further Essays on Applied Economics«, S. 187–220.

KEYNES, J. M. (2006, Originalausg. 1919), *Krieg und Frieden. Die wirtschaftlichen Folgen des Vertrags von Versailles,* Berlin.

KEYNES, J. M. (1924), *Ein Traktat über Währungsreform,* München und Leipzig.

KEYNES, J. M. (1956, Originalausg. 1925), »Die wirtschaftlichen Folgen von Mr. Churchill«, in: Ders., *Politik und Wirtschaft. Männer und Probleme,* Tübingen und Zürich, S. 218–233.

KEYNES, J. M. (1932), »The World's Economic Outlook«, *Atlantic Monthly* 149 (Mai), S. 521–526.

KEYNES, J. M. (1956, Originalausg. 1949), »Dr. Melchior: Ein besiegter Feind«, in: Ders., *Politik und Wirtschaft. Männer und Probleme,* Tübingen und Zürich, S. 93–127.

KEYNES, J. M. (2009, Originalausg. 1936), *Allgemeine Theorie der Beschäftigung, des Zinses und des Geldes,* 11. Aufl., Berlin.

KEYNES, J. M. (1956), *Politik und Wirtschaft. Männer und Probleme,* hg. von E. Rosenbaum, Tübingen.

KEYNES, J. M. (1980), »Closing Speech, Bretton Woods Conferences, July 22, 1944« in: D. E. Moggridge (Hg.), *Collected Writings of John Maynard Keynes, Vol. XXVI, Activities 1941–1946; Shaping the Post-War World, Bretton Woods and Reparations,* London.

KISSINGER, H. (1994), *Die Vernunft der Nationen. Über das Wesen der Außenpolitik,* Berlin.

KISSINGER, H. (1981, 1982), *Memoiren,* 3 Bände, München.

KLINKOWSTRÖM, A. VON (Hg.) (1882), *Aus Metternichs nachgelassenen Papieren. Herausgegeben von dem Sohne des Staatskanzlers Fürsten Richard Metternich-Winneburg*, Zweiter Teil, Dritter Band, Wien.

KLÖSS, E. (Hg.) (1967), *Reden des Führers. Politik und Propaganda Adolf Hitlers 1922–1945*, München

KROTZ, U. und SCHILD, J. (2012), *Shaping Europe: France, Germany and Embedded Bilateralism from the Elysée Treaty to 21st Century Politics*, Oxford.

LAUGHLAND, J. (1997), *The Tainted Source*, London.

LIPGENS, W. (Hg.) (1985), *Documents on the History of European Integration, Bd. 1: Continental Plans for European Union 1939–1945*, New York (mit 250 Dokumenten in Originalsprache auf 6 Microfiches).

LIPGENS, W. und LOTH, W. (Hgg.) (1988), *Documents on the History of European Integration, Bd. 3: The Struggle for European Union by Political Parties and Pressure Groups in Western European Countries 1945–1950*, New York.

LUDLOW, P. (1982), *The Making of the European Monetary System*, London.

MARSHALL, M. (1999), *Die Bank. Die Europäische Zentralbank und der Aufstieg Europas zur führenden Wirtschaftsmacht*, München.

MIROWSKI, P. und PLEHWE, D. (2009), *The Road from Mont Pelerin: The Making of the Neoliberal Thought Collective*, Cambridge.

MITCHELL, B. (2015), *Eurozone Dystopia: Groupthink and Denial on a Grand Scale*, Cheltenham.

NAUMANN, F. (1915), *Mitteleuropa*, Berlin.

PIKETTY, T. (2014), *Das Kapital im 21. Jahrhundert*, München.

REINERT, E. S. (2004), *Globalization, Economic Development, and Inequality: An Alternative Perspective*, Aldershot.

ROSAMOND, B. (2000), *Theories of European Integration*, Basingstoke.

ROWLAND, B. M. (Hg.) (2011), *Charles de Gaulle's Legacy of Ideas*, New York.

RUEFF, J. (1972), *Die Währungssünden der westlichen Welt*, Frankfurt am Main.

SCHALLER, M. (1997), *Altered States: The United States–Japan Relations since the Occupation*, New York.

SCHALLER, M. (1996), *The Nixon »Shocks« and the United States–Japan Strategic Relations*, Woodrow Wilson Center.

SCHOENBORN, B. (2014), »Chancellor Erhard's silent rejection of de Gaulle's Plans: the Example of Monetary Union«, *Cold War History* 14 (3), S. 377–402.

SILBER, W. L. (2012), *Volcker*, New York.

STEPHEY, M. J. (2008), »A Brief History of the Bretton Woods System«, *TIME*, 21. Oktober; siehe http://content.time.com/time/business/arti cle/0,8599,1852254,00.html, zuletzt abgerufen am 9. Dezember 2014.

STIGLITZ, J. (2012), *Der Preis der Ungleichheit. Wie die Spaltung der Gesellschaft unsere Zukunft bedroht*, München.

STÜRMER, M. (2011), »The General and the Germans«, in: B. M. Rowland (Hg.), *Charles de Gaulle's Legacy of Ideas*, New York.

TRIEPEL, HEINRICH (1961, Originalausg. 1938), *Die Hegemonie. Ein Buch von führenden Staaten*, Aalen.

VAROUFAKIS, Y., Halevi, J. und Theocarakis, N. (2011), *Modern Political Economics: Making Sense of the Post-2008 World*, London und New York.

VAROUFAKIS, Y. (2012, 2. und 3. engl. Auflage 2013 und 2015), *Der globale Minotaurus. Amerika und die Zukunft der Weltwirtschaft*, München.

VAROUFAKIS, Y., HOLLAND, S. und GALBRAITH, J. K. (2015), *Bescheidener Vorschlag zur Lösung der Eurokrise*, München. Englische Version unter https://varoufakis.files.wordpress.com/2013/07/a-modest-proposal-for-resolving-the-eurozone-crisis-version-4-0-final1.pdf. Französische Ausgabe mit einem Vorwort des ehemaligen französischen Ministerpräsidenten Michel Rocard.

VAROUFAKIS, Y. (2015), »Dr. Schäubles Plan für Europa«, *Die Zeit*, 19. Juli 2015, http://www.zeit.de/2015/29/schuldenkrise-europa-wolfgang-schaeuble-yanis-varoufakis.

VOLCKER, P. A. (1978–1979), »The Political Economy of the Dollar«, *FRBNY Quarterly Review* Winter, 1–12 (Fred-Hirsch-Vorlesung an der Warwick University, Coventry, England, 9. November 1978).

ANMERKUNGEN

Vorwort

1 Grigoris Lambrakis, Arzt, Leichtathlet, langjähriger Rekordhalter im Weitsprung und Parlamentsabgeordneter der Vereinigung der Demokratischen Linken. Seine brutale Ermordung verarbeitete Costa Gavras in dem Film »Z«.

2 Auf Griechisch Dimokratiki Amina.

3 Manolis Glezos, dessen politischer Kampf im Mai 1941 begann, als er die Mauern der Akropolis erklomm und unbemerkt von den deutschen Wachposten die Hakenkreuzflagge herunterholte, führte in Griechenland die Kampagne an, von Deutschland Reparationen für die Besatzungszeit zu fordern. Vor allem forderte er die Rückzahlung eines Zwangs-»Kredits« an den deutschen Staat, den das deutsche Oberkommando während der Besatzung von der Bank von Griechenland verlangt hatte.

4 Das Jahr 1953 wird hier genannt, weil in dem Jahr die Vereinigten Staaten eine Konferenz in London einberiefen, um Deutschland Schulden gegenüber anderen Ländern zu erlassen – unter anderem gegenüber Griechenland.

5 Manifest der Kommunistischen Partei, http://www.zeno.org/Philosophie/M/Marx, +Karl/Manifest+der+kommunistischen+Partei/Manifest+der+kommunistischen+ Partei/I.+Bourgeois+und+Proletarier

Kapitel 1

1 John Connallys unfeiner Satz wird zitiert bei Schaller (1996, 1997). Nixon war von Connallys nüchterner Haltung, wie man mit Europa (und in geringerem Ausmaß auch mit Japan) verfahren sollte, so beeindruckt, dass er, wie Kissinger (1981), Ambrose (1989) und Hersh (1983) schreiben, seine engsten Vertrauten bat, »herauszukriegen, wie zum Teufel wir [Vizepräsident] Agnew zu einem frühen Rücktritt bewegen« können, in der Absicht, ihn durch Connally zu ersetzen, seinen »logischen Nachfolger«, wie Nixon sagte.

2 Der fragliche Federstrich war die Entkoppelung des Dollars vom Gold. Natürlich präsentierte Nixon seine furchtbare Ankündigung als eine innenpolitische Entscheidung Amerikas: »... ein neues Wirtschaftsprogramm, komplett mit Steuersenkungen und einem 90-tägigen Lohn- und Preisstopp« (siehe Eichengreen [2012], S. 102).

3 Siehe Silber (2012), Kapitel 5.

4 Nach dem Nixon-Schock hielt Washington die Europäer zehn Monate lang mit Verhandlungen über ein System fester Wechselkurse zwischen dem Dollar und den europäischen Währungen bei Laune. Tatsächlich gelangte man zu einer Übereinkunft, dem sogenannten Smithsonian Agreement. Leider war es zu spät, und in Amerika glaubte weder Connally noch Volcker, noch irgendjemand sonst wirklich daran, dass die Vase, die zerbrochen war, wieder repariert werden könnte.

5 Das waren nicht genau Connallys Worte (sie wurden der Nachwelt nicht überliefert), aber sie fangen ziemlich genau den Geist dessen ein, was er den Europäern zu sagen hatte. Als er die Gespräche verließ, gab er sich gegenüber den Reportern, die ihn auf seiner Tour durch die europäischen Hauptstädte begleiteten – diplomatisch geschickt und irreführend –, den Anschein amerikanischer Bedürftigkeit. Seine genauen Worte lauteten: »Wir sagten ihnen, dass wir als Nation gekommen waren, die der Welt viel von ihren Ressourcen, materiellen Ressourcen und anderem gegeben hatte, so viel, dass wir nun seit zwanzig Jahren ein Defizit haben und unsere Ressourcen knapp geworden sind, so sehr, dass wir es nicht weiter tun können, und dass wir in echten Schwierigkeiten stecken und zu unseren Freunden gekommen sind, um sie um Hilfe zu bitten, so wie sie in der Vergangenheit so oft zu uns gekommen waren und uns um Hilfe gebeten hatten, wenn sie in Schwierigkeiten steckten. Das war im Wesentlichen, was wir ihnen sagten.« Transkript von Archivmaterial der Sendung im vierten Programm von BBC Radio *Analysis: Dollars Dominance*, ausgestrahlt am Donnerstag, 23. Oktober 2008, 20.30 britischer Zeit.

6 Connally verwendete diesen Satz im November 1971 bei einem Treffen der Finanzminister in Rom im Rahmen einer turnusmäßigen G10-Konferenz. Es wurde vielfach berichtet, er habe denselben Satz hinter verschlossenen Türen bereits während seiner Tour durch die europäischen Hauptstädte im vorangegangenen August verwendet. Siehe Crawford und Keever (1973).

7 Paul Volcker, der später Vorsitzender der New Yorker Notenbank wurde, bevor ihn Präsident Carter 1978 zum Vorsitzenden der Federal Reserve ernannte, hatte maßgeblichen Anteil daran, dass John Connally Präsident Nixon von der Notwendigkeit überzeugte, Europa »fallen zu lassen«. Nicht alle in der Regierung waren darüber glücklich. Arthur Burns, den Richard Nixon 1970 zum Notenbankchef ernannt hatte (und dem Volcker 1978 folgte), formulierte es pointiert: »Der arme, ratlose Volcker – nie wusste er, wo er bei einer Frage stand – hatte es geschafft, seinem tyrannischen Meister [John Connally], dem er andauernd zu gefallen versuchte, eine irrationale Angst vor Gold einzuimpfen, indem er auf seine Angst vor Ausländern einging (besonders vor Franzosen), statt auf seine (nicht unbeträchtliche) Fähigkeit zu klarem Denken zu bauen.« Siehe Ferrell (2010), S. 65.

8 Interessanterweise waren sowohl John Connally wie Paul Volcker lebenslang Demokraten, die Nixon in seine republikanische Regierung geholt hatte. Diese Tatsache brachte ihm Konflikte mit etlichen Republikanern in der Regierung ein, die alles daransetzten, Nixon von seiner schockierenden Ankündigung 1971 abzuhalten.

9 Siehe Bator (2001).

10 Francis Bator, der bei allem, was mit Bretton Woods zu tun hatte, eng mit Präsident Nixon zusammenarbeitete, veröffentlichte damals einen Artikel in *Foreign Affairs* (Bator 1968), in dem er im Detail die Pläne der Regierung für eine schrittweise Transformation von Bretton Woods darlegte. Die Idee war, das System sehr viel flexibler zu machen, ohne es indes zu sprengen, weil eine schlagartige Auflösung gewaltigen sozialen Schaden innerhalb wie außerhalb der Vereinigten Staaten anrichten würde.

11 Diese Bezeichnung stammt von Richard Nixon. Er nannte Volcker so, als er hörte, dass Volcker womöglich für das Durchsickern einer Story an das *Wall Street Journal* verantwortlich war, wonach Amerika vor einer »gewaltigen Krise an der internationalen Währungsfront« stand. Nixon fürchtete, Volcker habe die Geschichte durchsickern lassen, um Connally unter Druck zu setzen, das zu tun, was letztlich Nixon selbst am 15. August 1971 erledigte: dem System von Bretton Woods ein Ende zu machen.

12 White hatte in Harvard einen Doktorgrad in Ökonomie erworben und für den amerikanischen Finanzminister Henry Morgenthau gearbeitet. Er war überzeugter Internationalist und hatte nicht nur an der Schaffung des Internationalen Währungsfonds mitgewirkt, sondern leitete den IWF auch als sein erster geschäftsführender Direktor. Der IWF und die Weltbank wurden in Bretton Woods als die beiden institutionellen Säulen des Systems entworfen. 1947 trat White nach hartnäckigen Gerüchten, er sei ein sowjetischer Spion, von seinem Amt zurück. Im Jahr darauf starb er an einem Herzinfarkt.

13 Der Krieg schmiedete seltsame Allianzen. 1925 verfasste John Maynard Keynes ein Pamphlet mit dem Titel *Die wirtschaftlichen Folgen von Mr Churchill*, in dem er Churchill attackierte (der ihn 1943 als Vertreter seiner Regierung nach Bretton Woods entsandte), weil er Großbritannien zum Goldstandard zurückgeführt hatte. In dem Pamphlet argumentierte Keynes, das Pfund sei gegenüber Gold überbewertet worden, und prognostizierte zutreffend, der Goldstandard werde sich als eine Fußfessel für die britische Wirtschaft erweisen und eine unnötige, endlose Rezession erzeugen. Keynes erreichte, dass der Goldstandard unter den Meinungsführern in Großbritannien jegliche Sympathie verlor, so sehr, dass Großbritannien nach dem Crash von 1929 als eines der ersten Länder dem Goldstandard den Rücken kehrte. 1931 schied Großbritannien aus, um die Folgen der Weltwirtschaftskrise abzumildern, zwei Jahre bevor Präsident Roosevelt auch für die Vereinigten Staaten den Goldstandard aufgab. Vielleicht sollte noch angemerkt werden, dass der Titel des erwähnten Pamphlets ein Wortspiel mit dem Titel eines früheren Buchs war, das Keynes berühmt gemacht hatte: *Die wirtschaftlichen Folgen des Vertrags von Versailles*, veröffentlicht 1919, in dem er hellsichtig davor warnte, dass die harten Reparationsforderungen, die der Versailler Vertrag dem besiegten Deutschland auferlegt hatte, den rachsüchtigen Siegern ebenso viel Kummer bereiten würden wie Deutschland.

14 1936 fasst Keynes seine Gedanken über den Kapitalismus in seinem Grundlagenwerk *Allgemeine Theorie der Beschäftigung, des Zinses und des Geldes* (2009) zusammen. Im

September 1941 hatte Keynes diese Gedanken in einen »Plan« für die Zukunft des globalen Kapitalismus gegossen, den er 1944 in Bretton Woods präsentierte (siehe Keynes, 1980). Die Aufgabe, die er und seine Verhandlungspartner bei der Konferenz von Bretton Woods übernommen hatten, fasste er so zusammen: »Wir mussten zugleich die Aufgabe des Ökonomen, des Finanziers, des Politikers, des Journalisten, des Propagandisten, des Anwalts, des Staatsmanns – sogar, wie ich denke, des Propheten und Wahrsagers erfüllen« (Keynes 1980), S. 101.

15 Thukydides, *Der Peloponnesische Krieg*, Fünftes Buch, Kap. 89; »... δυνατὰ δὲ οἱ προύχοντες πράσσουσι καὶ οἱ ἀσθενεῖς ξυγχωροῦσιν«.

16 Ebenda, Kap. 90, Hervorhebung des Autors.

17 Keynes' Warnung kam in Form seiner Schrift *Die wirtschaftlichen Folgen des Friedens* (Originalausgabe 1919, deutsch 2006).

18 Die Entkopplung des Dollars vom Yen, vom Franc und der D-Mark hatte zur Folge, dass europäische und japanische Produzenten einen Großteil ihres Vorsprungs gegenüber den amerikanischen multinationalen Konzernen einbüßten, weil der Dollar abstürzte. Unterdessen schoss der Ölpreis in Dollar in die Höhe und belastete die deutschen und japanischen Hersteller zusätzlich, weil sie viel mehr als die Amerikaner von Ölimporten abhängig waren.

19 Die vielleicht erstaunlichste Grabinschrift zu Keynes' Vorschlag kam 2011, mitten in der Eurokrise. Im letzten Kapitel meines Buchs *Der globale Minotaurus* habe ich sie so beschrieben: »In einem bemerkenswerten Radiointerview ... gewährte der mittlerweile in Ungnade gefallene Dominique Strauss-Kahn einen Einblick, wie sehr die Krise von 2008 die Mächtigen beeindruckt hat. Als er noch an der Spitze des IWF stand ..., sagte er auf die Frage nach einer möglichen Umgestaltung der Weltwirtschaft: ›Niemals in der Vergangenheit war eine Institution wie der IWF so nötig wie heute ... Keynes hat vor sechzig Jahren bereits vorausgesehen, was gebraucht wurde, aber damals war es noch zu früh. Heute ist die Zeit reif, es zu tun. Und ich denke, wir sind bereit, es zu tun.‹« (Varoufakis 2012, S. 268) Das sagte er am 21. Januar 2011. Vier Monate später wurde er gezwungen, die Leitung des IWF abzugeben, nachdem die Polizei ihn aufgrund von Vergewaltigungsvorwürfen in einem New Yorker Hotel festgenommen hatte. Die Vorwürfe wurden später fallen gelassen.

20 Siehe George Krimpas, »The Recycling Problem in a Currency Union«, das im Anhang zu Kapitel 12 von Varoufakis et al. (2011) abgedruckt ist.

21 Siehe Keynes (1932).

22 Wie Keynes 1941 sagte, trifft bei festen Wechselkursen »... die Last der Anpassung das Land, das in der internationalen Zahlungsbilanz in der Position des *Schuldners* ist – das heißt, das (in diesem Zusammenhang) das *schwächere* und dazu auch noch das *kleinere* ist im Vergleich zur Gegenseite, die (in dem Fall) der Rest der Welt ist.« Keynes (1980), S. 27.

23 Als Präsident Roosevelt sagte, die Amerikaner sollten »die Furcht selbst fürchten«, spielte er darauf an, dass sich selbst erfüllende Angst verhindert, dass private Über-

schüsse dort investiert werden, wo sie am meisten gebraucht werden, und dass diese Furcht durch politische Interventionen überwunden werden müsse, um die Investitionen in die Bundesstaaten und Regionen mit den meisten Schulden, der höchsten Arbeitslosigkeit und den größten Defiziten zu leiten. Roosevelts Vision wurde später, nach Pearl Harbor, noch durch die prägende Erfahrung seiner Regierung bei der Leitung einer Kriegswirtschaft gestützt. Dadurch sammelte sie hinreichend Belege, wenn es solcher denn bedurfte, dass hohe Arbeitslosenzahlen nichts Natürliches sind und dass eine Wirtschaftskrise Ausdruck politischen Versagens ist, nicht Gottes Wille, dem wir uns zu unterwerfen haben.

24 Es ist aufschlussreich, das Schicksal Nevadas mit dem von Irland zu vergleichen – dem Mitglied jener anderen Währungsunion, der Eurozone. Genau wie Nevada 2008 erlebte auch Irland einen schweren Kollaps seines Immobilien- und Bankensektors. Aber anders als Nevada stand Irland alleine da, als es darum ging, seine Banken zu stützen und Arbeitslosenunterstützung zu bezahlen. Ohne eine Notenpresse musste es sich mit dem Hut in der Hand an die Kapitalmärkte wenden und viel Geld borgen, Geld, das im Falle Nevadas der Bundesstaat aufgebracht hatte. Natürlich spuckten die Kapitalmärkte in ihrer Kreditklemme-Mentalität die Summen nur zu Wucherzinsen aus. Zu guter Letzt akzeptierte Irland einen hohen Kredit von den europäischen Staaten, der Europäischen Zentralbank und dem Internationalen Währungsfonds, der den irischen Staat in die Insolvenz trieb und die irische Gesellschaft in ein hartnäckiges Defizit. Nevada hingegen überwand die Krise rasch und mit vergleichsweise wenig Schulden.

25 In ähnlicher Weise wurde Amerikas Militärhaushalt von der Frühphase des Zweiten Weltkriegs an nicht nur eingesetzt, um den Krieg gegen Japan und Deutschland zu gewinnen, sondern auch den Krieg gegen Arbeitslosigkeit und Armut, die nach der Weltwirtschaftskrise fortbestanden. Bis heute enthalten Rüstungsverträge mit Boeing oder Lockheed Klauseln, die verlangen, dass sie Produktionskapazitäten in Defizitstaaten wie Tennessee oder Missouri errichten. Derartiges Überschussrecycling, das erstmals die New-Deal-Politiker in den 1930er- und 1940er-Jahren einführten, gewährte der Dollarzone – auch bekannt als die Vereinigten Staaten von Amerika – Schutz vor Rezessionen, die in Defizitregionen beginnen und sich wie Buschfeuer in die Überschussstaaten ausbreiten.

26 Neben dem IWF, den wir heute noch haben (und der in der Ära nach 1971 eine ganz andere Rolle spielte, als ihm in Bretton Woods zugedacht worden war), wurde bei der Konferenz 1944 noch eine zweite Institution ersonnen: die Internationale Bank für Wiederaufbau und Entwicklung (International Bank for Reconstruction and Development, IBRD), die heute einfach als Weltbank bekannt ist. Während Keynes den IWF als Zentralbank der Welt vorschlug, die die Weltwährung ausgeben und verwalten sollte, bekam die IBRD die Aufgabe, brachliegende Ersparnisse zu mobilisieren und in produktive Investitionen in relativ unterentwickelten Defizitländern zu verwandeln. Und genau wie dem IWF, der schließlich sehr anders funktionierte, als ur-

sprünglich geplant, erging es auch der Weltbank. Dennoch ist von den beiden Institutionen des Systems von Bretton Woods die Weltbank Keynes' ursprünglichen Absichten eher treu geblieben.

27 In diesem Zusammenhang hatte der IWF noch eine weitere Rolle: Er sollte Ländern kurzfristige Kredite geben, die ihre Wechselkurse infolge eines unverhofften Handelsbilanzdefizits verteidigen mussten oder solange der IWF dabei war, eine Abwertung zu beschließen.

28 Wenn wir noch die Kosten dazurechnen, die die Spekulanten dafür gezahlt haben, sich Geld von den französischen Banken zu leihen, das sie nicht selbst aufbringen konnten, ist leicht nachzuvollziehen, warum eine mögliche Intervention der Bundesbank ein so erschreckendes Szenario für sie war.

29 Die deutschen Überschüsse werden nur im übrigen Europa recycelt in der Form von Schönwetterrecycling, wie ich es weiter oben genannt habe: das heißt der Art von Recycling, die Frankfurts Geschäftsbanken leisteten. Wie ebenfalls bereits erklärt, förderte solches Recycling in guten Zeiten die Entstehung von Blasen und trug nichts zur Linderung bei, wenn die Blasen platzten. Im Gegensatz dazu wurden die amerikanischen Überschüsse in der Ära von Bretton Woods durch politische Recyclingmechanismen gelenkt, die in Krisenzeiten die Kreditknappheit in Defizitländern abmilderten und in Wachstumsphasen die Bildung von Blasen verhinderten.

30 Eine Entwicklung, die teils mit der erhöhten Produktivität und verbesserten technischen Ausstattung der deutschen und der japanischen Industrie zusammenhing, Fortschritten, die niemals zustande gekommen wären, wenn die politisch Verantwortlichen in Amerika Deutschland und Japan nicht kontinuierlich unterstützt hätten.

31 Veranschlagt mit dem in Bretton Woods festgesetzten Preis von 35 Dollar pro Unze.

32 Bis zum Nixon-Schock hatte es zwei Märkte für Gold gegeben: den offiziellen Markt, auf dem große Banken und Regierungen ihre Goldbestände zum Preis von 35 Dollar pro Unze handelten, und einen inoffiziellen oder grauen Markt, auf dem zum Beispiel informelle Transaktionen zwischen Juwelieren und Privatpersonen stattfanden, die mit sehr viel kleineren Mengen Gold handelten, aber zu sehr viel höheren Preisen als dem offiziellen. Ende der 1960er-Jahre war der inoffizielle Goldpreis auf 55 Dollar pro Unze gestiegen und signalisierte, dass das System von Bretton Woods unter großem Druck stand. Doch damit die Spekulanten hohe Gewinne aus ihren Wetten einstreichen konnten, war es wichtig, dass auch die großen Akteure (Banken und Regierungen) nicht mehr an den offiziellen Preis gebunden waren.

33 Genau wie die Franzosen auf die Bundesbank bauten, um den Kurs des Francs in D-Mark stabil zu halten.

34 1968 war die Situation so verzweifelt, dass sie verzweifelte Maßnahmen verlangte. Die Zentralbanken kamen überein, bei dem Kurs von 35 Dollar pro Feinunze Gold zu bleiben, wenn sie untereinander mit dem Edelmetall handelten, aber im kommerziellen Handel den Goldpreis steigen zu lassen, auch bei großen Geschäften zwischen Banken. Dieser doppelte Preis, ein offizieller und ein inoffizieller, war eine schwere Niederlage

für den weltweiten Kapitalismus. Der Westen konnte den Sowjets nicht länger vorwerfen, dass sie über den wahren Wert des Rubels Lügen verbreiteten, wenn sie auf einen offiziellen Wechselkurs verwiesen, der in keinerlei Verhältnis zum Rubelkurs auf dem Schwarzmarkt stand. Nun gab es auch zwei Kurse in Gold für den Dollar: einen offiziellen und einen inoffiziellen. Außerdem war das nur eine Scheinlösung. Je größer die Differenz zwischen dem inoffiziellen Goldpreis und dem offiziellen von 35 Dollar ausfiel, desto mehr wuchs die Zuversicht der Spekulanten, dass sie letzten Endes Washington zwingen würden, den Dollar gegenüber dem Gold und anderen Währungen abzuwerten.

35 Die »besondere Beziehung« zu den Vereinigten Staaten, auf die sich Großbritannien als Ersatz für seine imperiale Größe immer berief, interpretierte de Gaulle als Beweis dafür, dass Großbritannien als Mitglied der Europäischen Union ein Trojanisches Pferd Washingtons wäre.

36 1965 ordnete Präsident de Gaulle an, 25.900 Goldbarren, die zusammen über 350 Tonnen wogen, aus dem Keller unterhalb der Notenbank von New York zu holen und nach Paris zu bringen. Es war ein logistischer Albtraum, der dadurch besondere Symbolkraft bekam, dass die Rückkehr der französischen Marine an die Gestade der Vereinigten Staaten in unfreundlicher Absicht dazugehörte (siehe *The New York Times*, 2. März 1965, S. 45). Der entscheidende Auslöser für den Nixon-Schock war jedoch die Forderung der britischen Regierung, 3 Milliarden Dollar, die bei der Bank of England lagerten, gegen Gold aus amerikanischen Beständen einzutauschen zum offiziellen Kurs von 35 Dollar pro Unze, was mindestens 18 Dollar unter dem inoffiziellen Kurs lag. Diese Forderung wurde am 11. August 1971 erhoben. John Connally und Paul Volcker sorgten dafür, dass dies der letzte Tropfen war, der das Fass zum Überlaufen und das Ende von Bretton Woods brachte. Bei ihrem Treffen mit Präsident Nixon in Camp David am darauffolgenden Wochenende überzeugten sie ihn.

37 Siehe Stephey (2008).

38 Nach dem Nixon-Schock änderte die französische Regierung ihren Tonfall sofort. Statt die Idee eines auf den Dollar gegründeten globalen Finanzsystems (siehe Kap. 2) rundweg abzulehnen, forderte Präsident Pompidou die Vereinigten Staaten wiederholt auf, Bretton Woods wiederherzustellen, selbst wenn das einen niedrigeren Dollarkurs gegenüber Gold und anderen Währungen bedeutete. Als Washington die französischen Forderungen ablehnte, verlegte sich Pompidou aufs Bitten. Präsident Nixon kam ihm im Dezember 1971 mit einer Vereinbarung in der Smithsonian Institution in Washington am Rande einer G10-Konferenz entgegen. Die Idee war, dass Bretton Woods eine zweite Chance mit neuen, »realistischeren« Wechselkursen bekommen sollte. Aber es war zu spät. Der Geist war aus der Flasche und weigerte sich, wieder in sie zurückzukehren. Innerhalb von achtzehn Monaten schwankten die wichtigsten Währungen frei, und Europa steckte tief in Schwierigkeiten.

Kapitel 2

1 Kurt Schmücker war ein durchaus typisches Mitglied der Christlich Demokratischen Union, die Westdeutschland von 1949 bis 1969 ununterbrochen regierte. Im zarten Alter von achtzehn Jahren war er 1937 in die NSDAP eingetreten und drei Jahre später als Soldat der Wehrmacht in den Krieg gezogen, bis zum bitteren Ende. Ein Jahr nach Kriegsende war er Mitglied der CDU geworden und bei den Wahlen 1949 deren jüngster Bundestagsabgeordneter. 1963, nach der Wahl von Ludwig Erhard (einem ausgewiesenen Wirtschaftsfachmann, seit 1949 Finanzminister, der den eindrucksvollen wirtschaftlichen Wiederaufbau Deutschlands in den Jahren 1949–1963 geleitet hatte) zum Kanzler, übernahm Schmücker das Wirtschaftsministerium. Schmücker, der nur eine Ausbildung als Buchdrucker besaß, hatte große Bedenken, ob er in der Lage sein würde, in Erhards Fußstapfen zu treten. Letztlich verloren beide Männer 1966 ihre Regierungsämter als Folge der ersten Rezession in Nachkriegsdeutschland, die mutmaßlich die Deutsche Bundesbank aus politischen Gründen inszeniert hatte.

2 Mit dem Vertrag von Maastricht vom 1. November 1993 wurde die EWG in Europäische Union umbenannt, und in dem Vertrag wurden auch die Regeln für die gemeinsame Währung, den Euro, vereinbart. In diesem Buch spreche ich aus Gründen der Einheitlichkeit immer von Europäischer Union (EU).

3 Ihre Unterredung begann damit, dass Schmücker Giscards Besorgnis ansprach, der Freihandel in der Europäischen Union werde zu Ungleichgewichten in den Handelsbilanzen führen, die wiederum den Wechselkurs von Franc und D-Mark destabilisieren würden. Schmücker schlug vor, die EU-Mitglieder sollten eine formelle Vereinbarung unterzeichnen und sich gemeinsamen Regeln hinsichtlich der Geld- und Währungspolitik unterwerfen, um dem System Stabilität zu verleihen. Giscard hatte andere Vorstellungen. Der Dialog zwischen den beiden wird zitiert bei Schoenborn (2014). [A. d. Ü.: Die Ludwig-Erhard-Stiftung e. V. in Bonn hat mir freundlicherweise eine Kopie des Originalbriefs vom 24.3.1964 überlassen.]

> Giscard: Das ist zu wenig! Wir haben noch nicht in der Regierung darüber gesprochen, aber de Gaulle hat mir erklärt, ohne eine gemeinsame Währung der EWG-Staaten sind gefährliche Entwicklungen, wie wir sie z. Zt. erleben, weder zu verhindern noch zu meistern. Wir brauchen eine einheitliche Währung der EWG.

> Schmücker: Man kann auch die Währungen nominell aufrechterhalten und durch vertragliche Regeln die Währungspolitik der einzelnen Mitgliedstaaten unter eine harte Disziplin stellen und damit den gleichen Effekt erzielen.

> Giscard: Warum sollte man dieses System wählen, das nur so lange wirkt, wie alle mitspielen?

> Schmücker: Ich suche nur eine Methode, die zum Erfolg führt, ohne dass [sic] Frankreich genötigt wird, Souveränitätsrechte aufzugeben. Eine ein-

heitliche EWG-Währung wäre eine supranationale Sache. Frankreich hat sich bisher gegen jede Art supranationaler Einrichtungen ausgesprochen.

Giscard: De Gaulle hat mir ausdrücklich gesagt, daß er eine einheitliche EWG-Währung für erforderlich hält. Er sieht, daß es keinen anderen Weg mehr gibt. Wenn ein Staat den anderen immer aufs neue in die Inflation drängt, sind die Sozialisten die einzigen Nutznießer.

Schmücker: Was tun wir, wenn die anderen vier nicht mitmachen? Die Herstellung einer Währungsunion ist ein entscheidender politischer Schritt nach vorn. Ist erst die Währungsunion geschaffen, dann ergeben sich weitere politische Konsequenzen von selbst. Erhards Versuche, die politische Union voranzutreiben, haben nicht bei allen Regierungen die gewünschte Resonanz gefunden. Wir müssen also damit rechnen, daß der Vorschlag skeptisch aufgenommen wird. Oder denken Sie daran, daß Frankreich und Deutschland vorprellen [sic] sollten?

Giscard: Eine Vereinbarung Frankreich–Deutschland sollte nur dann in Erwägung gezogen werden, wenn die anderen nicht mitmachen. Für diesen Fall muß das Abkommen so gestaltet werden, daß dem anderen rechtlich und tatsächlich jederzeit ein Beitritt möglich ist.

4 Siehe Gray (2007).

5 *Planification* bezeichnet die Vorliebe französischer Verwaltungsbeamter seit Napoleons Zeiten für Planungen im großen Stil. Beispiele für *Planification* sind Stadtplanung, Energiepolitik (insbesondere der Plan, der dazu führte, dass mehr als 95 Prozent des Stroms von Atomkraftwerken erzeugt werden sollten, die vom Staat geplant wurden und sich in staatlichem Besitz befinden), die Schaffung eines entwickelten militärisch-industriellen Komplexes, die schnellen Eisenbahnverbindungen quer durch Frankreich bis nach Großbritannien und Belgien und sogar Projekte wie das Überschallflugzeug Concorde und den Flugzeugbauer Airbus – den erfolgreichen Konkurrenten von Boeing.

6 Siehe Schoenborn (2014).

7 Giscard war überzeugter Keynesianer und hatte für de Gaulles konservative Vorstellungen von Wirtschaftspolitik wenig übrig. Insbesondere hegte er beträchtliche Verachtung für Jacques Rueff, einen Ökonomen, der fest an den Goldstandard glaubte und den de Gaulle in Wirtschaftsfragen als seinen Guru betrachtete. Daher währte Giscards Zeit als Finanzminister in de Gaulles Kabinett auch nicht lange.

8 1962 feuerte General Motors französische Automobilarbeiter ohne Absprache mit der französischen Regierung. Ein Jahr später, 1963, kaufte General Motors den französischen Autobauer Simca und entließ umgehend einen Teil der Beschäftigten. Unterdessen warf General Electric begehrliche Blicke auf mehrere Fabriken, die Paris als strategisch bedeutsam für Frankreich erachtete.

9 Die Formulierung »exorbitantes Privileg« wird oft fälschlich de Gaulle zugeschrieben.

Ihr rechtmäßiger Schöpfer war jedoch Giscard. Jacques Rueff, der französische Ökonom, dessen Theorien Giscard ablehnte (mit dem er aber gleichwohl zusammenarbeiten musste), erklärte folgendermaßen, was Giscard mit »exorbitantes Privileg« meinte:

»[D]ie Vereinigten Staaten – die ein Leitwährungsland sind – [werden] im Falle eines Defizits ihrer Zahlungsbilanz ihre Schuld gegenüber dem Gläubigerland in Dollar begleichen, die schließlich von der betreffenden Nationalbank aufgenommen werden. Aber Dollar sind in Bonn, Tokio und Paris unverwendbar. Am gleichen Tage, an dem sie einfließen, werden sie auf dem Geldmarkt in New York plaziert und kehren somit in ihr Ursprungsland zurück. Das Schuldnerland verliert, was das Gläubigerland empfangen hat. Somit empfindet ein Leitwährungsland nicht die Auswirkungen des Defizits seiner Zahlungsbilanz. Es besteht somit kein Grund, warum dieses Defizit verschwinden sollte, da es ja niemals in Erscheinung trat« (Rueff 1972, S. 87).

10 Siehe Ball (1982), S. 271.

11 Konrad Adenauer hatte die deutsche Politik schon lange vor dem Zweiten Weltkrieg von 1917 bis 1933 als Oberbürgermeister von Köln geprägt. Als gläubiger Katholik und entschiedener Gegner der Vorherrschaft Preußens in Deutschland nutzte er sein Amt, um für einen neuen Rheinstaat innerhalb der Weimarer Republik zu kämpfen, der dem eisernen Griff Berlins entzogen sein sollte. Weil seine Bemühungen erfolglos blieben, knüpfte er Gespräche mit französischen Vertretern an mit der Absicht, ein autonomes Rheinland im Rahmen eines großen zentraleuropäischen Projekts zu schaffen, das die Aussöhnung Deutschlands und Frankreichs bringen sollte. Während er später der aufstrebenden NSDAP nachgab, die er in die Kölner Stadtverwaltung einzubinden versuchte, hielten die Nationalsozialisten Adenauer für einen unsicheren Patrioten, weil er in den 1920er-Jahren so engen Kontakt zu den Franzosen gehabt hatte. Bei Kriegsende gehörte das zerbombte Köln zur britischen Besatzungszone, und Adenauer wurde gebeten, das Amt des Bürgermeisters wieder zu übernehmen. Er willigte ein, erlebte jedoch im Dezember 1945 die Demütigung, von einem General der britischen Armee wegen »Unfähigkeit« entlassen zu werden; tatsächlich hing seine Entlassung damit zusammen, dass er öffentlich die rücksichtslose Bombardierung seiner Stadt durch die britische Luftwaffe während des Krieges verurteilt hatte. Diese Demütigung vergab Adenauer den Briten nie.

12 John Wills Tuthill, damals amerikanischer Botschafter bei der Europäischen Wirtschaftsgemeinschaft.

13 1953 beriefen die Vereinigten Staaten bekanntlich eine Konferenz in London ein, um Deutschlands Gläubiger zu überreden, dass sie hohe Abschläge bei der Rückzahlung der deutschen Schulden akzeptierten.

14 Siehe Schoenborn (2014), S. 386.

15 Siehe Protokoll der Sitzung des NSC vom 5. Februar 1963, 16.30 Uhr, FRUS, 1961–1963, Bd. 13, S. 175–179; Protokoll der Unterredung von Carstens und Rusk am 5.

Februar 1963, 18 Uhr, ebenda, S. 186; Sitzung des NSC am 31. Januar 1963, ebenda, S. 162, Kennedy Library.

16 In der Präambel ist von der »Erhaltung und Festigung ... einer engen Partnerschaft zwischen Europa und den Vereinigten Staaten von Amerika« die Rede; sie war von den amerikanischen Beamten zunächst als »Lösung« des Problems mit dem Élysée-Vertrag konzipiert, die Erhards Büro umgehend wissen ließen, dieses Problem solle bedacht werden. Im Grunde hob die Präambel den Geist des Vertrags auf, der darauf zielte, ein von den Vereinigten Staaten unabhängiges französisch-deutsches Bündnis zu schaffen. Erhard stellte es gegenüber den Bonner Abgeordneten so dar, dass die Präambel dazu diente, den Élysée-Vertrag »von jeder falschen Deutung der deutschen Politik zu befreien«. [A. d. Ü.: Die Ludwig-Erhard-Stiftung e. V. in Bonn hat mir freundlicherweise eine Kopie des Originalbriefs vom 28.2.1963 an den Vorsitzenden der CDU/CSU-Fraktion Heinrich von Brentano überlassen.]

17 Siehe Schoenborn (2014).

18 Von 1945 bis 1958.

19 De Gaulles Widerstand gegen eine von den Amerikanern entworfene Europäische Wirtschaftsgemeinschaft (die formell 1950 als Europäische Gemeinschaft für Kohle und Stahl gegründet wurde) war so groß, dass er bis 1958 in die politische Wüste ging und erst zurückkehrte, als der Zusammenbruch der Vierten Republik ihm die Gelegenheit gab, die französische Verfassung und die französische Politik nach seinen Vorstellungen umzugestalten.

20 Bedeutende amerikanische Politiker teilten de Gaulles scharfe Kritik am globalen Plan der Vereinigten Staaten für die Nachkriegszeit. Sowohl George F. Kennan (ein Diplomat, dessen Langes Telegramm aus Moskau den Anstoß zur Politik der »Eindämmung« der Sowjetunion gab) wie Robert Taft (der Vorsitzende der Republikaner im Senat, der sich Präsident Roosevelts New Deal widersetzte) beklagten die Aussicht, dass die Welt in zwei feindselige Einflusssphären, eine amerikanische und eine sowjetische, geteilt sein würde. Von de Gaulle unterschieden sie sich dadurch, dass der französische Präsident die Mittel und die Entschlossenheit besaß, den amerikanischen »Block« unregierbar zu machen.

21 Siehe Connolly (1995), S. 7.

22 Die Gedankengänge der französischen Eliten waren einfach: Wenn der französische Staat das Recht verlor, Geld zu drucken (entweder durch eine Rückkehr zum Goldstandard oder durch die Übernahme der D-Mark), würden die Preise nicht mehr steigen, und die Gewerkschaften würden ihre Verhandlungsmacht gegenüber den Arbeitgebern einbüßen. Da die Regierung nicht in der Lage wäre, die Nachfrage anzukurbeln, insbesondere während eines wirtschaftlichen Einbruchs, hätten die Gewerkschaften nur die Wahl, entweder hohe Arbeitslosigkeit zu akzeptieren – was ihre Machtbasis zerstören würde – oder niedrige Löhne. Kurzum, durch die Aufgabe des Rechts, Geld zu drucken, würde der französische Staat dafür sorgen, dass sich die organisierten Arbeitnehmer weniger militant, insgesamt »deutscher«, verhielten. Und

wenn das bedeutete, auch einmal eine Rezession in Kauf zu nehmen, dann erschien das als geringer Preis. Heute, da Frankreich mit dem Euro permanente Stagnation erlebt, bereuen die französischen Eliten zwar nicht die Entscheidung, die sie einst getroffen haben, sind aber andererseits sehr besorgt über den Anstieg der Unzufriedenheit und des antieuropäischen, rassistischen Ultranationalismus.

23 »Durch Krieg!«, siehe Connolly (1995), S. 7.

24 Erhards Rebellion gegen Adenauer muss in den Kontext der Ängste eingeordnet werden, die viele Deutsche vor einem Abzug der Amerikaner hatten. Paul Volcker wird von seinem offiziellen Biografen mit den Worten zitiert, er »erinnerte sich an JFKs Drohung ... die Militärhilfe für Europa einzustellen, wenn die Europäer nicht versprachen, Angriffe auf den Dollar als Weltwährung zu unterlassen«. Siehe Silber (2012), S. 55.

25 In einer faszinierenden und außerordentlich seltenen Einmütigkeit lobten sowohl das *Wall Street Journal* wie die *Prawda* (das offizielle Organ der Kommunistischen Partei in der Sowjetunion) de Gaulles Appell zu einer Rückkehr zum Goldstandard als »genial«. Das *Wall Street Journal* hatte die New-Deal-Politiker nie gemocht wegen der Art und Weise, wie die Regierung Roosevelt mit der Wall Street umgesprungen war. Die Sowjetunion war einer der wichtigsten Goldproduzenten der Welt und hatte deshalb großes Interesse an einer steigenden Nachfrage nach Gold.

26 Zitiert von Ken Byers in Laughland (1997), S. 231.

27 Jacques Rueff war ein einflussreicher Ökonom, den de Gaulle schon lange kannte, bevor er sich 1958, als er sein politisches Comeback einleitete (die Gründung der Fünften Republik, deren erster Präsident er dann wurde), an ihn wandte mit dem Auftrag, die Inflation in Frankreich zu bändigen. De Gaulle erinnerte sich schmerzlich daran, wie er kurz nach dem Krieg wegen einer galoppierenden Inflation die Macht verloren hatte. Als es Rueff 1958 gelang, die Inflation zu stoppen, wozu gehörte, ein paar Nullen auf den Geldscheinen zu streichen, den neuen Wert des Francs fest an den Dollar zu binden und die Staatsausgaben strikt zu kontrollieren, war de Gaulle beeindruckt. Rueff war ein »Goldbug« (»Goldkäfer«), jemand, der fest daran glaubte, dass die Menge des Papiergelds an die Menge des Golds im Besitz des Staates geknüpft sein musste, damit die Politiker nicht auf die Idee kommen, mit dem Wert des Geldes herumzuspielen. Das erklärt, warum de Gaulle sich bei seinem Versuch, das von Amerika geschaffene, auf den Dollar gegründete Weltfinanzsystem zu diskreditieren, als Alternative dem Goldstandard zuwandte. Doch nach meiner wohlüberlegten Meinung bekannte sich de Gaulle nur aus opportunistischen Gründen zu dem Fetisch Gold, anders als Rueff, der wirklich daran glaubte. Vielleicht ist es wichtig, ebenfalls festzuhalten, dass Rueff der liberalen Mont Pelerin Society angehörte, zusammen mit anderen Ökonomen wie Friedrich von Hayek und Milton Friedman. Zur Bedeutung dieser Gesellschaft siehe Mirowski und Plehwe (2009). De Gaulle, der fest in der Tradition einer staatlich geplanten Wirtschaft stand, duldete Rueffs liberale Positionen nur, weil Rueff im Gegensatz zu Hayek akzeptierte, dass der Staat in ethischen, kulturellen und sozialen Fragen eine Führungsrolle spielte.

28 Allin (2011) schreibt, de Gaulle sei der Ansicht gewesen, dass die Vereinigten Staaten durch die Reichweite des Bretton-Woods-Systems genauso überfordert seien, wie die UdSSR logistisch und militärisch mit Eurasien überfordert sei.

29 Siehe Dallek (1995). Die Verwandlung Deutschlands in ein Agrarland war das erklärte Ziel des Morgenthau-Plans (benannt nach dem amerikanischen Finanzminister Henry Morgenthau), den die Amerikaner und die Briten am 16. September 1944 unterzeichneten. Im Frühjahr 1945, nach der deutschen Kapitulation, erließ General Eisenhower die Direktive JCS1067, in der er die amerikanischen Kommandanten in Deutschland anwies, »auf alles [zu verzichten], was der Rehabilitierung Deutschlands dienen [oder] die deutsche Wirtschaft erhalten und stärken könnte«. JCS1067 formulierte eindeutig, dass das Ziel die Entindustrialisierung und eine Reduzierung des Lebensstandards in Deutschland war. Am 1. August 1945 einigten sich bei der Potsdamer Konferenz die Vereinigten Staaten, die Sowjetunion und Großbritannien auf die »Ausschaltung der gesamten deutschen Industrie, welche für eine Kriegsproduktion benutzt werden kann«; bei der »Organisation des deutschen Wirtschaftslebens« sei »das Hauptgewicht auf die Entwicklung der Landwirtschaft und der Friedensindustrie für den inneren Bedarf« zu legen. 1946 fuhren die Alliierten die deutsche Stahlproduktion auf weniger als 6 Millionen Tonnen jährlich herunter, das entsprach ungefähr 75 Prozent der vor dem Krieg produzierten Menge. Die Autoproduktion sollte auf 10 Prozent des Niveaus vor dem deutschen Überfall auf Polen reduziert werden.

30 Siehe Dallek (1995); http://www.byrnes-rede.de/byrnes_rede_deutsch.html.

31 Siehe Reinert (2004), S. 158.

32 Eine ausführlichere Darlegung der historischen Ereignisse, die im folgenden Abschnitt behandelt werden, enthält Varoufakis (2013), Kapitel 3.

33 Wobei die Vereinigten Staaten das in der Vergangenheit durchaus bereits getan hatten: Nach dem Versailler Vertrag von 1919, der Deutschland nach dem Ersten Weltkrieg unerträgliche Reparationen aufbürdete, unterstützte Amerika als einziges Siegerland die deutsche Wirtschaft mit Krediten und bilateralen Geschäften, die die Belastungen ein wenig minderten.

34 Verteidigungsminister und ehemaliger Marineminister.

35 Der Nachfolger von James Byrnes als Außenminister und Überbringer des berüchtigten Marshall-Plans.

36 George Marshalls Nachfolger im Außenministerium.

37 Typisch für Zentren der Schwerindustrie sind große, vernetzte, mächtige Konzerne. Um ihre Fixkosten zu decken, müssen sie in großen Stückzahlen produzieren und ihre Arbeitskosten niedrig halten. Das bedeutet, dass die Menschen in diesen Volkswirtschaften (meistens Lohnempfänger) nicht all das konsumieren können, was die Fabriken produzieren. Deshalb brauchen diese Volkswirtschaften ein Hinterland, das die notwendige Nachfrage für die Überschusswaren erzeugt. Wenn die Wechselkurse zwischen den industriellen Schwergewichten und dem Hinterland fest sind, wird das Hinterland ein permanentes Handelsbilanzdefizit gegenüber den Schwergewichten

haben. Um dieses Defizit zu finanzieren, ist Überschussrecycling erforderlich. In guten Zeiten übernehmen die Banken diese Aufgabe, was in Kap. 1 als Schönwetterrecycling bezeichnet wurde.

38 De Gaulle kehrte 1954 kurz zurück, um in der Französischen Nationalversammlung die Idee einer Europäischen Verteidigungsgemeinschaft zu Fall zu bringen. Damit bekräftigte er seine entschiedene Ablehnung einer deutsch-französischen Allianz im Rahmen einer Pax Americana. 1958, als Frankreich tief in den schändlichen Kolonialkrieg in Algerien verstrickt war, rief man ihn als Ministerpräsidenten zurück, um die verfahrene Situation zu lösen. Nur er hatte als nationaler Kriegsheld die Autorität, die französischen Truppen aus Frankreichs Vietnam zurückzuholen. Danach und nachdem die erfolgreichen geldpolitischen Reformen von Jacques Rueff die Inflation gestoppt hatten, war der Weg frei für eine neue Verfassung, mit der die sogenannte Fünfte Republik entstand, und de Gaulles Einzug in den Präsidentenpalast. Zu dem Zeitpunkt akzeptierte er sehr widerstrebend den Begriff eines Vereinten Europa mit einer französisch-deutschen Achse im Mittelpunkt, in dem Frankreich die dominierende administrative Rolle bekommen sollte.

39 Kennan arbeitete in der amerikanischen Botschaft in Moskau. Von dort schickte er im Februar 1946 sein *Langes Telegramm,* in dem er die Gründe analysierte, warum die Vereinigten Staaten die Eindämmung der Sowjetunion als höchste Priorität behandeln sollten. Zur gleichen Zeit wurden linke griechische Partisanen, die heldenhaft gegen die nationalsozialistischen Besatzer gekämpft hatten, von Kollaborateuren und der von den Briten gestützten Regierung verfolgt. Im März 1946 erklärte ein Partisanenregiment der Regierung den Krieg, und damit begann Griechenlands zweiter, besonders tödlicher Bürgerkrieg.

40 In der Truman-Doktrin erklärte Amerika, dass das, was in Griechenland begonnen hatte, als große Konfrontation mit der Sowjetunion enden würde. Amerika versprach der nationalen griechischen Armee Geld und Mittel für den Kampf gegen die Partisanen. Die Partisanen bekamen nahezu keine Unterstützung von der Sowjetunion, die im Abkommen von Jalta dem Verbleib Griechenlands in der britischen Einflusssphäre zugestimmt hatte. Als Großbritannien sich, erschöpft durch seine eigene wirtschaftliche Krise 1946, aus dem griechischen Bürgerkrieg zurückzog, gab es den Stab an Präsident Truman weiter.

41 Harry Truman war nach dem Tod von Präsident Roosevelt 1945 ins Weiße Haus eingezogen.

42 Abs erlebte 1957 ein Comeback als Vorstandssprecher der Deutschen Bank und blieb bis 1967 auf diesem Posten.

43 Siehe Becker (2013).

44 Am 28. Oktober 1940, als die deutsche Wehrmacht überall die alliierten Streitkräfte in die Knie zwang, stellte Mussolini der griechischen Regierung ein Ultimatum: Kapitulation oder Besetzung. Griechenland wies das Ultimatum zurück, woraufhin Italien vom bereits besetzten Albanien aus vorrückte. Die marode griechische Armee schlug

die Invasoren und errang damit den ersten Sieg der Alliierten im Zweiten Weltkrieg. Hitler musste die geplante Invasion der Sowjetunion verschieben und seine Kräfte auf den Balkan umlenken, um die »lästigen« Griechen zu unterwerfen. Die fünf Monate Verzögerung halfen der Sowjetunion enorm, denn als die deutschen Truppen die russische Steppe erreichten, bekamen sie es mit einem besonderen Gegner zu tun: dem russischen Winter. Außerdem beschäftigten die griechischen Partisanen von 1942 bis 1944 die nationalsozialistischen Besatzer permanent, fügten ihnen erhebliche Verluste zu und banden sie in den Städten. Die griechische Bevölkerung zahlte dafür einen horrenden Preis in Form von Massakern, Verfolgung, Zerstörung der Infrastruktur des Landes und Hunger.

45 Naumann (1915).

46 Siehe Coudenhove-Kalergi (1923).

47 Seine Worte stehen in einem Brief vom 7. September 1914, zitiert bei Laughland (1997), S. 115.

48 Im ersten Jahr des Marshallplans flossen insgesamt 5,3 Milliarden Dollar, was etwas mehr als 2 Prozent des amerikanischen BIP entsprach. Bis zum 31. Dezember 1951, als die Marshallplan-Hilfe auslief, hatte Amerika 12,5 Milliarden Dollar aufgewendet. Dank der Marshallplan-Gelder stieg die Industrieproduktion in Europa stark an (um rund 35 Prozent) und, noch wichtiger, der Marshallplan sorgte für politische Stabilität und eine nachhaltige Nachfrage nach europäischen und amerikanischen Industrieerzeugnissen.

49 Siehe Rosamond (2000), S. 20f.

50 Technisch gesehen entstand die Europäische Union 1993 mit dem Vertrag von Maastricht. Zuvor hieß sie Europäische Wirtschaftsgemeinschaft oder gemeinsamer europäischer Markt. Der Einfachheit halber spreche ich in diesem Buch immer von Europäischer Union und bezeichne damit die Abfolge von Institutionen und Verträgen, die 1950 begann und zur heutigen Europäischen Union führte.

51 Siehe *New York Times*, 2. März 1965, S. 45.

52 Lyndon B. Johnson musste seine eigenen Beamten daran hindern, gegen die Franzosen vorzugehen. Ihre Appelle, er solle den Franzosen die Stirn bieten, beschied er mit den Worten, »wenn jemand uns bittet, sein Haus zu verlassen, dann gehen wir«. Siehe Bator (2001).

53 Wie bereits gesagt, schätzt kein Politiker die Schlagzeilen, die eine Abwertung ankündigen. Ebenso wissen Politiker in Überschussländern, deren Wechselkurse steigen müssen, dass die Aufwertung die Exporteure verärgern wird, weil Ausländer mehr für ihre Waren und Dienstleistungen bezahlen müssen, was zu einem Rückgang der Umsätze führt.

54 Es sei daran erinnert, dass sich nach den Bestimmungen von Bretton Woods die Finanzminister regelmäßig im Büro des IWF in Washington trafen, um notwendige Veränderungen an den offiziellen Wechselkursen ihrer Währungen zu diskutieren. Als der Dollar und der Franc unter Spekulationsdruck standen, sagten die amerikani-

schen Vertreter ihren deutschen Kollegen immer wieder etwas ganz Einfaches: »Entweder druckt die Bundesbank mehr D-Mark, oder ihr müsst hier und jetzt einer Aufwertung der D-Mark zustimmen.« Die deutschen Politiker waren in einer schwierigen Situation. Sie hatten keine vollständige Kontrolle über das, was die Bundesbank tat. Und wenn sie einer Aufwertung der D-Mark zustimmten, würden sie sich den Zorn der Bundesbank und der deutschen Exportwirtschaft zuziehen – eine überaus mächtige Allianz, die ein Interesse an einer niedrigen Inflation in Deutschland hatte (das Hauptanliegen der Bundesbank und der Grund, warum sie sich sträubte, immer mehr D-Mark zu drucken) und an einem stabilen (nicht steigenden) Wechselkurs, der das Exportwachstum nicht behinderte.

55 Siehe Connolly (1995), S. 9.

56 Der fortschrittliche Parteichef der Sozialdemokraten, Willy Brandt, war Vizekanzler. Er ging so gestärkt aus diesem Amt hervor, dass er bei den Wahlen 1969 genügend Stimmen bekam, um die erste sozialdemokratische Regierung (im Bündnis mit der kleinen FDP) bilden zu können. Erstmals in der Geschichte der Bundesrepublik standen die Christdemokraten damit in der Opposition. Karl Schiller von den Sozialdemokraten und Franz Josef Strauß, der Vorsitzende der ultrakonservativen bayerischen CSU, waren in den Jahren der Großen Koalition für Wirtschaft und Finanzen zuständig, Strauß als Finanzminister, Schiller als Wirtschaftsminister. 1971 übernahm Schiller zusätzlich zum Wirtschaftsministerium auch das Finanzministerium.

57 Sprung ins Jahr 1997: Europa bereitete die gemeinsame Währung vor, und Deutschland diktierte den anderen Ländern seine Bedingungen für die Aufgabe der geliebten D-Mark und die Degradierung der Bundesbank zu einer Filiale der Europäischen Zentralbank im Gemeinschaftsbesitz der Mitgliedsländer. Eine Bedingung war, dass ganz Europa einem Stabilitäts- und Wachstumspakt im Geist von 1967 zustimmen sollte.

58 Eine Verknappung der Geldmenge geht normalerweise mit steigenden Zinsen einher. Durch eine Verteuerung der Kreditvergabe und gleichzeitig höhere Zinsen auf Erspartes wollte Paris Geld aus dem Ausland auf französische Bankkonten ziehen. Wenn die Investoren tatsächlich in der Weise reagierten, dass sie ihre Dollars und D-Mark in Francs eintauschten, um von den höheren Zinsen in Frankreich zu profitieren, würde das die internationale Nachfrage nach Francs erhöhen und damit den Kurs der französischen Währung in die Höhe treiben – genau wie es de Gaulle plante. Die Kehrseite höherer Zinsen wäre, dass auch Investitionen in Frankreich teurer würden und, *ceteris paribus*, die Wirtschaftstätigkeit und der Arbeitsmarkt leiden würden. So kam es dann auch.

59 Siehe Stürmer (2011).

60 Siehe Gray (2007).

61 Ebenda.

62 Auf dieses Zitat hat mich Klaus Kastner hingewiesen.

63 Vier Jahre nach dem frevlerischen Artikel in *Le Figaro* schrieb Lucas Delattre in der proeuropäischen *Le Monde:* »Im Grunde ist es Kanzler Kohl gelungen, friedlich das zu

erreichen, was seit Bismarck andere mit Eroberungen versucht haben: eine Zone des Friedens und Wohlstands rund um Deutschland zu schaffen« (1. Januar 1996). Was hatte sich verändert? Warum war nicht mehr die Rede davon, dass der Euro wie ein neuer Vertrag von Versailles funktionierte und Deutschland für einen deutschen Triumph »zahlen« ließ, der Bismarck gefallen hätte? Die Antwort lautet, dass 1993 die Bundesbank dafür sorgte, dass Frankreichs währungspolitische Ambitionen zerschmettert wurden. Die Tatsache, dass im Zuge dessen Millionen Europäer unter Arbeitslosigkeit und Not litten, war nur ein Kollateralschaden. Aber mehr dazu in späteren Kapiteln.

Kapitel 3

1 *Corriere della Sera,* 16. September 1978, erwähnt in Ludlow (1982), S. 182.

2 Schmidt war ebenfalls ein ehemaliger Finanzminister (1972–1974). Er löste 1974 den populären Kanzler Willy Brandt ab, der nach einem Spionageskandal um einen engen Mitarbeiter zurückgetreten war. Wie Brandt regierte Schmidt in einer Koalition mit der kleinen FDP. Aber 1982 wechselte die FDP die Seiten, Schmidt wurde mit einem Misstrauensvotum zum Rücktritt gezwungen, und die FDP ging eine neue Koalition mit den Christdemokraten unter Helmut Kohl ein – dem Mann, der zusammen mit Giscards Nachfolger François Mitterrand 1992 den Euro aus der Taufe hob (mit der Unterzeichnung des Vertrags von Maastricht, der das EWS durch die gemeinsame Währung namens Euro ersetzte).

3 Siehe zum Beispiel Connolly (1995).

4 Marshall (1999) berichtet, Giscard und Schmidt hätten später gesagt, die Idee zu einer Europäischen Zentralbank sei ihnen im Dom von Aachen gekommen, als sie Karl dem Großen die Ehre erwiesen.

5 Ich erinnere an die Erklärung in Kap. 1, warum eine gemeinsame Währung oder feste Wechselkurse in Krisenzeiten für Defizitländer verheerend sind, wenn ein politischer Mechanismus zum Überschussrecycling fehlt – den der Goldstandard eindeutig nicht hatte. Siehe den Abschnitt »Politisches Überschussrecycling oder Barbarei«.

6 Deutschland war unter Hjalmar Schacht, Finanzminister und Chef der Reichsbank (wie die deutsche Zentralbank vor dem Krieg und im Krieg hieß), nicht durch den Goldstandard gehemmt und konnte frei über die Geldmenge bestimmen, was dem NS-Regime erlaubte, von 1933 bis 1938 Produktion und Beschäftigung massiv zu steigern.

7 Diese Länder sollten im folgenden Jahr der Union beitreten. Letztlich wurden nur Großbritannien, Irland und Dänemark 1973 Mitglieder der Europäischen Union, Norwegen verweigert sich bis heute.

8 Die Grenzen waren sogar noch enger als im System von Bretton Woods. Während die Währungen nach den Regeln von Bretton Woods im Verhältnis zum Dollar um plus/minus 1 Prozent schwanken durften, erlaubte die europäische Schlange nur Schwankungen von plus/minus 0,75 Prozent im Verhältnis zur D-Mark. Das bedeutete, dass zum Beispiel der belgische Franc innerhalb der extrem schmalen Bandbrei-

te von 19,85 Franc und 20,15 Franc für eine D-Mark bleiben musste. Um den belgischen Franc in einen so engen Tunnel einzusperren, mussten die belgische und die deutsche Zentralbank dauernd intervenieren. Dabei brauchte Erstere ihre Bestände an D-Mark und Dollar auf, um belgische Francs zu kaufen, und Letztere druckte D-Mark, um ebenfalls belgische Francs zu kaufen.

9 Zum Beispiel der Europäische Wechselkursmechanismus (WKM) Anfang der 1990er-Jahre. Siehe Kap. 4, »Frankfurts langer Schatten«.

10 Am 28. Februar 1978, um präzise zu sein.

11 Siehe Gilbert (2003), S. 143. Schmidts Präferenz für einen Sieg der Rechten in Frankreich ist weniger verwirrend, als es auf den ersten Blick scheinen mag. Obwohl er selbst zur linken Mitte gehörte, fürchtete er, eine Mitte-Links-Regierung in Frankreich würde in einen Ausgabenrausch verfallen, den die Bundesbank als *casus belli* betrachten könnte. Das würde es ihm unmöglich machen, die deutschen Eliten dazu zu bringen, die Währungsunion mit Frankreich zu akzeptieren.

12 Siehe Volcker (1978–1979). Sie enthält auch viele Hinweise darauf, wie Kanzler Schmidt über die Notwendigkeit eines Europäischen Währungssystems dachte. Aber mehr dazu später.

13 Gemeint sind Renten, Einkommen aus Wertpapieren wie Aktien und Anleihen, Besitz eines Stücks Land, das zufällig Gas- oder Ölvorkommen hat, und so weiter. »Erwerbseinkommen« meint Löhne für geleistete Arbeit und Gewinne aus unternehmerischer Tätigkeit.

14 Paradoxerweise fielen die Löhne während der Weltwirtschaftskrise nicht. Sie stiegen sogar ein bisschen. Natürlich brachen die Nominallöhne in Dollar massiv ein. Aber die Preise fielen noch schneller, sodass für all jene, die Arbeit hatten, die Kaufkraft stieg. Das Problem, das die Weltwirtschaftskrise zu einer »großen« Krise machte, war, dass nur wenige Arbeitnehmer ihre Arbeitsplätze behielten und von höheren Reallöhnen profitieren konnten.

15 Das ist ein Thema in allen Untersuchungen über Ungleichheit, siehe Galbraith (2012), Stiglitz (2012) und Piketty (2014).

16 In den ersten zwei Jahrzehnten des 20. Jahrhunderts entstand der Finanzkapitalismus parallel zu den ersten vernetzten Konzernen. Weil der Bau von Elektrizitätswerken und Stromnetzen gewaltige Investitionen verlangte, schlossen sich kleinere Banken zu Megabanken zusammen, die dann die neuen Megakonzerne (wie Edison, General Electric und Ford) finanzierten. Mit den Megabanken kam eine Welle frischen privaten Geldes (weil diese Banker viel größere Summen verleihen konnten), das in den »goldenen Zwanzigern« die Aktienkurse in die Höhe trieb, bis sie 1929 unvermeidlich einbrachen und das Geld verbrannte.

17 Ich erinnere an den Wortwechsel der Athener Heerführer und der Melier in Thukydides' *Peloponnesischem Krieg*, nachdem die Athener die Stadt der Melier dem Erdboden gleichgemacht und die Melier versklavt hatten. Siehe Kap. 1, »Die Antwort der Melier«.

18 Siehe Condorcet (1963, Original 1795).

19 Dass die sowjetische Einflusssphäre dadurch schweren Schaden nehmen würde, war ein weiterer Antrieb für ihn.

20 Diese Haltung tauchte in Berlin Anfang der Nullerjahre wieder auf, als Privatgeld aus amerikanischen Quellen es dem Rest Europas ermöglichte, mehr deutsche Exportwaren zu kaufen, während der deutsche Staat die deutschen Löhne und Staatsausgaben deckelte.

21 Das Bild vom globalen Minotaurus habe ich zur Beschreibung der zweiten Nachkriegsphase der amerikanischen Dominanz in der Weltwirtschaft erstmals in einem Artikel verwendet, den ich gemeinsam mit Joseph Halevi geschrieben habe, siehe Halevi und Varoufakis (2003). Später gab es den Titel für mein Buch über die globale Finanzkrise ab, siehe Varoufakis (2012).

22 Siehe *Le Monde*, 16. November 2011.

23 Siehe *Les Echos*, 18. Februar 2015.

24 Eurexit ist mein Neologismus für den Ausschluss Europas aus der Dollarzone nach dem Nixon-Schock von 1971. Giscard ist nicht der einzige Pionier der Eurozone, der den Grexit ernsthaft erwägt. Deutschlands Finanzminister Wolfgang Schäuble ist ein weiterer.

25 Von dem Dialog zwischen Mitterrand und Delors hat mir der ehemalige britische Abgeordnete und Wirtschaftsprofessor Stuart Holland berichtet, ein Kollege und Freund, der damals, Anfang der 1990er-Jahre, Berater von Delors war. Stuart hat diese Unterredung bisher für sich behalten und wird erst in seiner Biografie davon erzählen, wenn sie fertig ist.

26 Der Werner-Bericht wurde 1968 in Auftrag gegeben, als die Europäische Kommission zu fürchten begann, das Ende des Systems von Bretton Woods sei nahe. Er wurde 1969 verfasst und 1970 der Europäischen Kommission vorgelegt. Darin wurde erstmals die europäische Währungsunion skizziert.

27 Siehe den Artikel in *The New Statesman* vom 12. März 1971 mit der Überschrift »The Dynamic Effects of the Common Market« (»Die dynamischen Wirkungen des Gemeinsamen Markts«), nachgedruckt in Kaldor (1980).

28 Ebenda.

Kapitel 4

1 Meine Hervorhebung. Interessierte Leser können sich die Rede im Internet ansehen. Vgl. YouTube, »Margaret Thatcher's last speech as Prime Minister« oder »in Parliament«.

2 Die Eurogruppe ist *de facto* das Gremium, das alle wichtigen Entscheidungen im Zusammenhang mit der Eurozone fällt, einem der größten Wirtschaftsräume der Welt. Die Eurogruppe besteht aus den Finanzministern der Mitgliedstaaten der Eurozone, dem Präsidenten der Europäischen Zentralbank, dem in der Europäischen Kommission für Wirtschaft und Finanzen zuständigen Kommissar und, interessanterweise, ei-

nem Vertreter des Internationalen Währungsfonds, üblicherweise dem Leiter der Europaabteilung, gelegentlich erscheint auch die Präsidentin selbst. Bemerkenswert ist, dass es sich bei der Eurogruppe um ein informelles Gremium handelt. Es besitzt zwar immense Macht, kommt aber in den europäischen Gesetzen nicht vor und ist keiner regulären Institution einschließlich des Europäischen Parlaments rechenschaftspflichtig. Europas Demokratiedefizit kommt nirgendwo deutlicher zum Ausdruck als in der Eurogruppe.

3 Connolly (1995), S. 100; Hervorhebung des Autors.

4 Als die Finanzkrise 2008 die Vereinigten Staaten traf, musste sich der Bundesstaat Nevada kein Geld von internationalen Investoren leihen, um die in Nevada ansässigen Banken zu retten oder die Arbeitslosenunterstützung für entlassene Bauarbeiter zu bezahlen. Das erledigte die Bundesregierung über die FDIC (Federal Deposit Insurance Corporation) und aus ihren bundesstaatlichen Kassen für Sozialversicherung und Arbeitslosenversicherung. Deshalb erholte sich Nevada wieder, statt in ein schwarzes Loch des Staatsbankrotts zu fallen mit anschließender strikter Sparpolitik, die die Wirtschaft des Bundesstaats weiter hätte schrumpfen lassen. Genau das hätte die Eurozone gebraucht: bundesstaatliche Institutionen, die in der Lage gewesen wären, Banken und Staaten zu stabilisieren, zum Beispiel eine echte Bankenunion, die ähnlich der FDIC die Macht hätte, Banken auf der Ebene der Union zu retten und zu rekapitalisieren.

5 Beispiele dafür sind die Europäische Finanzmarktstabilisierungsfazilität und ihr Nachfolger, der Europäische Stabilitätsmechanismus (ESM), sowie die sogenannte Bankenunion, die 2014 geschaffen wurde. Die Bezeichnung erinnert zwar sehr stark an das amerikanische bundesstaatliche System zur Überwachung von Banken und zum Handling von Bankenzusammenbrüchen (die FDIC-Fed), aber in Wahrheit ist es eine Pseudo-Union, die sich eher den Bruch föderaler Prinzipien auf die Fahnen geschrieben hat als ihre Einhaltung. Siehe Kap. 6.

6 Rechtsakte der Europäischen Union werden traditionell vom Europäischen Rat formuliert, debattiert und verabschiedet, der sich aus europäischen Staats- und Regierungschefs zusammensetzt; daneben gibt es noch Ministerräte, die die Mitgliedstaaten bei bestimmten Themen vertreten. Über die europäische Gesetzgebung wird auch auf intergouvernementaler Ebene beschlossen; die nationalen Parlamente stimmen nachträglich zu und haben keine Gelegenheit, Änderungen an den Rechtsakten vorzunehmen, auf die sich die Staats- und Regierungschefs zuvor geeinigt haben. Dieser Prozess der europäischen Gesetzgebung ist älter als das Europäische Parlament. Weil das Parlament erst spät auf der politischen Bühne auftauchte, hat es gegenüber dem Europäischen Rat immer die zweite Geige gespielt. Selbst heute, nach jahrzehntelangem Kampf um mehr Macht in der Gesetzgebung, hat das Parlament weder das Recht noch die Möglichkeit, Rechtsakte einzubringen, sondern muss sich damit begnügen, ihnen seinen Segen zu geben.

7 Das behauptet natürlich die Scottish National Party in ihrem Kampf für die Unabhängigkeit Schottlands.

8 Unter dem Vorwand, die Währungsunion habe den »Druck« zu schnellem Handeln verstärkt.

9 In der Rede an der Universität Warwick (vgl. Abschnitt »Der ›verdammte Volcker‹ – wieder einmal« in Kap. 3) hatte Paul Volcker eine »kontrollierte Desintegration der Weltwirtschaft« als legitimes Ziel für die 1980er-Jahre bezeichnet.

10 Wieder haben wir das furchtbare Dilemma der Regierung eines Defizitlandes vor uns, die wählen muss, entweder ihr Ziel aufzugeben, ihre Währung an die eines Überschusslandes gebunden zu halten, oder einen Kurs einzuschlagen, der durch Sparen (bei Handel und Haushalt) das Defizit reduzieren soll, was Einkommen schmälert, Arbeitsplätze vernichtet und die Möglichkeiten des Staates einschränkt, seinen ärmeren Bürgern zu helfen.

11 Ein deutscher Autohersteller, der Getriebe in Portugal produzieren lässt, Motoren in der Slowakei und Bordelektronik in Deutschland und plant, seine Autos in ganz Europa zu verkaufen, freut sich, wenn all diese Länder dieselbe Währung haben. Vor der Einführung des Euros bereitete ihm die Aussicht, dass der Wechselkurs etwa zwischen dem portugiesischen Escudo und der D-Mark schwanken könnte, schlaflose Nächte. Oligopolisten machen sich lieber Sorgen über Schwankungen bei der Nachfrage nach ihren Waren, denn darauf können sie durch Rabatte oder innereuropäische Geschäfte reagieren, als zu erleben, wie die Unwägbarkeiten der Devisenmärkte ihre Kostenrechnung durcheinanderbringen

12 Schmidt wirkte am Scheitern und schließlich am Sturz der radikal linken Regierung in Portugal mit, die 1975 nach der Revolution, die die lange rechte Diktatur beendet hatte, die Macht übernahm. Er hatte auch wesentlichen Anteil daran, dass die Linke in Spanien während des Übergangs vom faschistischen Franco-Regime zu einer parlamentarischen Demokratie nicht Boden gutmachen konnte.

13 Die griechischen Renten waren von 2011 bis 2014 bereits um fast 40 Prozent geschrumpft. Die Mehrheit der Armen in Griechenland sind Menschen über sechzig mit niedrigen Renten, für die das Leben hässlich, schwer und immer öfter kurz geworden ist. (Die Lebenserwartung ist zum ersten Mal seit siebzig Jahren gesunken.) Vor diesem Hintergrund verlangten Griechenlands Gläubiger von mir, weiteren Rentenkürzungen zuzustimmen, die sich auf über ein Prozent der Wirtschaftsleistung summierten; außerdem schlugen sie vor, den kleinen Zuschlag abzuschaffen (rund 100 Euro im Monat, bekannt als »soziale Solidaritätszahlung«), der auf lächerlich niedrige Renten (von etwa 200 Euro pro Monat) gezahlt wurde.

14 Wenn ein Defizitland (zum Beispiel Frankreich) in einer Währungsunion mit einem Überschussland (zum Beispiel Deutschland) zusammenarbeitet, kann es nicht verhindern, dass Kapitalflucht einsetzt, sobald eine Krise die Währungsunion trifft. Beim geringsten Verdacht, die Währungsunion könnte sich auflösen und beide Länder könnten wieder zu ihren jeweils eigenen Währungen zurückkehren, holen die Sparer, die eine Abwertung der Währung des Defizitlands erwarten, ihr Geld von den Banken im Defizitland und transferieren es auf eine Bank im Überschussland. So wandert

Geld *en masse* vom Defizit- in das Überschussland, die wirtschaftliche Aktivität im Defizitland schwächt sich ab, als Folge davon brechen seine Steuereinnahmen weg, und der Staatshaushalt versinkt immer tiefer in den roten Zahlen. Das ist der Grund, weshalb die Eurokrise Frankreichs Staatshaushalt unter wachsenden Druck gesetzt hat.

15 Während sich die Krise der Währungsunion entwickelt, nützt die Kapitalflucht von den Defizitländern in die Überschussländer nicht nur den Banken in den Überschussländern, sondern auch deren Regierungen. Der deutsche Staatshaushalt hat deshalb von der Eurokrise profitiert, weil ein großer Teil des Geldes, das aus anderen Ländern nach Deutschland floss, dafür verwendet wurde, Staatsanleihen zu kaufen – deutsche Staatsschulden. Weil die Nachfrage nach Staatsanleihen stieg, konnte die deutsche Regierung neue Anleihen mit niedrigeren Zinsen auflegen. (Zinsen sind der Preis, den Deutschland dafür zahlen muss, wenn es sich Geld leiht: Je größer die Nachfrage nach deutschen Schuldtiteln, desto niedriger ist der Preis, den Berlin bezahlen muss.) Dank der Geldflüsse aus Defizitländern nach Deutschland konnte die deutsche Regierung von 2011 bis 2014 mehr als 80 Milliarden Euro sparen in Form deutlich geringerer Ausgaben für den Schuldendienst.

16 Eine Serie solcher Kehrtwendungen war in den nächsten Jahren zu besichtigen: Die Regierung der Griechischen Sozialistischen Partei (PASOK) bot 2010 ein Beispiel dafür, wenige Monate später folgten die sozialistischen Parteien Spaniens und Portugals und die irische Labour Party (die sich nach dem Kollaps der irischen Banken an einer Regierung beteiligte, die ein lupenreines Austeritätsprogramm verfolgte). Präsident François Hollande vollzog in Frankreich unmittelbar nach seiner Wahl 2012 den gleichen Schwenk. Die spektakulärste Verwandlung von einer Regierung, die gegen die Austerität angetreten war, in eine Regierung, die eine Austeritätsagenda verfolgte, präsentierte jedoch die Syriza-Regierung in Griechenland: Nachdem die Gespräche zwischen Griechenland und der Eurogruppe festgefahren waren, kapitulierte die griechische Regierung im Juli 2015, und ich trat natürlich als Finanzminister zurück. Der genaue Ablauf, wie unsere Regierung in die Knie gezwungen wurde, ist eine eigene Geschichte, die hier nicht erzählt werden kann.

17 Trichet wurde 2003 Präsident der Europäischen Zentralbank. Er war vielleicht der am unglücklichsten agierende Zentralbankchef aller Zeiten. Wenige Monate bevor die Finanzwelt im Herbst 2008 implodierte, erhöhte er die Zinsen. Als wäre das nicht genug, tat er es ein Jahr nach der Eurokrise, 2011, noch einmal: Er erhöhte die Zinsen genau in dem Augenblick, als Europas Währungsunion über die Klippe zu stürzen drohte.

18 »*L'ancre du système, c'est le système lui-même*«; Connolly (1995), S. 97.

19 Jede Zinsanhebung der Bundesbank machte es für den Franc viel schwerer, mit der D-Mark Schritt zu halten, und zwang die französischen Verantwortlichen zu noch mehr Austerität mit entsprechenden politischen und sozialen Kosten, um den Anschein eines starken Francs zu wahren.

20 Letzten Endes dauerte der Prozess drei Jahre länger (der Euro kam im Jahr 2000), aber vor allem verlief er keineswegs so glatt wie geplant.

21 Siehe Gros und Thygesen (1992), S. 166. Jahre später lernte ich Daniel Gros in Brüssel kennen, als ich griechischer Finanzminister war. Er glaubte immer noch an die höhere Logik der Architektur der Währungsunion, und die regelmäßigen Zusammenstöße seiner Überzeugungen mit der Realität hatten weder seinen Glauben erschüttert noch seinem beruflichen Ansehen geschadet.

22 Die Gesamtverschuldung aller öffentlichen Haushalte durfte 60 Prozent des jeweiligen BIP nicht übersteigen, und das Haushaltsdefizit musste unter 3 Prozent des BIP bleiben. Seltsamerweise wurde keine Grenzen für private Schulden und Defizite festgelegt, was die Krisen in Irland und Spanien zwischen 2009 und 2011 verursachte.

23 Siehe Connolly (1995), S. 121.

24 Das Nein kam unerwartet, weil alle großen Parteien die Abstimmung mit Ja empfohlen hatten. Dänemark blieb kein Einzelfall. In Irland und in Frankreich gab es bei ähnlichen Abstimmungen viele Nein-Stimmen, obwohl die großen Parteien für die Linie von Brüssel geworben hatten.

Kapitel 5

1 Vgl. die Schilderung im letzten Kapitel, wie Margaret Thatchers Sturz durch ihren hartnäckigen Widerstand gegen die europäische Währungsunion herbeigeführt wurde. Tony Benn (1925–2014) ist eine Legende der britischen Linken. Fast fünfzig Jahre saß er im Parlament, er war Minister in der Regierung von Harold Wilson und ein exemplarischer Vertreter der demokratischen sozialistischen Tradition Großbritanniens. Beim Referendum von 1975 über den Beitritt Großbritanniens zur EU plädierte Benn für das Nein. Seine Position stimmte mit der vieler britischer Konservativer überein, die ebenfalls fürchteten, die Autorität des Parlaments könnte beschädigt werden, wenngleich aus anderen Gründen: dem Festhalten an dem Grundsatz eine Nation, ein Parlament, eine Währung (vgl. Kap. 4, »Nicht in seiner Natur«). Heute versucht ein neuer Labour-Führer, Jeremy Corbyn, der stark von Tony Benn beeinflusst ist, seine Strategie gegenüber der Europäischen Union zu entwickeln, während der amtierende konservative Premierminister David Cameron Großbritannien auf ein Referendum vorbereitet, das darüber entscheiden wird, ob Großbritannien aus der EU austritt oder drinbleibt und sich weiter von innen heraus beklagt. Es müsste sich dann in dem schrumpfenden Raum einrichten, der den Ländern vorbehalten ist, die der Europäischen Union angehören, aber nicht der Eurozone.

2 Ausgenommen natürlich den Fall, dass ein Nationalstaat allen anderen seine eigenen Standards, Regeln und Vorschriften aufzwingt, wie es die Vereinigten Staaten mit dem Transatlantischen Freihandelsabkommen (bekannt als TTIP) versuchen.

3 Alle Entwicklungen, die durch den Finanzkapitalismus nach dem Nixon-Schock und nach Paul Volckers Großtaten im Zusammenhang mit dem Minotaurus ausgelöst wurden. Siehe Kap. 3, insbesondere den Abschnitt »Ein zeitloses Ungeheuer«, sowie Varoufakis (2012, 2015).

4 Nehmen wir zum Beispiel den Immobilienmarkt. Wenn alle potenziellen Käufer zu-

sammen mehr Geld haben, das sie für eine bestimmte Zahl von Häusern ausgeben können, läuft das Geld jedem einzelnen Haus hinterher und treibt die Preise nach oben – ein typischer Fall von Inflation.

5 Das heißt, die Zinsen mussten jedes Mal erhöht werden, wenn die Bank von England befand, dass die Geldmenge (die sogenannte Geldmenge M3, die Banknoten und liquide Einlagen umfasst, zum Beispiel Girokonten) schneller wuchs als die Menge der produzierten Waren und Dienstleistungen.

6 Das Europäische Währungssystem und der Europäische Wechselkursmechanismus wurden 1978 geschaffen (vgl. Kap. 3).

7 Als sich der Wechselkurs des Pfunds zur D-Mark abschwächte und man für jedes Pfund weniger D-Mark bekam, erhöhte sich der Preis deutscher Importe nach Großbritannien in Pfund. Zu einer Zeit, als auch der Dollar gegenüber dem Pfund an Wert gewann, was die Transport- und Energiekosten nach oben trieb, und Großbritanniens Wachstumsschub nach 1983 immer mehr Importe ins Land saugte, stiegen die Preise auf breiter Front. Je schwächer das Pfund wurde, desto höher kletterte die Inflationsrate. Deshalb war die deutsche Inflationsrate 1990 so viel niedriger als die britische.

8 In der Praxis bedeutete dies, dass ein Wechselkursziel von 2,95 zu 1 für D-Mark und Pfund Sterling festgesetzt wurde mit einer Schwankungsbreite von plus/minus 6 Prozent. Wenn das Pfund unter 2,775 D-Mark fiel, waren die Briten verpflichtet zu intervenieren, das heißt D-Mark zu kaufen oder die britischen Zinsen zu erhöhen, um das Pfund innerhalb der vereinbarten Bandbreite zu halten.

9 In einem privaten Gespräch sagte er zu mir: »Wir mussten die Inflationsrate dringend senken, und der WKM hat das eindrucksvoll geschafft. Der Effekt war in Form von Inflationserwartungen noch lange Zeit spürbar, und das half, den Boom zu erzeugen, von dem Blair und Brown profitierten. Ich glaube nicht, dass wir die Inflation so schnell so stark hätten drücken können, wenn wir nicht im WKM gewesen wären. Der Fehler war, dass wir uns nicht aus dem WKM wieder zurückzogen, wie ich Major im Sommer 1992 drängte, als die Inflation zurückgegangen war und sich weiter auf dem Rückzug befand.«

10 Das Pfund steigt jedes Mal, wenn die Labour Party eine Wahl verliert, besonders wenn die Meinungsumfragen zuvor einen Sieg von Labour prognostiziert haben. Nichts begeistert die Finanzmärkte mehr als ein unverhoffter Sieg der Tories.

11 Die Bundesbank war in höchster Sorge, dass die Großzügigkeit der Bundesregierung gegenüber den Ostdeutschen die Inflation anheizen würde. Um das zu verhindern, erhöhte sie die Zinsen.

12 Siehe Connolly (1995), S. 141f.

13 Ebenda, S. 148.

14 Lamonts Vorschlag zur Abhilfe rührte von waschechten Tory-Instinkten her. Die Mitgliedschaft in EWS und WKM bedeutete, dass Geld schrecklich knapp war. Monetaristen wie Lamont glauben, dass die Reduzierung der Geldmenge in einer Phase der Rezession die Rezession verschärft. Das EWS zwang Lamont, als Ausgleich zum knap-

pen Geld mehr zu leihen und auszugeben. Aber das lief seiner ideologischen Abneigung gegen Defizitfinanzierung zuwider. Nach dem Austritt aus dem EWS konnte Lamont die Zinsen gleiten lassen, die Geldmenge erhöhen und damit den Zwang abschütteln, den Weg einer, wie er fand, keynesianischen Fiskalpolitik zu beschreiten.

15 Lamont erzählte mir die Sache folgendermaßen: »Ich war am 18. September in Washington, und ein Reporter fragte mich, warum ich so fröhlich sei. Ich erwiderte: ›Es ist ein herrlicher sonniger Tag. Aber es ist lustig, dass Sie das sagen, denn meine Frau hat auch schon zu mir gesagt, sie habe mich heute Morgen im Bad singen gehört.‹ Die Geschichte ist also ein bisschen anders, als inzwischen der Mythos geht. Aber die Presse hat richtig registriert, dass ich unseren Austritt aus dem EWS nicht als uneingeschränktes Desaster betrachtete. Nach meiner Ansicht hat der WKM seine Aufgabe als Mittel gegen die Inflation erfüllt, und als das erledigt war, zerfiel er unter meinen Händen. Wir haben davon profitiert, dass wir drinnen waren, und wir haben davon profitiert, dass wir ausgetreten sind.«

16 Nach dem Wahlsieg der Labour Party 1997 wollte der neue Premierminister Tony Blair unbedingt beim politischen Projekt Euro mitmachen. Wie Lamont bei Premierminister John Major, legte auch Blairs Schatzkanzler Gordon Brown beim Eurobeitritt so lange die Bremse ein, bis der Euro bewiesen hatte, dass er nicht funktionierte. Welche Fehler Lamont und Brown auch begangen haben mögen, sie hatten jedenfalls entscheidenden Anteil daran, dass Großbritannien sich von der Eurozone fernhielt. In der Folge hatten die wirtschaftlichen Fehler während ihrer Amtszeit eher milde Folgen für die britische Wirtschaft, verglichen mit der katastrophalen Entwicklung in Kontinentaleuropa. Der Grund war natürlich, dass das britische Finanzministerium, das Schatzamt, von der kontinuierlichen Unterstützung der Bank of England profitierte, die willens und in der Lage war, eine aufkeimende Rezession sofort mit einer lockeren Geldpolitik zu kontern. Diese Möglichkeit blieb der Europäischen Zentralbank leider auf Drängen der Bundesbank verwehrt, die den Euro nur unter einer Bedingung nicht gleich bei der Geburt erdrosselte: Die EZB sollte weder die Kompetenz noch die institutionelle Tendenz haben, Not leidenden Volkswirtschaften in ihrem Zuständigkeitsbereich zu Hilfe zu kommen.

17 Schweden und Finnland erlebten einen starken Zustrom von Devisen, während die Illusion um EWS und WKM andauerte. Spekulanten wurden durch hohe Zinsen angezogen, und wenn sie glaubten, dass der Wert ihrer Währung (gemessen in D-Mark) stabil war, leckten sie sich die Lippen in Erwartung der hohen Renditen, die es ihnen bescherte, wenn sie ihr Geld in Stockholm oder Helsinki anlegten. Die schwedischen und finnischen Banken verliehen das hereinströmende Kapital, als gäbe es kein Morgen, und förderten damit die Bildung von Blasen in verschiedenen Bereichen. Als das EWS zusammenbrach und die nordischen Währungen an Wert verloren, wurde der Berg an Schulden in ausländischen Währungen unbezahlbar; die Schuldner gingen bankrott und mit ihnen die schwedischen und finnischen Banken. 1992 mussten die Regierungen der beiden Länder eingreifen, die Banken retten und verstaatlichen;

nachdem sie sie von ihren faulen Krediten befreit hatten, verkauften sie sie an den Privatsektor zurück. Die daraus resultierende Rezession war heftig, aber der Umgang mit dem Bankendesaster sollte als Erfolg in die Geschichte eingehen. Hätte nur die Eurozone 2008 bis 2012 genauso auf ihre Bankenkrise reagiert!

18 Die französische Verfassung hat die Besonderheit, dass sie die »cohabitation« zwischen einem sozialistischen Präsidenten und einem konservativen Ministerpräsidenten erlaubt, wenn der konservative Kandidat die Parlamentswahlen zwischen zwei Präsidentschaftswahlen gewinnt.

19 Die »Ja«-Stimmen siegten mit 50,8 Prozent. Bei 26.381.000 abgegebenen Stimmen lagen zwischen »Ja« und »Nein« gerade einmal 540.000 Stimmen.

20 Mit »lockerer Geldpolitik« meinen Ökonomen die Bereitschaft, die Zinsen zu senken. Niedrigere Zinssätze in Deutschland waren immer gute Nachrichten für Länder wie Großbritannien oder Frankreich, denn sie bremsten den Abfluss von Kapital aus diesen Ländern nach Deutschland.

21 Der erste Grund war, dass Berlin aus politischen Gründen eine gemeinsame Währung wollte und um den deutschen Exporteuren die Angst vor dauernden Abwertungen der Währungen ihrer ausländischen Kunden zu nehmen.

22 Das dauerte noch bis zur Eurokrise 2010, die eine Kettenreaktion auslöste, in deren Verlauf Paris die Kontrolle verlor – über Paris.

23 Ein britischer Gewerkschafter, der sich der Privatisierung der britischen Elektrizitätswirtschaft widersetzt hatte, sagte einmal voller Sarkasmus zu mir, der Sektor sei renationalisiert worden – nur durch die falsche Nation!

24 Der Freund bleibt anonym, weil er zurzeit einen Posten in der Europäischen Union bekleidet, den eine solche Enthüllung gefährden könnte.

25 An dem Tag, an dem die Europäische Zentralbank in Frankfurt eingeweiht wurde, verglichen mehrere Redner diesen Augenblick mit der Krönung Karls des Großen und der Errichtung des christlichen Europäischen Reichs. Vielleicht ist es nicht zu pietätlos, an dieser Stelle eine weitere Fußnote einzufügen: Es musste erst ein Jahr später, 1995, das schreckliche Massaker an Tausenden muslimischen Männern in Srebrenica folgen und das dramatische Versagen der europäischen Blauhelmsoldaten, die Muslime zu schützen, bis Europa entdeckte, dass es so etwas wie einheimische europäische muslimische Bürger gab, für die eine Wiederbelebung des Erbes Karls des Großen nicht unbedingt attraktiv war.

26 Ein politischer Mechanismus zum Überschussrecycling wird wirksam, wenn die Schönwetterrecycler, die Banken, mit fliegenden Fahnen davonlaufen und Ruinen und unbezahlbare Schulden hinterlassen. Ein politischer Mechanismus, während einer Wirtschaftskrise in solche Regionen zu investieren, ist die einzige Möglichkeit, um feste Wechselkurse aufrechtzuerhalten, ohne dass die Menschen aus dem Defizitland abwandern und es sich in einen gigantischen Golfplatz für anreisende Banker verwandelt. Vgl. dazu den Abschnitt »Politisches Überschussrecycling oder Barbarei« in Kap. 1.

27 Eine Kurzfassung davon hat mir Lord (Norman) Lamont erzählt, als wir uns auf ein Debattenduell, ich glaube in Melbourne, vorbereiteten. Unsere Freundschaft begann mehr oder weniger zu diesem Zeitpunkt.

28 *Le Figaro*, 18. September 1992.

29 Italien und Spanien sollten in diesem Szenario eine schlimmere Rezession erleben, weil sie Lira und Peseta auf einem höheren Niveau hielten, als für ihre Arbeitsmärkte optimal war, während Deutschland zulasten seiner Exportindustrie seine Währung aufwerten sollte, alles im Interesse der Fantasie vom *starken Franc*.

30 Connolly (1995), S. 170, zitiert Keynes (1924, Vorwort zur französischen Ausgabe) folgendermaßen: »Jedes Mal, wenn der Franc an Wert verliert, ist der Finanzminister überzeugt, dass das andere als ökonomische Ursachen hat. Er macht die Anwesenheit von Ausländern in den Fluren der Börse dafür verantwortlich, die schädlichen und bösen Kräfte der Spekulation. Diese Haltung erinnert an den Medizinmann, der die Krankheit auf den ›bösen Blick‹ zurückführt und den Sturm darauf, dass einem Götzen zu wenige Opfer gebracht wurden.«

31 Nur so können die Exporte eines Krisenlands wieder wettbewerbsfähig werden, ohne dass die Löhne und die Preise für Waren aus heimischer Produktion weiter sinken müssen.

32 Ich glaubte nicht, dass die Drohung mit dem erzwungenen Austritt ernst gemeint war. Hauptsächlich aus diesem Grund trat ich zurück, als mein Ministerpräsident mir sagte, er werde kapitulieren. Zu diesem Thema werde ich in einer ausführlichen Schilderung des Athener Frühlings und seiner Zerschlagung mehr sagen.

Kapitel 6

1 Das ist Banker-Jargon und heißt, einen Zinssatz ein wenig über demjenigen festzuschreiben, den die Bank bezahlt, wenn sie sich Geld leiht, und hoffentlich über dem Zinssatz, den die Bank ihren durchschnittlichen Kunden berechnet.

2 Nach der Implosion des Finanzsektors 2008 fanden sich die Banken mit den meisten Risikomanagern in den tiefsten schwarzen Löchern wieder. Die Royal Bank of Scotland, um nur ein Beispiel zu nennen, beschäftigte sage und schreibe *viertausend* Risikomanager und musste mit 50 Milliarden Pfund von den britischen Steuerzahlern gerettet werden.

3 Von 1998 bis 2007 fielen die Zinsen überall, weil die Kreditaufnahme durch die Faxen der westlichen Banker enorm angetrieben wurde. Doch Deutschlands wachsender Handelsbilanzüberschuss gegenüber Europas Süden und der daraus resultierende Geldfluss nach Deutschland bedeuteten, dass der Preis des Geldes (der Zinssatz) in Deutschland immer niedriger war als in Südeuropa.

4 Je mehr Kredite einem Schuldner wie dem griechischen Staat zur Verfügung stehen, desto niedriger ist der Zinssatz, den die Bank berechnen kann, wenn sie den Schuldner dazu bringen will, noch einen weiteren Kredit aufzunehmen. Deshalb schrumpfte die Differenz – der Spread – zwischen den Zinsen, die der griechische Staat und der

deutsche Staat zahlten, und die Banker hatten einen größeren Anreiz, solchen Schuldnern noch mehr Kredite anzudienen.

5 Eine Möglichkeit, einem in Not geratenen Schuldner zu helfen, ist die Senkung des Zinssatzes oder eine Verlängerung der Zahlungsfrist, ohne zusätzliche Zinsen zu berechnen. Eine solche Erleichterung bei den Zinsen reduziert natürlich die Summe, die der Gläubiger zurückbekommt.

6 Ein Schuldschein ist ein Stück Papier, auf das ich schreibe:»Ich, Yanis Varoufakis, bestätige, dass ich dem Inhaber dieses Papiers an dem und dem Tag die Summe von X Euro bezahlen werde. Dieses Papier ist uneingeschränkt übertragbar.« Sofern ich als kreditwürdig angesehen werde, hat ein solcher Schuldschein einen Marktwert und könnte von einem Inhaber verkauft werden, der lieber eine Summe kleiner als X jetzt haben möchte, als zu warten, bis er am festgesetzten Tag die vollen X Euro bekommt.

7 Und als diese Schuldscheine ausliefen, wurde das ganze Verfahren wiederholt: Die Banken gaben neue Schuldscheine aus, für die wieder die Regierungen bürgten, sodass die alten Schuldscheine gegen die neuen ausgetauscht werden konnten.

8 Der einzige Unterschied zwischen uns war, dass ich nicht beabsichtigte, darüber zu schweigen. Aber das ist eine andere Geschichte.

9 Peter Hartz, der diese Reformen ersonnen hatte, war Personalvorstand bei Volkswagen. Es liegt eine besondere Ironie darin, dass Volkswagen heute in einen großen Abgasskandal verwickelt ist, der einen langen Schatten auf die deutsche Industrie wirft.

10 Minijobber dürfen nur kurzfristig beschäftigt sein oder nur eine geringfügig entlohnte Beschäftigung ausüben, derzeit maximal 450 Euro pro Monat (bis 2012 400 Euro).

11 Die Löhne und Renten ärmerer Griechen wurden teils um 3,5 Prozent angehoben, eine nach den damaligen europäischen Standards erhebliche Steigerung. Die offizielle Inflationsrate, so hörten sie, liege bei nur 3 Prozent. Also hätte ihre Kaufkraft auch steigen müssen. Aber so war es nicht. Der Grund ist, dass die Inflationsrate für ärmere Griechen sehr viel höher lag, um 9 Prozent, während die Inflationsrate für reiche Griechen ... negativ war. Negativ? Jawohl. Wenn jemand eine Villa in einem nördlichen Vorort von Athen besaß, für die er eine Hypothek aufgenommen hatte, bedeutete der starke Rückgang der Zinsen dank der Bemühungen meines Reisegefährten Franz und seiner Kollegen, dass seine Lebenshaltungskosten sanken! Deshalb profitierten in den allerersten Jahren des Euros, in den »guten Zeiten«, die Grillen, während die Ameisen zu kämpfen hatten. Bis 2010 hatten die Grillen das Land ausgeplündert, ohne ihre Steuern zu zahlen, und nun sollten die Ameisen den bankrotten Staat und die bankrotten Banken retten durch Kürzungen bei Renten, Löhnen, Gesundheitsleistungen und so weiter.

12 Unnötigerweise. Eine Rezession, die sich die Europäer hätten ersparen können. Hätte man den Bankrott Griechenlands zugelassen und die deutschen und französischen Banken so saniert, wie es die Schweden und Finnen 1992 gemacht hatten (siehe Kap. 5, Anm. 17), dann hätte es nicht zu dieser Rezession kommen müssen. In Kap. 7, Abschnitt »Dezentralisierte Europäisierung. Oder wie man TINA durch TATIANA er-

setzt« finden sich Beispiele für politische Alternativen zur einfallslosen Austerität.

13 Zahlen der Bank für Internationalen Zahlungsausgleich.

14 Der IWF hatte sich bereits nach der Schuldenkrise der Dritten Welt, der Lateinamerika-Krise und der Südostasien-Krise den Ruf erworben, ein rücksichtsloser Gerichtsvollzieher zu sein. Ironischerweise bestand Kanzlerin Merkel ausgerechnet zu der Zeit (im Jahr 2010) darauf, dass der IWF Teil der Troika sein sollte, als der damalige geschäftsführende Direktor, der berüchtigte Dominique Strauss-Kahn, das Image des IWF zu verbessern versuchte. Sie brauchte den IWF, um ihre eigenen Abgeordneten zu überzeugen, dass die Austeritätsbedingungen des Rettungsprogramms mit aller Härte durchgesetzt werden würden. Und so scheiterten die Bemühungen des IWF, sich ein besseres Image zu geben, weil er in eine weitere Abfolge von»Rettungsmaßnahmen«verwickelt wurde, die die Schwachen zwangen, zu erleiden, was sie nicht verdienten.

15 Das war natürlich nötig, weil die erste Rettungsvereinbarung nichts brachte, denn sie war nichts anderes als das ursprüngliche, auf Austerität angelegte Ponzi-System.

16 Am Ende gewann Syriza die Wahlen nicht, kam aber auf einen starken zweiten Platz. Syriza siegte schließlich in den Wahlen vom 25. Januar 2015, bei denen ich erfolgreich kandidierte und die dazu führten, dass ich griechischer Finanzminister wurde.

17 Die Theorie besagte, wenn die Investoren sahen, dass die EZB griechische Staatsanleihen kaufte, würden sie ermutigt sein, das ebenfalls zu tun.

18 Dieser Trick hätte funktionieren können. Aber in einem Anfall verblüffender Torheit kündigte Jean-Claude Trichet vorab an, wie viel die EZB für diese Käufe, um die Spekulanten auszubremsen, ausgeben werde. Das war eine offene Einladung an die Spekulanten, Geld zu verdienen, solange sie mehr Geld aufbrachten als die EZB. In den Begriffen eines Western ausgedrückt: Es war so, als würde Clint Eastwood beim Showdown erst mal seinem Gegner zurufen, wie viele Kugeln er noch im Revolver hat. Wieder gibt es eine einfachere Erklärung, warum Trichet und die EZB sich so verhielten: Ihnen ging es nur darum, die französischen und deutschen Banken zu retten (indem sie für sie zum vollen Preis die nahezu wertlos gewordenen griechischen Staatsanleihen kauften). Die Geschichte, man bemühe sich, Griechenland den Zugang zu den Finanzmärkten offenzuhalten, war nur eine Schutzbehauptung.

19 Bei der ersten Griechenlandrettung im Mai 2010 bedeutete Europas lächerlich harte Haltung gegenüber Griechenland nein zu einem Schuldenschnitt, nein zu Schuldenerleichterungen, aber ja zu einem gewaltigen Kredit (110 Milliarden Euro) zu hohen Zinsen. Als Einzige profitierten natürlich die, die nach dem Rettungsplan profitieren sollten: die französischen und deutschen Banken. Nachdem deren Verluste abgewendet waren, begannen Brüssel und Frankfurt, für den unvermeidlichen Schuldenschnitt zu planen, der kleine griechische Anleihebesitzer treffen würde und auf tragische Weise die griechischen Pensionsfonds, die satzungsgemäß verpflichtet waren, ihr Geld in griechischen Staatsanleihen anzulegen. Und so wurde im Frühjahr 2012 ein zweites Rettungspaket, das einen Haircut für die Armen beinhaltete, ratifiziert. Um den ra-

santen Schuldenanstieg zu bremsen, gab es für Anleihen in privatem Besitz zweimal einen deutlichen Schnitt: einmal im Frühjahr 2012 und dann noch einmal im Dezember 2012 – diesmal kaschiert als »Schuldenrückkauf«. Kurzum, 2012 wurden Griechenlands Schulden bei Privaten real um 85 Prozent verringert. Aber die Banker und die EZB, die unter Trichet über 50 Milliarden Euro griechische Staatsschulden gekauft hatte, blieben vollkommen ungeschoren. Der griechische Staat lieh sich weitere 130 Milliarden Euro, von denen 50 Milliarden in griechische Banken flossen und noch einmal bis zu 50 Milliarden als Rückzahlung an die EZB, die sich wie ein unnachgiebiger Hedgefonds-Manager verhielt. Die einzigen Opfer des Schuldenschnitts waren kleine Inhaber griechischer Anleihen und Rentner, deren Pensionsfonds ihre Kapitalbasis verloren.

20 Die ersten Länder, die beinahe sofort nach Einführung des Euros die Regeln des Vertrags von Maastricht brachen, waren Deutschland und Frankreich. Nach dem Platzen der Dotcom-Blase 2001 und der anschließenden Rezession hatte Berlin die Wahl, entweder gegen die Defizitgrenze von 3 Prozent zu verstoßen, die Teil der Maastricht-Kriterien war, oder Deutschland einen harten Sparkurs zu verordnen. Deutschland entschied sich für die erste Option, genau wie Frankreich wenige Monate später.

21 Die bereits ihre eigenen wertlosen Schuldverschreibungen mit Garantien des insolventen griechischen Staats ausgaben.

22 Im Rahmen des sogenannten ELA-Programms (Emergency Liquidity Assistance, Notfall-Liquiditätshilfe) der EZB.

23 Zwischen 2008 und 2010, als die stets großzügigen Steuerzahler sich um den dringendsten Geldbedarf der Banken kümmerten, stieg das Verhältnis von Schulden zu Wirtschaftsleistung in der Eurozone von 66,2 auf 80 Prozent. Zwischen 2010 und 2014 trieb die Austerität die Schuldenquote auf über 91 Prozent des BIP. Doch in den Ländern, die den striktesten Sparkurs verfolgten, explodierten die Schulden. Die folgende Tabelle erzählt die traurige Geschichte der Ponzi-Austerität:

Jahr	Eurozone	Griechenland	Irland	Portugal	Spanien	Italien
2008	66,2 %	105,4 %	25 %	68,3 %	36,1 %	103,6 %
2010	80 %	129,7 %	64,4 %	83,7 %	54 %	116,4 %
2014	91 %	175 %	123 %	129,7 %	92,1 %	130 %

24 In dem Zusammenhang verwies man auf die Gefahr eines »moral hazard«: Die Vergemeinschaftung der Schulden könnte einzelne Mitglieder zu einem lockeren Lebenswandel verleiten.

25 Deutschland würde demnach ein Viertel der Verbindlichkeit tragen, weil sein BIP einem Viertel des BIP der Eurozone entsprach.

26 Siehe Geithner (2014). Über das hinaus, was er in seinem Buch über diesen Vorfall berichtet, hatte er in einem Interview mit Peter Spiegel von der *Financial Times* noch viel mehr zu erzählen (veröffentlicht in Spiegels Blog http://blogs.ft.com/brusselsblog/2014/11/11/draghis-ecb-management-the-leaked-geithner-files/). Der ehemali-

ge amerikanische Finanzminister wird darin mit folgender Schilderung des erwähnten Meetings zitiert: »Sie holen mich in ihre Sitzung, fragen mich nach meinen Ansichten, meinen normalen Ansichten, die Sie inzwischen vielleicht langweilig vertraut finden, und dann gehen ein paar von den Ministern raus und erklären: ›Wie kommt dieser Geithner dazu, uns zu sagen, was wir machen sollen?‹ ... Das war nicht sehr schön.«

27 Zentralbanken drucken in solchen Situationen nicht wirklich Geld. Vielmehr hat jede Geschäftsbank ein Konto bei der Europäischen Zentralbank (die Bank of America hat ein Konto bei der Federal Reserve, die Deutsche Bank hat eines bei der Europäischen Zentralbank und so weiter). Statt Geld zu drucken und es den Geschäftsbanken zu geben, erlaubt die Zentralbank der Geschäftsbank, Geld von ihrem Konto bei der Zentralbank abzuheben, das dort nie gelegen hat – es ist so etwas wie eine Überziehungsfazilität. Im Gegenzug überlässt die Geschäftsbank der Zentralbank einen Vermögenswert als Sicherheit – zum Beispiel einen Stapel Hypotheken oder Privatkredite, die die Zentralbank eintreiben kann, wenn die Geschäftsbank zahlungsunfähig wird oder bankrottgeht. Dabei hofft die Zentralbank, dass die Geschäftsbank das Geld an ihre Kunden weiterreichen wird (etwa an Unternehmen oder an Familien, die sich ein Haus oder ein Auto kaufen möchten), was den Effekt hätte, die Realwirtschaft anzukurbeln.

28 Monti hatte einen eindrucksvollen Lebenslauf als Wirtschaftsprofessor und insbesondere als Wettbewerbskommissar der Europäischen Union vorzuweisen. In der letztgenannten Rolle geriet er aufsehenerregend mit Giganten wie Microsoft aneinander, und man bescheinigte ihm kompetente, ehrliche Arbeit. Doch dieses Bild bekam Kratzer durch den Eindruck, Angela Merkel habe ihn ins höchste Staatsamt Italiens gehievt, obwohl er, als er im Amt war, im Interesse Italiens handelte und im Europäischen Rat sehr für eine echte Bankenunion kämpfte (vgl. unten den Abschnitt »Montis Meuterei«). Auf persönlicher Ebene haben Mario Monti und ich inzwischen viele Gemeinsamkeiten entdeckt, und wir schätzen beide unsere Ansichten, was Europa tun muss, um seine Krise zu überwinden.

29 Irland wurde durch seine Banken und Bauunternehmer zu Fall gebracht. Der Kapital-Tsunami ergoss sich direkt von den deutschen Banken zu den irischen Geschäftsbanken, die das Geld dann den Bauunternehmern liehen. Weiße Elefanten in Dublins Finanzdistrikt, reihenweise neue Wohnblöcke mitten im Nirgendwo und Hypotheken an zweiter und dritter Rangstelle waren das Ergebnis. Die Preise galoppierten und erweckten den Anschein, als wären Hausbesitzer reich, der Einsatz von Kreditkarten vervielfachte sich, und ein allgemeiner Konsumrausch setzte ein. Als sich dann von der Wall Street und von London aus die Kreditklemme ausbreitete, brachen die Immobilienpreise ein, Bauarbeiter wurden entlassen, riesige Berge von Schulden fielen aus, und die Banken, allen voran die Anglo Irish Bank, implodierten. In einem Manöver, das in die irische Geschichte als ein der Großen Hungersnot vergleichbares Stigma eingehen wird, gab die Regierung in Dublin der Erpressung der EZB nach: Rettet die deutschen Gläubiger der irischen Geschäftsbanken – selbst die einer Bank, die geschlossen

wurde und deshalb nicht länger systemrelevant für den irischen Finanzsektor ist –, sonst ... !

30 Brecht, *Dreigroschenroman* (1934), S. 277, Macheath zu seinem Kumpan Grooch.

31 Die Unterschiede zwischen Griechenland und Irland sind aufschlussreich. Irland hatte bis 2008 nur wenig Schulden, Griechenland hatte einen hohen Schuldenberg. Aus einem einfachen Grund: Der Kapitalfluss von den Überschussländern wurde direkt zum griechischen Staat gelenkt, der das Geld an die Bauunternehmer weitergab – diejenigen, die Autobahnen bauten, die olympischen Stätten für die Spiele von 2004 und so weiter. In Irland ging der Kapitalfluss direkt zu den Banken, die das Geld unter Umgehung des Staats an die Bauunternehmer weiterreichten. Deshalb war die Staatsverschuldung in Irland niedrig, aber die private Verschuldung gewaltig – genau umgekehrt wir in Griechenland –, aber als die Krise zuschlug, war das Ergebnis gleich: Der irische Staat nahm den Privaten die Last ab und kollabierte dann. Der griechische Staat kollabierte gleich.

32 Natürlich machte die EZB ein paar Monate später, am letzten Tag des Juni 2015, das gesamte griechische Bankensystem dicht, um unsere Regierung zu zwingen, die Rettungslogik der Troika zu akzeptieren. Das war der Preis, den wir dafür zahlen mussten, dass wir die Erpressung unserer Zentralbank nicht zugelassen hatten.

33 Durch den Ankauf von kurzlaufenden Geldmarktpapieren und Anleihen.

34 Stellen wir uns einmal vor, was 2008 in den Vereinigten Staaten passiert wäre, wenn sie die gleiche Struktur gehabt hätten wie die Eurozone. Die Banken von Nevada hätten ohne Hilfe der Fed von der Regierung des Bundesstaats Nevada rekapitalisiert werden müssen, und das zu einer Zeit, als die Regierung des Bundesstaats sich selbst hätte Geld leihen müssen, um gestiegene Ausgaben für Arbeitslosigkeit und soziale Absicherung zu tragen. Die Regierung von Nevada hätte sofort den Zugang zu den Finanzmärkten verloren und wäre insolvent geworden mit der Folge, dass die internationale Banken-Community alle Banken mit Sitz in Nevada von den internationalen Märkten abgeschnitten hätte. Der Bundesstaat Nevada und seine Banken hätten sich im freien Fall befunden. Wenn Washington den Bundesstaat außerdem gezwungen hätte, einen hohen Rettungskredit von der Bundesregierung anzunehmen mit der Bedingung, strikteste Sparmaßnahmen zu verhängen, wären die Einkommen der Bewohner von Nevada deutlich geschrumpft, und das hätte zwei Konsequenzen gehabt: Nevada wäre am Ende gewesen, und Missouri oder Mississippi oder New Mexico wäre als nächster Bundesstaat gestrauchelt, weil nervöse Investoren es sich zweimal überlegt hätten, bevor sie den Regierungen anderer schwacher Staaten Geld geliehen hätten. Genau das passierte in der Eurozone, und es begann natürlich mit Griechenland.

35 Im Gegensatz zu Institutionen wie der EFSF, die, wie wir gesehen haben, finanzielle Schocks eher verstärkte als abmilderte.

36 Der Brief wurde später noch zu einem Artikel aufgepeppt mit der Überschrift »Bankenunion braucht starke Fundamente«, *Financial Times,* 12. Mai 2013.

37 Die Bankenunion, auf die man sich am Ende einigte, regelte, dass, wenn eine Bank eine Kapitalspritze braucht, als Erstes die nationale Regierung so viel Geld zur Verfügung stellt, wie nötig ist, damit die Kernkapitalquote der Bank (Tier-1) von 4,5 Prozent des Gesamtkapitals der Bank erreicht wird. Danach muss es mehrere Haircuts geben. Als Erstes trifft es die Aktien- und Anleihebesitzer, danach all jene, die mehr als 100.000 Euro bei der Bank angelegt haben. Nur wenn diese Haircuts nicht ausreichen, um die Bank wieder solvent zu machen, springt der Europäische Stabilitätsmechanismus (ESM) mit 80 Prozent der Summe ein, die noch fehlt, und die nationale Regierung steht für die restlichen 20 Prozent gerade.

38 Wie in Zypern 2013 geschehen.

39 Noyers Argument war ganz einfach. Die EZB hatte die Kontrolle über die Zinssätze verloren. Ein profitables, kreditwürdiges italienisches oder spanisches Unternehmen musste sich zu hohen Zinsen Geld leihen, die die Notlage des italienischen oder spanischen Staats widerspiegelten. Es war das Eingeständnis, dass Europas Zentralbank die Kontrolle über Europas Geld verloren hatte und dass die italienischen und spanischen Unternehmen vor einem harten Kampf standen. Siehe »Verbindung zwischen Banken und Staaten muss durchtrennt werden«, *Handelsblatt*, 18. Juli 2012, http://www.handelsblatt.com/politik/konjunktur/christian-noyer-im-interview-verbindung-zwischen-banken-und-staaten-muss-durchtrennt-werden/6886472.html.

40 Rede von Mario Draghi, dem Präsidenten der Europäischen Zentralbank, bei der Global Investment Conference in London am 26. Juli 2012. Siehe https://www.ecb.europa.eu/press/key/date/2012/html/sp120726.en.html.

41 Um Berlin zu beruhigen, beteuerte Mario Draghi überdies, dass das OMT-Programm nicht für Länder aktiviert werden würde, die sich nicht den strikten Regeln der Troika unterworfen hatten. Das war eine strengere Auflage, als es auf den ersten Blick scheinen mochte. Keine italienische oder spanische Regierung würde lange überleben, wenn sie die Einmischung der Troika duldete. Das bedeutete, dass das OMT-Programm nur aktiviert werden würde, wenn Italien oder Spanien so tief in dem schwarzen Loch der Insolvenz steckten, dass ihre Regierungsparteien ihren Machtverlust hinnehmen würden.

42 Wenn die Zinssätze auf Staatsanleihen (die Zinsen, zu denen sich die Regierung Geld leiht) fallen, verdienen Geschäftsbanken weniger mit Krediten an die Regierung. So haben sie, zumindest in der Theorie, einen größeren Anreiz, das Geld stattdessen an Unternehmen zu verleihen. Wenn die Geschäftsbanken die Kreditvergabe vom Staat zu den Unternehmen verschieben, wächst die Geldmenge im Privatsektor, der Preis des Geldes fällt – die Zinssätze der Geschäftsbanken sinken –, und, hoppla, die Unternehmen freuen sich über niedrigere Zinsen.

43 Das heißt, sie schöpfte Zentralbankgeld, um es indirekt den Regierungen der Mitgliedstaaten als Kredit zur Verfügung zu stellen – womit sie sich selbst für die größte Sünde wider den Vertrag von Maastricht die Absolution erteilte.

44 Die Tatsache, dass ein paar Wochen zuvor Syriza bei den griechischen Parlaments-

wahlen eine Niederlage erlitten hatte, sodass erneut die Bildung einer Koalitionsregierung möglich war, die sich von der Troika in die Tasche stecken ließ, gab zusätzlich Anlass zu optimistischen Erwartungen in Frankfurt und Brüssel, das Schlimmste könnte vorbei sein.

45 Das »Memorandum of Understanding« ist die Vereinbarung zwischen Griechenland und der Troika, dass Hilfsgelder nur gegen harte Sparauflagen fließen.

46 Die privaten Anleihen, die die irischen Banker gekauft hatten, waren nicht versichert. Bei den griechischen Staatsanleihen wussten die Käufer, dass es sich um Verträge nach griechischem Recht handelte, was bedeutete, dass eine künftige griechische Regierung in Zahlungsschwierigkeiten sie womöglich nur teilweise zurückzahlen würde (»Haircut«). Genau darum waren die Zinsen dort höher als in Deutschland – höheres Risiko, höherer Gewinn. Solange das Spiel gut lief, strichen die deutschen Banker Gewinne ein, die sie mit niemandem teilten. Aber als es schlecht lief, als die irischen Banken und der griechische Staat bankrottgingen, verlangten sie, dass die Steuerzahler von Griechenland und Irland zahlen sollten, als hätten sie mit ihnen eine Versicherung abgeschlossen.

47 Keine Regierung kann Jill rechtlich verpflichten, Jack auszulösen, ohne dass zuerst ein entsprechendes Gesetz verabschiedet wird. In dem Fall wurde die Unzulässigkeit der Transaktion noch dadurch untermauert, dass »Jack« ein nicht versicherter ausländischer Anleiheinhaber war und »Jill« eine irische Staatsbürgerin, die ihre Regierung nie autorisiert hatte, ihr zum Nutzen von Jack neue Schulden aufzuladen (mit gleichzeitigen Kürzungen bei Sozialleistungen, Löhnen und Renten plus Steuererhöhungen).

48 Die Regierung zerriss die Promissory Notes –zog sie ein –, sobald sie sie von der Zentralbank zurückbekommen hatte.

49 Natürlich ging es den griechischen Pensionsfonds genauso, nur dass die Rentner niemanden wirklich kümmerten.

50 Es wird vermutet, dass die griechischen Banker sich die 10 Prozent gegenseitig liehen.

51 Vgl. dazu Handelsblatt, http://www.handelsblatt.com/downloads/8124832/1/stellungnahme-bundesbank_handelsblatt-online.pdf.

52 Das OMT-Programm war eine offene Einladung an Anleihehändler, zu einem ihnen genehmen Zeitpunkt die Entschlossenheit der EZB zu testen. Es war eine vorübergehende Maßnahme, die nicht mehr funktionieren konnte, wenn sich die Anleihehändler durch die Umstände ermutigt fühlten.

53 Aus ökonomischer Sicht hängen die sehr niedrigen Zinsen nur teilweise mit der Ankündigung des OMT-Programms und Mario Draghis Aussage »alles, was nötig ist« zusammen. Letztere brachte die Zinsen auf die Schulden von Italien und Spanien nach unten, aber zum Rückgang von Gewinnen und Wachstumsraten führten die generalisierte Austerität und das sehr niedrige Investitionsniveau. Rezession, niedrige Gewinne und niedrige Renditen – niedrige Zinssätze – gehen Hand in Hand. Während das OMT-Programm insofern »wirkte«, als es die Kosten für die Bedienung der italienischen und spanischen Schulden reduzierte, funktionierte es in einer von Austerität ge-

prägten Umgebung nur allzu gut und verursachte eine allgemeine Deflation, die dafür sorgte, dass die Eurozone dauerhaft in der Rezession feststeckte.

54 Siehe Keynes (2009), S. 155.

55 Abgesehen davon, dass die quantitative Lockerung den Yen und den Dollar auf Talfahrt schickte und damit japanischen und amerikanischen Exporteuren half, ausländische Nachfrage an sich zu ziehen; damit ging die QE auch noch auf Kosten der Nachbarn.

56 Deshalb musste Mario Draghi in sein nie durchgeführtes OMT-Programm die Bedingung aufnehmen, dass das Land, dessen Bonds die EZB kaufen würde, zuerst in die Zwangsjacke eines Programms der Troika gesteckt werden müsse.

57 Der Film *Der dritte Mann*, dem Grahams Greenes gleichnamiger Roman zugrunde liegt, kam 1949 in die Kinos. Regisseur und Produzent war Carol Reed.

58 »Doch mir kommt's vor, ob ich von hier stamm auch / Und reingeborn bin in die Art, als wär's ein Brauch, / Den zu durchbrechen mehr ehrt als ihn halten.« William Shakespeare, *Hamlet,* Erster Akt, 4. Szene, in der Übersetzung von Frank Günther (1995).

Kapitel 7

1 Die Abgeordneten der Partei Goldene Morgenröte, die im griechischen Parlament genau gegenüber der Regierungsbank sitzen, werden oft als Neonazis bezeichnet. Das ist falsch. An ihrer NS-Ideologie ist nichts »neo«. Sie verehren Hitler, ihr Symbol ist eine Abwandlung des Hakenkreuzes, sie kleiden sich wie Nationalsozialisten, sie grüßen wie Nationalsozialisten. Kurzum, sie sind durch und durch Nationalsozialisten ohne jeden Anspruch, ihr Erscheinungsbild dem 21. Jahrhundert anzupassen.

2 Georgia Xenou war die Urgroßmutter meiner Tochter, die Großmutter meiner ersten Frau Margarita.

3 1947 war entsprechend der Truman-Doktrin die Unterstützung des Bürgerkriegs durch den Westen von Großbritannien auf die Vereinigten Staaten übergegangen. Die britischen Soldaten wurden abgezogen und durch amerikanische Militärberater ersetzt. Folter und Ermordung des verwundeten Xenos werden in einem auf Griechisch veröffentlichten Augenzeugenbericht geschildert. Das Buch trägt den Titel *Die Todesschwadron,* sein Verfasser war Konstantinos Papakonstantinou alias *kapetan* Belas. Siehe Bd. 1, S. 623f. (1986, 3. Auflage 2002).

4 Wie im Vorwort erwähnt, habe ich dieses Argument in der Pressekonferenz im Berliner Finanzministerium im Februar 2015 vorgetragen, als ich den deutschen Finanzminister und die deutsche Öffentlichkeit bat, die Bemühungen der griechischen Regierung zu unterstützen, die Rezession zu stoppen und den Aufstieg der griechischen Nationalsozialisten aufzuhalten.

5 Nach dem Ende des Ersten Weltkriegs sicherte Eleftherios Venizelos, ein probritischer, antiroyalistischer Republikaner, Griechenland das Recht, die anatolische Küstenstadt Smyrna (heute Izmir) zu verwalten. Doch bald nach der Besetzung Smyrnas durch die griechische Armee stürzte die Regierung Venizelos, und die neue königstreue Regie-

rung befahl der Armee den Marsch auf Ankara. Unzählige erzürnte türkische Patrioten schlossen sich Kemals Armee an, und schließlich gelang es ihm, die griechische Armee ins Meer zurückzutreiben. Die Türken begannen daraufhin, die Region von Millionen ethnischer Griechen zu »säubern«, die seit den Zeiten Homers dort lebten. In Griechenland heißt die Niederlage von 1922 bis heute »die Katastrophe«.

6 Ich bezeichne den Nationalsozialismus als Schlange, weil mich in jüngeren Jahre Ingmar Bergmans Film *Das Schlangenei* aus dem Jahr 1977 sehr beeindruckt hat – eine Geschichte, die die verqueren wissenschaftlichen Lehren hinter dem NS-Experiment illustriert. Der Titel bezieht sich auf eine Textzeile von Brutus in Shakespeares *Julius Cäsar*: »Und drum betrachtet ihn als Schlangenei / Das ausgebrütet sich zum Monstrum auswüchs / Nach Wesensart, drum tötet's in der Schale.« (Zweiter Akt, 1. Szene, in der Übersetzung von Frank Günther [1998]).

7 Als die Rote Armee die Vororte von Berlin erreichte, lebten nur noch siebenhundert Mann der SS-Division Charlemagne, die Hitler mit Zähnen und Klauen verteidigten. In den letzten zwei Tagen waren gerade noch dreißig übrig und kämpften immer noch im Zentrum von Berlin.

8 Siehe Lipgens (1985), Microfiche 1, Nr. 7.

9 »Das kommende Europa«, vom 11. September 1940; ebenda, Microfiche 1, Nr. 8. Versuchen Sie Ihr Glück mit den folgenden Zitaten, die mit einer Ausnahme ebenfalls aus Lipgens' Buch stammen.

> 1. Ein ständiger Europäischer Wirtschaftskongreß [hätte zu organisieren] Warentausch nach dem Grundsatz der europäischen Präferenz gegenüber außereuropäischen Ländern mit dem späteren Ziel einer europäischen Zollunion, europäisches Zentralclearing und feste innereuropäische Währungsverhältnisse mit dem späteren Ziel einer europäischen Währungsunion.

> 2. Die Ergebnisse eines übermäßigen Nationalismus und territorialer Zersplitterung sind allen vertraut. Hoffnung auf Frieden gibt es nur durch einen Prozess, der auf der einen Seite das unveräußerliche fundamentale Erbe einer jeden Nation respektiert und auf der anderen Seite diese mäßigt und einer den Kontinent umspannenden Politik unterordnet ... Eine Europäische Union könnte nicht den Wandlungen der Innenpolitik unterworfen sein, die für liberale Staatswesen typisch sind.

> 3. Ein neues Europa: darum geht es, und das ist die Aufgabe, die vor uns liegt. Es bedeutet nicht, dass Italiener und Deutsche und alle anderen Nationen der europäischen Familie ihre Eigenheiten ablegen und von einem Tag auf den anderen oder von einem Jahr auf das andere für sich selbst und andere unkenntlich werden müssen. Es wird ein neues Europa sein, weil die neue Inspiration und das bestimmende Prinzip bei all diesen Völkern hervorbrechen werden ... Das Problem der Hierarchie von Staaten wird sich nicht länger stellen. Zumindest nicht in seiner üblichen Form, wenn wir das Drachenhaupt erst abgeschlagen haben, das heißt den Begriff der Staatssouveränität. Überdies muss das nicht geradeheraus erfol-

gen, sondern kann indirekt erreicht werden, zum Beispiel durch die Schaffung zwischenstaatlicher Körperschaften, die sich um bestimmte Gemeinschaftsinteressen kümmern (Wechselkurse, Austausch, Außenhandel usw.).

4. Die einzige Forderung [für die Einigung Europas] an die europäischen Staaten ist, loyale, Europa bejahende Glieder der europäischen Gemeinschaft zu sein und an den Gemeinschaftsaufgaben positiv mitzuarbeiten ... Die europäische Zusammenarbeit wird sich als Ziel setzen, den Frieden, die Sicherheit und das Wohl aller europäischen Staaten und ihrer Bevölkerung zu fördern. (Der Auszug stammt aus einer damals wohlwollend aufgenommenen »Notiz betreffend die Gründung eines europäischen Staatenbundes«, die für den »Gedanken einer staatenbundlichen Lösung, beruhend auf freiwilliger Zusammenarbeit selbständiger Nationen« mit dem Ziel »eines geschlossenen und befriedeten Europa« warb.)

5. Wir müssen ein Europa errichten, das Blut und Kräfte nicht in gegenseitigem Kampf vergeudet, sondern eine geschlossene Einheit bildet. Das wird Europa reicher, stärker und kultivierter machen und ihm seine alte Weltgeltung wieder verschaffen ... So leben wir mitten in einer geschichtlichen Zeit der Errichtung von und Auseinandersetzungen unter Weltmächten. Europa muß seine Kräfte sammeln und in dieser Auseinandersetzung zusammenhalten, wenn es nicht in Stücke gerissen werden will. Es geht um die Neuordnung Europas, um eine neue Weltordnung ... [Dabei] muß die gesamte Wirtschaft zu einer Einheit zusammengeschlossen werden ...

6. Es ist wenig klug, sich einzubilden, auf die Dauer in einem so beschränkten Hause wie Europa eine Völkergemeinschaft verschiedener Rechtsordnung und Rechtswertung aufrechterhalten zu können.

7. Es muß meiner Ansicht nach der Freiheitsbegriff eines Volkes in Übereinstimmung gebracht werden mit den Gegebenheiten, vor denen wir heute stehen, und mit einfachen Fragen der Zweckmäßigkeit ... Die Völker, die sich in diesen Ordnungsprozeß schon hineingefügt haben oder noch hineinfügen, stehen nun vor der Frage, ob sie diesen Einfügungsprozeß gern und mit willigem Herzen, sozusagen aus Loyalität mitmachen ...

Die Autoren sind:

1. Hans Frohwein, aus einem Bericht für das »Europakomitee« des NS-Außenministeriums vom 7. Juni 1943 mit dem Titel »Grundgedanken eines Plans für das neue Europa«. Lipgens (1985), Microfiche 2, Nr. 35.

2, Alberto De Stefani, Mussolinis erster Finanzminister. De Stefani wurde zwei Jahre nach seiner Ernennung abgesetzt, blieb aber bis zum Zusammenbruch des Regimes Mitglied des Großen Faschistischen Rats. Dieses Dokument mit dem Titel »Il riordinamento e la pacificazione dell'Europa« stammt vom Oktober 1941. Lipgens (1985), Microfiche 2, Nr. 43b.

3. Camillo Pellizzi, Herausgeber von *Civiltà Fascista*. Der erste Abschnitt stammt aus einem Artikel mit der Überschrift »L'idea di Europa« vom Dezember 1942, der

zweite aus einem Brief von ihm an Ugoberto Alfassio-Grimaldi vom 4. September 1943. Pellizzi war Wissenschaftler und warb für den Faschismus; er wurde auf Lehrstühle in den obskuren Gebieten der Geschichte und Lehre des Faschismus berufen (Universität Messina, 1938) und der Staatslehre (Universität Florenz 1939). Nach Kriegsende führte er das glanzlose Leben eines akademischen Soziologen. Lipgens (1985), Microfiche 2, Nr. 43c.

4. Cécil von Renthe-Fink war ein nationalsozialistischer Diplomat im Rang eines Staatsministers. 1943, als er die zitierte Notiz verfasste, schlug er zusammen mit Joachim von Ribbentrop, Hitlers Außenminister von 1938 bis 1945, die Schaffung eines europäischen Staatenbunds vor. In diesem Gebilde sollte Europa eine einheitliche Währung haben, verwaltet von einer Zentralbank mit Sitz in Berlin. Die vorgeschlagene Europäische Wirtschafts- und Währungsunion sollte gemeinsame Gesetze zur Arbeitsmarktpolitik und ein Freihandelsabkommen beinhalten. Interessanterweise fand die Idee von Ribbentrop und Renthe-Fink großen Anklang bei dem Franzosen Pierre Laval. Laval war Ministerpräsident des Vichy-Regimes, der Kollaborationsregierung, die Hitler in den Teilen Frankreichs installierte, die er nicht besetzt hatte. Pierre Laval war so erpicht darauf, Frankreich als Teil einer Währungsunion mit Deutschland zu sehen, dass er Hitler in einem Brief anbot, auch die französischen Kolonien mit einzubeziehen, um eine »Atmosphäre des Vertrauens« in dem neuen, geeinten Europa zu schaffen. Lipgens (1985), Microfiche 2, Nr. 36.

5. Vidkun Quisling war der berüchtigte Ministerpräsident im besetzten Norwegen, dessen Name zum Synonym für »Kollaborateur« wurde. Nach dem Krieg verurteilte ihn ein Gericht wegen Untreue und Hochverrats zum Tod. Am 24. Oktober 1945 wurde er von einem Erschießungskommando hingerichtet. Das Zitat stammt aus dem Dokument »Norwegen und die germanische Aufgabe in Europa« vom 25. September 1942. Lipgens (1985), Microfiche 1, Nr. 23.

6. Adolf Hitler, Rede »Für eine Verständigung der Völker Europas« vor dem Reichstag am 7. März 1936. Klöss (Hg., 1967), S. 160.

7. Joseph Goebbels, »Das kommende Europa«, a.a.O.

10 Um diesen Mord geht es in dem Film Z von Costa Gavras.

11 Weshalb meine Eltern in meiner Kindheit heimlich die Deutsche Welle hörten.

12 Der Grund ist einfach: Man eliminiere die einheimischen Produzenten, die eine Konkurrenz für die Importeure sein könnten, und nutze die lokalen Distributionsnetze.

13 Die offizielle Inflationsrate spiegelt die durchschnittliche Preissteigerung für den »Korb« von Waren und Dienstleistungen wider, den der »repräsentative« Bürger kauft. Aber den repräsentativen Bürger gibt es nicht, er ist ein Fantasieprodukt der Statistiker: ein Wesen, das Teile von Waren und Dienstleistungen im Verhältnis zum Gesamtverbrauch dieser Waren und Dienstleistungen in der Volkswirtschaft konsumiert. Unterdessen werden die Reichen reicher, und je mehr sie ausgeben, desto stärker spiegelt die offizielle Inflationsrate die Inflation der Preise für die Reichen wi-

der. Zum Beispiel sieht es in einer Volkswirtschaft, in der die Zinssätze zurückgehen, die Mieten steigen und die Reichen immer luxuriösere Häuser bewohnen, in der offiziellen Statistik so aus, als würden die Wohnkosten sinken. Dass die Belastung durch die Miete für arme Familien immer größer wird, geht in der Statistik unter, weil die sinkenden Belastungen der Reichen durch Hypotheken einen stärkeren Effekt haben als die steigenden Mieten.

14 Der häufig zitierte Witz, »wenn Bill Gates eine Kneipe betritt, sind *im Durchschnitt* alle Gäste Millionäre«, genügt als Illustration, dass es so etwas wie einen durchschnittlichen oder repräsentativen Verbraucher nicht gibt und dass es nicht unbedingt etwas Gutes für die Mehrheit bedeuten muss, wenn der Durchschnitt steigt.

15 Siehe Varoufakis (2013), »The Serpent's Greek Lair«, in: *Witte de Wit Review,* November, http://wdwreview.org/desks/the-serpents-greek-lair/.

16 Rassismus verband sich mit Frauenfeindlichkeit: Die große Mehrheit der Prostituierten in Griechenland waren Griechinnen oder Migrantinnen aus Osteuropa.

17 Die meisten festgenommenen, getesteten und an den Pranger gestellten Frauen waren Griechinnen und drogenabhängig. Siehe *RUINS,* eine großartige Dokumentation mit englischen Untertiteln: https://www.youtube.com/watch?v=9zyEegBtC1Q.

18 Schwedens sozialdemokratischer Ministerpräsident, der von 1969 bis 1976 im Amt war.

19 Vgl. Kap. 3, Abschnitt »Ein zeitloses Ungeheuer« und die ausführlichere Behandlung in Varoufakis (2012).

20 Was wurde aus dem »wechselseitigen Vorteil«? Ich vermute, dieselben Leute, die mit dem Kasinokapitalismus Industrie und produktive Arbeit abwerteten, verspürten auch das Bedürfnis, die Sprache zu verderben.

21 In Homers *Odyssee* (Buch IX) ist der Lotus eines von vielen Hindernissen, das die rachsüchtigen Götter Odysseus und seinen Männern auf dem Heimweg nach Ithaka in den Weg legen. Neben den Sirenen und ihrem Gesang war es wahrscheinlich das hinterhältigste. Anders als bei dem Zyklopen und den Gefahren der See – Feinde, die in den Männern das Beste zum Vorschein brachten –, machte der Lotus sie sanft und glücklich, und sie verloren die Lust, wieder aufs Meer hinauszufahren und um ihre Heimkehr zu kämpfen. Odysseus musste rohe Gewalt anwenden, um seine Männer zurück in die Boote zu bringen. Er musste sie »zwingen, frei zu sein«, um die berühmte Formulierung von Jean-Jacques Rousseau zu verwenden.

22 Klinkowström (Hg., 1882), S. 509f.

23 Nebenbei bemerkt: Metternich hatte eine wichtige Verbindung zu Griechenland, die zu verschiedenen Themen passt, die in diesem Buch behandelt werden. Er war ein erbitterter Gegner des griechischen Befreiungskampfs, der 1821 begann und mit der Gründung des modernen griechischen Nationalstaats endete. Seine Sorge war, dass die Schaffung eines griechischen Staats das Osmanenreich aushöhlen würde – so war es tatsächlich – und damit das Machtgleichgewicht zwischen dem osmanischen, dem russischen, dem österreichisch-ungarischen und dem britischen Reich. Metternich

überredete den russischen Zaren, die Griechen nicht zu unterstützen, und versprach den Briten sogar die vollständige Rückzahlung österreichischer Schulden, wenn London ihm bei seiner Politik half, die griechische Revolution im Keim zu ersticken. Für Lord Byron und andere Philhellenen war Metternich ein rotes Tuch. Man fragt sich, wie Europa heute aussehen würde, wenn Großbritannien, Russland und Frankreich zuletzt nicht doch noch ihre Haltung geändert und den Griechen in der entscheidenden Seeschlacht von Navarino 1827 zu Hilfe gekommen wären.

24 Vgl. Triepel (1961), S. 289.

25 Henry Kissinger schrieb darüber, welchen Einfluss die Art und Weise der deutschen Einigung auf Deutschlands Weltsicht hatte: »Der Grund, aus dem deutsche Staatsmänner fast eine Art Obsession für die Gewalt zu hegen schienen, lag darin, daß es der deutschen Politik, ganz im Gegensatz zu der anderer Nationalstaaten, an einer übergreifenden Idee fehlte. Bismarcks ... Reich, in mancher Hinsicht ein eher künstliches Gebilde, war in erster Linie ein Großpreußen, dessen Hauptziel darin bestand, seine Machtposition zu festigen ... Fast schien es so, als habe das Land so viel Energie darauf verwandt, seine nationale Souveränität zu erreichen, daß ihm Zeit für die Besinnung darauf fehlte, welchen Zielen der neue Staat eigentlich dienen solle. So ist es dem kaiserlichen Deutschland nie gelungen, ein Konzept seiner nationalen Interessen auszuarbeiten ... Er [der Kaiser] versuchte etwas zu betreiben, was er und seine Umgebung als ›Weltpolitik‹ bezeichneten, ohne diesen Begriff und dessen Bezug zu Deutschlands Interessen jemals zu definieren.« Kissinger (1994), S. 179 ff.

26 Vgl. Kap. 6, Abschnitt »Alles, was nötig ist?«

27 Siehe »Mehr Integration in Europa ist das richtige Ziel«, von Karl Lamers und Wolfgang Schäuble, *Financial Times,* 31. August 2014. Im Internet verfügbar unter http://www.bundesfinanzministerium.de/Content/DE/Interviews/2014/2014-08-31-schaeuble-lamers.html?_act=renderPdf&_iDocId=325502. Bemerkenswert ist, dass der deutsche Finanzminister diesen Artikel veröffentlichte, als die Debatte über das Versagen der Eurozone bei der Bewältigung der Eurokrise wieder aufflammte. Zuvor hatte EZB-Präsident Mario Draghi in Jackson Hole eine Rede gehalten, in der er den deflationären Druck auf Europas gemeinsame Währung und den Anteil, den die allgemeine Austerität daran hatte, anerkannte.

28 Vgl. ein weiteres sehr wichtiges Papier aus dem Jahr 1994 (ebenfalls in Zusammenarbeit mit Karl Lamers) mit dem Titel »Überlegungen zur europäischen Politik«, https://www.cducsu.de/upload/schaeublelamers94.pdf.

29 Rede vor dem House of Commons, 16. November 1998 (Hansard, Bd. 319, Spalte 685, ab 19.20 Uhr, Thema der Debatte: Gesetz über die Europawahlen).

30 Schäuble und Lamers schlagen in ihrem oben zitierten Artikel in der *Financial Times* aus dem Jahr 2014 eine Eurokammer oder ein »Eurozonen-Parlament« vor, dem nur Mitglieder des Europäischen Parlaments aus Ländern der Eurozone angehören sollen, womit britische, schwedische und ungarische Vertreter ausgeschlossen wären, weil ihre Länder nicht den Euro als Währung haben. Andere Befürworter von »mehr

Europa« haben die Idee vorgebracht, die Eurokammer sollte aus Mitgliedern der nationalen Parlamente im Verhältnis zur Bevölkerungszahl der einzelnen Länder bestehen, um so die bestehende Souveränität der nationalen Parlamente über Haushaltsfragen auszuweiten und letztlich den Haushaltskommissar der Eurozone zu legitimieren.

31 Das ist auch die Position der sogenannten Glienicker Gruppe deutscher Ökonomen, zu der Armin von Bogdandy, Christian Calliess, Henrik Enderlein, Marcel Fratzscher, Clemens Fuest, Franz C. Mayer, Daniela Schwarzer, Maximilian Steinbeis, Constanze Stelzenmüller, Jakob von Weizsäcker und Guntram Wolff gehören. Eine andere Gruppe, diesmal aus französischen Ökonomen, vertritt ähnliche Vorstellungen. Die Piketty-Gruppe besteht aus Thomas Piketty, Florence Autret, Antoine Bozio, Julia Cagé, Daniel Cohen, Anne-Laure Delatte, Brigitte Dormont, Guillaume Duval, Philippe Frémeaux, Bruno Palier, Thierry Pech, Jean Quatremer, Pierre Rosanvallon, Xavier Timbeau und Laurence Tubiana. Eine kritische Einschätzung der Positionen beider Gruppen geben Galbraith und Varoufakis (2014).

32 Vgl. Kap. 6, Abschnitt »Despotismus«.

33 Siehe Habermas (1973).

34 Das gilt für Deutschland 1919 nach dem Versailler Vertrag, für Frankreich, Griechenland und viele andere nach 1939 oder aktuell für die Peripherie Europas unter den wachsamen Augen der Troika.

35 Vgl. Vorwort.

36 Die Goldene Morgenröte steigerte sich von siebzehn auf achtzehn Sitze in einem Parlament mit dreihundert Abgeordneten, behielt ihre Stellung als drittstärkste Partei und wurde tragischerweise zur größten Partei, die sich dem verfehlten Wirtschaftsprogramm der Troika widersetzte, und damit zur Führung der Opposition gegen ein Programm, das 80 Prozent der Griechen ablehnen.

Kapitel 8

1 Geithners Äußerungen liegen mittlerweile im Archiv (vgl. die Transkripte der aufgezeichneten Äußerungen Geithners, die Peter Spiegel in seinem Blog in der *Financial Times* veröffentlicht hat, http://blogs.ft.com/brusselsblog/author/peterspiegel/). Und das ist der genaue Wortlaut, wie er seine europäischen Kollegen zitierte: »›Wir werden den Griechen eine Lektion erteilen. Sie sind wirklich schrecklich. Sie haben uns angelogen. Sie gehen uns auf die Nerven, und sie haben Geld rausgeschmissen und von der ganzen Sache profitiert, und wir werden sie fertigmachen.‹ [Das] war ihre Grundhaltung, bei allen.« Siehe auch Geithner (2015).

2 Ebenda.

3 Der Beitrag ist mittlerweile in meinem Blog zu finden, yanisvaroufakis.eu oder unter http://yanisvaroufakis.eu/2010/11/21/a-new-versailles-treaty-haunts-europe-and-this-time-it-is-not-just-me-thinking-so/.

4 Vgl. Kap. 5, Abschnitt »Europhilie, Germanophobie und die französischen Eliten«.

5 Siehe Keynes (2006).

6 Siehe Anm. 3. Zitat aus Keynes (1956), S. 126.

7 Keynes (2006), S. 39.

8 Interventionen, die in mehrfacher Hinsicht verachtenswert waren, vor allem weil sie in erster Linie die Banker der Wall Street belohnten. Trotzdem hatten sie insofern Erfolg, als sie den weltweiten freien Fall bremsten. Siehe Varoufakis (2012) sowie das letzte Kapitel neuerer englischer Ausgaben (2013, 2015).

9 Als die Krise 2008 Amerika erfasste, befanden sich die Investoren in der paradoxen Situation, dass sie sich darum rissen, in großer Zahl amerikanische Treasury Bills zu kaufen. Die Wirtschaft, die den Crash verursacht hatte, profitierte vom Run der Investoren auf die Anleihen, die das Land ausgegeben hatte, das auch die Reservewährung der Welt ausgibt – eine Erinnerung an das, was Giscard d'Estaing einmal Amerikas »exorbitantes Privileg« genannt hatte (siehe Kap. 2).

10 Für die vollständige Argumentation siehe Varoufakis (2012) und Kap. 9 der Ausgabe von 2013 oder 2015.

11 Dieser Prozess begann im August 2015, als die chinesischen Aktienkurse und Immobilienpreise stark absackten.

12 Geithners Schlag spielt eine große Rolle in der aufgezeichneten Diskussion, die Peter Spiegel in seinem Blog in der *Financial Times* veröffentlicht hat; siehe http://blogs.ft .com/brusselsblog/2014/11/11/draghis-ecb-management-the-leaked-geithner-files/.

13 Siehe http://www.treasury.gov/resource-centre/international/exchange-rate-polici es/Documents/2013-10-30_FULL FX REPORT_FINAL.pdf.

14 Siehe http://www.ft.com/intl/cms/s/0/821fbcba-41b1-11e3-b064-00144feabdco.htm l?siteedition=uk&siteedition=intl#axzz2j5g4LpZX.

15 Definiert als Differenz zwischen den Gesamterlösen aus dem Export von Waren und Dienstleistungen und den Gesamtausgaben für importierte Waren und Dienstleistungen.

16 Man erinnere sich, dass das BIP der Eurozone 2015 viel größer war als das chinesische im Jahr 2008. Damit wäre ein Leistungsbilanzüberschuss der Eurozone von 9 Prozent drei Mal mehr, als der Überschuss Chinas 2008 betrug. Wenn man sich die aktuellen Prozentsätze ansieht, liegen die Überschüsse von China und der Eurozone heute ungefähr gleich, nämlich bei 2,1 Prozent. Zum Vergleich: 2008 verzeichnete China einen Überschuss von 10 Prozent und die Eurozone ein kleines Defizit.

17 Zum Beispiel würde ein solcher Leistungsbilanzüberschuss der Eurozone auch den Kurs des Euros in die Höhe treiben, und das würde einen Rückgang der Exporte bewirken.

18 Der Leser wird hoffentlich verstehen, dass ich den amerikanischen Pragmatismus in solchen Fragen schätze. Amerikanische Politiker und Kommentatoren sind in der Lage, »Linken« wie dem Autor des vorliegenden Buchs zuzustimmen, wenn es um schlichte Fragen der Logik geht. Kürzlich habe ich registriert, dass mir Demokraten und Republikaner gleichermaßen ohne großes Zögern in diesen Fragen recht geben.

Bisher habe ich New-Deal-Politiker und Demokraten wie Geithner und Lew zitiert. Folgendes sagte Professor Martin Feldstein, ein Republikaner, 1992 über die Konstruktion der Eurozone: »Wenn ein Land oder eine Region nicht abwerten kann und nicht von einem System des fiskalischen Ausgleichs profitiert, dann kann nichts verhindern, dass es einen Prozess des kumulativen, tödlichen Niedergangs erlebt, bei dem zuletzt nur noch die Emigration als einzige Alternative zu Armut und Hunger bleibt.« Zitiert bei Godley (1992).

Epilog

1 Beim 41. Forum of the European House – Ambrosetti, 5. September 2015, Comer See.

2 Siehe Evans-Pritchard (1978), S. 226f.

3 Siehe http://www.bundesfinanzministerium.de/Content/DE/Standardartikel/The men/Europa/2013-07-22-Namensartikel-Sueddeutsche.html.

4 John Maynard Keynes hat gesagt, dass jene, die blind an Regeln und Verträgen festhalten, die »wirklichen Väter der Revolution« sind. In seinem *Traktat über Währungsreform* heißt es: »Wenn wir … den Bereich staatlicher Maßnahmen betreten, muß *alles* nach Gebühr betrachtet und geprüft werden. Veränderungen der Erbschaftsbesteuerung, von Einkommensteuer, Grundbesitzrechten, Privilegien, Wildschutzgesetzen, Kirchenverfassungen, Feudalrechten, Sklaverei, durch alle Zeiten, haben dieselben Angriffe von den Fanatikern der Vertragsheiligkeit erfahren. Diese sind daher die wirklichen Väter der Revolution.« Keynes (1924), S. 70.

5 Man sagte mir, die Grundparameter des »Programms« seien nicht verhandelbar, aber wir könnten sie mit »maximaler Flexibilität« umsetzen. Das klang fast überzeugend, bis ich begriff, dass sich die »maximale Flexibilität« darauf beschränkte, zwischen Kürzungen beim Kindergeld und Kürzungen bei der Mindestrente zu wählen. Oder festzulegen, wie viel Joghurt für 100 Gramm Tzatziki verwendet werden.

Nachwort

1 Leonard Schapiro (1900–1983) war ein herausragender Erforscher des Sowjetkommunismus und Professor an der London School of Economics.

2 Zitiert bei Connolly (1995), S. xiv.

Danksagung

1 Genau genommen überlebte die Syriza-Regierung, denn Ministerpräsident Tsipras und die meisten Minister sind weiterhin im Amt. Doch die Regierung wurde gezwungen, sich selbst zu stürzen – ihre wichtigsten Prinzipien über Bord zu werfen – als Preis dafür, dass sie im Amt bleiben konnte. Ich war nicht bereit, diesen Preis zu zahlen.

Auszüge aus »Bescheidener Vorschlag zur Lösung der Eurokrise«

1 Wenn ein Mitgliedstaat Schulden in Höhe von 90 Prozent seines BIP hat, sind zwei Drittel davon Maastricht-konforme Schulden. Das bedeutet, wenn eine Anleihe im

Nominalwert von, sagen wir, 1 Milliarde Euro fällig wird, werden zwei Drittel davon (667 Millionen Euro) von der EZB zurückgezahlt (getilgt) mit Geld, das sich die EZB durch die Ausgabe von Eurobonds selbst auf den Finanzmärkten beschafft hat.

2 Genauso wenig wie eine private Kreditkarte als Sicherheit eingesetzt werden kann.

3 In Artikel 20 des Vertrags über die Europäische Union (EUV) und Artikel 326–334 des Vertrags über die Arbeitsweise der Europäischen Union (AEUV) heißt es: »Eine Verstärkte Zusammenarbeit ist darauf ausgerichtet, die Verwirklichung der Ziele der Union zu fördern, ihre Interessen zu schützen und ihren Integrationsprozess zu stärken. Sie steht allen Mitgliedstaaten … jederzeit offen. Der Beschluss über die Ermächtigung zu einer Verstärkten Zusammenarbeit wird vom Rat als letztes Mittel erlassen, wenn dieser feststellt, dass die mit dieser Zusammenarbeit angestrebten Ziele von der Union in ihrer Gesamtheit nicht innerhalb eines vertretbaren Zeitraums verwirklicht werden können und sofern an der Zusammenarbeit mindestens neun Mitgliedstaaten beteiligt sind.« Der Rat beschließt einstimmig oder mit qualifizierter Mehrheit.

Yanis Varoufakis

Der globale Minotaurus

Amerika und die Zukunft der Weltwirtschaft

»Nur wenige wirtschaftswissenschaftliche Bücher sind so eloquent, bissig und verständlich geschrieben wie ›Der globale Minotaurus‹. Varoufakis präsentiert eine bemerkenswerte Interpretation globaler Finanzkrisen. Er geht zurück auf den Schwarzen Freitag von 1929, zeigt im Detail, wie die USA mit dem Bretton-Woods-System die weltweiten Einkommensunterschiede für sich nutzten, und er bietet mit dem ›Überschussrecycling‹ eine erste Lösung.«
MIRKO SMILJANIC, DEUTSCHLANDFUNK
»Ein Buch, das gelesen werden muss.«
INDIRA GURBAXANI, SÜDDEUTSCHE ZEITUNG

Aus dem Englischen von Ursel Schäfer, 288 Seiten, gebunden, Euro 19,95
ISBN 978-3-88897-754-1

VERLAG ANTJE
KUNSTMANN

Yanis Varoufakis / James K. Galbraith / Stuart Holland

Bescheidener Vorschlag zur Lösung der Eurokrise

Ein New Deal für Europa

»Die drei Ökonomen sind davon überzeugt, dass Euroland handeln könne, wenn es denn wolle. Denn das habe die EZB in letzten Jahren vorgeführt. Und es müsse rasch handeln, denn andernfalls werde die gemeinsame Währung zerstört, weil sich die Kluft zwischen den Euro-Ländern vergrößere.«
DEUTSCHLANDRADIO KULTUR
»Eine kurze, komprimierte Schrift zur unmittelbaren Handhabung für Politik, zur kurzfristigen unmittelbaren Umsetzung geeignet.«
WOLF SENFF, TITEL KULTURMAGAZIN

Aus dem Englischen von Ursel Schäfer, 64 Seiten, Broschur, Euro 5,–
ISBN 978-3-95614-051-8

VERLAG ANTJE
KUNSTMANN